AF412138

ikiro—be alive

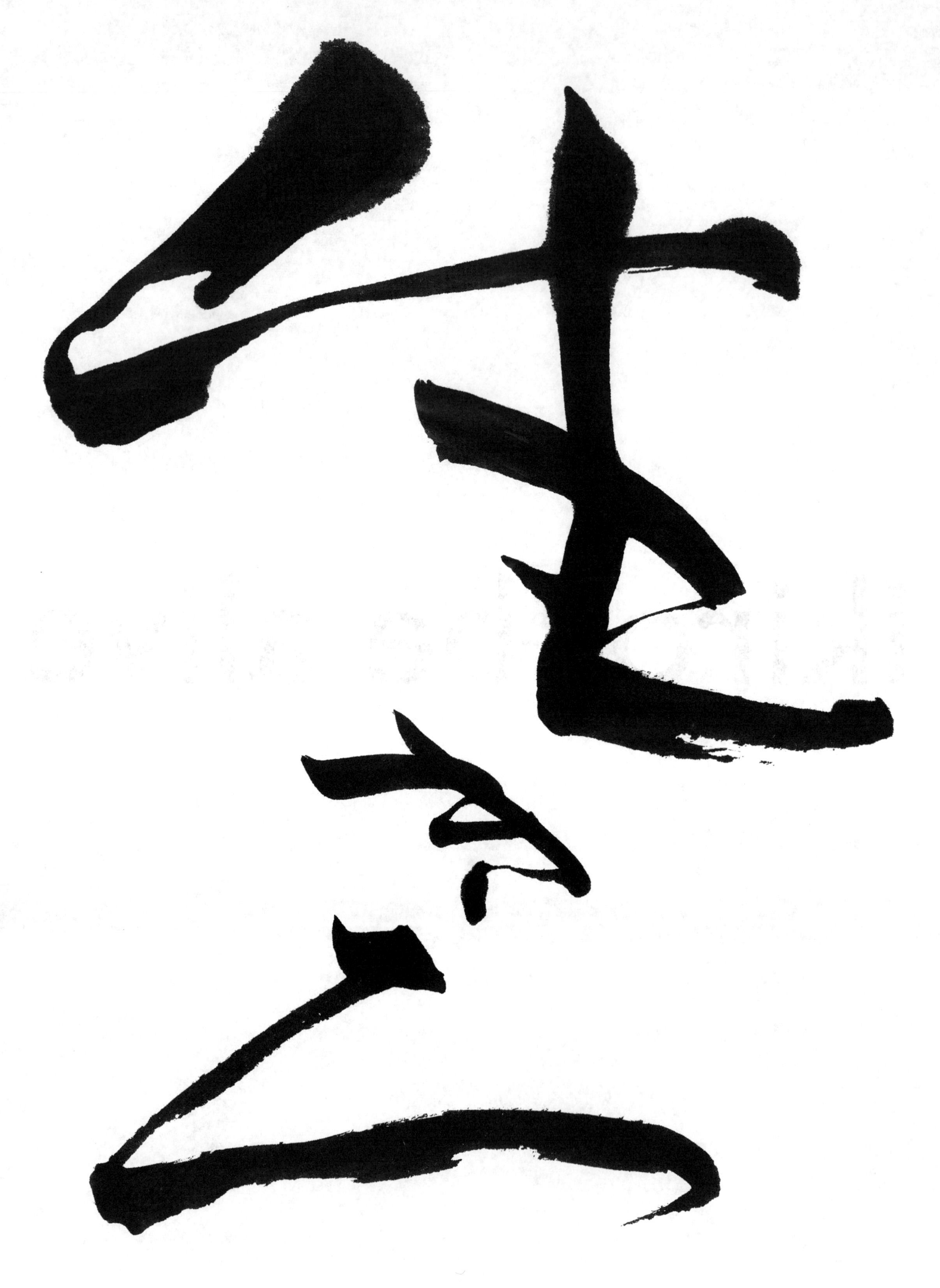

Hedendaagse kunst uit Japan

1980 tot heden

Kröller-Müller Museum

Otterlo 2001

Inhoud

Tentoonstelling

concept en organisatie — Jaap Bremer
secretariaat — Margriet Vooren, Marleen Wijnbergen
transporten verzekering — André Straatman
inrichting — Reynoud Homan, Steef van Beek, Hans Peters en technische staf
assistentie organisatie — Sylvia Gentenaar, Esther van Maanen
tolk — Takako Kondo, Amsterdam
externe coördinatie transporten — Gerlach Art Packers & Shippers, Schiphol

Catalogus

redactie/teksten — Jaap Bremer
vertalingen — Junko Abe, Utrecht / Japans-Engels
Keiko Katsuya, Tokyo / Japans-Engels
Ruth Koenig, Buren / Nederlands-Engels
Angeline Bremer-Cox / Engels-Nederlands
Maria Bremer / Engels-Nederlands
assitentie redactie — Kees Keijer
secretariaat — Margriet Vooren, Marleen Wijnbergen
ontwerp — Reynoud Homan, Muiderberg
druk — Drukkerij Rosbeek bv, Nuth
distributeur — Hotei Publishing, Leiden

copyright — © 2001 Stichting Kröller-Müller Museum, Otterlo
© 1997 c/o Beeldrecht Amsterdam
ISBN — 90-73313-17-1

Partners van het Kröller-Müller Museum — ABN·AMRO *De bank* / DAIMLERCHRYSLER / NEDERLANDSE Sponsor LOTERIJ

Deze tentoonstelling is mede mogelijk gemaakt door: — KIRIN Brewery Co.,Ltd. KIRIN / JAL Japan Airlines

Voorwoord

De globalisering van ons artistieke wereldbeeld is dermate gemeengoed geworden dat het in deze tijd niet meer voor de hand ligt om in een museum een tentoonstelling met werk van kunstenaars uit één land samen te brengen. Toch hebben we in het geval van de Japanse kunst juist voor zo'n manifestatie gekozen, en dan nog wel een zeer omvangrijke.

In Nederland is nog nooit op zo'n schaal werk van Japanse kunstenaars getoond. Aan veel andere gebieden van de Japanse cultuur is overigens wel veel aandacht besteed, recentelijk nog in het kader van de viering van het bestaan van 400 jaar lange banden tussen beide landen. Overigens waren er in dat kader ook enkele presentaties te zien van actuele kunst uit Japan.

Het Kröller-Müller Museum heeft in zijn verzamelactiviteit belangrijke aandacht geschonken aan Japanse kunst. Afgezien van de door het echtpaar Kröller-Müller verzamelde antieke Japanse sculptuur en kunstnijverheid, beschikt het museum over een mooie groep werken van kunstenaars als Isamu Noguchi, Yoshishigo Saito, Kazu Kadonaga, Ufan Lee, Nobuo Sekine of Shiryo Morita. Mede door de vele contacten die in de loop der jaren ontstonden met mensen uit de Japanse kunstwereld vanwege onze verzameling werken van Vincent van Gogh is onze belangstelling voor Japanse kunst steeds gevoed. We willen het Nederlandse en Europese publiek van onze verwondering en fascinatie deelgenoot maken.

Deze tentoonstelling is samengesteld door Jaap Bremer, die hiermee afscheid neemt, na jarenlang aan ons museum verbonden te zijn geweest als adjunct-directeur. Hij is bij de organisatie bijgestaan door velen van binnen en buiten het museum. Ik wil hem en allen die bijgedragen hebben aan de totstandkoming van deze tentoonstelling zeer hartelijk danken.

Evert J. van Straaten
Directeur Kröller-Müller Museum

Woord van dank

De realisatie van de tentoonstelling *Ikiro* kon slechts tot stand komen dankzij de steun van zeer velen.

In de eerste plaats ontving het museum grote medewerking en inzet van alle achttien kunstenaars, waarvoor het museum en ondergetekende hen uiterst dankbaar zijn. Met betrekking tot de voorbereiding van de tentoonstelling was Kazuo Yamawaki, hoofd-conservator van het Nagoya City Art Museum een onmisbare gids en steun.
Bijzondere dank geldt ook Fujio Akai, die bij de organisatie in adviserende zin zeer behulpzaam was. De restaurator Naoko Mukoda, die met betrekking tot de organisatie ons steunpunt in Japan was, is het museum uitermate dankbaar voor haar voort-durende hulp.
Ook Angeline Bremer-Cox heeft in vele opzichten een belangrijke bijdrage aan de tentoonstelling geleverd, waarvoor onze grote dank. Bijzondere dank geldt ook Tokiko Aoyama voor haar enorme en onvermoeibare steun in Japan.

Voorts zijn er een groot aantal instellingen uit Japan en Nederland, die het Kröller-Müller Museum door middel van sponsoring, subsidiëring, advisering of anderszins hebben bijgestaan bij de realisering van dit complexe tentoonstellingsproject. Met name moeten hier in dit verband worden genoemd: als sponsor Japan Airlines; als subsidiegever de Japan Foundation Tokio en voorts Hijnk International, Koji Miura en Fukuko Yoshihara; het Centrum voor Beeldende Kunst Leiden, Nicole Roepers; Stichting het Nationale Park De Hoge Veluwe, Hoenderloo en de Stichting 400 jaar Nederland-Japan.

Bij de samenstelling van deze tentoonstelling werd zeer dankbaar gebruik gemaakt van de adviezen van velen, die hielpen het landschap van de hedendaagse kunst in Japan in kaart te brengen. Met name moeten hierbij worden vermeld:

- Yumio Chiba en Young Sil Ha van de Yumiko Chiba Associates, Tokio
- Atsuo Yasuda, conservator van het Hara Museum of Contemporary Art, Tokio
- Yusuke Minami, conservator MOT Museum of Contemporary Art, Tokio
- Keiko Hashimoto, conservator MOT Museum of Contemporary Art, Tokio
- Keiji Nakamura, kunstcriticus en voorheen adjunct-directeur van ICC Inter Communication Center, Tokio
- Shugo Satani, Shugoarts, Tokio
- Yuko Kimura, conservator Setagaya Art Museum
- Shizuko Watari and Etsuko Watari, conservator van het Watari-Um, The Watari Museum of Contemporary Art Tokio
- Tadayaso Sakai, directeur and Toshio Yamanashi, conservator van het Museum of Modern Art Kamakura, Kamakura
- Michiko Inoue, directeur van Galerie 16, Kyoto
- Masao Kobayashi, voorheen hoofdconservator van het National Museum of Art, Osaka
- Masahiro Aoki, directeur van het Toyota Municipal Museum of Art, Toyota
- Taro Amano, hoofdconservator van het Yokohama Museum of Art, Yokohama

Allen zeggen wij hierbij grote dank voor hun royaal gegeven medewerking.

Voorts geldt een bijzonder woord van dank aan alle bruikleengevers, die zeer bereid-
willig werken voor de tentoonstelling in bruikleen afstonden:

- Utsunomiya Museum of Art, Utsunomia
- The National Museum of Art, Osaka
- Stedelijk Museum Amsterdam
- m Bochum Kunstvermittlung, D-Bochum
- Takeshi Tokiko, Osaka
- Farm Zonnemaire, Zonnemaire
- Chukyo, Women's University, Japan

Ook is het Kröller-Müller Museum grote dank verschuldigd aan de volgende personen,
die op een of andere wijze hebben bijgedragen aan het welslagen van deze tentoonstelling en de voorbereiding van de catalogus: Hiroyuki Nakazawa en zijn staf uit
Osaka, Kitty Zijlmans, medeauteur van deze catalogus, Mayumi Watanabe, eerste
secretaris van de Japanse Ambassade van Nederland, Albert van der Weide, begeleider
van het Kaki-Tree project, en de studenten van de Hogeschool voor de Kunsten in
Arnhem en Academie Minerva in Groningen die assisteerden bij de inrichting.

Tenslotte gaat zeer in het bijzonder onze dank uit naar alle medewerkers van het
Kröller-Müller Museum voor de grote inzet waarmee deze tentoonstelling door hen
werd voorbereid en gerealiseerd.

Ufan Lee in zijn atelier, 2000

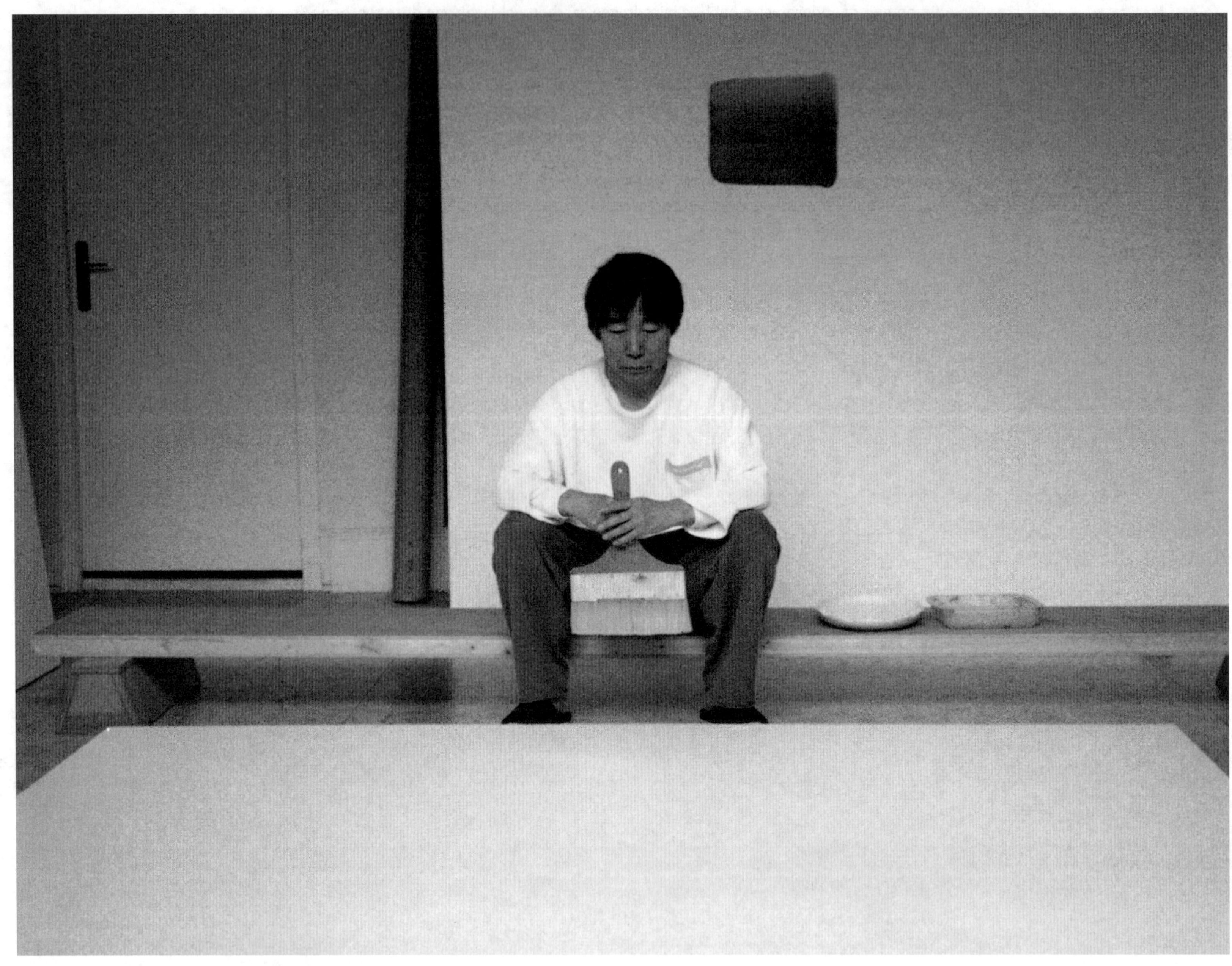

Ter inleiding

Als de verleden tijd wordt voorgesteld als een gestolde stroom gebeurtenissen, ontwikkelingen, handelingen en producten, dan beperkt deze tentoonstelling van moderne kunst uit Japan zich tot een schijf van ruim twintig jaar Japanse kunst uit deze tijdstroom.

Een periode die zich afspeelt ná de voor de Japanse kunst uiterst belangrijke 'Mono-ha'- beweging, waarmee de moderne kunst in Japan een authentieke en cruciale wending nam met het werk van o.a. Ufan Lee, Kishio Suga, Nobuko Sekine, Katsuro Yoshida en Susumu Koshimizu.

Om een enigszins waarheidsgetrouw beeld te geven van de ideeën, de praktijk en het klimaat van de beeldende kunst in Japan gedurende de laatste twee decennia van de vorige eeuw is er bewust voor gekozen in deze expositie de verschillende generaties kunstenaars gelijktijdig en naast elkaar aan bod te laten komen. Dit moest uiteraard worden gerealiseerd via een zeer beperkte representatie. Deze tentoonstelling stelt zich dan ook zeker niet ten doel een overzicht te bieden van alle aspecten en ontwikkelingen in de Japanse kunst uit deze periode.

De selectie voltrok zich in zekere zin organisch en niet volgens een vooropgezet plan om het gehele veld in kaart te brengen. Zonder enige twijfel weerspiegelt de samenstelling van de tentoonstelling de voorkeuren en de fascinaties van de maker. De tentoonstelling is ontstaan en gegroeid tijdens een aantal avontuurlijke reizen door Japan en de Japanse kunstwereld. *Ikiro / Be Alive* is hier het persoonlijke residu van.

In het werk van de gekozen kunstenaars springen twee karakteristieken naar voren: een hoog opgevoerde perfectie, schoonheid en liefde voor het detail en een zeer geconcentreerde aandacht voor het menselijk bestaan en de werkelijkheid, begrippen die voor veel kunstenaars in elkaar overvloeien.

Die precisie en verfijning waarmee de werken zijn uitgevoerd zijn geen uiting van een algemene esthetiek, die slechts wil behagen. Het is steeds een essentieel element van het werk.

In elk detail spreekt de geest van het geheel en elk onderdeel of object kan de essentie van de boodschap van het werk overbrengen, of dit nu de plaats van een rotsblok van Ufan Lee betreft, de uiterst sensibele houtbewerking van Koshimizu, de uitgebalanceerde installaties van Kuno en Saitoh, of de geraffineerde vormgeving en enscenering in de video van Mori.

Deze verfijning en precisie, die niet alleen de oude maar ook de moderne kunst in Japan kenmerkt, blijft de niet-Japanner fascineren en verrukken, omdat de chaos van het individuele en collectieve bestaan is teruggedrongen en zo ruimte wordt geschapen voor zorgvuldige waarneming en bezinning.

Ongetwijfeld houdt hiermee verband dat er in het werk van de geselecteerde kunstenaars – en wellicht zijn zij onbewust mede hierop gekozen – sprake is van een directe koppeling tussen kunst en leven. Voor veel van deze kunstenaars is hun kunst op een zeer natuurlijke en onnadrukkelijke manier een uitdrukking van een levensbeschouwing, van hun opvatting van het menselijk bestaan. Centraal staat hierin hun visie op het individu, als deel van de werkelijkheid, van de natuur en van de samenleving, maar ook als deelnemer aan de cyclus van leven en dood. In diverse varianten spreekt dit uit het werk van bijvoorbeeld oudere kunstenaars als Lee, Wakabayashi, Toya, Tsuchiya, maar ook uit dat van jongeren als Kuno, Miyajima, Kon, Shimabuku en Suzuki. Het centrale thema in het werk van Suzuki is zelfs, dat kunst en leven samenvallen. Hij brengt deze opvatting dagelijks in praktijk. Het begrip *Ikiro / Be Alive* dat hij elke dag als een vorm van geconcentreerd bewustzijn neerschrijft op Japans papier, is dan ook gekozen als motto en titel voor de tentoonstelling.

Shigeo Toya
studie voor *Otterlo Mist*, 2000

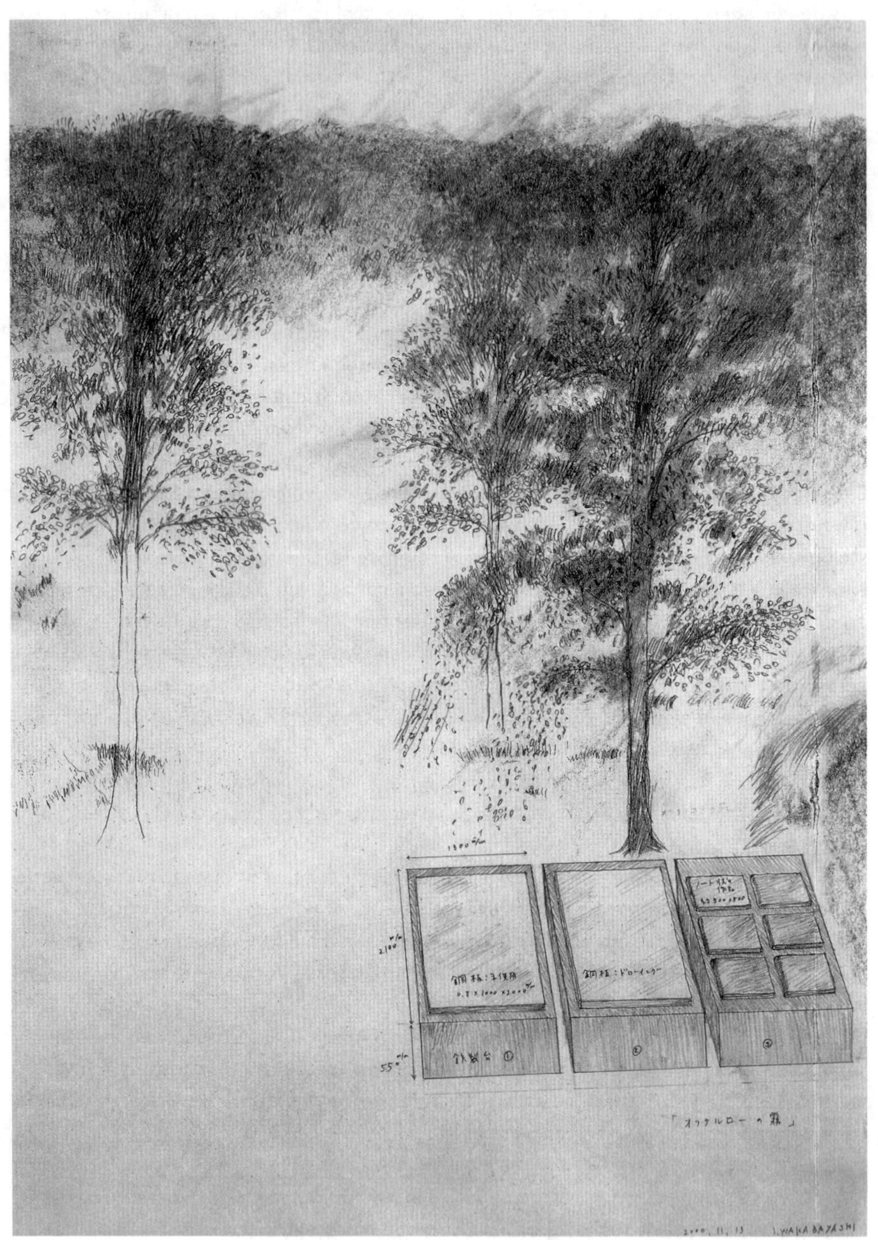

De oudere generatie Japanse kunstenaars in deze tentoonstelling (Ufan Lee, Shigeo Toya, Isamu Wakabayashi, Susumu Koshimizu, Kimio Tsuchiya, Toshihiro Kuno, maar ook Fujio Akai) werkt vanuit een heel ander wereld- en kunstbeeld dan de jongeren. Waarschijnlijk worden de overtuiging en de ideeën, waarop het werk van de oudere generatie in de tentoonstelling is gebaseerd in wezen nog steeds in wisselende sterkte bepaald door de geest en de opvattingen van de 'Mona-ha' beweging uit het vroege begin van de jaren zeventig. 'Mono-ha' dat letterlijk 'ding-school' betekent, was de naam van een groep kunstenaars, die binnen een sterk verwesterde Japanse cultuur, zocht naar authentieke uitgangspunten voor een nieuwe Japanse kunst met een eigen identiteit. Ufan Lee wordt beschouwd als de grondlegger van deze beweging, waaraan verder o.a. deelnamen Kishio Suga, Nobuko Sekine, Katsuhiko Narita, Katsuro Yoshida en Susumu Koshimizu. 'Mona-ha' kunstenaars formuleren een nieuw idioom door 'dingen' – vaak een combinatie van natuurlijke en niet-natuurlijke objecten – als zodanig, in hun ruwe, onbewerkte toestand tentoon te stellen. Zij plaatsten deze objecten – een rotsblok, een houten balk, een stalen plaat, een spiegel – bij elkaar of tegen elkaar als een vorm van confrontatie. Het werk van Ufan Lee in de tentoonstelling en in de beeldentuin van het Kröller-Müller Museum is hiervan een sprekend voorbeeld. Het ging hen daarbij niet om het materiaal, maar om het gehele object, met al zijn aspecten. Een van de centrale momenten hierbij was de ervaring van het 'oorspronkelijke', zowel bij de maker als de beschouwer. Langs intuïtieve weg trachtten zij zo het wezen der dingen bloot te leggen en te wijzen op de relatie met de natuur, als onderdeel en symbool van een universum, dat eindeloos veel groter is dan de mens. 'Mono-ha' ontwikkelde daardoor een zeer Aziatisch, eigentijds kunst-concept, dat fundamenteel verschilt van de Westerse eigentijdse kunstopvattingen rond 1970. Hoe minimaal 'Mono-ha' in zijn verschijning bijvoorbeeld ook is, deze beweging staat bijna diametraal tegenover de Amerikaanse 'Minimal Art' of de Europese abstract-geometrische kunst uit dezelfde periode.

Hoewel in de jaren tachtig vele kunstenaars meer en meer afstand van 'Mono-ha' namen, toch is ook hun latere werk – en dat van anderen uit deze generatie – doordrenkt van ideeën, overtuigingen en werkwijzen, die 'Mono-ha' kenmerken. Het creëren van een kunstwerk is in hun ogen niet een zaak van individuele expressie, waarbij de kunstenaar zijn wil oplegt aan het materiaal. Veeleer wordt het ontstaan van een werk gezien als een intuïtief en emotioneel proces, waarbij gezocht wordt naar de eigenschappen en vooral het wezen van het materiaal. Het rationele speelt hierbij nauwelijks een rol van betekenis; het maken van een kunstwerk is allereerst een strikt individueel, gevoelsmatig proces, dat niet in woorden te vangen en over te dragen is.

Hoewel dit vaak slechts terzijde of in bedekte termen door deze oudere kunstenaars wordt aangegeven, is hun werk, hoe vernieuwend het qua vorm en stijl ook was, zonder twijfel diep geworteld in de Japanse culturele traditie en levensbeschouwingen, waarvan het Boeddhisme en het Shintoïsme de belangrijkste zijn. Vaak worden deze beide levens- of wereldbeschouwingen naast elkaar aangehangen. In zijn catalogus *A Primal Spirit* typeert Howard N. Fox deze twee religies als volgt:
'In de Westerse beschaving worden de meeste opvattingen over het universum – de religieuze en de seculiere – gedragen door het principe van de hiërarchische orde, waarin God gesteld is boven de mens en de mens boven de natuur. Ook is er sprake van een fundamentele dualiteit tussen een onvolmaakte natuurlijke wereld en een gebied van de goddelijke volmaaktheid, waarin de mens pas na de dood kan overgaan. De meeste beschavingen kennen zo'n dualistisch concept niet. Traditioneel wordt in de Japanse cultuur het universum opgevat als één, enkele, ondeelbare manifestatie van materie en geest. De twee grootste spirituele en filosofische stromingen in de Japanse beschaving, het Boeddhisme en het Shintoïsme, leggen grote nadruk op de eenheid van het goddelijke en de natuur. De typische Japanse godsdienst Shinto gaat uit van de aanwezigheid van vele goden in de stoffelijke wereld. Shinto vereert de harmonie tussen mens en natuur zowel door middel van rituelen, als door beschouwing en beleving van de natuur door het individu. Het Boeddhisme, dat in de zesde eeuw na Christus in Japan werd geïntroduceerd, is veel meer metafysisch van aard dan het Shintoïsme en legt de nadruk op het belang van individuele transcendentie door middel van meditatie en het zoeken naar een hoger bewustzijn. Toch heeft het Boeddhisme, en de unieke Japanse vertaling daarvan in de beoefening van Zen, de aandacht voor het aardse met het Shintoïsme gemeen, omdat het ervan uitgaat dat transcendentie kan worden bereikt in en door deze wereld en tijdens het menselijk leven.'[1]

1
Howard N. Fox, *A Primal Spirit, Ten Contemporary Japanese Sculptors*, tent.cat Hara Museum ARC, Gunma; Los Angeles County Museum of Art, Los Angeles; Museum of Contemporary Art, Chicago et al., 1990, p. 27.

Feestelijkheden bij de planting van één van de Kaki
bomen in Japan. Dit wereldwijde project werd
geïnitieerd door Tatsuo Miyajima en voortgezet door
het 'Kaki Tree Project Executive Committee'.

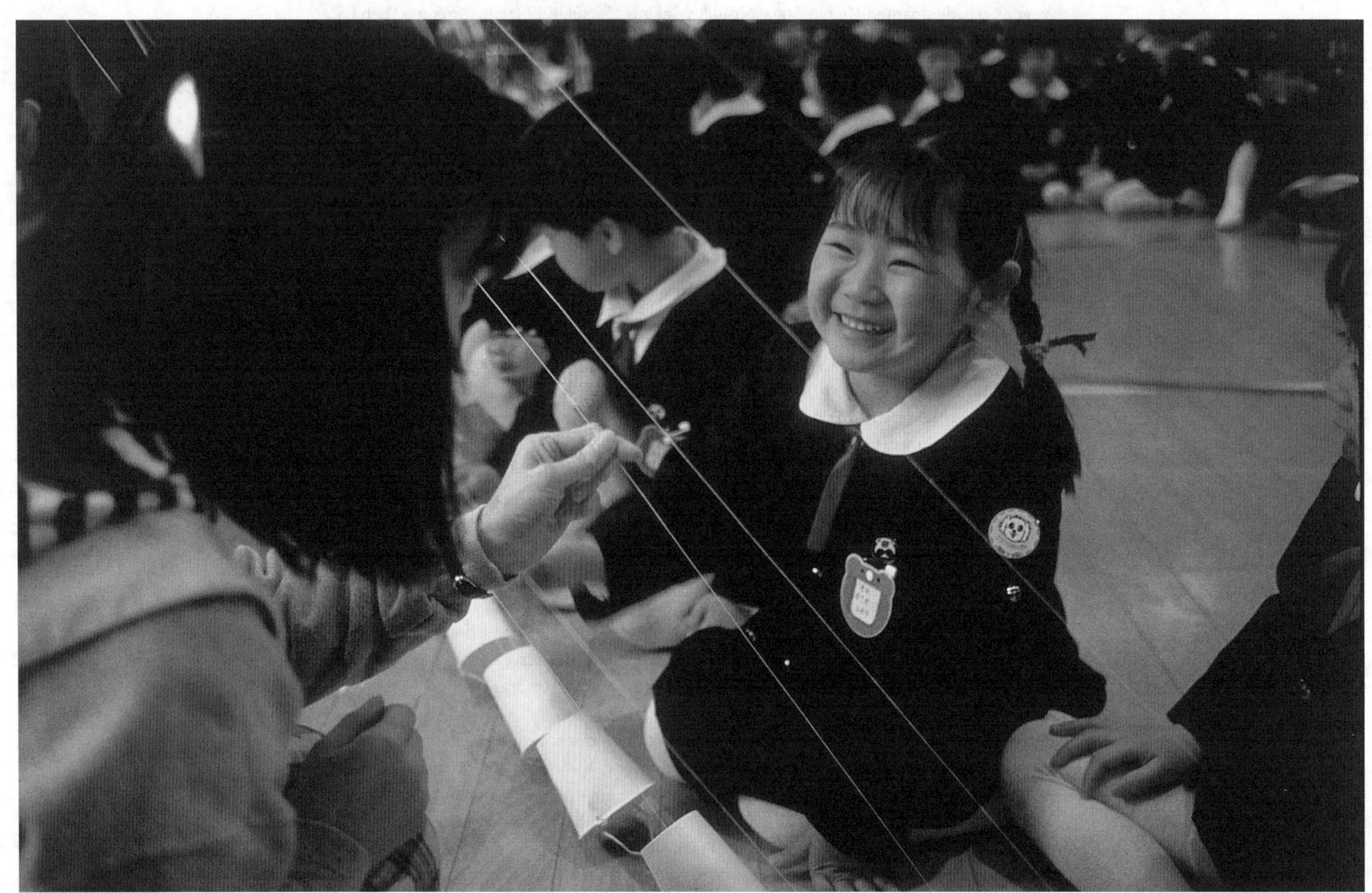

Nogmaals: Lee, Wakabayashi, Toya, Tsuchiya of Koshimizu, maken zeker geen religieuze kunst in de Westerse zin. Zij ontkennen dat zelf ook. Toch is de spiritualiteit van Shintoïsme en Boeddhisme overal in hun werk voelbaar. Bijvoorbeeld het idee dat de mens en de natuur behoren tot een ondeelbaar geheel, een universum dat groter is dan elk van beide. De niet in de tentoonstelling vertegenwoordigde generatiegenoot Takamasa Kuniyasu zegt in dit verband: 'Ik probeer een vorm van expressie te vinden, die mij in staat stelt het eigen ik te ervaren als een enkel deel van een grotere cirkel. Misschien is het wel mijn bedoeling om een interpretatie te geven van de wereld, het universum, de kosmos.'[2]

Ook het respect en de liefde voor de natuur, die als vanzelf is ingebed in deze wereldbeschouwing, spreekt uit al hun werk, maar verschilt bijvoorbeeld sterk met de manier waarop de Westerse kunstenaar met de natuur omgaat. Westerse kunstenaars gebruiken en exploiteren hun materiaal en maken het ondergeschikt aan hun wil om iets uit te drukken of mee te delen. Natuurlijk manipuleren ook de Japanse kunstenaars hun materiaal, hout of steen, zoals Toya en Tsuchiya. Toch is er bij hen veel meer sprake van een band met het materiaal en proberen zij het 'innerlijk' ervan tot uitdrukking te brengen.

Toya gaf bijvoorbeeld aan, dat hij door met een kettingzaag in de boomstammen vele sleuven, gaten, inkepingen en golvende uitsteeksels aan te brengen uiteindelijk de boom in staat wil stellen met zijn energie in de omringende wereld door te dringen en omgekeerd de energie van de wereld tot zich toe te laten. Ook Tsuchiya zocht naar wegen om het leven in de natuur, zoals dit zich in bomen manifesteert, te presenteren. 'Als ik hout gebruik, is het niet zo dat ik eenvoudig bomen kap en deze honderden jaren oude bomen gebruik. (…) Het is alsof het hout deel van mijzelf is, alsof hout levenskracht van eenzelfde niveau heeft. (…) Hout is niet alleen maar materie.'[3] Hout is voor hem nog lévende materie. Het is eigenlijk ook een benadering van de natuur, die vergelijkbaar is met de visie van Isamu Wakabayashi, die de natuur – het bos, één boom – als zijn gelijke ziet en haar daarom met zoveel aandacht en liefde observeert. 'Misschien is dit een speciale Japanse manier van denken. In Boeddhistische termen zou dit worden omschreven als 'coëxistentie' met Het stoffelijke. (…) Het is de visie van het totale, grotere beeld en mijn betrokkenheid daarin, dat een van de fundamenten wordt voor het creëren van een werk.'[4]

Wakabayashi getuigt hier van een levensopvatting, die in het werk van veel kunstenaars uit deze generatie van vlak vóór en ná de Tweede Wereldoorlog doorklinkt.

De generatie 1955-1975

De tentoonstelling *Ikiro / Be Alive* is opgezet om naast werk van de bovengenoemde kunstenaars, als representanten van een oudere generatie óók werk te laten zien van een aantal jongeren, gemaakt in dezelfde periode, van 1980 tot heden.
Zo werd het mogelijk om op beperkte schaal enigszins duidelijk te maken, welke enorme verschillen er aan de dag treden in het werk van deze generaties Japanse kunstenaars.
Deze jongeren zijn vanzelfsprekend allen bekend met het werk van de oudere gerenommeerde kunstenaars. Ze bewonderen hen en kregen ook in een enkel geval hun opleiding van hen: één van de jongste kunstenaars Takahiro Suzuki was een leerling van Ufan Lee.
Toch gingen deze jongeren, die in het begin van de jaren negentig hun entree in de wereld van de hedendaagse kunst maakten, hun eigen weg. Primair volgden zij in hun werk hun eigen denkbeelden, die niet wortelden in de voorafgaande ontwikkelingen in de Japanse kunst en ook geen echo vormden van opvattingen in de eigentijdse Westerse kunst. Deze jongeren reageerden op hun eigen maatschappelijke omgeving en op ontwikkelingen in hun eigen tijd. Zij betrekken daarin hun eigen wereld – die van de computer, de video-games en de Mangacultuur[5] – onderzoeken hun individuele psychische conditie, of zoeken in hun kunst naar nieuwe vormen van communicatie met hun omgeving.
In ieder geval laten zij de introverte, filosofische – religieuze beschouwing over het menselijk bestaan van de oudere generatie los.
Het werk en de ideeën van de meesten van deze jongere kunstenaars is extrovert, gericht op de Japanse samenleving en zoekt bewust contact met de wereld buiten de kunst.
Deze opmerkelijke keuze voor een volstrekt andere thematiek, vorm en stijl – die in deze tentoonstelling vooral zichtbaar wordt in het werk van Hisaya Kojima, Tatsuo

2
Ibid., p. 38.
3
Ibid., p. 30.
4
Ibid., p. 37.
5
'Manga' is de verzamelnaam voor de in Japan uiterst populaire stripboeken. 'Manga's' – en de verwante tekenfilms 'animé' of 'renga' genoemd – worden in Japan gezien en gelezen op een schaal, die vele malen groter is dan in welk Europees land dan ook, door ouderen, schoolkinderen, huisvrouwen, studenten, kortom mannen en vrouwen van alle leeftijden. Veertig procent van het Japanse drukwerk bestaat uit Manga's. De verhalen gaan over een breed scala van onderwerpen en thema's: o.a. Japanse geschiedenis, science-fiction, humor, familieleven, geweld, oorlog, misdaad en sex. 'Manga's' en 'animé's' bepalen in sterke mate de beeldcultuur in het huidige Japan.

Rieko Hidaka
From the space of trees, 2000

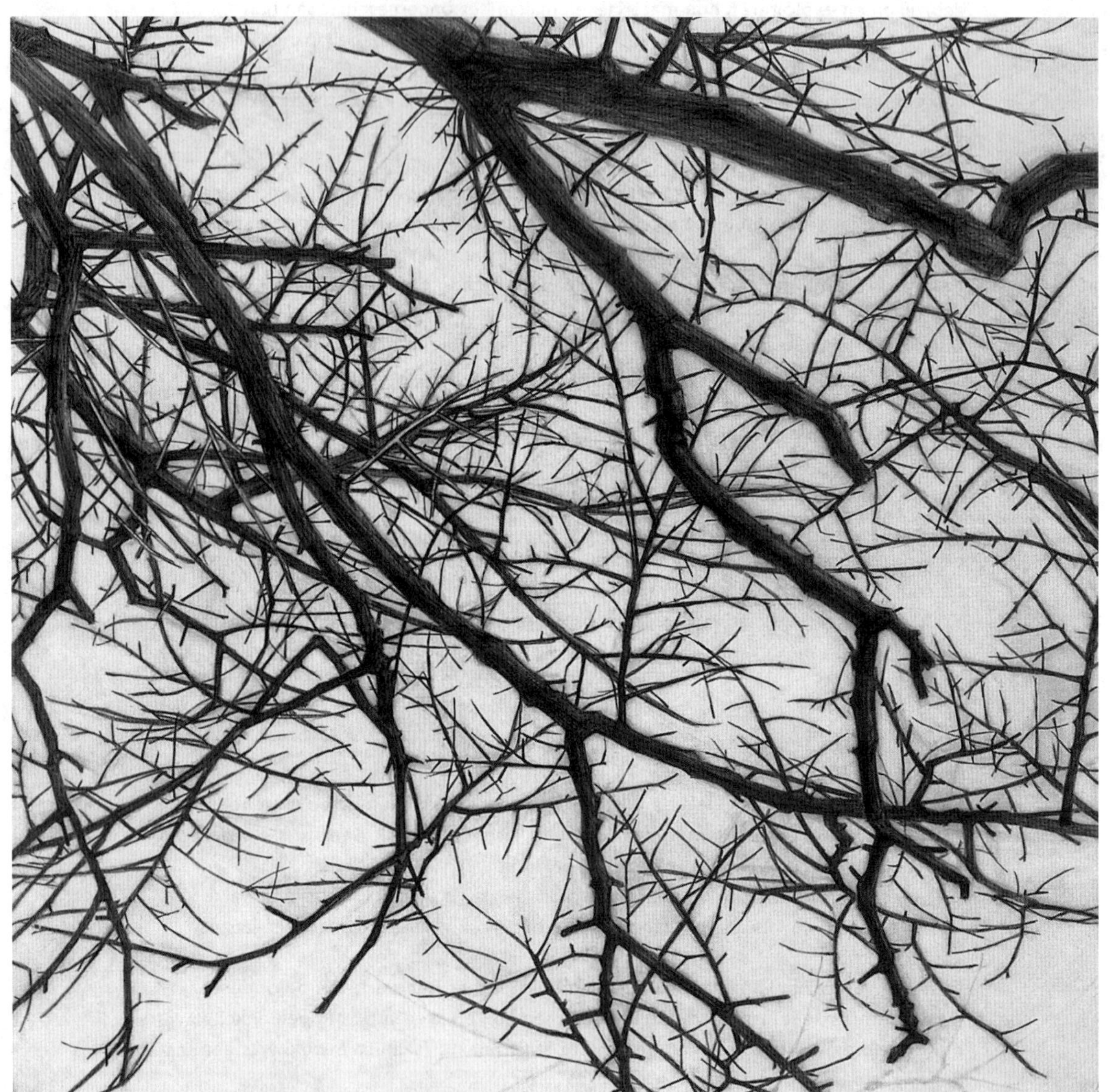

Miyajima, Minako Saitoh, Osamu Kanemura, Tsuyoshi Ozawa, Yoshinori Kon, Takahiro Suzuki, Shimabuku en Tabaimo werd veroorzaakt of beïnvloed door een groot aantal factoren.

Het zwaarst wogen waarschijnlijk de diepgaande veranderingen in het economische en maatschappelijke leven, die meer en meer merkbaar werden in de eerste helft van de jaren negentig. Tot kort daarvoor kende Japan een enorme economische groei, die zich vooral uitte in een vloed van hightech producten en een groeiende massale consumptie. Daarnaast bestond en bestaat er een haat-liefde verhouding met de Verenigde Staten, waaraan het land tot 1952 vooral economisch onderworpen was. De economische bloei en materiële welvaart culmineerden in de wereldtentoonstelling in Osaka in 1970. Na een 'post-bubble' economie trad er een ernstige recessie in, die vergezeld ging van bedreigende fenomenen als toenemende werkeloosheid, corruptie, stijging van het zelfmoord-percentage, toenemende criminaliteit – vooral onder jongeren – en een groeiende milieu-problematiek. Verder vonden er in 1995 twee dramatische gebeurtenissen plaats, die het Japanse volk diep raakten: de grote aardbeving in Hansai, die vooral de stad Kobe zwaar trof en de gasaanval van de AUM-sekte in de ondergrondse van Tokio.
Onvermijdelijk had dit sterk veranderde economische, politieke en maatschappelijke klimaat op de een of andere wijze zijn uitwerking op de jongere kunstenaars, die in de jaren negentig aantraden, ook wel de Post Expo generatie genoemd.
Sommigen reageerden met een soort koele afstandelijkheid op de hen omringende samenleving en creëerden een eigen wereld in hun werk, zoals de inmiddels zeer bekende Yoshimoto Nara met zijn sarcastische schilderijen met (strip)figuren en thema's uit zijn jeugd of de even succesvolle Miran Fukuda met haar shockerende persiflages op meesterwerken uit de Westerse kunstgeschiedenis. Anderen gaan rechtstreeks in op de bedreigingen vanuit de politiek, zoals bijvoorbeeld de nucleaire proeven, of de verschijnselen nationalisme, macht en oorlog (respectievelijk aan de orde in het werk van Kenji Yanobe en Yukinori Yanagi).
Weer anderen vragen de aandacht voor de ondergeschikte positie van de vrouw in de Japanse samenleving en stellen in hun werk de dominante houding van de Japanse man ter discussie, zowel in het heden als het verleden (Yoshiko Shimada). Een enkeling geeft commentaar op de Japanse consumptiemaatschappij of de cultureel/economische dominantie van de Verenigde Staten, waarvan McDonalds's het meest sprekende voorbeeld is (Masato Nakamura).

Alle hiervoor genoemde jonge Japanse kunstenaars maken geen deel uit van de tentoonstelling *Ikiro / Be Alive*, maar zijn hier alleen genoemd als illustratie van vele verschillende richtingen in de hedendaagse kunst in Japan.[6]
Een categorie die eveneens vrijwel buiten beschouw bleef is de Japanse 'neo- of Tokyo-Pop', waartoe o.a. Takashi Murakami, Masahiko Kuwahara, Taro Chiezo, Yoshimoto Nara, maar ook Mariko Mori, die wel is vertegenwoordigd, worden gerekend. Hun wereld weerspiegelt vooral de consumptiemaatschappij, de nieuwste computertechnologie en de 'scene' van de punkmuziek, de populaire karaoka en de wijdverbreide obsessie voor de 'Manga', het stripboek voor oud en jong.

Zoals gezegd, wil de tentoonstelling *Ikiro / Be Alive* niet een min of meer compleet beeld bieden van de Japanse kunst uit de jaren tachtig en negentig. De tentoonstelling is niet volgens een strak concept ontwikkeld, maar op een organische wijze gegroeid, waarbij vooral de voorliefdes van de maker werden gevolgd. Met betrekking tot de jongeren ging het om persoonlijkheden, die ieder hun eigen standpunt, obsessie of observatie naar voren brengen, onder andere ten aanzien van de recente geschiedenis van Japan of problemen en knelpunten in de Japanse samenleving.

Minako Saitoh geeft in haar installaties bijvoorbeeld haar visie op de agressieve expansie van Japan in Azië – in Mantsjoerije en China – in de jaren dertig. Tabaimo, ook een vrouwelijke kunstenaar, laat een huisvrouw vanuit haar kleine keuken commentaar geven op het hoge zelfmoordpercentage onder jongeren of op de corruptie in de politiek, terwijl Tatsuo Miyajima met een grote groep medewerkers – de 'Revive Kaki Tree Project Executive Committee' – overal ter wereld, en nu ook in het Kröller-Müller Museum, een loot presenteert van de 'Kaki Tree', die in 1945 de atoombom in Nagasaki heeft overleefd. Andere jonge kunstenaars in deze tentoonstelling (Shimabuku en Tsuyoshi Ozawa) beschouwen hun kunst als een vorm van communicatie en daarmee sluiten zij aan bij een internationale tendens. Zij realiseren hun werk vaak

6
Overigens was in 2000 in Nederland wel werk van sommigen van hen te zien in de tentoonstellingen *Voices from Japan* in De Lakenhal en het Centrum voor Beeldende Kunst in Leiden en in *Dark Mirrors of Japan* in De Appel in Amsterdam (Nara, Yanobe, Yanagi, Shimada).

Minako Saitoh
Grave at Midday—Nippon, 1994/1995

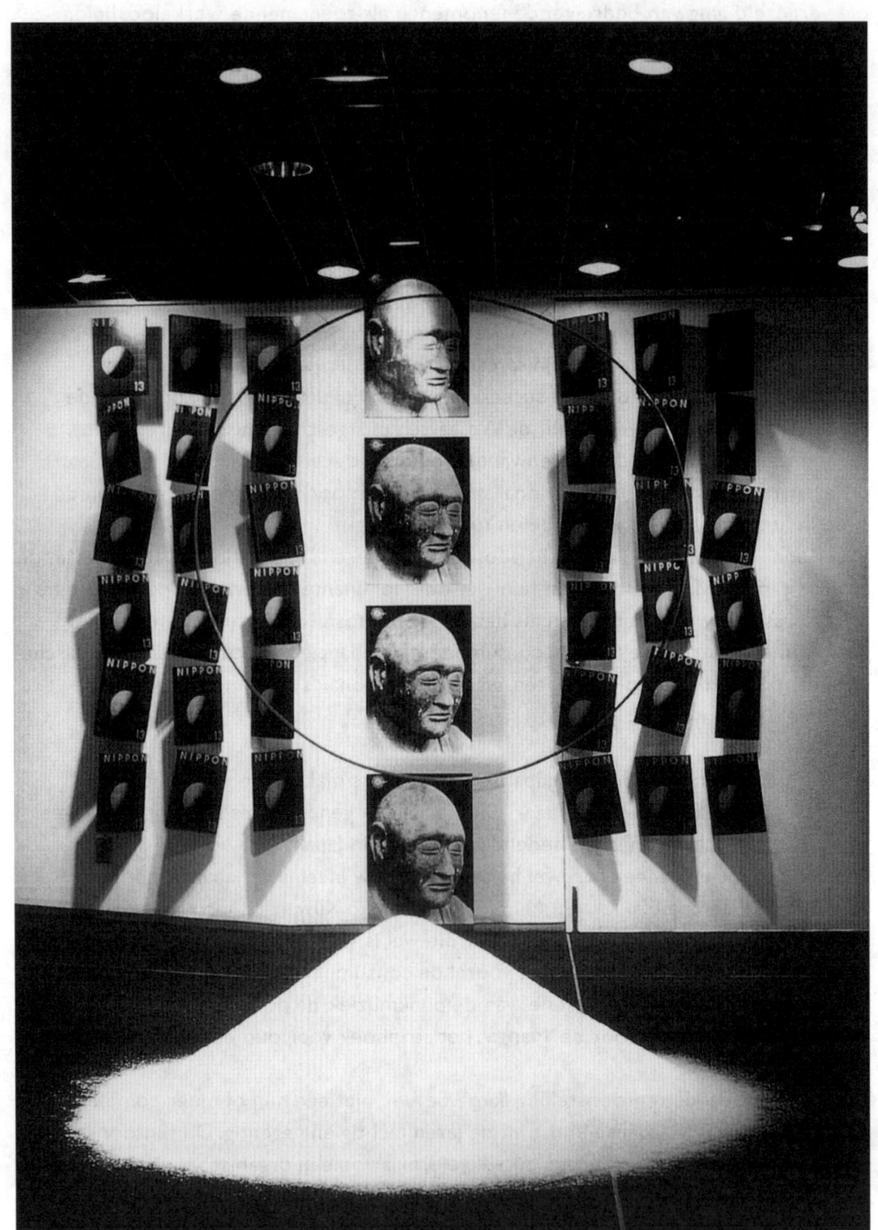

samen met mensen uit hun omgeving, waar zij zich ook bevinden. Al deze onderwerpen maken duidelijk, wat deze kunstenaars beweegt, hoe extrovert van aard hun werk is en hoezeer de huidige maatschappij en de recente geschiedenis van Japan hen bezig-houdt.

Zeer opmerkelijk is tenslotte dat er in de jaren negentig daarnaast ook een aantal jonge kunstenaars is, dat teruggrijpt op onderwerpen uit de natuur of op thema's die hun wortels hebben in de eeuwenoude Japanse tradities en cultuur. Zo schildert Rieko Hidaka al vele jaren grote, indrukwekkende doeken met bomen van onderaf gezien; geeft Mariko Mori een zeer individuele en eigentijdse visie op de thee-ceremonie en schildert Takahiro Suzuki als een jonge sjamaan temidden van belang-stellenden en bij voorkeur niet in de museale instituten dagelijks zijn 'Ikiro'-teken op Japans papier.

Het is even boeiend als verbazingwekkend om te zien hoe bij enkele jonge kunstenaars in deze tentoonstelling (Hidaka, Suzuki, Mori, Shimabuku, Ozawa, Saitoh, Miyajima) een aantal traditionele, culturele Japanse opvattingen en waarden op een geheel nieuwe wijze gestalte krijgt. Uit veel van het hier getoonde werk blijkt dan ook dat de eigen-tijdse Japanse kunst zich nog steeds beweegt in het spanningsveld tussen de Japanse of Aziatische culturele tradities en de internationale vooral Westerse ontwikkelingen in de beeldende kunst. Daarin kiezen deze kunstenaars bewust hun eigen weg, waarbij waarden uit het culturele verleden van hun land of werelddeel worden getransformeerd en nieuwe worden geïntroduceerd.

Nu de eigentijdse kunst meer en meer mondiaal van aard wordt en ook de jonge Japanse kunstenaars over de hele wereld reizen of lange perioden in Europa en de Verenigde Staten werken, waarbij er een wisselwerking met hun nieuwe omgeving ontstaat, zou de vraag naar het Japanse of Aziatische karakter van de hedendaagse kunst uit Japan in theorie minder relevant kunnen lijken. Het tegendeel is waar. Deze vraag blijft actueel, omdat het in dit geval gaat om werk met een volstrekt eigen Japanse identiteit. Deze tentoonstelling hoopt dan ook iets te kunnen laten zien van de bijzondere en vooral eigen rol, die de Japanse kunst van nu vervult in het discours, dat de hedendaagse kunst wereldwijd voert.

Jaap Bremer

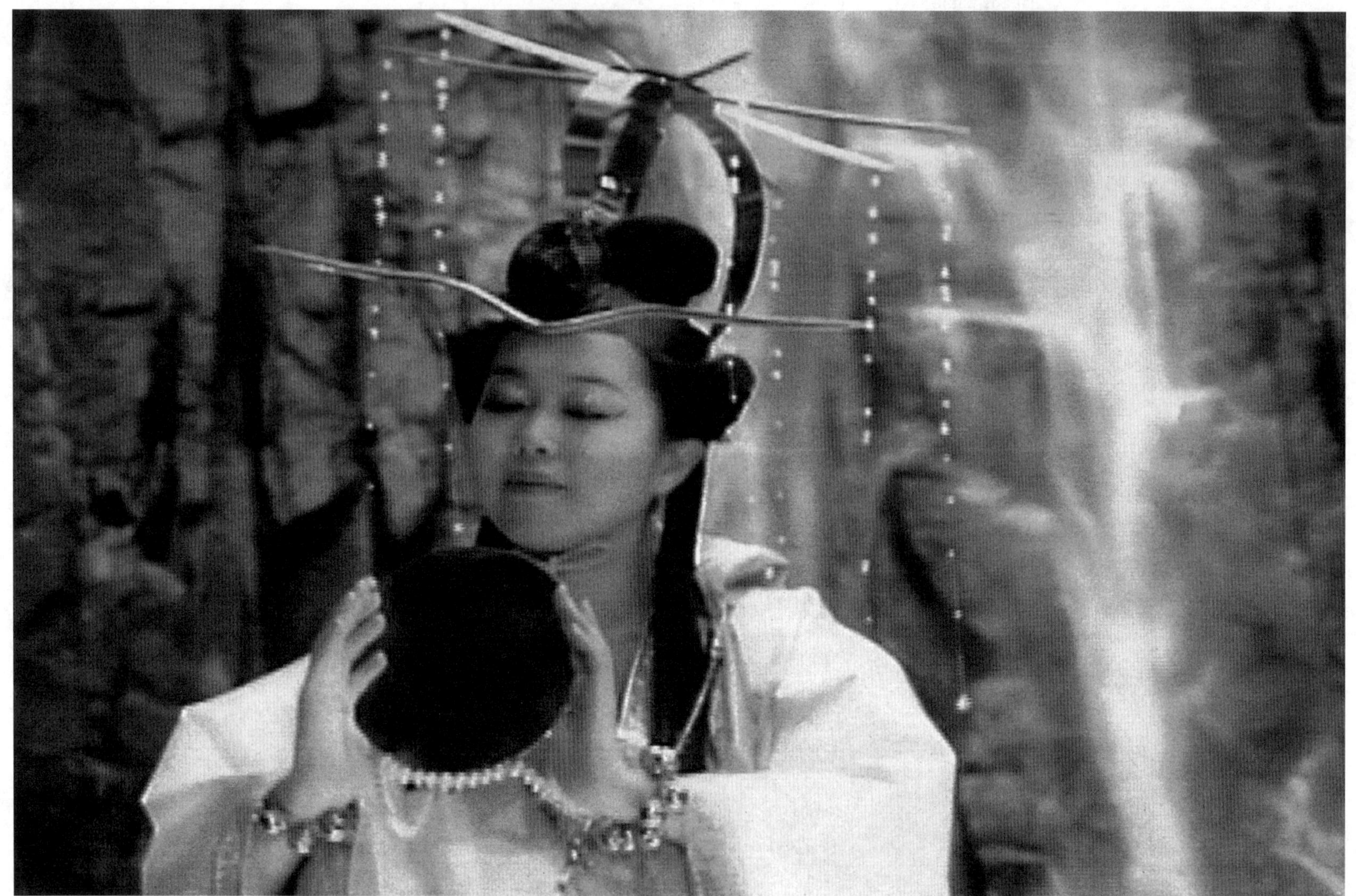

Voorbij oost en west
Hedendaagse kunst uit Japan

Van trendwatcher naar trendsetter?

Japan neemt in Azië een bijzondere positie in. Geografisch ligt het langgerekte eilandenrijk aan de rand van het gebied dat men met Azië aanduidt en strekt het zich uit van een koel gematigd noorden tot een subtropisch heet zuiden. Vanuit West-Europa gezien ligt Japan aan de uiterste oostzijde van Azië, vanuit de Verenigde Staten is het het eerste Aziatische land aan de westzijde. Voor Zuidoost Azië ligt Japan vrij noordelijk. Ook in de geschiedenis en de ontwikkeling van het land zien we die bijzondere positie gereflecteerd. Japan was een al vroeg bewoond land dat lange tijd sterk onder invloed van China stond en dat vanaf de twaalfde eeuw door machtige keizerdynastieën werd geregeerd. Tijdens de Edo-periode, onder de heerschappij van de Tokugawa shoguns (1603-1868), koos Japan voor een isolationistische politiek. Behalve de handelsrelaties die Nederland vanaf het kunstmatige eilandje Deshima in de baai van Nagasaki met Japan onderhield, was het land afgesloten van de buitenwereld.[1]

Het militaire regime van de shoguns hield het land stevig in zijn greep. Het was een periode van rust maar ook repressie. Opvallend is dat de kunsten in die tijd een grote bloei kenden: de *ukiyo*-e (het schilderen van de vluchtige, drijvende wereld) nam een hoge vlucht en de in lange tradities gewortelde prentkunst, inktschilderkunst, het schilderen op muren, panelen, schuifdeuren, zijde, de keramiek, sculptuur en landscape art (tuinen en parken) floreerden. Na de openstelling van Japan in 1854 en het herstel van de keizerlijke macht vanaf 1868 veranderde Japan ingrijpend. Het land werd geïndustrialiseerd en vooral in de Meiji-periode (1868-1912) probeerde het zich zo snel mogelijk aan de Europese ontwikkelingen aan te passen. In technologie, wetgeving, onderwijs, taal, architectuur, muziek, mode, enz. richtte men zich volkomen op het Westen. Dit gold ook voor de kunst. De modernistische kunststromingen uit het West-Europa werden gretig opgenomen en eigen gemaakt.

In de loop van de twintigste eeuw heeft Japan zich tot een economische supermacht ontwikkeld en is een van de rijkste landen van de wereld. In de kunst kijkt nu het Westen met grote belangstelling naar wat er in Japan gebeurt en in Japan is men zich tegelijkertijd met het proces van mondialisering weer sterk op Azië gaat richten. Het Westen is niet langer meer het rolmodel voor de kunst, maar als economische supermacht in Azië is Japan eigenlijk een buitenbeentje en wordt daarom binnen Azië ook wel als 'de Ander' gezien. Hoe verhoudt Japan zich tot deze contexten, wat is moderne en hedendaagse Japanse kunst in een mondialiserende wereld?

Het probleem van de moderne kunst

In een redactioneel uit 1993 in het tijdschrift *Third Text* stelde Olu Oguibe onomwonden dat Westerse schrijvers nogal eens de neiging hebben geschiedenis op te vatten als synoniem met de Westerse geschiedenis en moderniteit te beschouwen als iets dat geheel is voortgekomen uit het Westen. Niet-Westerse culturen zouden geen geschiedenis hebben en hun cultuur is primitief gebleven. Ook zou het niet-Westen (waar ligt het niet-Westen eigenlijk?) geen aandeel hebben gehad aan de ontwikkeling van de moderne kunst.[2] Oguibe stelt dit voornamelijk aan de kaak met betrekking tot Afrika en de notie van *Africanity*, dat een vergelijkbare constructie is als het in 1978 door Edward Said geformuleerde *Orientalism*.[3] In beide gevallen worden ze opgevat als Westerse constructies die zijn ingezet om een sterk zelfbeeld voor het Westen te creëren door vooral de 'andersheid' (lees: inferioriteit) van andere culturen te benadrukken. Oriëntalisme bij Said had vooral betrekking op de Westerse (Europese) beeldvorming van het Nabije Oosten, maar de term is gemeengoed geworden voor

[1]
Zie verder Bewogen *Betrekkingen. 400 jaar Nederland – Japan*, redactie Leonard Blussé, Willem Remmelink, Ivo Smits, Teleac/NOT, 2000.

[2]
Olu Oguibe, 'In the "Heart of Darkness"', *Third Text*, 1993.

[3]
Edward Said, *Orientalism. Western Concepts of the Orient*, Harmondsworth, 1995 (1978). Al is de kritiek op Said geweest dat hij zich evenzeer schuldig heeft gemaakt aan 'occidentalisme', beeldvorming over het Westen, zijn boek is baanbrekend geweest voor deze discussie.

Takahiro Suzuki
Performance *Ikiro*, Washington Square Park, New York, 1996

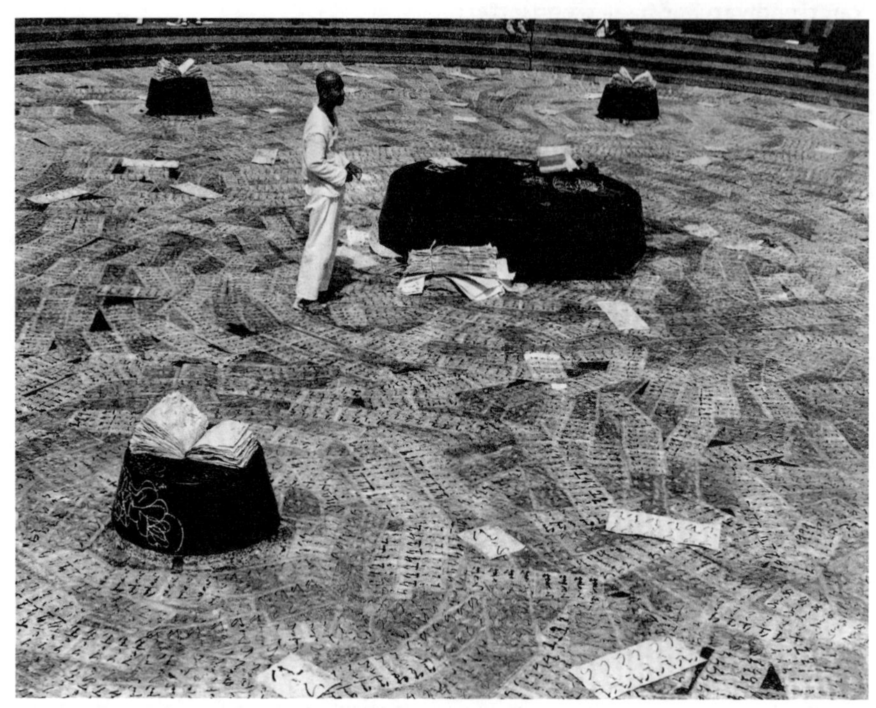

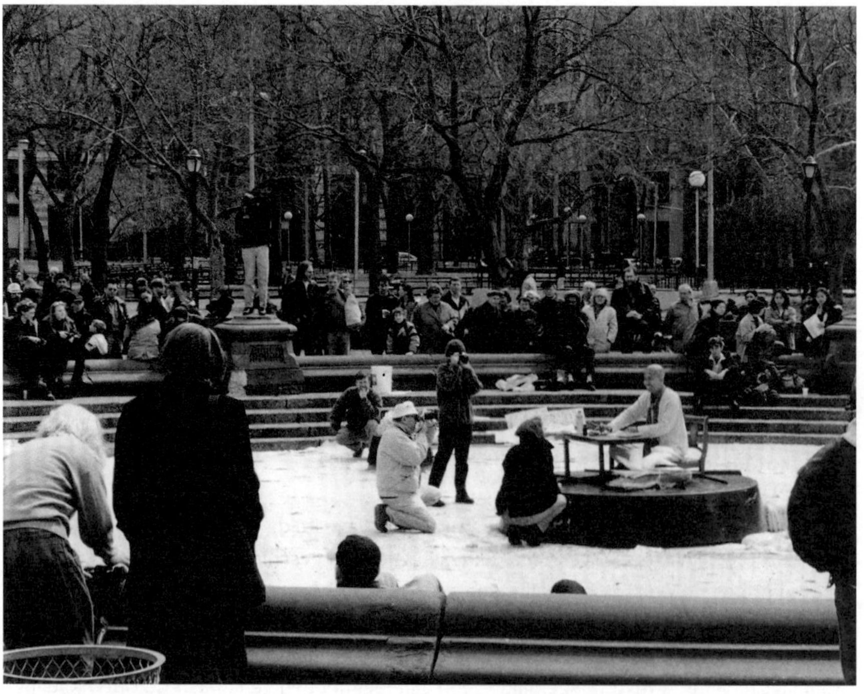

Takahiro Suzuki
Performance *Ikiro*, Washington Square Park, New York, 1996

het hele Oosten, voor heel Azië. Dat blijkt wel uit de receptie van moderne kunst uit Japan, want deze is lange tijd in termen van oriëntalisme beschreven. Waar dit niet het geval was werd de kunst als Westers epigonisme afgedaan. Kortom, Japan zou ofwel slaafs de Westerse voorbeelden hebben gevolgd zonder eigen inbreng, ofwel de kunst werd als vooral anders, als exotisch beschreven. De Japanse kunst werd hoe dan ook gemarginaliseerd, uit het centrum geweerd. In deze Eurocentristische houding is pas in de laatste twee decennia van de twintigste eeuw verandering gekomen.

Het is al lang niet meer houdbaar om (de ontwikkeling van) moderne kunst als een zuiver Westerse aangelegenheid te beschouwen. De geschiedenis van de moderne kunst is complexer dan de Greenbergiaanse versie van het formeel-esthetische modernisme dat naadloos de *Olympia* van Manet koppelt aan het abstract-expressionisme in de Verenigde Staten zonder tussenkomst van andere invloeden. Moderne kunst, of misschien beter geformuleerd, moderniteit in de kunst, is een wereldwijd verschijnsel dat weliswaar in West-Europa haar oorsprong had maar dat na de eerste vernieuwende impulsen uiteindelijk overal een eigen invulling en ontwikkeling heeft gekregen. Bovendien is het de vraag hoe de moderne kunst in West-Europa eruit zou hebben gezien als kunstenaars uit het begin van de twintigste eeuw zich niet zouden hebben geïnspireerd op de maskers en artefacten uit Afrika en Oceanië.

De geschiedenis van de moderne kunst in Azië kent vele gezichten, en ook hier neemt Japan in vergelijking tot bij voorbeeld Korea of Zuidoost Azië een aparte positie in. In gekoloniseerde gebieden kwam de Westerse kunst mee met de (Europese) kolonisator. Men stichtte kunstacademies (b.v. in Vietnam) en kreeg onderwijs in Westerse kunst en kunsttechnieken. Japan is nooit gekoloniseerd; daar werden de modernistische stromingen bewust geïmporteerd. In al deze gevallen ontwikkelde zich uiteindelijk een eigen vorm van moderne kunst, die als aanzet weliswaar het Westerse modernisme heeft gehad maar zich verder op een eigen wijze ontwikkelde.[4] Bovendien lopen die geschiedenissen geenszins parallel. In Japan zien we die interesse in de Europese kunst vanaf de jaren zestig van de negentiende eeuw ontstaan, terwijl landen als Thailand pas ver in de twintigste eeuw in aanraking zijn gekomen met moderne kunst. Wij hebben het dan over een hele andere moderne kunst dan die uit het begin van de twintigste eeuw, want er is in die tussentijd het nodige veranderd en bijgekomen, en die 'hele oogst' is in één keer en niet chronologisch gefaseerd voorhanden.

De notie van modern, moderniteit als houding in de kunst, namelijk het breken met de traditie, kent in ieder gebied een eigen ontwikkeling en invulling. Dat maakt de geschiedenis van de moderne kunst tot een complex en gelaagd geheel dat niet alleen vanuit het perspectief van het Westen kan worden geschreven. In zijn boek *Modern Asian Art* (1998) heeft John Clark het over 'the notion of modern Asian art as a discursial field', een veld dat niet één type maar een scala aan typeringen van moderne kunst oplevert, waar niet alleen meer de Euramerikaanse opvattingen hoogtij vieren maar die van elders een even grote inbreng hebben.[5] Het tijdschrift *Third Text* ijvert sinds 1987 voor dit brede en gelijkwaardige standpunt, namelijk het opnemen van het aandeel van 'de Ander' in de mainstream geschiedenis van de moderne kunst. Volgens editor Rasheed Araeen heeft in de jaren tachtig van de twintigste eeuw het perspectief van een Euramerikco-centrisme versus 'de ander' misschien wel plaats gemaakt voor een multicultureel relativisme – ieder wordt in zijn recht gelaten – maar van dialoog of integratie is nog weinig sprake. Volgens Araeen hebben we nieuwe en meer radicale strategieën nodig om de kunstinstituties en het dominante discours open te breken om de mondiale kunstproductie te herkennen en legitimeren.[6]

Een vergelijkbare stellingname nam Fumio Nanjo in op het symposium 'Voices from Japan. Contemporary Art and Discourse in Global Perspective' op 16 juni 2000 in Leiden.[7] Nanjo, organisator van internationale hedendaagse kunsttentoonstellingen en *lecturer* Kunstgeschiedenis aan de Keio Universiteit in Tokio, gaf een overzicht van 125 jaar Japanse kunstgeschiedenis, waarin hij liet hij zien dat de Westerse invloed op de Japanse kunst aan het einde van de negentiende eeuw weliswaar onmiskenbaar was, maar dat tegelijkertijd de impuls was gegeven voor het ontstaan van een *Japans* modernisme. Dit modernisme heeft sedertdien niet alleen een eigen autonome ontwikkeling gekend die gelijke tred hield met het Westerse modernisme, maar is op zijn beurt van invloed geweest op de ontwikkeling van de moderne kunst in het Westen. Gaat dit misschien niet zozeer op voor de eerste helft van de twintigste eeuw, vanaf de jaren vijftig met de Gutai groep worden die impulsen manifest. De acties en performances van Gutai waren al heel snel in Europa en de Verenigde Staten bekend en hun opvatting van kunst als actie is richtinggevend geweest voor wat men met 'live art' is gaan aanduiden.[8] In de mode, architectuur, computer graphics, fotografie en nieuwe media-kunst is Japan al lang de evenknie, misschien wel de voortrekker voor

4
Zie o.a. het themanummer over moderne kunst in Azië van het tijdschrift *Aziatische Kunst. Uitgave van de Vereniging Vrienden der Aziatische Kunst*, Vol. 30, No. 3, September 2000; zie uitvoerig: John Clark, *Modern Asian Art*, Sydney (Australia), 1998. In *How To Look at Japanese Art* (New York, 1996) stelt de auteur, Stephen Addiss: 'Another characteristic of Japanese art is its ability to borrow and transform features from the arts of other countries. Successive waves of influence from China and Korea brought to Japan Buddhism, a written language, and new forms of government, as well as different styles of art. These might have overwhelmed a less confident and creative people. In Japan, however, they were quickly transformed into traditions that have endured for centuries. In the past 140 years, Western influence has entered almost every aspect of Japanese life, including the arts, but again, the foreign influence is being modified to suit Japanese temperament and vision' (p. 9).

5
Clark, ibid., pp. 60-63.

6
Rasheed Araeen, 'A New Beginning. Beyond Postcolonial Cultural Theory and Identity Politics', *Third Text*, No. 50, Spring 2000, pp. 3-20.

7
Het symposium 'Voices from Japan. Contemporary Art and Discourse in Global Perspective' werd gehouden op de Universiteit Leiden op 16 juni 2000 in het kader van de viering van 400 jaar betrekkingen tussen Japan en Nederland. Het symposium was het startschot voor het grote internationale kunstproject 'Voices from Japan' dat in de zomer van 2000 op vijf locaties in de stad Leiden was te zien. Zie verder het gelijknamige themanummer van het tijdschrift *Decorum, tijdschrift voor kunst en cultuur*, jrg. XVIII (2000), no. 2, dat als begeleidende publicatie bij het kunstproject en het symposium verscheen.

8
Zie o.a. Roselee Goldberg, *Performance. Live Art since the 60s*, London 1998; Alexandra Munroe, *Scream Against the Sky. Japanese Art After 1945*, New York, 1994.

Shimabuku
Christmas at the Southern Hemisphere, 1995

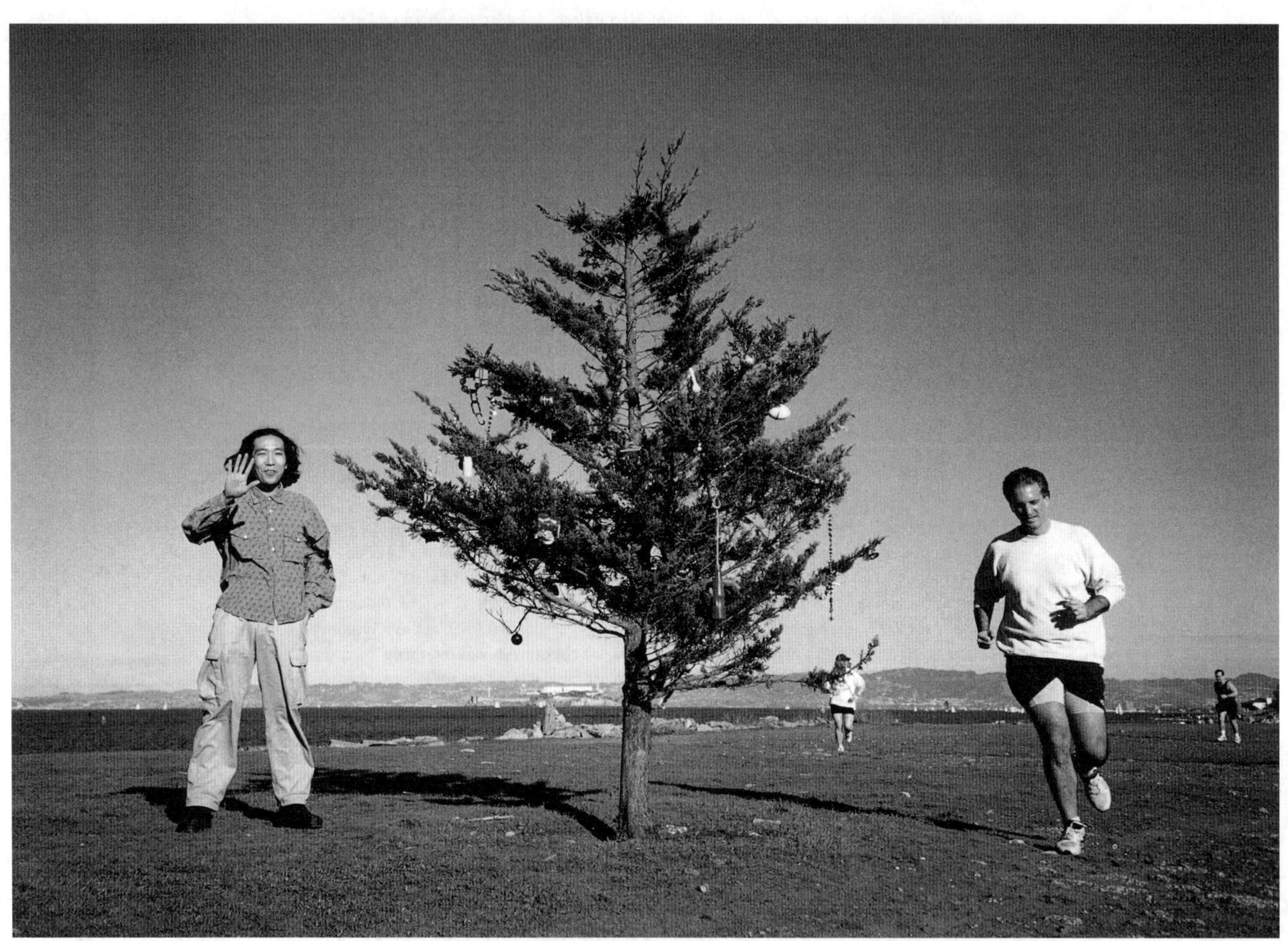

vernieuwing en in het Westen kijkt men dan ook gretig naar wat er uit Japan komt. Dat het Westen voor Japan niet meer het rolmodel is voor de kunst blijkt ook uit de 'think Asian' beweging die zich is gaan aftekenen en die een hernieuwde oriëntatie laat zien op Azië en op oude Japanse tradities. Ook dit is geen nieuw verschijnsel. De Mono-Ha beweging ('school der dingen') in de beeldhouwkunst van de late jaren zestig, begin jaren zeventig, waarvan Ufan Lee de leidende figuur was, streefde een Aziatische esthetiek en filosofie na als alternatief voor het Westerse modernisme. Toch laat de jongste generatie kunstenaars vooral zien hoezeer zij zich mondiaal opstellen.

Willen we uit het oost-west denken komen, dan moeten we die regionale stereo-typeringen ook loslaten en de geschiedenis(sen) en productie van de moderne kunst/moderniteit in de kunst benaderen vanuit een variabel en niet een gefixeerd model van centrum en periferie. Kunst is binnen dat model een discursief veld van communicatie en informatie-verwerking, met input die endogeen en exogeen kan zijn maar die steeds op een eigen wijze wordt verwerkt. Daarom zijn thema's in de kunst (neem bij voorbeeld moderniteit als houding) tegelijk zowel mondiaal herkenbaar als locaal specifiek.

Kunst nu

De kunstenaars op de tentoonstelling reflecteren die verandering in houding. Bij de eerste generatie zien we veel fundamenteel onderzoek naar de gebruikte media, naar het materiaal en zijn eigenschappen. Veel werk verwijst naar de natuur en natuurlijke processen. Wat opvalt is dat we weinig sociaal-maatschappelijk engagement gereflec-teerd zien. De jonge kunstenaars tonen een breder perspectief. Bij hen zien we in alle mogelijke materialen en technieken politieke connotaties, reflectie op het leven in de grote stad, ecologisch bewustzijn, het persoonlijke verhaal, de eigen identiteit – Japanner zijn is slechts een van de identiteiten – het belang van de herinnering. Niet het materiaal staat centraal maar het individu, de ervarende mens. Deze thema's zien we overal in de kunst. Kunst is een wereldwijd discours geworden.

Voor 'Voices from Japan' hadden we de kunstenaars een aantal vragen voorgelegd over hun kunstenaarschap en hoe zij gezien willen worden. Voor Satoru Takahashi ging het niet om een ideaal zelfbeeld: 'Het moet gaan over de vraag hoe we een plaats kunnen geven aan en ruimte kunnen creëren voor kritisch onderzoek, zowel in Japan als in het buitenland'.[9] De hedendaagse kunst heeft het nog niet zo gemakkelijk in Japan. Tentoonstellingsmaakster Yukie Kamiya noemt het systeem in Japan oud en vermoeid en lastig om te veranderen.[10]

Hedendaagse kunst bloeit echter als nooit tevoren maar vooral aan de infrastructuur mankeert het nodige. Er wordt niet veel gekocht. Overheidssteun voor jonge kunste-naars is er niet en velen combineren een baan met hun kunstenaarschap. Weliswaar worden op grote schaal musea gebouwd, maar die importeren liever blockbuster-tentoonstellingen omdat die ten minste het grote publiek trekken, want ook in Japan regeren bezoekersaantallen. De experimentele kunst moet uitwijken naar alternatieve ruimten waarvan er verschillende bestaan (zoals de Contemporary Art Factory in Tokio) en er gelukkig steeds meer komen. Voor criticus Fumihiro Nonomura zijn de stadsparken en tuinen de voor de hand liggende ruimten voor een nieuwe hedendaagse kunst in de openbare ruimte. Openbare kunst moet een eigen plek creëren en dat kan volgens hem het best door de oude Japanse traditie van tuin- en park-'landscaping' nieuw leven in te blazen. Hieruit kan een nieuwe kunst en een nieuwe kunstervaring voortkomen, want dat zijn de plekken waar de *flow of time* in het hectische leven van de metropool even tot rust komt.[11]

Het galeriewezen is weer een verhaal apart. Vele galeries zijn 'rental galeries' waar kunstenaars ruimte kunnen huren. De beschikbare ruimte is meestal omgekeerd evenredig aan de huurprijs die adembenemend kan zijn en dus maar voor een enkeling is op te brengen. Uitermate korte tentoonstellingen (één weekend) zijn het gevolg. Of men gaat de straat op. Of naar het buitenland. De jonge kunstenaars reizen veel en participeren in allerlei uitwisselingsprojecten. Ze tonen de wereld hun visie op het bestaan. Dat speelt zich af in Japan, of in New York, of waar ze zich op dat moment bevinden. Men stelt zichzelf niet als 'de Ander' voor en wenst zo ook niet te worden beschouwd. De artistieke praktijk moet het focuspunt zijn: kunst als agency en niet als resultaat van vermeende historische ontwikkelingen, geografische bepaaldheid of vanuit 'the West and the Rest'.

Kitty Zijlmans

9
Satoru Takahashi in op.cit. (noot 7), p. 16.
10
Yukie Kamiya ibid., p. 10.
11
Fumihiro Nonomura, 'Possibilities for Japanese Art', in: *Art Asia Pacific*, No. 25, 1999, pp. 40-45. Nonomura is kunst- en media criticus en mede-werker van de Wako Universiteit in Tokio.

Kitty Zijlmans (1955) studeerde kunstgeschiedenis in Leiden. Met ingang van 1 juli 2000 is zij benoemd tot hoogleraar in de geschiedenis en theorie van de beeldende kunst van de nieuwste tijd aan de Universiteit Leiden.

Bibliografie / Bibliography
Een keuze van tentoonstellingscatalogi in chronologische volgorde /
a selection of exhibition catalogues in chronological order

Japon des avant gardes 1910-1970, Centre George Pompidou, Paris, 1986.

20ste Biënnale: Middelheim-Japan, Openluchtmuseum voor Beeldhouwkunst Middelheim, Antwerpen, 1989.
(o.a. Susumu Koshimizu, Ufan Lee, Shigeo Toya, Kimio Tsuchiya)

Japanische Kunst der Achtziger Jahre, Frankfurter Kunstverein, Frankfurt, 1990.

A Primal Spirit. Ten Contemporary Japanese Sculptors, Hara Museum ARC, Gunma; Los Angeles County Museum of Art, Los Angeles, Museum of Contemporary Art, Chicago et al., 1990.
(o.a. Shigeo Toya, Kimio Tsuchiya, Isamu Wakabayashi)

Japanese Anti-Art: Now and Then, The National Museum of Art, Osaka, 1991.

Centrifugal Sculpture. An Aspect of Japanese Sculpture in the Last Decade, The National Museum of Art, Osaka, 1992.

Seven Artists. Aspects of Contemporary Japanese Art, Nagoya Municipal Museum of Art, Nagoya, 1992.
(o.a. Toshihiro Kuno)

Shizen – Verborgene Natur, Ballgame-Hall, Royal Garden of the Prague Castle, Prague; Ludwig Museum, Budapest; Ludwig Forum für Internationale Kunst, Aachen, 1993.
(o.a. Shigeo Toya)

Aspects 1979-1994. 15th Anniversary of the Hara Museum of Contemporary Art, Hara Museum ARC, Gunma, 1994.
(o.a. Ufan Lee, Shigeo Toya)

A Vision of Japan for the 21st Century. Encounter of Contemporary Art and Folklore (Japanese Aesthetics and Sense of Space III), Sezon Museum of Art, Tokyo, 1994.

Japanese Art after 1945. Scream against the Sky, Yokohama Museum of Art, Yokohama; Guggenheim Museum Soho, New York, San Francisco Museum of Modern Art, San Francisco, 1994.

Position 1994, Nagoya City Art Museum, Nagoya, 1994.
(o.a. Susumu Koshimizu, Toshihiro Kuno)

Circulating Currents. Japanese and Korean Contemporary Art, Aichi Prefectural Museum of Art, Nagoya; Nagoya City Art Museum, Nagoya, 1995.
(o.a. Susumu Koshimizu, Toshihiro Kuno, Shigeo Toya)

NowHere. Een Japans-Nederlandse tentoonstelling van eigentijdse kunst, Het Apollohuis/Schellens, Eindhoven, 1995.

Photography and Beyond in Japan. Space, Time and Memory, Hara Museum of Contemporary Art, Tokyo, 1995.

Between Earth and the Heavens. Aspects of Japanese Contemporary Art II, Nagoya City Art Museum, Nagoya, 1996.

Protean Artists of the Times, The National Museum of Art, Osaka, 1996.

Absolute Landscape. Between Illusion and Reality, Yokohama Museum of Art, Yokohama, 1997.
(o.a. Osamu Kanemura)

Looking toward the Future, Nagoya City Art Museum, Nagoya, 1997.

Mont-de-Marsan Sculptures 97: Le Japon. Créations in-situ, Mont-de-Marsan, 1997.
(o.a. Shigeo Toya, Kimio Tsuchiya)

Between the Unknown Straits. Art Now in Japan and Korea, Meguro Museum of Art, Tokyo, The National Museum of Art, Osaka et al., 1998.
(o.a. Tsuyoshi Ozawa)

Donai yanen! Et maintenant! La création contemporaine au Japon, École nationale supérieure des beaux-arts, Paris, 1998.
(o.a. Tatsuo Miyajima, Mariko Mori, Tsuyoshi Ozawa, Shimabuku, Kimio Tsuchiya)

Tastes and Pursuits: Japanese Art in the 1990s, National Museum of Art, New Delhi; Metropolitan Museum, Manila, 1998.
(o.a. Rieko Hidaka, Tatsuo Miyajima)

Forms in Nature. The 30th Anniversary Exhibition, The Hakone Open-Air Museum, Hakone, 1999.
(o.a. Shigeo Toya, Kimio Tsuchiya)

MOT Annual 1999: Modest Radicalism, Museum of Contemporary Art, Tokyo, 1999.
(o.a. Tsuyoshi Ozawa)

MOT Annual 2000: Land/mind/body-scapes in the Age of Cold Burn, Museum of Contemporary Art, Tokyo, 2000.
(o.a. Mariko Mori)

Continental Shift, Ludwig Forum für Internationale Kunst, Aachen; Stadsgalerij, Heerlen; Musée d'Art moderne et d'Art contemporain, Liège; Bonnefantenmuseum, Maastricht, 2000.
(o.a. Tsuyoshi Ozawa)

Dark Mirrors of Japan, De Appel, Amsterdam, 2000.
(o.a. Tsuyoshi Ozawa)

Trading Views (Yoshitomo Nara, Kenji Yanobe, Satoru Takahashi & Shiro Matsui), Stadtgalerie, Saarbrücken; Städtische Galerie, Erlangen; Stedelijk Museum De Lakenhal, Leiden, 2000.

Voices from Japan. Contemporary Japanese Art in Leiden (special issue of *Decorum*, XVIII (2000), no. 2), Stedelijk Museum De Lakenhal, Leiden; CBK, Leiden; De Waag, Leiden; Hortus Botanicus, Leiden; Sieboldhuis, Leiden, 2000.
(o.a. Tatsuo Miyajima)

Yume no Ato. Was vom Traum blieb…: Zeitgenössische Kunst aus Japan, Haus am Waldsee, Berlin; Staatliche Kunsthalle Baden-Baden, 2000.
(o.a. Tatsuo Miyajima, Mariko Mori, Tsuyoshi Ozawa, Kimio Tsuchiya)

Ufan Lee 1936

Onderlinge verbinding

*Ik geef de voorkeur aan een open verhouding en ontmoeting
tussen fenomenen uit de innerlijke wereld en de buitenwereld
boven een afgeronde, autonome tekst.
Een kunstwerk kan niet uitmonden in alleen een idee, als
zodanig, noch in de werkelijkheid als zodanig. Het bestaat
tussen idee en werkelijkheid; het is iets ambivalents, dat door
beide wordt beïnvloed en doordrongen.*

*Mijn werk is anders dan het maken van modernistische,
afgeronde gehelen en objecten. Het is (voor mij) belangrijk om
een stimulerende relatie te scheppen tussen wat ik schilder en
wat ik niet schilder, wat ik maak en wat ik niet maak, het
actieve en het passieve.*

*Door het plaatsen van slechts enkele (een, twee of drie)
toetsen op het doek door middel van de hand, penseel en
verf, ontstaat een lege, weerkaatsende ruimte, op het deel
waar de verf niet is aangebracht. Er worden verbanden tot
stand gebracht, tussen een natuursteen en een stalen plaat,
hetgeen een abstractie van de samenstellende delen betekent,
en van de ruimte rondom, die een resonerende ruimte wordt.
Dat wil zeggen, door de daad van het maken te beperken en
deze te combineren met dingen die niet gemaakt zijn, sluit ik
het externe in en wijs ik op een niet als een geheel ervaren
wereld.*

*Vanzelfsprekend is een hoog niveau van spiritualiteit, dat inter-
actie met de buitenwereld mogelijk maakt, een vereiste om
aan het werk een element van het onbekende te verlenen.
Ook moeten concepten, technieken en vaardigheden grondig
worden ontwikkeld. Vanuit deze benadering streef ik ernaar dit
soort open relatie tot stand te brengen. Dit wordt een voorstel
voor een nieuw uitgangspunt voor de schilderkunst en de
sculptuur, dat een eeuw van deconstructie en herinterpretatie
overstijgt.*

*Het is menselijk te leven met dromen over transcendentie.
Daarom moeten uitingen van kunst, leiden tot reflectie en de
sprong maken naar de verbeelding. Evenals mensen fysieke
wezens zijn, een contactpunt tussen de innerlijke wereld en de
wereld daarbuiten, moeten kunstwerken een levend intermediair
zijn, die bemiddelen tussen het zelf en het andere en die relatie op een hoger niveau tillen.*

Ufan Lee
Parijs 1999

Interconnection

*I prefer an open relationship of encounter between inner and
outer phenomena to a completed, autonomous text. A work of
art can neither become an idea as such nor reality as such. It
exists between idea an reality, and ambivalent thing that is
penetrated by, and influences, both.*

*My work differs from the making of modernist totalities or
closed objects. It is important to create a stimulating
relationship between what I paint and what I do not paint, what
I make and what I do not make, the active and the passive.*

*By adding slight (one, two or three) touches to the canvas with
hand, brush and paint, reverberating empty space is created
where paint is not applied. Correspondences are produced
between a natural stone, a steel plate, which is an abstraction
of its constituent elements, and the space around them,
opening up a resonant space. That is, by limiting the act of
making and combining it with things that are not made, I
incorporate the external and reveal a non-unified world.*

*Of course, a high level of spirituality that is capable of
interacting with the outer world is required to give an element
of the unknown to the work, and concepts, techniques, and
skills must be thoroughly cultivated. My approach is to form
this kind of open relationship, and this becomes a proposal for
a new starting point of painting and sculpture, transcending
an age of deconstruction and reinterpretation.*

*It is human to live with dreams of transcendence. Therefore,
artistic expression should lead to reflection and leaps of
imagination. Just as human beings are physical beings, a point
of contact between inner and outer worlds, works of art must
be living intermediaries that mediate between and exalt the
self and the other.*

Ufan Lee
Paris 1999

My works are that place where I meet and relate with the other.

Ufan Lee 1994

De beelden en schilderijen van Ufan Lee zijn streng, minimaal en voor westerlingen moeilijk toegankelijk. Zijn werken zijn misschien wel het meest Oost-Aziatisch van alle werken in deze tentoonstelling van hedendaagse kunst uit Japan.
Het is doordrenkt van een geheel andere levensopvatting en manier van kijken, dan die waarop de Europese en Amerikaanse kunst van na de Tweede Wereldoorlog is gebaseerd. Een cruciaal verschil met de Westerse benadering van beeldende kunst is vooral het gegeven, dat Lee in zijn werk niet uitgaat van het traditioneel Westerse onderscheid tussen subject en object, maar dit dualisme juist tracht op te heffen. Hij stelt zich niet ten doel geobjectiveerde beelden te creëren, maar een situatie, die naar aanleiding van de door hem gepresenteerde werkelijkheid – staalplaten en een steen of één brede verfstreek op een geheel leeg doek – bij de toeschouwer een nieuw bewustzijn kan opwekken over zijn eigen bestaan in relatie tot zijn omgeving in de meest brede zin. Het gaat hem om het aanreiken van relaties tussen het individu, de dingen en de wereld, opgevat als een eindeloos geheel. Dingen en in het bijzonder objecten uit de natuur afkomstig, zijn voor Ufan Lee fenomenen, delen van een oneindig geheel. Met instemming citeert hij de uitspraak van de Chinese filosoof Tao Chuang-tzu (370 voor Christus), 'Hout en steen zijn hout en steen en tegelijker- tijd zijn zij niet hout en steen, daarom zijn hout en steen in hun wezen een onvoorstelbaar uitgebreid universum'.[1]

Het centrale thema van het werk van Lee is dan ook de oneindige ruimte of de oneindigheid als zodanig. Het is daarom van essentieel belang dat hij bij het oproepen van dit oneindigheidsbesef het kunstwerk niet gebruikt als symbool of illustrerende toelichting, maar als concrete objecten, die zelf een vorm van bestaan zijn, gelijkwaardig aan het bestaan van de beschouwer.
In de Oost-Aziatische visie op het bestaan, die ook door Lee wordt aangehangen, is de mens een deel van de natuur en de aarde, en de aarde weer een deel van het heelal of de kosmos,
Dit onbegrensde, oneindige geheel noemt Lee het 'buiten' (the exterior), het 'andere' (the other), waarmee hij door middel van zijn werk een dialoog voert. Zijn werken zijn een doorgang ('passage') naar de oneindigheid, het 'uni- versum' en worden, zo stelt de kunstenaar, geboren uit een diepe 'nieuwsgierigheid naar het oneindige'.
Over de steen of stenen, die in zijn beelden meestal de enige tegenspeler(s) zijn van een zware, stalen, rechthoekige plaat, zegt hij: 'De stenen, die ik presenteer zijn geen ver- vanging van datgene, wat ik met woorden uitdruk; hoewel zij van geval tot geval ervaarbare grenzen aangeven, zijn zij

My works are that place where I meet and relate with the other.

Ufan Lee 1994

Ufan Lee's sculptures and paintings are austere, minimal and not all that easy for westerners to comprehend. His work is perhaps the most East-Asian of all the exhibits in this presentation of contemporary art from Japan.
It is pervaded with a life-view and a way of looking at art that are quite different from those on which postwar European and American art is based. It differs crucially from the western approach to art in that Lee eschews the traditional western distinction between subject and object; instead, he endeavours to eliminate that dualism. His aim is not to create objectified images but a situation which, as a consequence of the reality he presents – plates of steel or a piece of rock or a single broad brush- stroke over an otherwise completely empty canvas – can instil in the viewer a new awareness of his own existence in relation to his environment in the widest sense. Lee's aim is to forge links between the individual, things and the world, perceived as an infinite entity. To Ufan Lee, things and in particular objects from nature are phenomena, parts of a limitless whole. He endorses the statement of the Chinese philosopher Tao Chuang-tzu (b. 270 B.C.): 'Wood and stone are wood and stone and at the same time not wood and stone, and that is why wood and stone are essentially an inconceivable universe.'[1]

The central theme of Lee's work, then, is infinite space or infinity itself. It is therefore of essential importance that in evoking this sense of infinity he does not use the work of art as a symbol or an illustrative explanation but as con- crete objects which are themselves a form of existence on equal terms with the viewer's existence.
In the oriental view of life held by Lee, man is part of nature and the earth, which in turn is part of the universe or cosmos.
Lee calls this unlimited, infinite entity the 'exterior', the 'other', with which he conducts a dialogue through his work. His works are a passage towards infinity, the universe, and are born, he says, of a profound 'curiosity about infinity'.
About the rock or rocks which in his sculptures are usually the only accompaniments to a heavy, rectangular sheet of steel, he says: 'The rocks I present are not a sub- stitute for what I want to express in words; although they occasionally indicate experienceable borders, they are in a much wider sense something indefinite that is connected with the outside world. I experiment with a manner of expression in order to establish contact somehow with an unregulated, bewildering unknown. It is my historical perception, my world-view, that I see myself within that relationship to the larger outside world which (also) encompasses man.' (1955)[2]

1
Catalogus / Catalogue *Lee Ufan*, Schloss Morsbroich, Leverkusen, 1995, p. 14.

veel meer iets onbestemds, dat in verbinding staat met de buitenwereld. Ik experimenteer met een wijze van uitdrukken, om hoe dan ook met het niet-geregelde, het onzeker makende onbekende in contact te komen. Het is mijn historisch bewustzijn, mijn wereldbeschouwing, dat ik mijzelf zie binnen die relatie tot de grotere (ook) de mens omvattende buitenwereld' (1955). Veel schilderijen van Lee dragen dan ook als titel *Correspondence*. Beelden beschrijft hij met het begrip *Relatum* (tot stand gebrachte relatie).[2]

In zijn sculpturen brengt hij de grote brokken natuursteen in zichtbare relatie met een rechthoekige stalen plaat. De stenen zoekt en vindt Lee in de natuur, langs de rivier of in de bergen. De betekenis van de steen duidt hij aan met het begrip 'non-made'. Deze wordt geconfronteerd met de plaat, die hij als een industrieproduct, gemaakt door mensen, 'made' noemt. Ze worden door hem in geen enkel opzicht bewerkt of behandeld. Hij hakt en kapt niet en maakt geen composities. De stenen blijven in zijn opvatting deel van de natuur en geen vorm van zelfexpressie van de kunstenaar. 'Mijn werken zijn de plaats, waar ik op het andere stuit, met dat andere in contact ben en geen reproductie of symboliek van het eigen ik'.[3] Irmtraud Schaarschmidt-Richter omschrijft deze kunstopvatting van Lee als volgt: 'Een kunstwerk is, volgens Lee, noch symbool, noch tekst; het is levende natuur in de zin van de bevestiging van het bestaan en tegelijkertijd verzamelde energie.'[4]

De schilderijen van Lee worden gemaakt vanuit eenzelfde overtuiging.
'Zoals een kwast zich over het doek beweegt, zo beweeg ik mijn voeten over het oppervlak van de aarde.'[5] Sinds het begin van de zeventiger jaren maakte hij series schilderijen, waarin het plaatsen van een punt, of punten in rijen van lijnen het centrale moment in het ontstaan van het schilderij vormde. De series heetten 'from point' en 'from line'. Later bleef de richting van de lijnen niet beperkt tot de verticaal, maar bewogen zij in velerlei (wind)richtingen. De serie noemde hij *From wind*.

In de jaren negentig keert Lee weer terug naar zijn centrale thema: één enkele brede penseelstreek (of soms uitgebreid tot twee of drie) op een verder volledig leeg doek. Aan de penseelstreek, die zich voordoet als een grijze rechthoekige vorm, is duidelijk te zien, wáár deze is aangezet en geëindigd. De uiterst materiële manier waarop deze ene verfstreek zich presenteert – een zware, dikke aanzet en een onmiddellijk zichtbare strijkrichting – maakt op een ongelooflijk geconcentreerde en rake manier het moment voelbaar, waarop de verf is neergezet. Dat is steeds opnieuw de kern van het werk: het moment, dat de kwast het doek raakt en 'the interior' (het innerlijk, de menselijke geest) en 'the exterior' (de oneindige buitenwereld) elkaar raken en voorgoed in dat schilderij samen vallen. Het uiteindelijke doel, dat Lee

The large pieces of rock in his sculptures are placed in an evident relationship to a rectangular steel plate. Lee seeks and finds his rocks in their natural surroundings, along a river or in the mountains. He refers to them as 'non-made', in contrast with the plate which, being an industrial, man-made product, he calls 'made'. He does not model or treat them in any way whatsoever. He does not carve or hew; he does not create compositions. In his opinion the rocks are part of nature and not a form of artistic self-expression. 'My works are that place where I meet and relate with the other, and not a reproduction or symbol of myself.'[3] Irmtraud Schaarschmidt-Richter describes Lee's artistic conception as follows: 'A work of art is, according to Lee, neither symbol nor text; it is living nature in the sense of a confirmation of existence and at the same time pent-up energy.'[4]

Lee's paintings stem from the same conviction. 'A brush moves across the canvas in the same way as my feet move across the earth.'[5] Since the early 1970s he has been producing series of paintings in which the placing of a single dot or dots lined up in rows are the central impulse. The series were called 'from point' and 'from line'. Later, the lines were not restricted to verticals but moved in a variety of (wind) directions. He called this series *From wind*.

In the 1990s Lee returned to his central theme: a single, broad brushstroke (sometimes two or three) on an otherwise completely empty canvas. The beginning and end of the brushstroke, which assumes the form of a grey rectangle, are quite distinct. His highly material treatment of this single brushstroke – beginning thick, its further course perfectly visible – expresses the moment of application in an incredibly concentrated, vivid manner. This is always the crux of a painting: the moment at which the brush touches the canvas and the interior (the human spirit) and the exterior (the infinite world outside) meet and merge for good in that painting. Lee's ultimate goal in all his sculptures and paintings is to merge the interior and the exterior.
In the case of the paintings there are formal elements which are important to his conception. He never places the broad brushstroke in the very middle of the canvas. The off-centre brushstroke suggests movement; the centre is tranquillity, nothing – God, if you like.
Ufan Lee seeks a moment of silence and insight, and wants to offer it to others. He writes:

'Stand still a moment. Boisterous, busy people, stop and stand still for just a moment. Look at the blue sky. Close your eyes and take a deep breath. Do only this, and you will change and the world will come to life.

2
Catalogus / Catalogue *Lee Ufan, Bilder und Skulpturen*, Städelsche Galerie Frankfurt, 1998, p. 9.
3
Ibid., p. 13.
4
Ibid., p. 13.
5
Ibid., p. 14.

in al zijn beelden en schilderijen keer op keer nastreeft, is het samengaan van 'the interior' en 'the exterior'.

Wat betreft de schilderijen zijn er nog formele elementen, die binnen dit concept van belang zijn. De brede verfstreek wordt door hem nooit precies in het midden van het doek geplaatst. De penseelstreek buiten het centrum duidt namelijk beweging aan; het centrum is rust, het niets, zo men wil God.
Ufan Lee zoekt naar een moment van stilte en inzicht. Hij wil dit ook aan anderen bieden. Hij schrijft:

'Sta een ogenblik stil. Luidruchtige, overdrukke mensen, stop en sta stil, al is het maar voor een ogenblik. Kijk naar de blauwe lucht. Sluit je ogen en haal diep adem.
Doe alleen maar dit, en je zult veranderen en de wereld komt tot leven. Basho[6] schreef het volgende gedicht:

De oude vijver –
Een kikker springt erin
Het geluid van water.

De dichter voelt de trillingen van de grotere kosmos in deze korte, onbetekenende gebeurtenis.
Mijn eigen werk wil dit soort prikkelende gebeurtenissen creëren in het gevoelloze leven van elke dag. Ik hoop dat het scènes oplevert, die een flits van poëtisch inzicht brengen.
Beeldende kunst werkt echter niet met woorden, maar biedt metaforen aan, die verbonden zijn met objecten en wisselende ruimten. Het verschil tussen mijn kunst en die van Basho is derhalve, dat ik mij concentreer op directe ontmoetingen eerder dan op indirecte beelden.
Uiteindelijk hoop ik dat mijn lichte "afdrukken", gedaan zonder indrukwekkende welsprekendheid, de ogen zullen leiden tot leegheid en de oren zullen richten op stilte.'

Basho[6] wrote this poetry:

The ancient pond -
A frog jumps in,
The sound of the water.

The poet senses reverberations of the larger cosmos in this tiny, momentary event. My own work is concerned with producing such stimulating events in the impassive world of everyday life. I hope it will result in scenes that trigger a flash of poetic insight.
However, art does not rely on words but presents metaphors related to opaque objects and variable space, so the difference between my art and Basho's is that I focus on direct encounters rather than indirect images.
Ultimately, I hope that my slight "imprints" without great eloquence, will lead eyes to emptiness and turn ears to silence.'

6
Matsuo Basho (1644-1694), Japanse dichter, vooral bekend om zijn haiku's / Japanese poet, best known for his haikus.

Ufan Lee

1936
Geboren in Korea / Born in Korea
1961
Afgestudeerd aan de / Graduated from Nihon
University, Department of
Philosophy, Tokyo
1997
Gastprofessor aan de / Invited Professor at École
National Supérieure des Beaux-Arts, Paris
Woont en werkt momenteel in Japan (Kamakura) en
Frankrijk (Parijs) /Currently lives and works in Japan
(Kamakura) and France (Paris)

Eenmanstentoonstellingen keuze
Solo exhibitions selection

1973, 77, 80, 83, 86, 91, 93, 96, 99
Tokyo Gallery, Tokyo
1975, 77, 80
Galerie Eric Fabre, Paris
1976, 78, 89, 95, 2000
Galerie M, Bochum
1978
Düsseldorf Kunsthalle, Düsseldorf
1978
Louisiana Museum of Modern Art, Denmark
1978, 84, 90, 97
Gallery Hyundai, Seoul
1984, 86, 89, 92, 95
Galerie de Paris, Paris
1988
Padiglione d'Arte Contemporanea, Milano
1991
Hara Museum ARC, Gunma
1993
The Museum of Modern Art, Kamakura, Japan
1994
Fondazione Mudima, Milano
1994
The Nationale Museum of Contemporary Art, Seoul
1995
Städtisches Museum Leverkusen, Germany
1996
Lisson Gallery, London
1997
Galerie National du Jeu de Paume, Paris
1998
Städtische Museum im Städel, Frankfurt
1999
Liliane & Michel Durand-Dessert, Paris

Groepstentoonstellingen keuze
Group exhibitions selection

1969, 73
Sao Paulo Biennale, Sao Paulo, Brazil
1977
Kassel Documenta VI, Kassel, Germany
1980
Skulptur im 20 Jahrhundert, Basel, Switzerland
1982
Meister der Zeichnung, Kunsthalle Nürnberg, Germany
1982
Material Gets Art, National Galerie, Berlin
1983
ARS 83, Helsinki, Finland
1984
40 years of Japanese Contemporary Art, Tokyo
Metropolitan Museum, Tokyo
1987
Le Japon des Avant-Gardes, Musée National d'Art
Moderne, Centre Georges Pompidou, Paris
1992
Working with Nature, Tate Gallery, Liverpool, England
1994
Scream against the Sky, Guggenheims Solo Museum, New
York
1996
Japon 1970 Mono-ha, Musée National d'Art Moderne,
Saint-Etienne, France
1997
Made in France, Musée National d'Art Moderne, Centre
Georges Pompidou, Paris
1999
Kunstwelten im Dialog, Museum Ludwig, Köln
2000
Kwangjoo Biennale, Korea
Shanghai Biennale, Shanghai
2001
Century City, Tate Modern Gallery, London

#1
Relatum, 2000
staalplaat, steen / steel plate, stone
2 parts:
iron plate: 240 × 300 × 1 cm
stone : ca. 58 × 88 × 60 cm
collectie de kunstenaar / collection the artist, m Bochum
Kunstvermittlung, D-Bochum foto / photograph Uwe Walter, Berlin

#2
Correspondence, 2000
olieverf/pigment op doek / oil/pigment on canvas
218 × 291 cm
collectie de kunstenaar / collection the artist, m Bochum
Kunstvermittlung, D-Bochum foto / photograph Uwe Walter, Berlin

#3
Correspondence, 2000 niet in de tentoonstelling / not exhibited
olieverf op doek / oil on canvas
227 × 182 cm
collectie de kunstenaar / collection the artist, m Bochum
Kunstvermittlung, D-Bochum

#4
With Winds No. 880829, 1988
olieverf /steenpigment op doek / oil/stone-pigment on canvas
162 × 130.5 cm
collectie / collection m Bochum Kunstvermittlung, D-Bochum
foto / photograph Uwe Walter, Berlin

#5
With Winds No. 880531, 1988
olieverf/steenpigment op doek / oil/stone-pigment on canvas
227 × 182 cm
collectie de kunstenaar / collection the artist, m Bochum
Kunstvermittlung, D-Bochum

#6
Correspondence, 2000
olieverf/pigment op doek / oil/pigment on canvas
182 × 227 cm
collectie de kunstenaar / collection the artist, m Bochum
Kunstvermittlung, D-Bochum foto / photograph Uwe Walter, Berlin

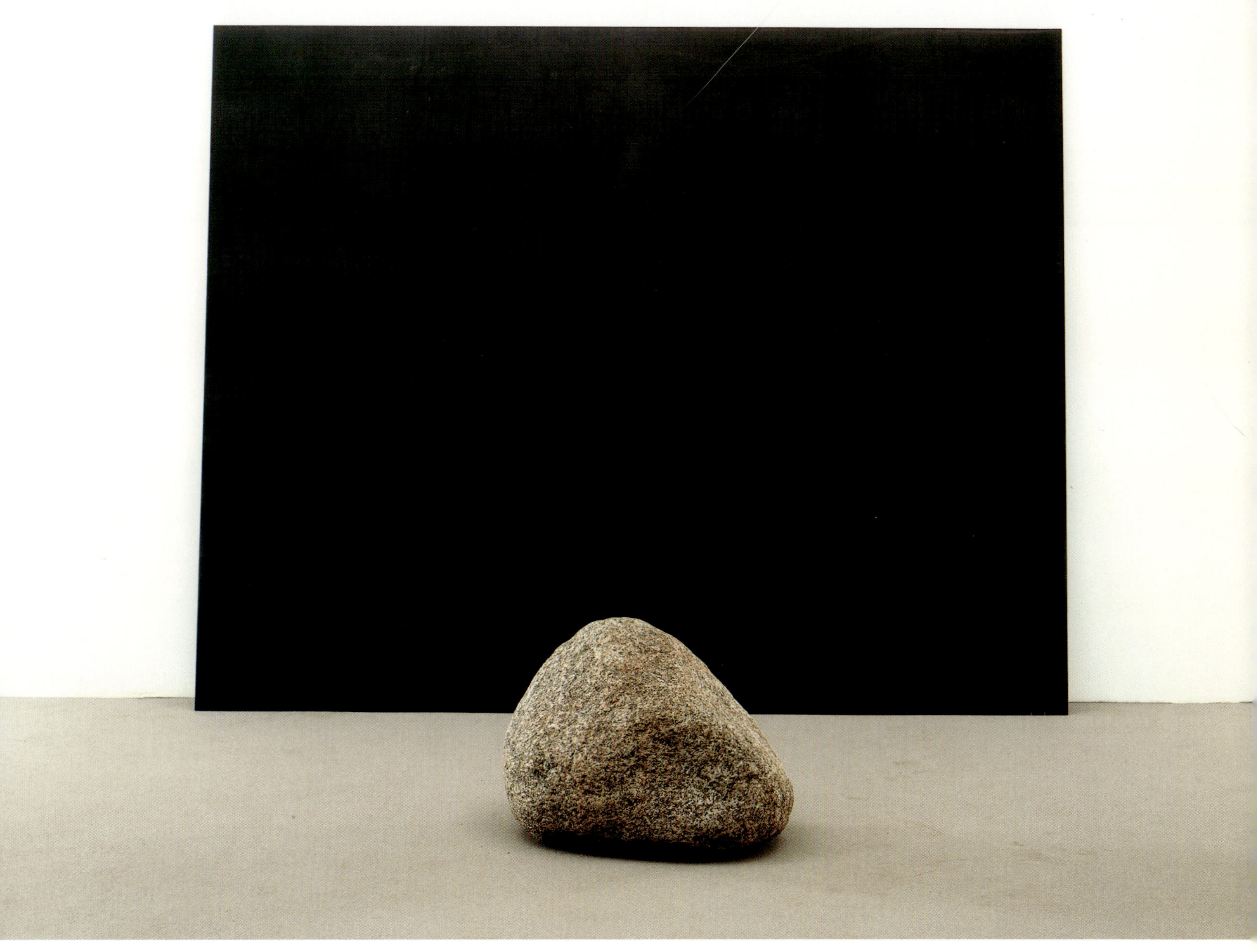

1

Ufan Lee

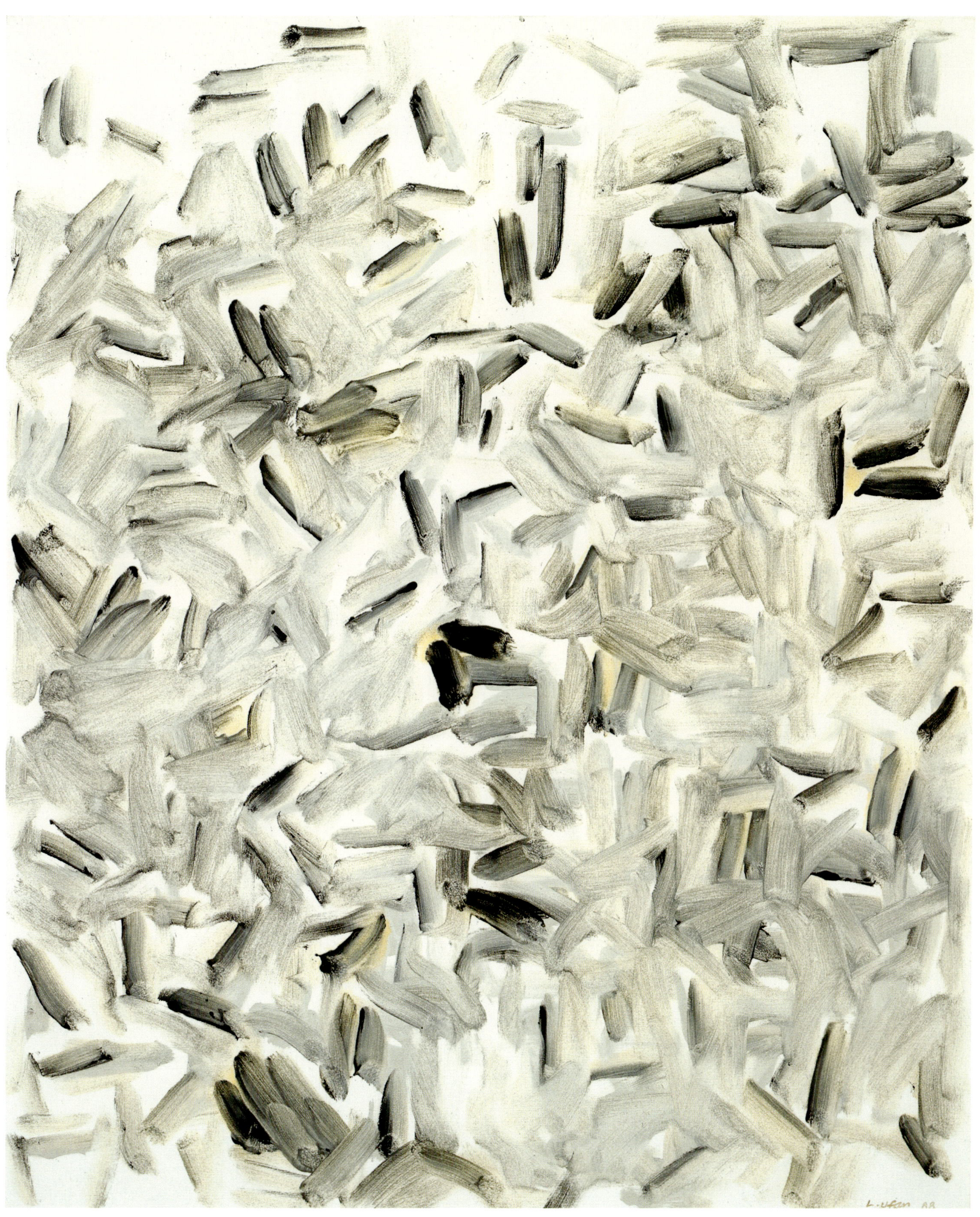

4

Ufan Lee

Isamu Wakabayashi 1936

Mist in Otterlo

Ik heb eens geprobeerd, toen ik bij een walnotenboom stond, bij benadering de tijd vast te stellen, die deze boom geleefd had. Dat was kort samengevat het werk, waar ik een aantal jaren mee bezig ben geweest. De inspanning die ik voor dit werk moest leveren, gaf mij iets en ontnam mij iets.

Nu is mijn belangstelling gewekt voor een andere boom, een beuk in het bos in Otterlo. Achter deze boom staat een groot aantal andere bomen. Het zou heel goed kunnen, dat je, al nadenkend hierover, je voorstelt, dat dit bos met allerlei dingen en levens te maken heeft. Ook al is dit bos op een kunstmatige wijze ontstaan, het schijnt nu een leven opgebouwd te hebben, waarin natuurlijke en botanische elementen meer en meer de aandacht trekken. Ik bewonder de schitterende vorm van de beukenboom, maar tegelijkertijd moet ik mij bewust worden van mijn positie en beperkingen. Terwijl ik bij deze beukenboom ben, tracht ik een verslag te maken over de boom en zijn achtergrond.

Hiervoor moet ik de bol van ruimte en tijd, die deze boom omgeeft, doordringen. Op dat moment verschijnt er een andere dimensie tussen mij en de boom of tussen mij en het bos. Dit is echter iets dat ik in mijzelf creëerde, terwijl het ook nooit meer zal verdwijnen, in mijn tijd en mijn plaats. Er is een afstand tussen de natuur en mijzelf, maar ook een zekere interactie, die ik hier voel. Deze houdt geen ontkenning in een ook geen bevestiging.

In principe, zoek ik de interactie, die geen van beide in zich heeft. Wat overblijft is een weergave van mijn ervaringen en gedachten in een andere dimensie, die in mijzelf op zou kunnen komen, als ik hier een tijd (bij de boom) doorbreng. Ik zou het ook zo kunnen zeggen, het is een weergave van de tijd en de ruimte, die vrij is van enige beperking.

Isamu Wakabayashi
December 2000

Otterlo Mist

Being beside a walnut tree, I once tried to approach the time that the tree had lived. That was the minimum work, I continued for a few years. The labour accompanying this work provided me with something and deprived me of something.

Now I have interest in another tree, a beech tree in the forest of Otterlo. Behind this tree stand also a large number of trees and there might be a certain possibility to contemplate and imagine all sorts of affairs and lives related. Even though this forest was artificially brought into existence, it seems now to have built up a world where natural and botanical features are more remarkable. I admire the exquisite form of the beech tree, but at the same time, I have to become conscious of my position and limitation. By the side of this tree, I attempt to keep a record of a tree and its background.

For the purpose, I need to penetrate the sphere of the time and space of the tree. Here, then appears another dimension between I and the tree or I and the forest. It is, however, what I created in myself, whereas it will never disappear in my time and space. It is a distance between nature and I, and a slight interaction, that I can find here. They include neither any negation nor any affirmation.

Strictly, I seek rather the interaction which includes neither. Here remains a record kept in another dimension, that might be emerging in myself as I spend time here. Let me say, that is a record of the time and space, which is free from limitation.

Isamu Wakabayashi
December 2000

Isamu Wakabayashi kreeg zowel in het Japan als in Europa al snel bekendheid met zijn grote ijzersculpturen, o.a. naar aanleiding van de Biënnale in Venetië in 1980 en 1986. Aanvankelijk waren dit lage, platte rechthoekige vormen, die de bodem bedekken en een sterke horizontaliteit bezitten. Zij accentueren de vlakheid van de aarde en doen zich voor als ijzeren landschappen. De platte platen of dozen, soms voorzien van blokachtige volumen of plantaardige vormen, zoeken contact met de aarde en niet alleen met het oppervlak. Sommige platen zijn op een regelmatige wijze geperforeerd en nodigen daarom uit om – zij het in gedachten – dieper in de aarde door te dringen. De gaten zijn vaak ook gevuld met grond, waarin weer planten groeien. Al deze werken gaan over de aarde, over het ijzer, dat uit de aarde voortkomt, over de lagen waaruit de aarde is opgebouwd en over de vergane tijd, die deze aardlagen impliciet vertegenwoordigen. Behalve ijzer, dat hem als een constructie-materiaal met een lange, maar zekere vergankelijkheidsduur altijd zal blijven boeien, gebruikt Wakabayashi ook andere natuurlijke materialen, zoals hout en zwavel. Aan de ene kant fascineert hem de enorme schakering van kleuren van zwavel – o.a. het felle geel –, aan de andere kant is hij in de ban van de giftige, chemische eigenschappen van zwavel, dat in zijn werking op een ander materiaal, zoals koper, een volstrekte verandering van het materiaal zelf en van de kleur teweeg brengt. Zijn visie op materialen is beïnvloed door een jeugdervaring. 'Toen ik een kind was, ging ons huis en een fabriek naast ons in vlammen op. Mijn familie had een bedrijf, dat katoen verbruikte en in de loods naast ons waren zaken als zout, olie, lucifers en zwavel opgeslagen. De verkoolde resten van dat gebouw en van die materialen (katoenbalen) lieten een onuitwisbare indruk op mij na.'[1]

De serie houten sculpturen uit 1991, die hij de titel *Everest Hotel* gaf, is in tegenstelling tot vroeger werk zeer verticaal van karakter. De polariteit tussen verticaal en horizontaal speelt in zijn werk steeds een grote rol. In deze werken bracht hij regelmatige rijen ronde gaten aan, die hij volstopte met proppen zwavel. Het is een materiaal, dat uit de aarde voorkomt en voor hem het geheim van de aarde representeert. Hij paste dit gebruik van zwavel overigens ook toe op grote ijzeren sculpturen.

Ongeveer gelijktijdig maakte hij hoge, staande, stele-achtige beelden, de *Daisy*-serie, waarin hij bovenin horizontaal een verdeling van 4, 9 of 12 vakjes maakte. In deze vakjes bracht hij rode, gele of witte pigment en soms kalk aan. Deze serie sculpturen is geïnspireerd op het beeld van het madeliefje, met een kleurig, lichtend hart. Het gesloten, ijzeren blok vormt een houder, een omhulsel voor het lichtende poeder, dat energie uitstraalt. Wakabayashi roept in deze beelden de tegenstelling tussen de onbewerkte buitenkant en de pure kracht van de inhoud op.

Isamu Wakabayashi's big iron sculptures attracted attention in Japan in the 1980s and in Europe at the Venice Biennale in 1980 and 1986. The first ones were low, flat rectangles – floorpieces with a pronounced horizontal character. They accentuate the flatness of the earth and look like iron landscapes. These flat plates or boxes, sometimes with the addition of block-like volumes or plant-like forms, seek contact with the earth, not merely with the surface. Some of the plates have regular perforations which issue an invitation – albeit an imaginary one – to penetrate the earth more deeply. The holes are often filled with soil from which plants grow. All these works are about the earth, about iron, which comes from the earth, about the layers of which the earth is composed, and about the past, which implicitly represents those layers of earth. Besides iron, whose durability – albeit finite – as a construction material continues to fascinate him, Wakabayashi uses quite different natural materials like wood and sulphur. He is fascinated by sulphur's wide range of colours, for instance its vivid yellow, and also by its toxic, chemical properties, which can transmute other substances such as copper, and change their colour. His attitude towards materials is strongly influenced by a childhood experience. 'When I was a child, a fire destroyed my house and a factory next door. My family was in a business that used cotton, and in the warehouse next door there were things like salt, oil, matches and sulphur. The charred remains of that building and those materials became an indelible memory, an experience that has strongly affected my vision of materials.'[1]

Everest Hotel, a series of wood sculptures of 1991, is far more vertical in character than his earlier work. The vertical-horizontal polarity still plays an important role for him – parallel to nature. In these pieces he drilled regular rows of holes which he then bunged with sulphur. Sulphur comes from the earth and to Wakabayashi it epresents the earth's secrets. He has used sulphur in a similar fashion in large iron sculptures.

The *Daisy* series date from the same period: tall, stele-like pieces, the upper parts of which are divided horizontally into four, nine or twelve compartments. Wakabayashi applied red, yellow or white pigment to these compartments, and sometimes lime. The series is inspired by the daisy, with its coloured, glowing heart. The closed iron block is a receptacle, a shell, for the glowing powder, which radiates energy. In these sculptures Wakabayashi addresses the contrast between the unworked exterior and the pure force of its contents.

Later still, in 1997, Wakabayashi returned to nature. At regular intervals, season after season, he collects the leaves of the walnut tree near his studio. He registers them, arranges them according to the day on which they were gathered, describes them or makes a drawing of

1
Catalogus / Catalogue, *A Primal Spirit, Ten Contemporary Japanese Sculptors*, tent.cat Hara Museum ARC, Gunma; Los Angeles County Museum of Art, Los Angeles; Museum of Contemporary Art, Chicago et al., 1990, p. 119.

Weer later in 1997 keert Wakabayashi letterlijk terug naar de natuur. Hij verzamelt meerdere seizoenen lang, bladeren van de walnootboom bij zijn atelier. Hij registreert ze, ordent ze op volgorde van de dag waarop hij ze verzamelde, beschrijft ze of tekent ze na en kopieert ze in koper. Op het koper maakt hij weer notities – soms ook tekeningen – van zijn ervaringen en overwegingen. Zo volgt hij de jaarlijkse cyclus van de boom: het uitlopen van het jonge blad, de volle groei en het afsterven, het neervallen van de bladeren en de terugkeer ervan naar de aarde. Behalve de cyclische gang van de natuur ervaart hij hierbij ook het tijdsaspect, dat aan dit proces verbonden is, 'the stream of time', zoals hij dat uitdrukt.

De bladeren worden bewaard in lange kisten waarvan hij een enkele in geopende, maar de meeste in gesloten toestand bewaart en exposeert. Het zijn kisten, die in miniatuur het beeld van een heel bos oproepen.

De uiterst intensieve en geschakeerde observatie van de natuur is de rode draad door het werk van Wakabayashi, zeker tijdens de afgelopen tien jaar. Die observatie verloopt intuïtief. Hij laat de bergen, bossen, bomen, planten en grassen via al zijn zintuigen op zich inwerken. In zijn omgang met de natuur identificeert hij zich vaak met een dier, en bij voorkeur met een hond. Hij stelt zich dan voor, dat hij de wereld ziet door de ogen van een hond.

De intuïtieve communicatie met de natuur wordt ongetwijfeld gevoed door zijn overtuiging, dat de mens een deel is van de natuur, een levensopvatting, die in heel Oost-Azië verbreid is. De een is daarbij niet ondergeschikt aan de ander, maar beiden zijn elkaars gelijke.

De wijze waarop hij bijvoorbeeld een berg ervaart, beschrijft hij als volgt: 'Voor het dagelijks kijken is het mogelijk een berg uit te kiezen en men plaatst zich zelf naast deze berg.'[2]

De natuur en de ruimte, waardoor de dingen worden omringd bepalen voortdurend zijn geestelijke instelling, zijn opvattingen en uitgangspunten voor zijn werk.

Volgens Irmtraud Schaarschmidt-Richter, die zich intensief met zijn werk bezighield, kunnen er in zijn gevoel voor planten, struiken en bomen en in de wijze waarop hij deze ervaart, drie niveaus worden onderscheiden. Allereerst het middengedeelte van het bos, even hoog als de menselijke figuur. Dit deel wordt door hem niet alleen visueel ervaren, maar ook door het aan te raken en te ruiken. Het is een stuk natuur dat je omgeeft. Het tweede niveau is alles wat zich daarboven bevindt en alleen optisch kan worden ervaren. En het derde niveau begint bij het oppervlak van de aarde en strekt zich tot ver daaronder uit (de wortels van de bomen, de aardlagen, de onderaardse rivieren). Dit laatste dat niet gezien wordt, behoort voor hem tot de wereld van de verbeelding. Deze driedeling zou – geprojecteerd op één boom – kunnen worden vertaald als: stam – kroon – wortel.[3]

Het is verre van verwonderlijk dat Wakabayashi zich

them, and copies them in copper. On the copper he etches notes, and sometimes drawings, of his experiences and thoughts. In this way he records the tree's annual cycle: how it puts forth new shoots, how its growth peaks and wanes, how its leaves are shed and return to earth. Besides the cyclic progression of nature he also experiences the aspect of time that is linked with this recurring process, 'the stream of time' as he calls it. The leaves are stored in long boxes which he exhibits, sometimes open, but mostly closed. The boxes and their contents evoke a wood in miniature.

Wakabayashi's extremely intensive and varied manner of observing nature has been the leitmotiv of his work for the past ten years. He observes intuitively, allowing the mountains, woods, trees, plants and grasses to pervade his senses. He absorbs the impressions the way an animal does. In his approach to nature he often identifies with an animal, preferably a dog. He imagines what it is like to see the world through a dog's eyes. His intuitive communings with nature are undoubtedly nurtured by his conviction that man is part of nature, a prevalent life-view throughout the far east. The one is not subordinate to the other; the two are equal. This is how he experiences a mountain, for example: 'In the everyday world of view it is possible to choose a mountain and to stand next to this mountain.'[2]

His spiritual condition, his opinions and the points of departure for his work constantly define nature and the space that surrounds things in nature. According to Irmtraud Schaarschmidt-Richter, who has made a close study of his work, three levels can be discerned in his deep-seated feelings for plants, shrubs and trees and the way he experiences them. First and foremost is the central area of a forest, as tall as a human figure. His experience of this part is not only visual but also tactile and olfactory. It is a patch of nature that envelops him. The second level is everything that is higher up, and can only be experienced visually. And the third level begins on the earth's surface and extends much deeper down (the roots of trees, layers of soil, subterranean rivers). This last, invisible level belongs to Wakabayashi's world of imagination. Projected onto a tree, the tripartite division translates into trunk – crown – tree.[3]

It is not at all surprising that Wakabayashi's communings with nature have made him a landscape gardener on occasion. In 1984 he designed the garden of the Sezon Museum in Karuizawa, near Tokyo. 'I became very interested in gardens while I was working on a project for the museum in Karuizawa. The first priority in creating a garden is space. How can I appropriate that space? (...) When you create a garden, you are not making something complete and finished. When you plant a tree, it will have grown within a year. Decades later, it will die. If I shape soil into a hill, the rain will gradually wash it away.' The

2
Zie catalogus / See catalogue *Isamu Wakabayashi*, Mannheim/Aachen, 1998, p .9.
3
Ibid., p. 10.

vanuit zijn communicatie met de natuur ook met het ontwerpen van tuinen bezig hield en houdt.

In 1984 ontwierp hij de tuin van het Sezon-museum in Karuizawa in de omgeving van Tokio. 'Ik raakte zeer geïnteresseerd in tuinen, toen ik werkte aan een project voor het museum in Karuizawa. Bij het maken van een tuin gaat het allereerst om de ruimte. Hoe kan ik mij de ruimte eigen maken? (…) Als je een tuin creëert, maak je niet iets was compleet en af is. Als je een boom plant, zal deze in een jaar gegroeid zijn. Over een aantal tientallen jaren zal hij doodgaan. Als ik grond gebruik om een berg-achtige vorm te maken, zal de regen deze geleidelijk aan wegspoelen.' De gehele tuin werd een ruimtelijke sculp-tuur van ijzeren platen, betonnen heuvels, een brug tussen bomen en struiken.

Hij ontwierp een tweede tuin in Shigaraki bij Kyoto, voor de Sumei-kai vereniging, een religieuze groepering op Bhoedistische grondslag.

De ideeën voor een derde tuin hadden een volstrekt andere achtergrond en aanleiding. De tuin werd bekend als *The Green Constellation of the Unicorn*, een naam ontleend aan een gedicht van Gozo Yoshimazu.

Als reactie op de plannen van de autoriteiten in Tokio om een 60 hectare groot wild bos met ceders, eiken, esdoorn, theebomen, varens, Japanse rozen, buxus, etc. in Hinodo bij Tokio te rooien en in te richten als stortplaats voor afval, ontwierp Wakabayashi in 1995 op uitnodiging van de stichting van bewoners, die een klein deel van dit gebied aankocht, deze 'sculptuur in de vorm van een kleine tuin of een tuin in de vorm van een grote sculptuur'.[4]

De overheden in Tokio spanden een onteigeningsproce-dure aan. In 1996 maakte Wakabayashi met hulp van velen een begin met de uitvoering van de tuin en een dal in dit gebied. Een smalle stenen trap en een brug leidden naar een kleine open ruimte, waarin temidden van het groen een stenen tafel en een stenen stoel zijn geplaatst. Het stuk grond werd met zorg verder beplant. De bezoeker zou geheel omringd moeten worden door planten en bomen, maar even verderop toch geconfronteerd worden met de gigantische vuilnisstortplaats. De tuin zou een enclave moeten worden, een paradijs en een anti-paradijs tegelijk, als verzet tegen het verdwenen bos en het ver-woestende vuil, een plaats voor meditatie en bezinning in een intiem, contact met de natuur. Veel Japanse, Europese en Amerikaanse kunstenaars ondersteunden deze door de stichting en Wakabayashi gevoerde actie tot behoud van het bos, o.a. Noe Aoki, Ufan Lee, Jiro Takamatsu, Issey Miyake, Tatsuo Miyajima, Tsuyoshi Ozawa, Robert Rauschenberg, Frank Stella, Mark di Suvero, Walter de Maria, Christo, Jonathan Borofsky, David Nash, Luciano Fabro, Bill Viola, Rosemarie Trockel.

Het was de intentie van Wakabayashi om de tuin in een tweede fase te omringen met 36 grote koperen platen, als een gesloten omheining, waarop hij tekeningen en beschrijvingen van het bos zou aanbrengen. 'Ik bouw geen fort, maar een paradijs, midden in het bos'.[5]

entire garden became a sculpture of iron plates, concrete hills, a bridge among trees and shrubs.

He designed another garden in Shigaraki, near Kyoto, for the Sumei-kai association, a religious group based on Buddhist principles.

A third garden had a completely different background and purpose. It became known as *The Green Constellation of the Unicorn*, a name taken from a poem by Gozo Yoshimazu. It was a reaction to the plans of Tokyo's municipal authorities to clear 60 hectares of woodland in Hinodo, near Tokyo, where cedars, oaks, maples, ferns, Japanese roses, box and many more trees grew wild, to make room for a rubbish dump. A committee of local citizens who had purchased part of this area invited Wakabayashi to design a 'sculpture in the form of a small garden or a garden in the form of a large sculpture.'[4] The authorities issued a dispossession order. In 1996, with help from a large number of people, Wakabayashi started to instal the garden in a valley on the site. A narrow flight of stone steps and a bridge led to a small clearing where a stone table and chair were placed among the vegeta-tion. The rest of the site was planted with care. The idea was for visitors to be surrounded by plants and trees but also to be confronted with the huge rubbish dump close by. The garden was supposed to be an enclave, paradise simultaneously gained and lost, a gesture against the loss of the wood and against the destructive refuse, a place for meditation and contemplation in intimate, direct contact with nature. Among the many Japanese, European and American artists who supported this action to preserve the wood were Noe Aoki, Lee Ufan, Jiro Takamatsu, Issey Myake, Tatsuo Miyajima, Miran Fukuda, Tsuyoshi Ozawa, Robert Rauschenberg, Frank Stella, Mark di Suvero, Walter de Maria, Christo, Jonathan Borofsky, David Nash, Luciano Fabro, Bill Viola, Rosemarie Trockel.

It was Wakabayashi's intention to enclose the garden in a second phase of the project in thirty-six large sheets of copper on which he would place drawings and descriptions of the woods. 'I am not building a fortress but a paradise, in the middle of the woods.'[5]

In 1999 he did in fact instal 12 copper panels with draw-ings on them, but they were removed the next day. For one day the garden had functioned as he had intended. The drawings of trees on the copper 'walls' reflected the real wood and bore witness to the trees that had already been chopped down.

The copper walls for a garden/sculpture were yet again characteristic for Isamu Wakabayashi's thought, work and life: they are meticulous records of his observations and experiences of the vegetation and above all the life of the trees as representatives of the life-cycle and the passing of time. 'If there is any such thing as a greater cycle of existence, I am involved in a moment or a part of this cycle. Perhaps it is a unique Japanese way of thinking. In Buddhist terms this would be described as the

4
Tsutomu Mizusawa, *On Smoking Land. Isamu Wakabayashi, The Green Constellation of the Unicorn*, 1999, p. 23.
5
Ibid.

In 1999 heeft hij rond de bestaande tuin inderdaad 12 betekende platen opgesteld, maar na één dag werden ze verwijderd. Op die ene dag functioneerde de tuin zoals hij was bedoeld. De tekeningen van de bomen op de koperen 'muren' weerspiegelden het echte bos er omheen en getuigden van de bomen, die al waren geveld.

Deze wanden van koper voor een tuin/sculptuur waren opnieuw kenmerkend voor de manier van denken, werken en leven van Isamu Wakabayashi: het zijn precieze, beeldende notities van observaties en ervaringen van de vegetatie en vooral van het leven van de bomen, gezien als vertegenwoordigers van de cyclus van het leven en het vergaan van de tijd. 'Als er zoiets is als een grotere cyclus van het bestaan, dan word ik betrokken bij een moment of een deel van deze cyclus. Misschien is dit een unieke, typische Japanse manier van denken. In Bhoedistische termen zou dit worden beschreven als 'coëxistentie' met het materiële. Anderzijds denk ik niet dat het materiële kan worden aangeduid als iets levends'.[6]

Isamu Wakabayashi laat in het Kröller-Müller Museum twee grote werken zien: *Walnut Leaves III*, en *Otterlo Mist*. *Walnut Leaves* is een collectie van 7635 bladeren in 1997 door hem verzameld in de bossen bij de berg Hayachine in het noorden van Japan. Daaraan zijn toegevoegd 36 rollen van koper, waarop de observaties van Wakabayashi zijn weergegeven door middel van tekeningen en tekst. *Otterlo Mist* beschouwt hij als de Nederlandse tegenhanger van het Japanse werk *Walnut Leaves*. De kunstenaar koos in het beeldenbos van het Kröller-Müller Museum één beuk met op de achtergrond een ongecultiveerd bos. Tijdens een bezoek in oktober 2000 verzamelde hij 545 afgevallen bladeren van deze beuk en nam deze mee naar Japan. Hij zei daarover: 'Ik zal ze beschrijven en er over schrijven in mijn notitieboek. Er is diepte en iets, dat peilloos is in een bos (als dit), maar ik kan alleen de zijde van de boom zien, die naar mij toegekeerd is. (….) Eén beuk en het beukenbos heeft een uitgebreide ruimte om zich heen. In *Otterlo Mist* heeft Wakabayashi zijn visie gegeven zowel op de boom in Japan (Hayachine) als op de boom in Nederland. Van beide bomen beschreef nij ruim 500 bladeren en crëerde zo een soort eenheid van tijd en ruimte. Vóór de tentoonstelling bracht hij aan de Otterlose boom nog een bezoek. Wat ik op de koperen platen beschrijf is de ruimte en het volume, die de boom op grond van zijn positie inneemt.' Later bracht hij bij deze boom vele dagen door en observeerde de plaats, de ruimte en de tijd, die deze boom innam. Zijn impressies legde Wakabayashi opnieuw vast op koperen platen door middel van tekeningen en teksten. Deze platen werden in stapels gelegd op 3 stalen voetstukken vóór de boom, die onderwerp van de beschouwingen van Wakabayashi was.

'coexistence' with materials. However, I do not think that matter can be described as being alive.'[6]

Two large works by Isamu Wakabayashi are on show at the Kröller-Müller Museum: *Walnut Leaves III* and *Otterlo Mist*. To him these two works are akin. Walnut Leaves is a collection of 7635 leaves which he gathered in 1997 in the woods near Mount Hayachine, in the North of Japan. To these he added 36 sheets of rolled-up copper, on which his observations are recorded in drawings and text. He regards *Otterlo Mist* as the Dutch companion piece to the Japanese work, *Walnut Leaves*. In the Kröller-Müller Museum's sculpture forest, the artist selected a tree – a beech – with uncultivated woodland in the background. During a visit in October 2000 he gathered 545 leaves which the beech had shed and took them back to Japan. He commented:

'I shall describe them and write about them in my notebook. There is depth and something about a wood [like this] that is unfathomable, but I can only see the side of the tree that faces me. (...) A single beech in the beechwood has a lot of space around it. That space grows like a plant grows, as time passes. The space of a person and the plant (or the beech-tree) is different. And the border between plants and people depends in this case on where I draw the border. Obviously, I do not have a bird's view. I can only see the side of the tree that faces me, but I feel the depth of the woods. What I describe on the sheets of copper is the space and the volume occupied by the tree based on the degree and position of its occupation.' *Otterlo Mist* is a combination of his vision of a tree in Japan and a tree in The Netherlands. Of each tree he showed in his work approximately 500 leaves. He later spent several days near the tree, observing the place, the space and the time it occupied. His impressions, considerations and observations were again recorded on plates of copper in the form of drawings and texts. These copper plates were placed in three piles on three low steel bases in front of the beech-tree that was the object of Wakabayashi's observations.

6
Op. cit. (noot 1). p 119.

Isamu Wakabayashi

1936
Geboren in Machida, Tokyo / Born in
Machida, Tokyo
1959
Afgestudeerd aan de / Graduated from Tokyo National
University of Fine Arts and Music
B.F.A. in sculpture
1975-1984
Doceerde aan / Taught at Musashino Art University as
an assistant professor and a professor
1985
Ontwierp de tuin van / Designed the garden of Sezon
Museum of Modern Art
1995
Begon met het project *The Green Constellation of the
Unicorn* tegen de onverantwoordelijke aanleg van een
grote vuilstortplaats in / Started the project of The
Green Constellation of the Unicorn against the
thoughtless construction of garbage dump in Hinode-
machi, Tokyo
1999
Hoogleraar aan de / Professor at Tama Art University

Eenmanstentoonstellingen keuze vanaf 1990
Solo exhibitions selection from 1990

1990
Sculpture, drawings, etchings at the Akira Ikeda Gallery,
Taura and Tokyo
Isamu Wakabayashi. Prints, Drawings, Sculptures, Machida
City Museum of Graphic Arts, Tokyo
1991
Etchings, Drypoints, Burrin, Yamada Gallery, Tokyo
Isamu Wakabayashi, Seoul Arts Center, Seoul
1992
Prints, Gallery Kuranuki, Osaka
1993
Early Works, Akira Ikeda Gallery, New York
1995
Works on Paper, The National Museum of Modern Art,
Tokyo
1996
Smoke and Smog. Isamu Wakabayashi, Ashikaga City
Museum of Art, Ashikaga
The Green Constellation of the Unicorn, Akira Ikeda
Gallery, Nagoya and Tokyo
Isamu Wakabayashi, Chun Gallery, Seoul, Korea
1997
Smoke and Smog. Isamu Wakabayashi, Koriyama City
Museum of Art and Yamagata Museum of Art
Walnut Leaves, Akira Ikeda Gallery, Nagoya/ Tokyo
Isamu Wakabayashi Since 1989, Nagoya City Art
Museum, Nagoya; et al.
Isamu Wakabayashi, Städtische Kunsthalle, Mannheim,
Germany
1998
Isamu Wakabayashi, Ludwig Forum für Internationale
Kunst, Aachen, Germany
1999
Blue Daisy. Drawings, Gallery Jugen-Mon, Tokyo
Dog Circles Round, Kenji Taki Gallery, Nagoya
Dog Ahead, Flowers Below, Satani Gallery, Tokyo
2000
The Green Constellation of the Unicorn – At Progress,
Nadiff, Tokyo
The Green Constellation of the Unicorn – From Now
On, Viewing Room Yotsuya, Tokyo
Flying Leaf – Drawings, Gallery Jugen-Mon, Tokyo
Isamu Wakabayashi – Silence of Iron, Words of Plants,
Asago Art Village, Hyogo
On Sulphur's Side, Kenji Taki Gallery, Nagoya

Groepstentoonstellingen keuze
Group exhibitions selection
vanaf / from 1990

1990
A Primal Spirit, Hara Museum ARC, Gunma, et al.
1992
Metal Sculpture Today: Iron, Steel & Stainless Steel,
Tokyo Metropolitan Art Museum
1996
1964: A Turning Point in Japanese Art, Museum of
Contemporary Art, Tokyo,
Art of Postwar 1960's Avant-Garde, Kurashiki City Art
Museum, Okayama
Artists Who Saw the Site of Hinode Forest, Gallery 21 + Yo,
Tokyo
1998
*Hinode From the Forest of Yagoiri Isamu Wakabayashi &
Shozo Suzuki*, Gallery 21 + Yo, Tokyo
2000
Art and Nature, Minokamo City Museum
Flower, Tissue of Dreams Being about to Still, Gallery
Ikeda Bijutsu

#1
Untitled, 2000
potlood, kleurpotlood op papier / pencil, color pencil on paper
100 × 50 cm
collectie de kunstenaar / collection the artist foto / photograph Tadasu Yamamoto

#2
Untitled, 2000
potlood, kleurpotlood op papier / pencil, color pencil on paper
100 × 50 cm
collectie de kunstenaar / collection the artist foto / photograph Tadasu Yamamoto

#3
Otterlo Mist, 2001
**staal, koper met teksten en tekeningen / steel, copper with text and
drawings**
3 delen / 3 parts
55 × 230 × 110 cm, ieder / each
**locatie: beeldenbos Kröller-Müller Museum, Otterlo / location: sculp-
ture forest Kröller-Müller Museum, Otterlo**
collectie de kunstenaar / collection the artist foto / photograph Tadasu Yamamoto

#4
Walnootbladeren III / Walnut Leaves III, 1997-2001
**walnootbladeren, koper, ijzer, hout, papier, inkt / walnut leaves, cop-
per, iron, wood, paper, ink**
delen / parts:
–kist met bladeren / box with leaves, 28,3 × 28,3 × 248 cm
**–kist met koperen bladeren / box with copper leaves,
28,5 × 28 × 23,6 cm**
–2 ijzeren tafels / 2 iron tables, 68 × 122,5 × 69,5 cm
**–2 koperen rollen met tekening / 2 copper drawing rolls, 36,5 × 12
cm (diameter)**
**–2 ijzeren kisten voor koperen bladeren / 2 iron boxes for copper
leaves, 14 × 33,2 × 90,5 cm**
**–36 beschilderde en betekende koperen rollen / 36 copper painting
and drawing rolls, 100 x 27 cm
 (diameter), ieder / each**
**–takje met walnootbladeren en twijgen / branch of walnut leaves
and twigs**
collectie de kunstenaar / collection the artist foto / photograph Tadasu Yamamoto

Isamu Wakabayashi

2

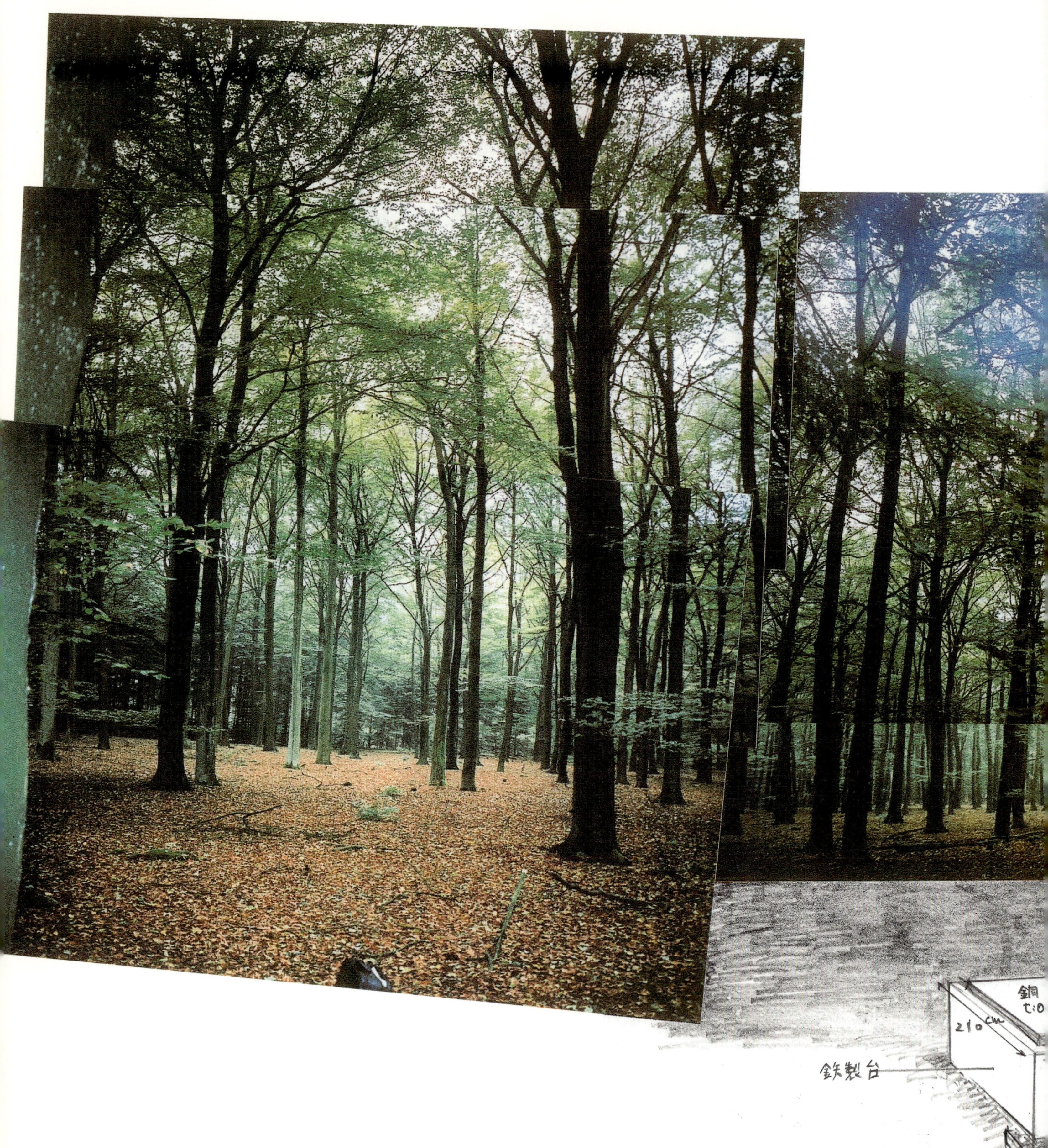
銅
t:0
210cm
鉄製台
コンクリート
基礎

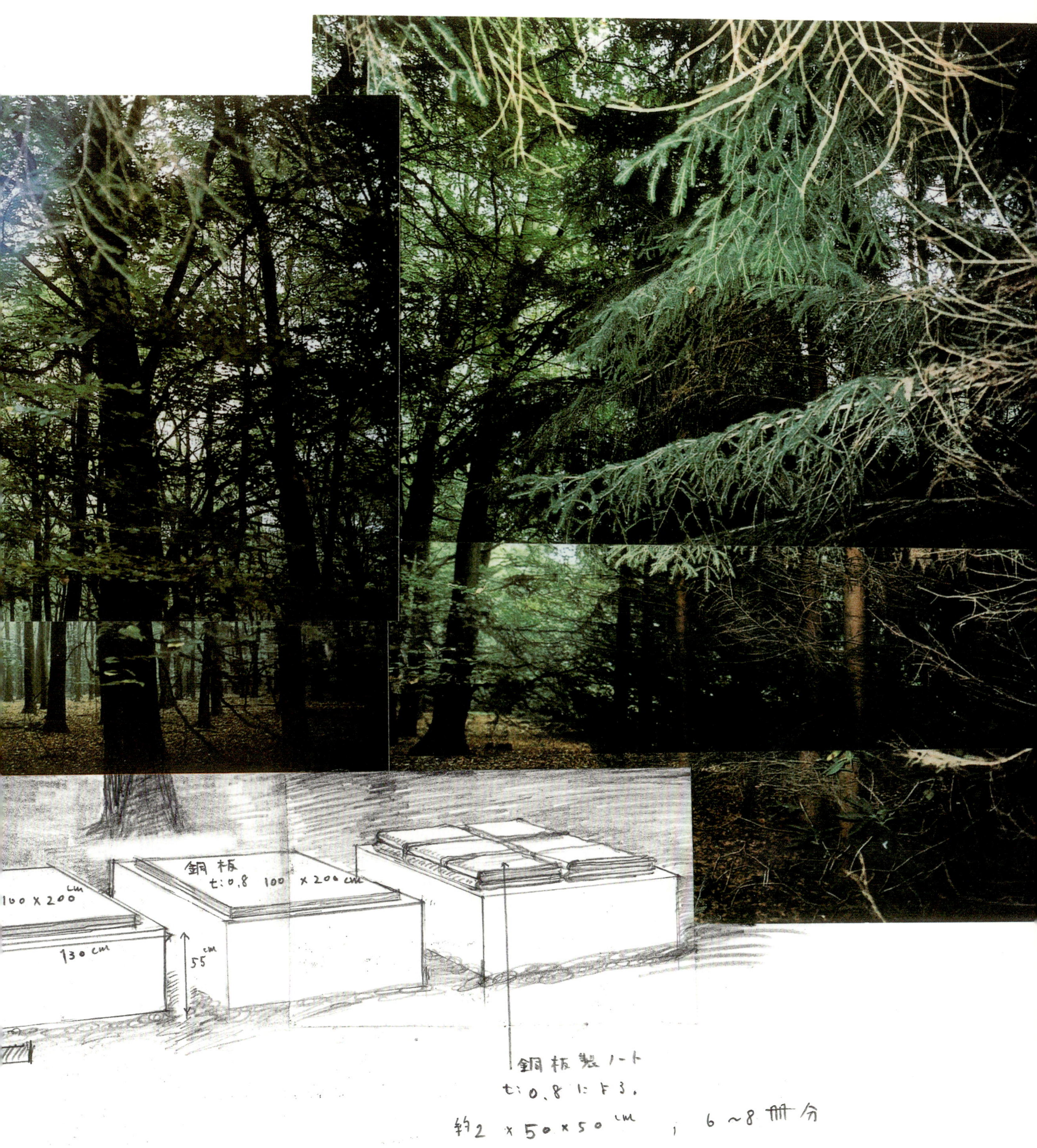

Isamu Wakabayashi

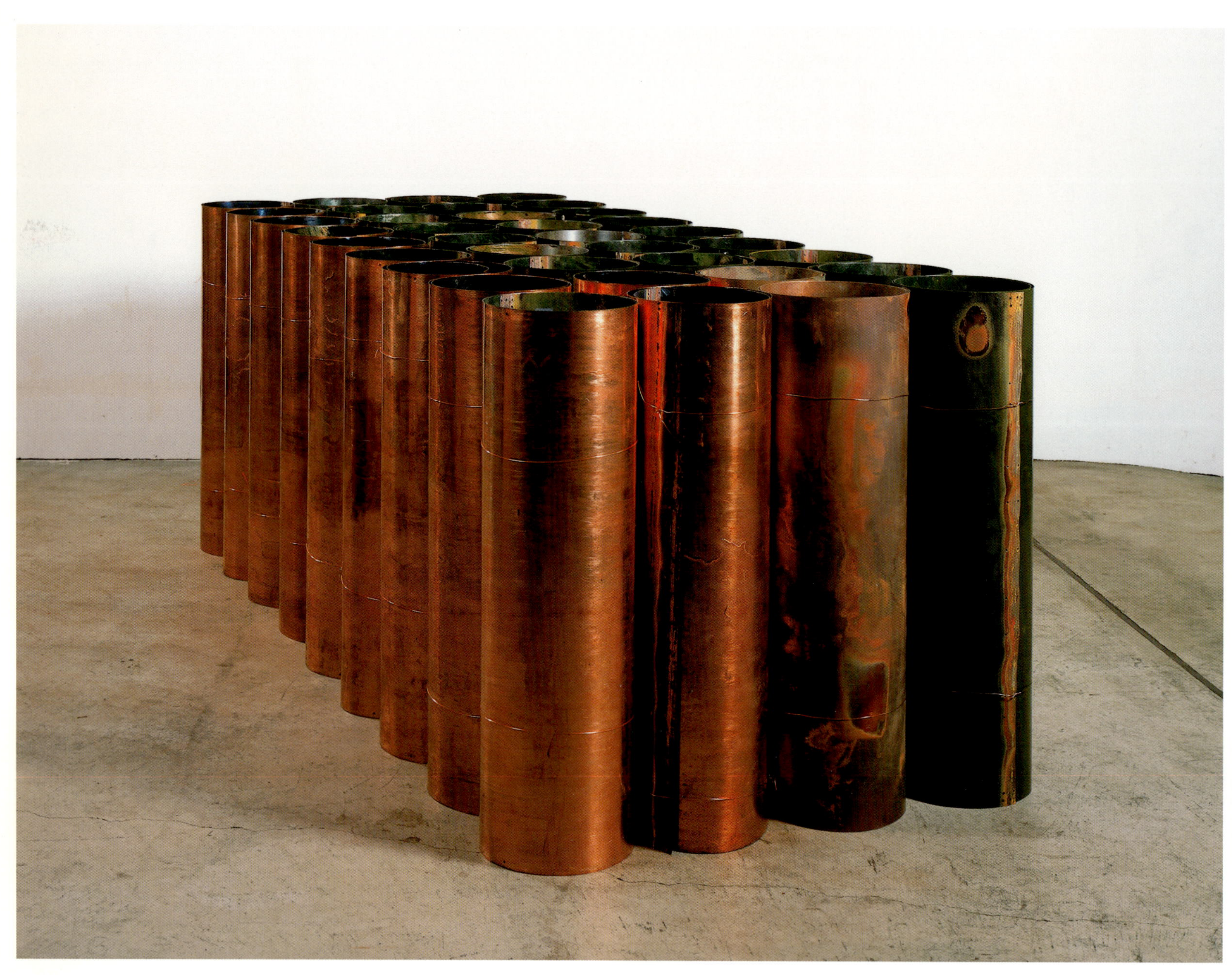

4

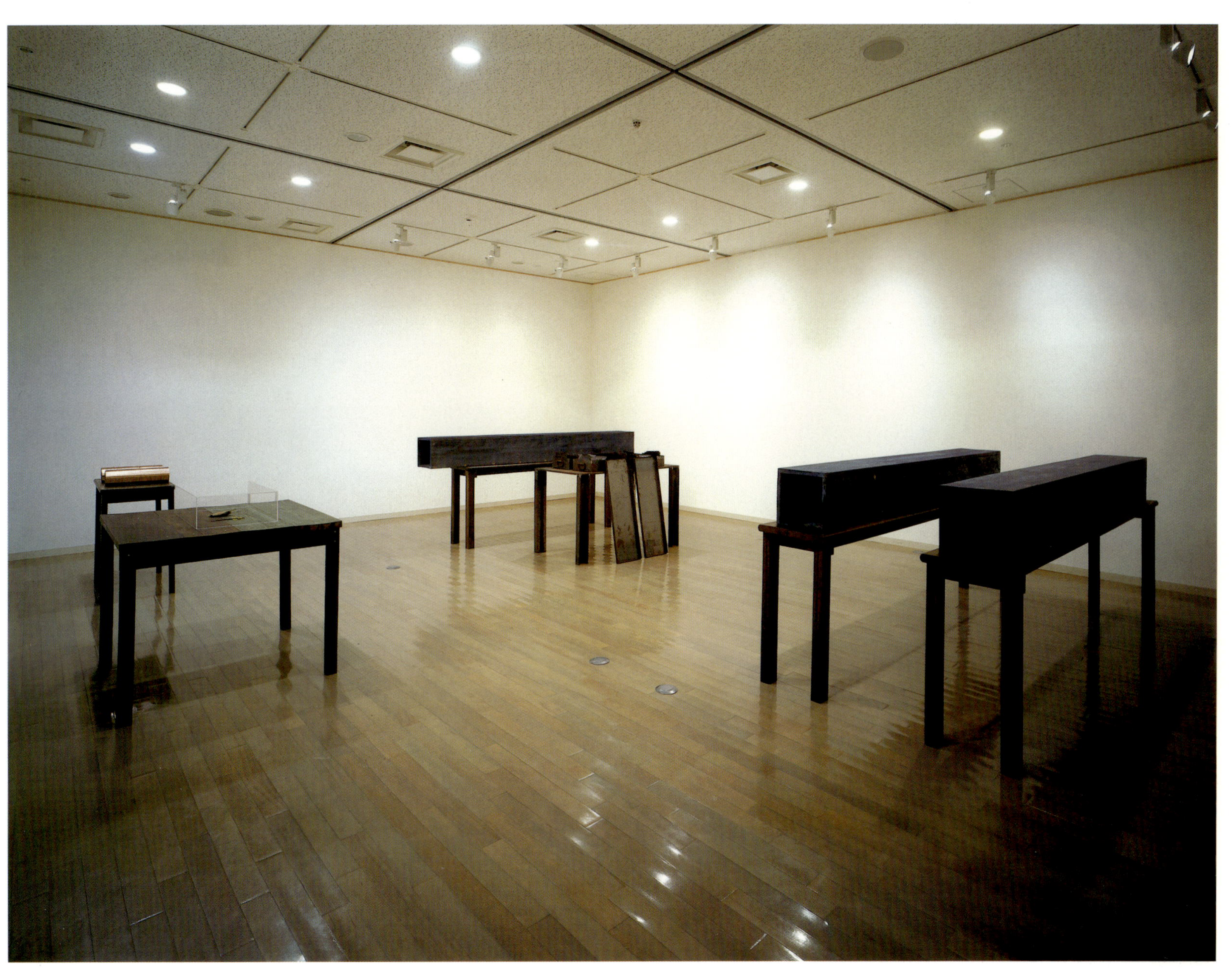

Isamu Wakabayashi

Susumu Koshimizu 1944

1978

*Aan de ene kant benader ik de opbouw van mijn werk zo
logisch mogelijk. Aan de andere kant probeer ik een
gevoeligheid en ontvankelijkheid toe te passen en te ontwikkelen,
die van nature Japans is. Ik waag eigenlijk een nogal riskante
poging mijzelf te overtuigen deze twee benaderingen, die
tegenstrijdig zijn, te hanteren en vol te houden. Deze beide
houdingen kies ik als voorwaarde, opdat deze in het werk
terug komen.*

1986

*De Boeddhistische beelden en navolgers daarvan zijn niet de
enige vorm van sculptuur, maar voor ons wordt de geschiedenis van de beeldhouwkunst bepaald door de sensibiliteit,
waarmee wij het theehuis ontwerpen of voorwerpen zien, die
te maken hebben met de theeceremonie.*

Susumu Koshimizu

1978

*One approach is to build up as logically as possible. The other
is to open up and develop the sensibility and receptivity that I
accept naturally as Japanese. I am sort of taking an audacious
step to assure myself to maintain these two approaches contrary tot each other, also keeping the condition so that these
should take off as a work piece.*

1986

*The Buddhist statues and styles of them are not the only
sculpture, but for us, the history of sculpture is created with
the sensibility to feel the space that creates the tea house or
the sensibility to see the objects that constitute those tea
tools.*

Susumu Koshimizu

Vanaf 1975 toen Susumu Koshimizu verhuisde van Tokio naar Kansai, het gebied rondom Osaka en Kyoto, ontwikkelde hij zich tot een beeldhouwer van zowel krachtige als verfijnde houtsculpturen. Later koos hij ook voor keramiek als medium. Voordien was hij één van de centrale kunstenaars van de 'Mono-ha'-beweging, die rond 1970 een radicale vernieuwing in de eigentijdse Japanse kunst veroorzaakte.

De 'Mono-ha' kunstenaars, waarvan Ufan Lee de leidende figuur was, stonden een kunst voor, waarin natuurlijke objecten en materialen – rotsblokken, hout, touw, papier, textiel – als zodanig en onbewerkt werden tentoongesteld en met elkaar werden geconfronteerd. Koshimizu exposeerde bijvoorbeeld een groot rotsblok, dat verpakt was in een papieren zak of een blok steen, dat in tweeën was gehakt. 'Mono-ha' betekent letterlijk 'dingschool'. In de tweede helft van de jaren zeventig liet Koshimizu het concept van 'Mono-ha' los en richtte hij zijn aandacht geheel op het materiaal hout, dat hij in al zijn soorten, eigenschappen en expressie onderzocht en gebruikte voor grote reeksen beelden.

De thema's en uitgangspunten van deze beeldenseries zijn eenvoudige voorwerpen die in het verleden – en nog steeds – van vitaal belang waren in het dagelijks leven en in de cultuur van Japan: de boot, de tafel, de schaal, de kom.

De serie *werk-tafels* zijn tafels waarop allerhande eenvoudige houten vormen, geometrische of natuurlijke (bijv. bootvormen of boomtakken), zijn geplaatst. Of het zijn tafels waar in het blad een ovale uitholling of een uitstulpsel is aangebracht.

'Ík zou in mijn werk liefst het symbolische willen vermijden,' aldus de kunstenaar, 'tot het op vanzelfsprekende wijze in het werk opduikt, als een noodzakelijkheid. Ik zocht tijdens mijn studies in de sculptuur naar het natuurlijke proces dat ik in architectuur zou willen ervaren. Ben ik beeldhouwer geworden, dan is het met de bedoeling diezelfde natuurlijke processen op te roepen waardoor beeldhouwen, zoals in het prille begin, in het verlengde lag van wat de specht doet in een boom.
Zo vermijd ik het maken van perfecte cirkels, omdat ze te makkelijk als symbolisch worden gelezen, en geef ik de voorkeur aan onaffe cirkels, ovale vormen, afgebroken geometrische vormen die zowel uit het vlak naar buiten komen als dat ze er in terugkeren.
Zo ik beelden ontwierp waarbij de sokkel deel uitmaakt van het werk zelf, is dat omdat ik wilde vertrekken van de idee van de werktafel (van schrijver, architect, beeldhouwer….) en een organische sculptuur wilde maken waarin het hele werkproces besloten lag, en zo kon ik ook de sokkel vermijden, die zoiets is als een lijst rond een schilderij, een vreemd element.'

In de uithollingen op het tafelblad giet hij soms water, waarin een houten vorm drijft, zoals in *Floating Island Red*, 1986. Daarnaast maakte hij grote keramieke bakken of schalen, eveneens gevuld met water, waarop geheimzinnige 'natuurlijke' geometrische vormen drijven.

Koshimizu maakt sculptuur die 'terugkeert tot de natuur'. Zijn beelden zetten zich onmiddellijk in de geest van de beschouwer vast vanwege hun 'interne' logica, hun helderheid en expressie. Die fascinerende expressie wordt vooral bereikt door middel van zijn vakkundige en gevoelige bewerking van het hout.

Toch worden zijn latere sculpturen – vanaf 1992 – niet allemaal gevoed door de natuur. Enkele leggen ook directe relaties met de cultuur en de cultuurgeschiedenis van Japan. Koshimizu woont overigens in een traditioneel gerestaureerde zestiende eeuwse Japanse boerderij aan de rand van Kyoto, een boerderij, die met zijn eenvoudige open en gesloten architectuur geheel de traditie ademt van het Japanse leven op het land, eeuwen geleden.

Een mooi voorbeeld van deze door het verre verleden geïnspireerde beeldhouwkunst van Koshimizu is het werk *Chest of Water*, 1992. In een kist, gemaakt van prachtig hout van de Japanse paardenkastanjeboom, zijn twee grote blauwe bloemvormige keramische vaten geplaatst; de één gevuld met water, de ander met geel, okerkleurig zand. Het zand, afkomstig uit de gele rivier in China, in het Japans de 'Koga', is overgewaaid uit China en neergedaald in Japan. Stormen blazen dit zand soms met de westenwind over de Japanse zee naar Japan. Daar werd het door Koshimizu verzameld.
Met deze kist, die voorzien is van een deksel en handvaten, roept Koshimizu ook reminiscenties op aan de zijderoute, waarop kisten met kostbare waar door en vanuit China ook naar Japan werden vervoerd.
De aarde en het water, de geschiedenis van Japan, de invloed die China in het verre verleden heeft uitgeoefend op Japan, dit alles komt in dit prachtig uitgevoerde werk van Koshimizu op een vanzelfsprekende wijze samen.

In 1975, when Susumu Koshimizu moved from Tokyo to Kansai, the region surrounding Osaka and Kyoto, he began to make wooden sculptures, some of them sturdy, others delicate. He later turned to ceramics. Prior to this he was one of the leading representatives of the 'Mono-ha' movement, which was responsible for the radical innovation of contemporary Japanese art.

The 'Mono-ha' movement, led by Ufan Lee, envisaged an art in which natural objects and materials – rocks, wood, rope, paper, textile – were exhibited in their natural, untreated state and confronted with one another, Koshimizu, for instance, exhibited a large rock packed in a paper bag, or a stone block split into two parts. 'Mono-ha' translates literally as 'thing-school'. In the second half of the 1970s Koshimizu abandoned the 'Mono-ha' concept to concentrate entirely on wood, which he examined in all its varieties, properties and expression and used in large series of sculptures.

The themes and points of departure for these series are simple objects which were of vital importance to Japan's everyday life and culture in the past, and still are: the boat, the table, the bowl.

The 'work-table' series consists of tables on which a miscellany of wooden forms, geometrical or natural (boat-shapes or branches from a tree) are placed. Oval hollows are carved in some tables; others have bulging projections.

'I prefer to avoid symbolism in my work', says the artist, 'until it crops up naturally in a piece, as a necessity. During my studies I sought in sculpture the natural process that I wanted to experience in architecture. If I have become a sculptor, it is with the intention of evoking the same natural processes that relate to sculpture, in its earliest beginnings, to what a woodpecker does to a tree. And so I avoid perfect circles because they tend to be interpreted as symbols, and I prefer unfinished circles, ovals, incomplete geometrical forms that emerge from the surface and also recede into it. If I have designed sculptures in which the base is part of the actual work, it is because I wanted to discard the idea of a work-table (of a writer, an architect, a sculptor...) and make an organic sculpture in which the entire working process was contained, enabling me to dispense with the base, which, like the frame round a painting, is a foreign body.'

In the hollowed-out surface of a table he sometimes pours water and floats a wooden shape on it, as in *Floating Island Red* (1986). He has also made large ceramic dishes or bowls, also filled with water, in which mysterious 'natural' geometrical forms float.

Koshimizu makes sculptures which 'return to nature'. They immediately lodge in the beholder's mind because of their 'internal' logic, their lucidity and expression. That fascinating expression is primarily the result of his expert and sensitive treatment of the wood.

And yet his later sculptures – from 1992 on – do not all draw their sustenance from nature. A few of them are directly related to the culture and cultural history of Japan. Koshimizu happens to live in a traditionally re-stored sixteenth-century Japanese farmhouse on the outskirts of Kyoto, a farmhouse whose simple open and closed architecture is redolent of the tradition of rural Japanese life hundreds of years ago.

A marvellous example of a sculpture inspired by a distant past is Koshimizu's *Chest of Water* (1992). In a chest made of the handsome wood of a Japanese horse-chestnut tree are two flower-shaped ceramic vessels, one filled the water, the other with yellow sand, the colour of ochre. The sand comes from the Yellow River in China ('Koga' in Japanese); it wafted over from China and settled in Japan. Westerly gales sometimes blow this sand across the Sea of Japan to Japan. That is where Koshimizu collected it. The chest, which is fitted with a lid and handles, also conjures up memories of the silk route, along which chests filled with the costly fabric were once transported from China to Japan.

Earth and water, the history of Japan, the influence of China long ago – they all meet in Koshimizu's superbly crafted chest in a perfectly natural way.

Susumu Koshimizu

1944
Geboren in / Born in Uwajima, Ehime
1970
Voltooide / completed Tama Art University, Department
of Sculpture
1995
Hoogleraar aan de / Professor at the Kyoto City
University of Art
Woont in / lives in Ikeda, Osaka.

Eenmanstentoonstellingen keuze
Solo exhibitions selection

1971
Tamura Gallery, Tokyo
Pinar Gallery, Tokyo
1975
Shinanobashi Gallery, Osaka (& '76, '77, '79)
Gallery 16, Kyoto (& '78, '81, '88)
Maki Gallery, Tokyo
1978
Gallery Te, Tokyo (& '80, '83, '85)
1980
Tokyo Gallery, Tokyo (& '83, '88, '91, '93)
1981
Asahi Gallery, Tokyo
1983
Ryo Gallery, Kyoto
1985
Gallery Nakamura, Kyoto
1986
Gallery Ueda Warehouse, Tokyo
1987
The National Museum of Art, Osaka
Gallery Koketsu, Gifu (&'91, '92)
1988
Kamakura Gallery, Tokyo
Gallery Taigado, Kyoto (& '91)
1990
The Museum of Kyoto, Kyoto
Ikeda City Gallery, Osaka
1992
The Museum of Fine Arts, Gifu
1993
Uwajima

Groepstentoonstellingen keuze vanaf 1980
Group exhibitions selection from 1980

1980
Contemporary Sculpture in Japan, Kanagawa Prefetural
Gallery, Yokohama
The 39th Venezia Biennale, Venezia
The 1st Hara Annual '80, Hara Museum of
Contemporary Art, Tokyo
1982
Japan Art Festival, London
1983
The 17th São Paolo Biennale, São Paulo
1984
*Metaphor and/or Symbol, A Perspective on Contemporary
Art*, The National Museum of Modern Art, Tokyo
1985, '87
The 11th Exhibition of Contemporary Japanese Sculpture,
The National Museum of Modern Art, Tokyo (prize win-
ner), The Ube City Open-Air Sculpture Museum, Ube /
12th Exhibition Ube (The Mainichi Shinbun Prize win-
ner)
1986
Japon des avant-gardes 1910-1970, Centre George
Pompidou, Paris
1989
20ste Biennale Middelheim-Japan (Europalia '89),
Middelheim, Antwerpen
1990
Contemporary Sculpture in Japan III, Kanagawa Prefectural
Gallery, Yokohama
Minimal Art, The National Museum of Art, Osaka
1991
Contemporary Art. The Mind of Japan, The Museum of
Fine Arts, Gifu
1994
Japanese Art after 1945. Scream against the Sky,
Yokohama Museum of Art, et al.
1995
Japanese Culture: The Fifty Postwar Years, Meguro
Museum of Art, et al.
*Circulating Currents. Japanese and Korean
Contemporary Art*, Aichi Prefectrual Museum of Art,
Nagoya, et al.
1997
Natiional Museum of Contemporary Art, Seoul, Korea
Chiba City Museum of Art, Chiba
2000
Quanju Biennale, Korea

#1
Water – Float – Vessel – Red of Moon Figure , 1988 niet in de tentoonstelling /
not exhibited
**Shigaraki aardewerk, water, Japans cederhout / ceramic, water,
cedarwood**
collectie de kunstenaar / collection the artist

#2
Rood en hout serie / Red and Wood series, 1988
Japans kersehout / Japanese chestnut wood
13 delen: 8 geschilderd, 5 onbeschilderd /
13 parts: 8 painted, 5 unpainted
1: 77 × 63 × 15 cm (geschilderd / painted)
2: 203,5 × 60 × 7 cm (geschilderd / painted)
3 176 × 95,5 × 9 cm (geschilderd / painted)
4: 126 × 104,5 × 12 cm (onbeschilderd / unpainted)
5: 170 × 40 × 14,5 cm (onbeschilderd / unpainted)
6: 162 × 91 × 9 cm (onbeschilderd / unpainted)
7: 176 × 19 × 13 cm (onbeschilderd / unpainted)
8: 173,5 × 15,5 × 12,5 cm (onbeschilderd / unpainted)
9: 175 × 25,5 × 15 cm (beschilderd / painted)
10: 91 × 143 × 9 cm (beschilderd / painted)
11: 123 × 82 × 12 cm (beschilderd / painted)
12: 199 × 79 × 6 cm (beschilderd / painted)
13: 195 × 203 × 7,5 cm (beschilderd / painted)
nr. 1-12: collectie de kunstenaar / collection the artist
**nr. 13: collectie / collection Utsunomia Museum of Art, Utsunomia,
Japan** foto / photograph Tokyo Gallery

#3
Kist met water / Chest of Water, 1992
**Japans paarden/kastjanjeboomhout, porcelein, water, zand /
Japanese horse chestnut wood, porcelain, water, sand**
73,5 × 63,5 × 139 cm
collectie de kunstenaar / collection the artist

#4
**Drijvende vormen – acht boten – vier vaten, drie schepen – één
bloemblad / Floating figures – eight boats – four vessels – three ships
– one petal, 1987** niet in de tentoonstelling / not exhibited
sen en katsura hout / wood
12/15 × 36 cm en / and 80 × 220/300 cm
16 delen / 16 parts
**collectie / collection Art Tower Mito Contemporary Art Gallery,
Tokio**

#5
Drijvend eiland, rood / Floating Island, Red, 1986
hout, marmer, water / wood, marble, water
75 × 148 × 97 cm
collectie / collection The National Museum of Art, Osaka, Japan

#6
Blauwe vis / Blue Fish, 1990
**Verschillende soorten hout, pigment / different kinds of wood,
pigment**
81 × 185 × 90 cm
2 delen / 2 parts
collectie de kunstenaar / collection the artist

#7
**Grote schotel met geknoopt koord / Big Plate with knotted Cord,
1998**
hout, verf, ingelegd keramiek / wood, paint, ceramic (inlay)
100 cm (diameter)
collectie de kunstenaar / collection the artist

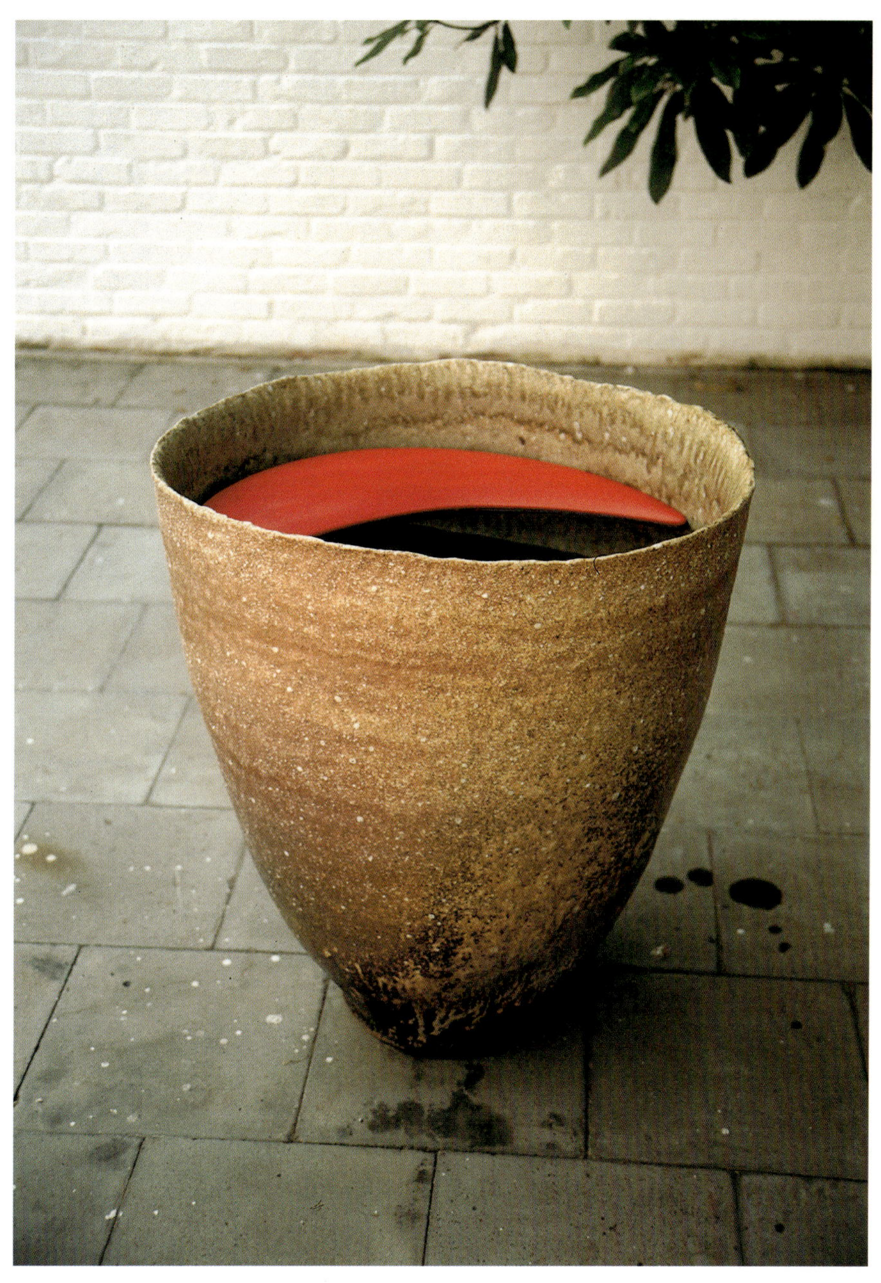

Susumu Koshimizu

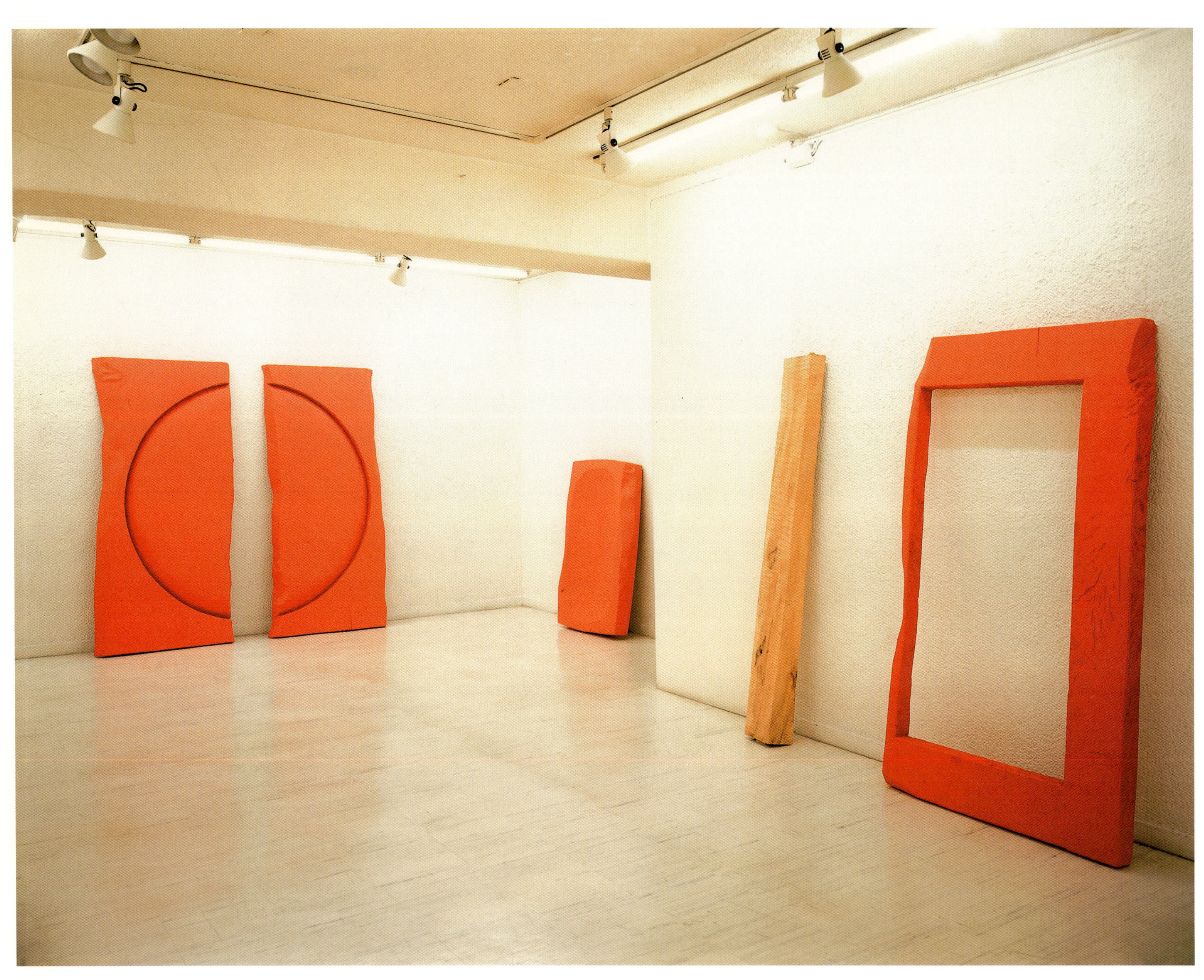

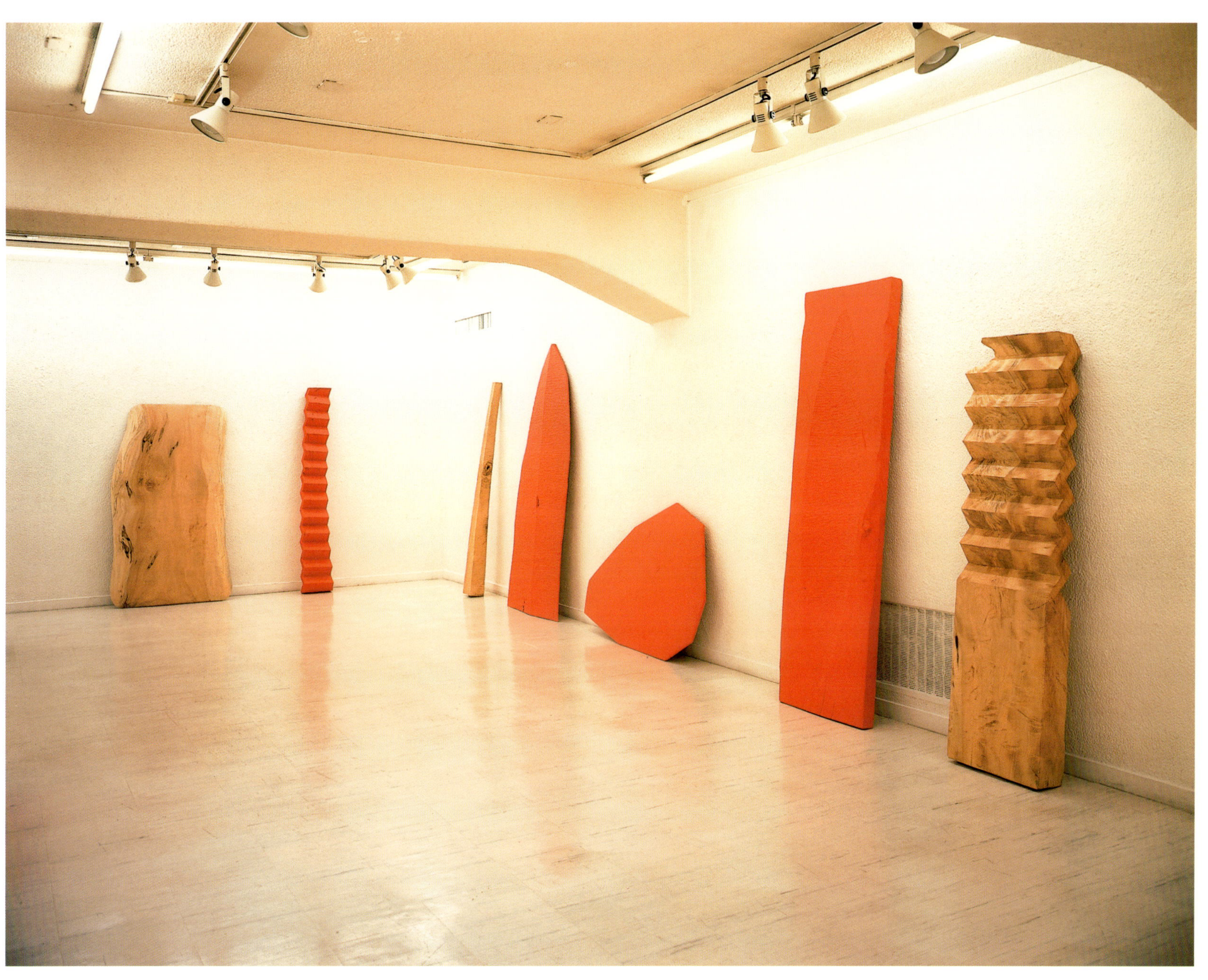

2

Susumu Koshimizu

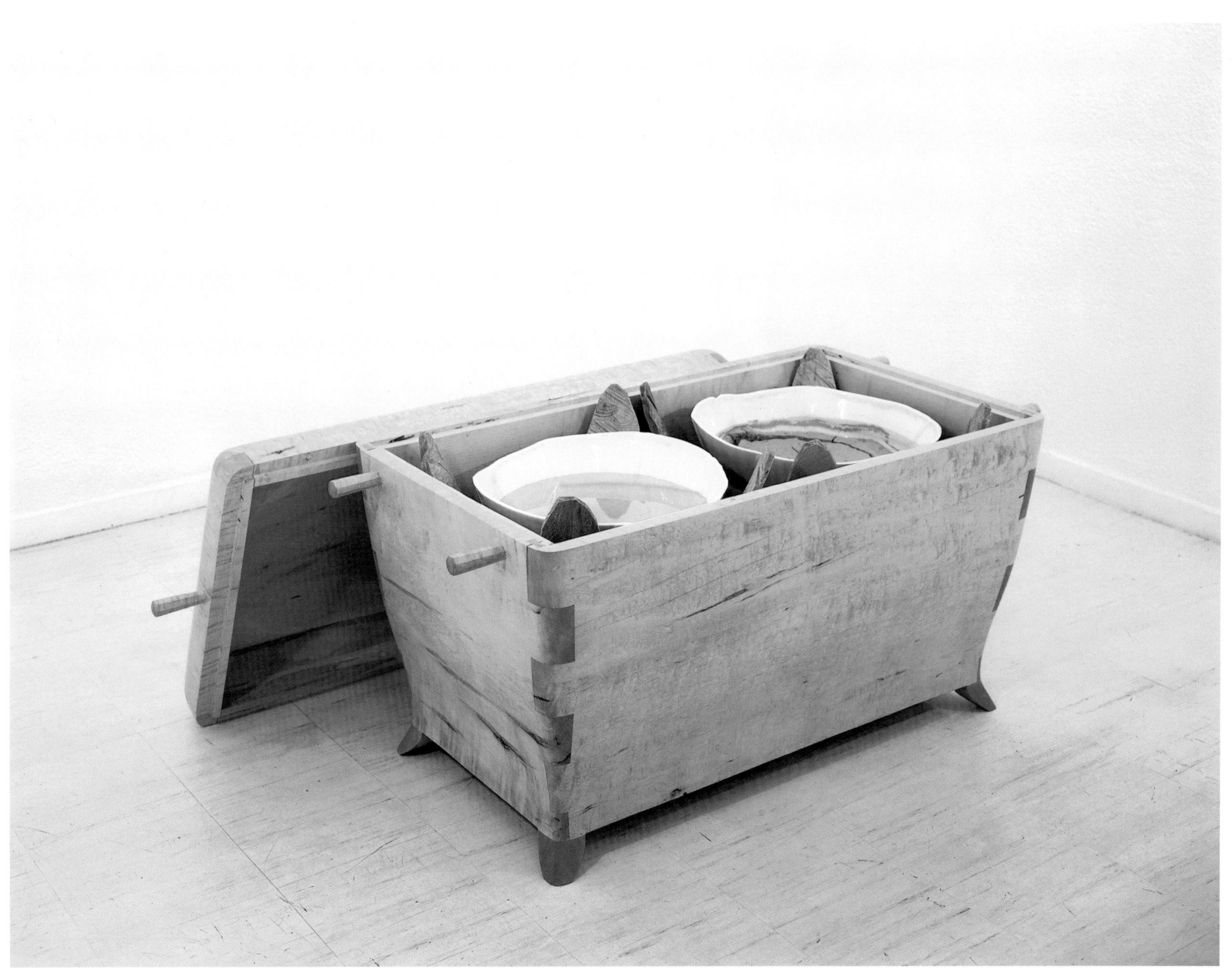

Susumu Koshimizu

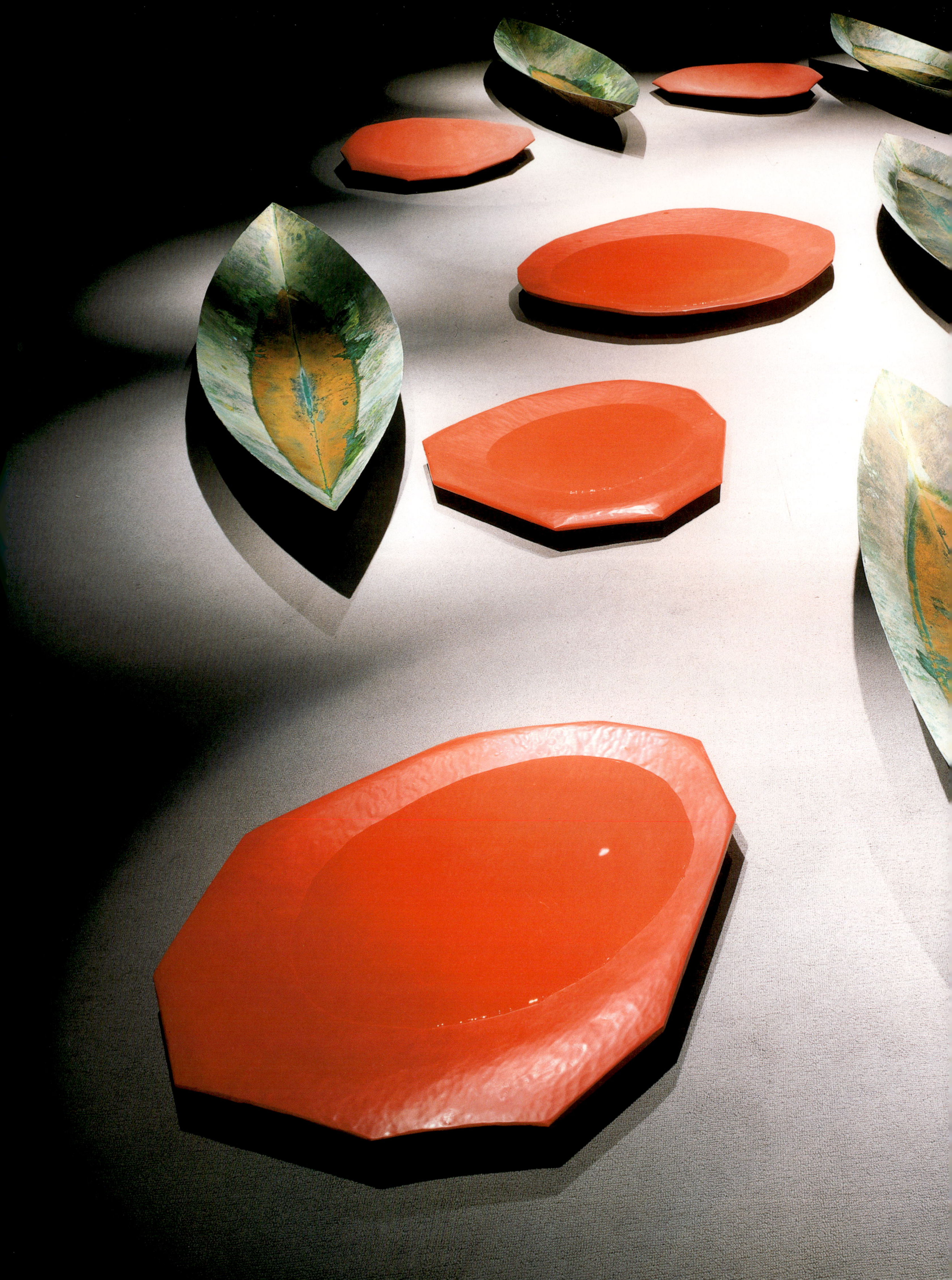

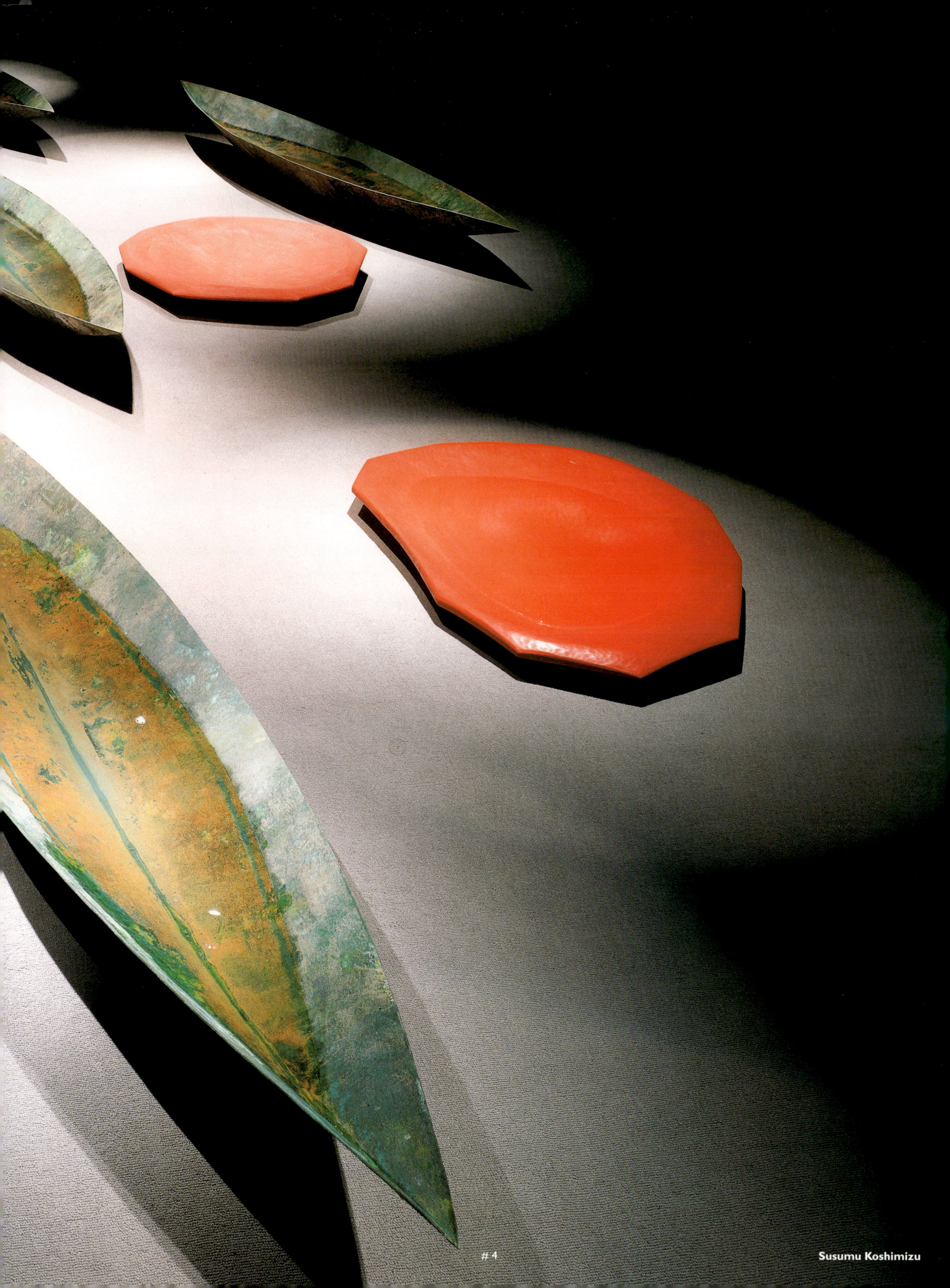

Susumu Koshimizu

Fujio Akai 1945

Wat ik heb gedacht, is werkelijk.
Wat ik denk, is oplosbaar.
De weg om te handelen ligt vóór ons.
Het absolute vervult ons — onverhuld,
dringt, als onze eigen wil.
Om de tuin leiden kunnen wij het niet en ontwijken evenmin.
Wij kunnen niet meer vrijblijvend spelen.
De vorm, de kunst zouden daar genoegen mee willen nemen:
De inhoud is het werk.

Fujio Akai
1987

What I have thought, is real.
What I think, is solvable.
The way to act lies ahead of us.
The absolute fulfills us — unconcealed,
Urgent, like our own will.
We cannot lead it up the garden path, nor avoid it.
We can no longer play without commitment.
Form, art, would be satisfied with that:
The content is the work.

Fujio Akai
1987

Ik leerde Fujio Akai in Duitsland kennen, een Japanse kunstenaar, die als een ware cosmopoliet door Europa en Azië zwerft, dan eens neerstrijkt in Nederland, Duitsland of België en vervolgens weer voor langere of kortere tijd terugkeert naar Japan. Zijn Japanse afkomst en opvoeding is echter steeds de basis van zijn creativiteit. Naast schilderen is het leggen en onderhouden van contacten met kunstenaars, verzamelaars, galeristen en conservatoren in Azië en Europa een activiteit, waar hij zich met energie op toelegt.

In juli 2000 bezochten wij samen in Japan een verzamelaar van zijn werk, Mr. Takeshi Tokino. Deze verzamelaar, die even buiten Osaka woont, liet ons bij deze gelegenheid zijn gehele collectie werken van Fujio Akai zien. Grote, stralende, speelse, wervelende, diepe, verstilde en kleurrijke schilderijen trokken in groepen voorbij. Het was een indrukwekkende, betoverende ervaring.

Daarvóór reden we twee uur door een landschap van afwisselend modern en oud Japan. Akai was een uitstekende gids. Hij vertelde over zijn jeugd in Japan, over de vroegere samenleving, de dorpen, de onophoudelijke zorg voor water, vuur, voedsel en het huis; de kou, de warmte en de seizoenen. En tenslotte over de snelle veranderingen van de moderne tijd. Vanuit de auto zagen wij de moderne wereld en voelden het oude Japan.

Fujio Akai verbleef vanaf 1964 met tussenpozen in Europa, in Nederland o.a. als deelnemer aan Ateliers 63 in Haarlem en in Düsseldorf als student aan de Staatliche Kunstakademie. De ontwikkelingen in de kunst van de zestiger jaren fascineerden hem. In Düsseldorf leerde hij veel kunstenaars kennen, o.a. Joseph Beuys, Sigmar Polke, Reiner Ruthenbeck, Jörg Immendorf en Nam June Paik. Naast deelname aan fluxus-happenings en acties, ging hij zich in de jaren tachtig meer en meer bezinnen op een eigen stijl van schilderen. Deze is lyrisch-abstract van karakter en bevatte aanvankelijk zowel Europese als Japanse elementen.

In zijn schilderijen en aquarellen bestaan naast elkaar partijen met grote rust, stilte en monochromie én delen met beweging, actie en chaos. Vloeiende lijnen, die herinneren aan de klassieke Japanse kalligrafie, wisselen af met veelkleurige, turbulente vlakken. De westerling, die gewend is aan het centraal perspectief vindt geen houvast.' Alles vliegt en is in beweging, niets is wat het schijnt te zijn. Er dreigt een beangstigend gevoel van labiliteit en een gevaar zichzelf te verliezen. Nam June Paik vroeg zich af of Akai gevaarlijk is ("Is he dangerous?"). Fujio Akai is gevaarlijk! Zijn kunst is niet onschuldig.'[1]

Zijn belangrijkste wapen is de kleur. Die is fel en intens, maar tegelijkertijd immaterieel. 'Treedt men zijn schilderijen als kleurige meditatie beelden tegemoet, dan maken zij een vorm van geestelijke verdieping mogelijk, een niet rationeel begrijpen van de werkelijkheid en wel door het hier bijna immateriële fenomeen kleur.'[2]

De schilderijen van Akai ontstaan uiteindelijk vanuit een bezinning op het bestaan en lijken een weerspiegeling van ervaringen en visioenen uit een diepere wereld. Ze gaan over de beleving van de stoffelijke én over een onzichtbare, spirituele werkelijkheid; over de leegte, het niets én de chaos, misschien een die onvermijdelijk samenhangt met de groei en de evolutie van de mens. En dit alles speelt zich af binnen de randen van één schilderij of aquarel.

Fujio Akai gebruikt pure, organische pigmenten, bindmiddelen, traditionele kwasten en penselen uit het oude Japan. Hoewel hij met één been in Europa en één been in Japan leeft, is de oude Japanse cultuur voor hem de bodem waarin zijn werk wortelt. 'De vanaf mijn kinderjaren verborgen gebleven schatten van het oude Japan openbaarden zich langzaam voor mijn nieuwsgierige handen en verbaasde ogen. Op zoek hiernaar trof ik belangrijke dragers van de Japanse cultuur, die het gelukte, mijn nog in het onderbewuste verankerde beeld van Japan tot leven te wekken' (Akai).

1
Hans Günther Golinski, 'Harmlos dazwischen? — der Maler Fujio Akai' in: tent.cat. *Fujio Akai*, Museum Bochum, 1998, p. 4.
2
Ibid., p. 5

It was in Germany that I met Fujio Akai, a Japanese who roams Europe and Asia in true cosmopolitan fashion, alighting for a while in the Netherlands, Germany or Belgium before winging back to Japan. His creativity is always based on his Japanese birth and education, though. In addition to painting, he establishes and maintains contacts with artists, collectors, gallery owners and curators in Asia and Europe, an activity in which he invests a great deal of energy. In 2000 the two of us visited a collector of his work, Mr Takeshi Tokino, who lives outside Osaka and showed us his entire collection of work by Fujio Akai. Large, radiant, playful, effervescent, deep, quiet and colourful paintings passed the revue in groups. It was an impressive, enthralling experience.

We had driven for two hours through a landscape in which modern and old Japan alternated. Akai was an excellent guide. He told us about his childhood in Japan, about how people lived, the villages, the ceaseless provision of water, fire, food, care of the house; the cold, the heat and the seasons. And finally the fast-changing modern times. From the car we saw the modern world and felt the old Japan.

Fujio Akai has spent lengthy periods in Europe since 1964: in the Netherlands he worked in Ateliers 63 in Haarlem; in Düsseldorf he studied at the Staatliche Kunstakademie. He was fascinated by developments in art during the 1960s. Among the many artists he met in Düsseldorf in the sixties were Joseph Beuys, Sigmar Polke, Jörg Immendorf, Reiner Ruthenbeck and Nam June Paik. He took part in Fluxus happenings and actions, but in the eighties he turned more and more to the contemplation of his own style of painting. Lyrical-abstract in character, it contained both European and Japanese elements at first.

His paintings and watercolours combine great tranquillity, quietness and monochromy with movement, action and chaos. Flowing lines reminiscent of classical Japanese calligraphy alternate with colourful, turbulent areas. The westerner accustomed to central perspective is at a loss. 'Everything flies and is in motion, nothing is what it seems. There is a frightening feeling of instability, a danger of losing oneself. Nam June Paik asked "Is he dangerous?". Fujio Akai is dangerous! His art is not guileless.'[1] Colour is his most important weapon. It is vivid and intense, but at the same time immaterial. 'If one approaches his paintings as colourful meditations, they make it possible to experience a form of spiritual insight, an irrational understanding of reality, and this is due to the almost immaterial phenomenon of colour here.'[2]

Akai's paintings are the result of his contemplation of life; they seem to reflect experiences and visions from a deeper world. They convey both a physical and an invisible, spiritual reality — void, nothingness and chaos, perhaps one that is inevitably connected with the growth and evolution of mankind. And it all happens within the frame of a single painting or a watercolour.

Fujio Akai uses pure, organic pigments, binders and traditional brushes from old Japan. Although he is at home in both Europe and Japan, his work is rooted in ancient Japanese culture. 'The treasures of old Japanese culture which have remained hidden since my childhood years revealed themselves slowly to my curious hands and astonished eyes. In search of them I encountered important carriers of Japanese culture which succeeded in awakening the image of Japan that was anchored in my subconsciousness' (Akai).

1
Hans Günther Golinski, 'Harmlos dazwischen? – der Maler Fujio Akai' in: exh.cat. *Fujio Akai*, Museum Bochum, 1998, p. 4.
2
Ibid., p. 5.

Fujio Akai

1945
Geboren / Born
1965-1969
Studie aan de / Education at the Staatliche
Kunstakademie Düsseldorf
1968
Bezoekt / Visits Ateliers 63 in Haarlem, Holland
1970-1973
Werkt in / Works in Japan and Europe
1975-1978
Werkt in het atelier van het / Works at the studio of
the Stedelijk Museum Amsterdam
1979-1980
Gastdocent / Visiting professor at the Kunstakadamie
Düsseldorf, Departement Münster
1986
Reportagereis voor het tijdschrift *Kunst Köln* naar Japan
/ Report-visit for the magazine
Kunst Köln to Japan
1987
Organiseert / Organizes *EXPO Historical Cities* in Kyoto,
Japan
1988
Verhuist naar Köln en Brussel / Moves to Köln and
Brussels
1990
August Macke Prijs / Award August Macke
1994
Workshop in Barcelona *Hoorspel / Empty Brain*
1995
Opening van het door hem gestichte museum DOKO
in Keulen / Opening of the museum DOKO, founded by
Akai, in Cologne
2000
Reportagereis met het tijdschrift *Kunst-Zeit* naar
Maleisië / Report-visit with the magazine *Kunst-Zeit* to
Malaysia

Eenmanstentoonstellingen keuze
Solo exhibitions selection

1991
Stadthalle Meschede (August-Macke-Preis)
Raum 77a, Düsseldorf
1992
Galerie Alting, Antwerpen
1993
Museum Bochum, Haus Kemnade
Galerie Theisen, Bonn
Goethe Institut, Osaka
Garage B, Tokyo
1995
Gallery Space, Tokyo
1996
Galerie Co 10, Düsseldorf
1998
Museum Bochum
1999
Goethe Institut, Kuala Lumpur, Malaysia
Galerie Heaven, Amanohashidate, Japan
2000
Old Synagoge, Meschede, Germany
Galerie Spectrum, Euskirchen, Germany

Groepstentoonstellingen keuze
Group exhibitions selection

1990
1945-1990 2000 Friedenstage, Berlin
1993
Fremd und Anders?, Düsseldorf
1994
24 Hours Show, Knokke, Belgium
1995
Museum Doko deelname aan / participation in, *Hilfe
Aids Kinder* travelling exhibition, Belgium/Japan.
1999
Garage B met / with Jo Schulheis in Tokyo National
Gallery, Kuala Lumpur, Malaysia
2000
Für Achim Duchow, Galerie E. Klein, Eifel, Germany

#1
Love Pain, 1998 niet tentoongesteld / not exhibited
pigment op papier / pigment on paper
151 × 101 cm
collectie de kunstenaar / collection the artist

#2
Love Affair, 1998
pigment op papier / pigment on paper
101 × 151 cm
collectie / collection Takeshi Tokino, Yao-City, Osaka foto / photograph Wim Cox

#3
Remembering Tunis, 1998
olieverf op doek / oil on canvas
101 × 151 cm
collectie / collection Takeshi Tokino, Yao-City, Osaka foto / photograph Wim Cox

#4
Five Seasons, 1987/1988
aquarel, krijt op papier / watercolour, chalk on paper
147 × 330 cm
collectie / collection Takeshi Tokino, Yao-City, Osaka
**in langdurig bruikleen aan / on long-term loan to Museum Bochum,
Germany** foto / photograph Wim Cox

#5
Untitled, 1988
olieverf op doek / oil on canvas
151 × 101 cm
collectie / collection Takeshi Tokino, Yao-City, Osaka foto / photograph Wim Cox

#6
Roses, 1999
pigment op papier / pigment on paper
151 × 101 cm
particuliere collectie / private collection foto / photograph Wim Cox

#7
Who Are You?, 2000/2001
pigment op Indiaas papier / pigment on Indian paper
200 × 100 cm
collectie de kunstenaar / collection the artist

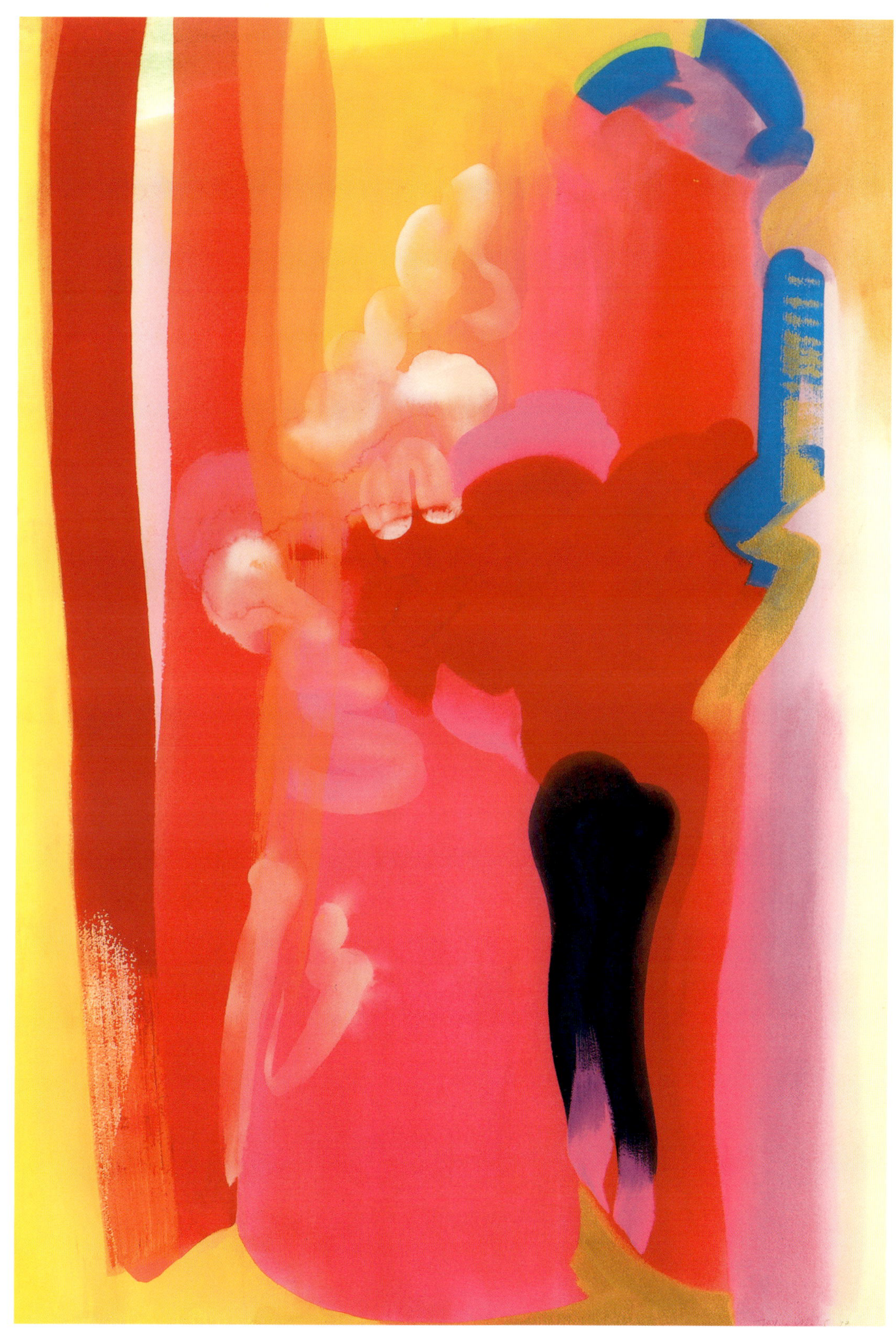

1

Fujio Akai

Fujio Akai

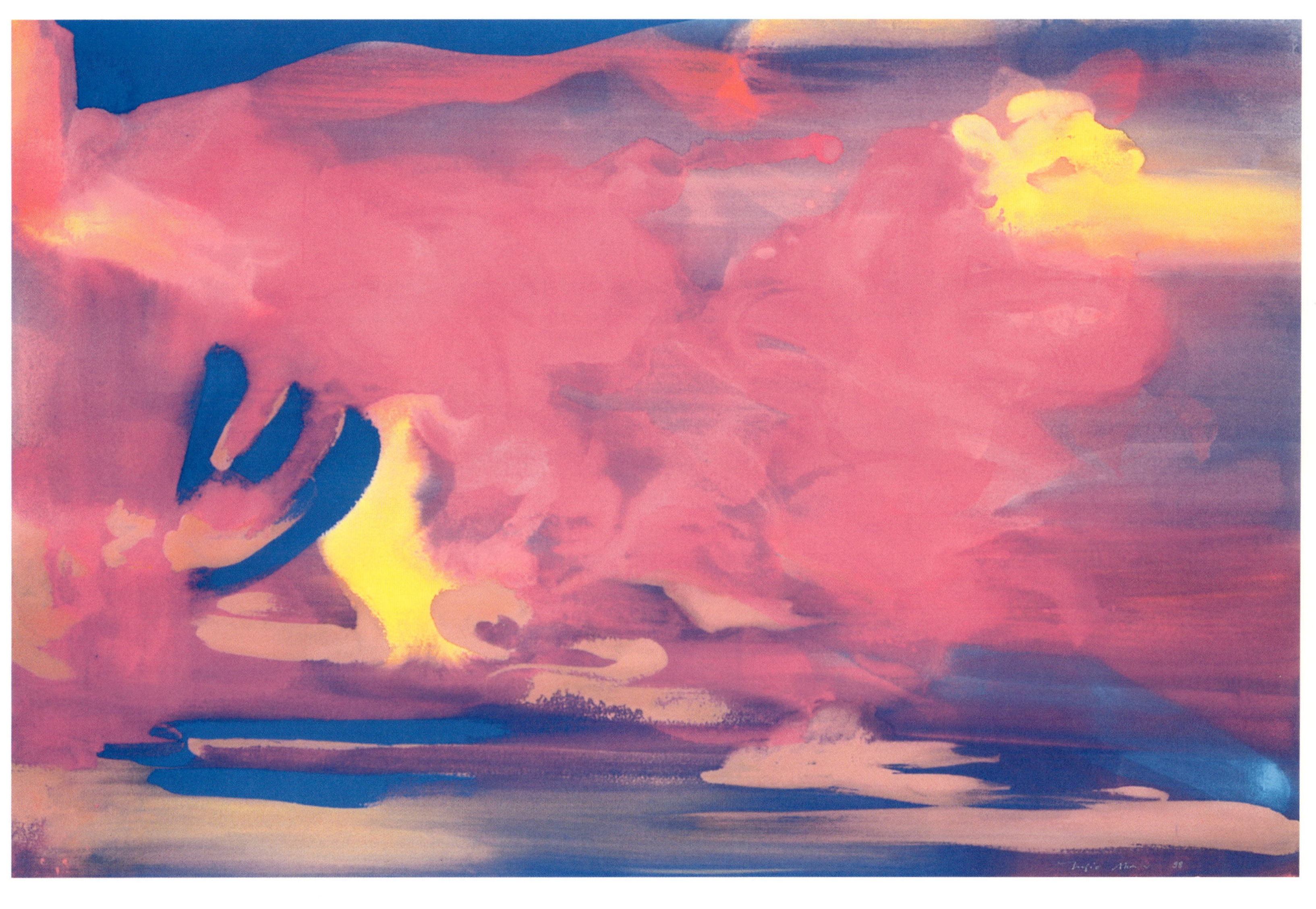

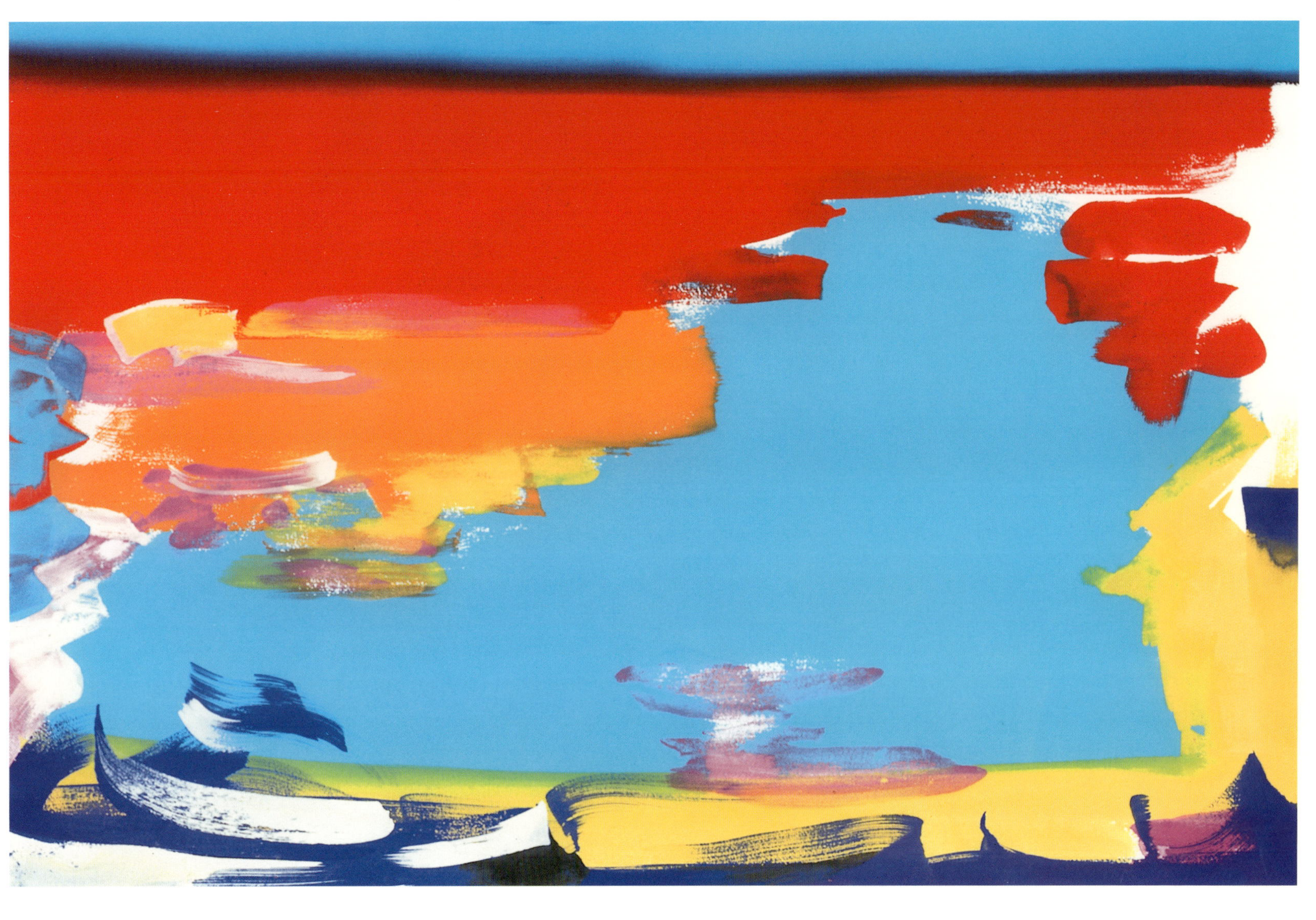

3

Fujio Akai

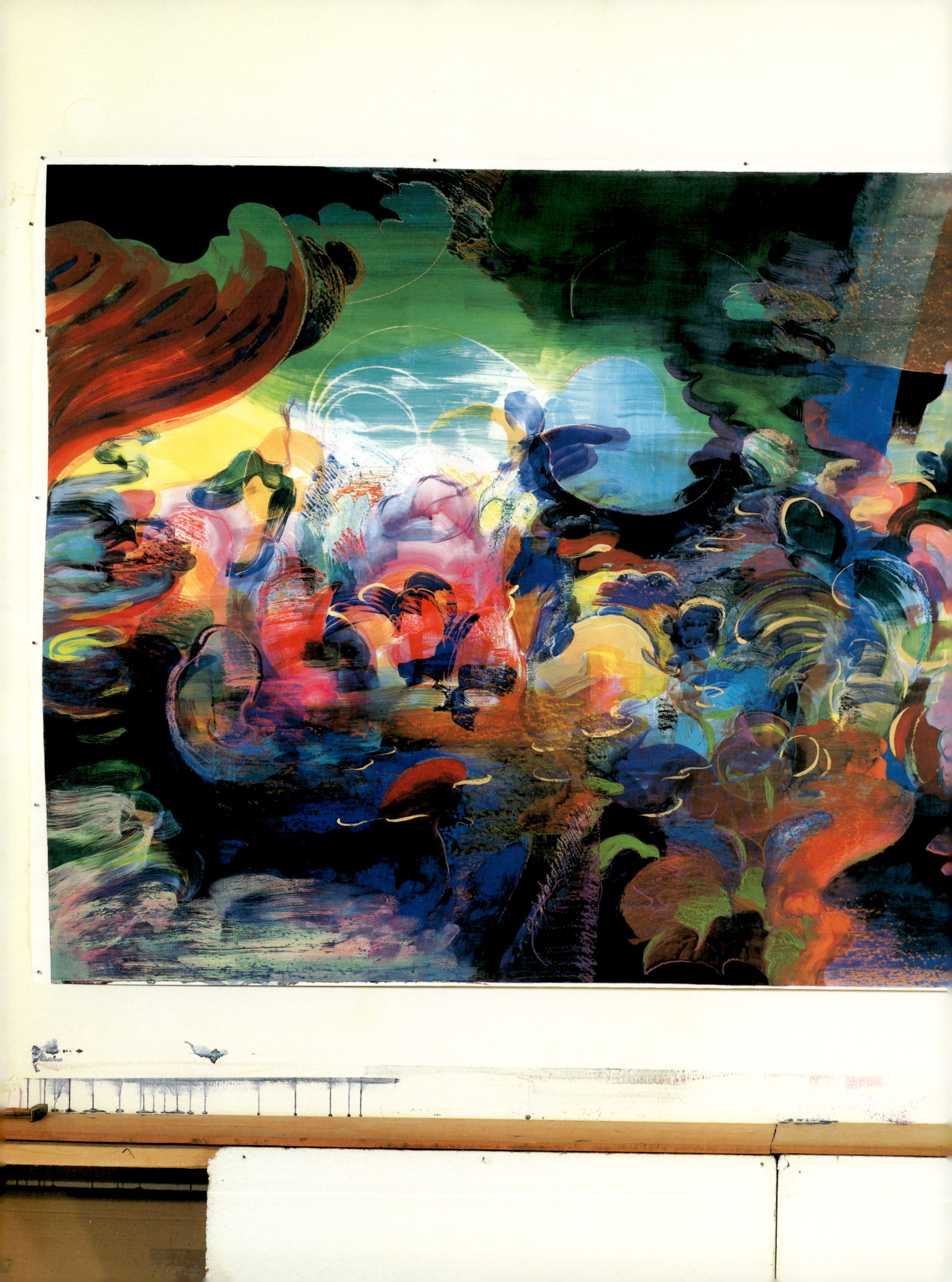

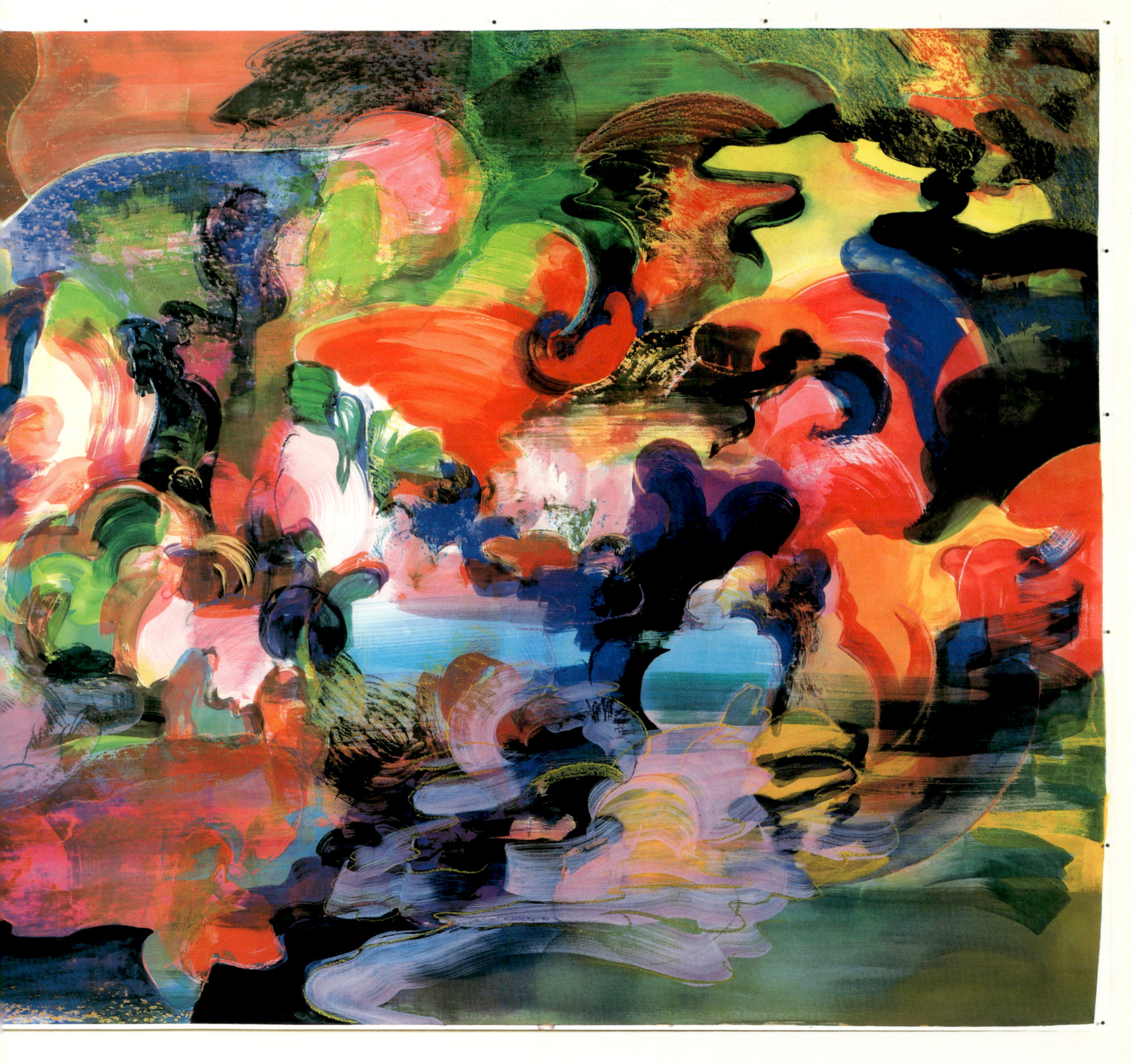

4

Fujio Akai

Shigeo Toya 1947

1985

Op een zomerdag vulde het geluid van de cicades het bos, een ondraaglijk hard geluid. Ik werd een steen. Of liever, ik ging de steen binnen. Daar was het stil. Het geschreeuw van de krekels sijpelde binnen niet als geluid, alsof het tastbaar was, en ik trilde.

Wat een stilte –
De kreten van de cicades
Verzinken in de rotsen.
  Basho

1988

De manier waarop ik mij door middel van de kunst uitdrukte begon met bewondering voor de Westerse sculptuur. De plek waar ik geboren werd lag diep in de bergen. De pre-moderne feodale elementen, die deze dorpsgemeenschap kenmerkten, waren doordrongen van een sterke spiritualiteit. Als kind haatte ik dit en vond ik dit moeilijk te verdragen. In die dagen was de Westerse kunst en vooral de beeldhouwkunst die ik via illustraties zag, de kunst, die het meest geschikt was om mij te bevrijden.... Nu ben ik juist weer aan het proberen aan de moderne sculptuur te ontsnappen. 'Dit is niet het gebied voor mij,' zei ik tegen mezelf. 'Mijn spirituele plek ligt ergens anders.' Met behulp van vage herinneringen ben ik de plek aan het zoeken, waarbij mijn intuïtie mij tot gids dient. Zonder enige twijfel zal deze plek zich manifesteren in het oppervlak van materiële objecten - een in wezen modern concept.
Installaties, die de ontbinding van de moderne wereld vertegenwoordigen zijn voor mij niet van belang; en ook installaties, die een belichaming zijn van een terugkeer naar de voorouders van iemand. Ik droom ervan getuige te zijn van het ontstaan van nieuwe dingen achter de onvermijdelijke materiële aanwezigheid van objecten

1990

Ik heb geprobeerd om los te komen van de systematische aard van de basale sculptuurtechnieken: modelleren, hakken en construeren.
Mijn beelden en vormen voeren naar het ondergrondse en naar het bos.
Ik heb gepoogd te zwemmen met de grond en het bos, alsof dit mijn 'lichaam' was.
Ik ben zelf bos geworden.
Ik heb gezworven in het bos, op zoek naar een middelpunt. Toch was ik niet in staat mij te concentreren op één enkel middelpunt.
Ik tastte naar mijn bos-'lichaam' van binnenuit en van buiten.
Toch was ik niet in staat bewust enig deel van mijn vlees of mijn botten waar te nemen en ik werd oppervlak.
Nu zoek ik een weg, die mij uit het bos voert. Door middel van het oppervlak.
Plotseling constateerde ik: 'Ik zie niets dan onvolkomenheid en mislukking in het Japanse modernisme'.
Ik denk wel eens: 'Hoe aantrekkelijk en hoe onbetekenend zijn de woorden 'het opnieuw vormgeven aan het modernisme'.
De eerste persoon van het persoonlijk voornaamwoord 'ik' is eveneens een hypothese.

Shigeo Toya

1985

On a summer day, the sound of the cicadas filled the forest, unbearably loud. I became a stone. Or entered into a stone. There it was quiet. The cries now seeped into as something tactile, not as sound, and I trembled.

Such stillness –
The cries of the cicadas
Sink into the rocks.
  Basho

1988

My artistic mode of expression began with admiration for modern Western sculpture. The place I was born in lay deep in the mountains, where premodern, feudal elements characteristic of a village community still maintained a strong hold spiritually. I hated it as a child and found it difficult to endure. In those days, the Western art I saw in illustrations, especially sculpture, was the best art for liberating me.... Now, I am trying to escape from modern sculpture. 'This is not the place for me,' I said to myself. 'My spiritual place lies elsewhere.' I am seeking the place using distant memories and my intuition as a guide. Doubtless, the place will be manifested in the surface of material objects – a quintessentially modern concept. Installations representing the dissolution of the modern world are not important to me; nor are installations that embody a return to one's ancestors. I envision myself witnessing the appearance of new things beyond the inescapable presence of material objects.

1990

I have tried to strip off the systematic quality of the basic sculptural techniques (modelling, carving and construction).
My images and forms lead underground and to the forest.
I have attempted to swim with the ground and the forest as my 'body'.
I have become the forest.
I have wandered in the forest, seeking a center. However, I was unable tot focus on one single center.
I groped for my forest 'body' from inside and outside. However, I was unable to consciously perceive any part of my flesh or my bones and I became surface.
Now I am seeking a way out of the forest. By way of surface.
I abruptly declared: 'I see nothing but deficiency and failure in Japanese modernity.'
I think: 'How attractive and how futile are the words "reworking modernity".'
The first-person pronoun 'I' is also a hypothesis.

Shigeo Toya

Het uitgestrekte, ondoordringbare bos is voor Toya een fenomeen met enorme aantrekkingskracht. Het is voor hem veel meer dan een romantische of geheimzinnige ervaring of één van de vele vormen, waarin de natuur zich presenteert.

In zijn opvatting is het bos een levend wezen, een eenheid van materie en geest. Hout is dan ook het enige materiaal, waarmee hij zijn visie op leven – en dood – tracht uit te drukken. Het is een materiaal, dat hij in de serie sculpturen, die hij *Woods* noemde in de eerste plaats aan de oppervlakte bewerkt met bijl, beitel en sinds 1984 met de cirkelzaag. Hij gaat de enorme stammen van twee en halve meter lang te lijf en brengt in het oppervlak littekens aan, gaten, sneden, knobbels, scherpe uitsteeksels en diepe lijnen. Zo wordt zichtbaar wat onder het oppervlak zit, maar het uitgekerfde deel wordt daarna opnieuw oppervlak.

De agressieve manier waarop Toya met het materiaal omgaat lijkt een voortdurende poging om achter het wezen van de natuur én van zichzelf te komen. Daarnaast is – en dat heeft hij herhaaldelijk uitgesproken – het maken van sculptuur voor hem direct verbonden met leven en dood. Hij was al jong gefascineerd door de dood van mensen en dieren in Pompeï, door de uitgegraven figuren en de negatieve ruimten, die de uitgegraven figuren achter lieten.

'Het beeld van Pompeï is steeds erg belangrijk voor mij gebleven, tot op de dag van vandaag. Ik probeer mij voor te stellen, hoe de ruimte om mij heen gevuld zou zijn met as en hoe ik zou verstikken. Mijn lichaam zou uiteenvallen en verdwijnen, maar de vorm van mijn lichaam zou blijven bestaan als een gefossiliseerd oppervlak. Dit is een even fascinerend als beangstigend beeld. Aanvankelijk probeerde ik dit beeld van een uitgeholde figuur in mijn werk tot uitdrukking te brengen.'[1] en vervolgens zegt hij: 'Als ik aan Pompeï denk en mij beelden daarvan voorstel, zou ik zelf begraven zijn in de ruimte en tot niets overgaan. De ruimte en ik zouden worden omgekeerd en mijn huidige holle, lege bestaan zou zich bewegen naar de huid van het omhulsel, dat zich bevindt tussen de buitenmassa en de leegte binnen. Ik begon te denken dat creatie gelijk was aan uitholling.'[2]

In de figuren van Pompeï kwamen voor hem de begrippen sculptuur, dood en het getuige zijn daarvan samen. De dood verschijnt daar letterlijk in een vorm, een massa, een sculptuur. 'Het leven wordt bevestigd en krijgt zijn basis door de dood. En de dood belooft leven.'[3]

Van dit idee is ook zijn serie *Woods* geheel en al doordrongen. Het lijken stammen, die uit een verbrand en verzonken bos zijn opgegraven, getourmenteerde bomen, die oprijzen uit hun as. Voor Toya is het oppervlak van zijn werken van groter belang dan de totale vorm.

'Ik zoek naar een vorm, terwijl ik aan het werk ben met het materiaal. Er is vorm en er is betekenis. In minimal art is er een duidelijk en uitgesproken verband tussen vorm en betekenis, maar ik neig ertoe tussen beiden in te dwalen. Dit is de essentie van mijn werk. Ik wil dat mijn werk een plaats van ontmoeting is met iets dat groter is dan ik'.[4]

Toya heeft een sterke behoefte zijn sculpturen een spirituele, animistische lading te geven, maar dan door middel van een vorm van een spiritualiteit, die niet gelieerd is aan één specifieke religie. In 1990 schrijft hij: 'Sculptuur bestaat alléén als icoon, indien deze sculptuur enige relatie met religie heeft. Zelfs vóór beelden iconen werden, waren er plaatsen, die als zeer bijzonder werden beschouwd. Sculptuur werd geboren, toen mensen stenen gingen gebruiken om deze plekken te markeren; de stenen kregen geleidelijk de betekenis van een icoon. Dit soort verschijnsel heeft mijn werk beïnvloed (….).'

Over zijn beeldenserie *Woods* zegt hij tenslotte: 'Met mijn werk wil ik geen beeld van een weelderig bos creëren, vol leven, maar een dood bos, een verloren bos. Mijn werk is als een begrafenisceremonie voor een bos. In zekere zin is het een vorm van purificatie. Begrafenisrituelen zijn niet voor de doden, maar zijn voor de levenden een manier om vertrouwd te raken met de dood, om deze te definiëren, te humaniseren en te accepteren.'[5]

1
Tent.cat. *A Primal Spirit. Ten Contemporary Japanese Sculptors*, Hara Museum ARC, Gunma; Los Angeles County Museum of Art, Los Angeles, Museum of Contemporary Art, Chicago et al., 1990, p. 97.
2
Ibid., pp. 98 en 101.
3
Tent.cat. *Shigeo Toya, Out of the Villages*, Satani Gallery, Tokyo, 1993, p. 3.
4
Op.cit. (noot 1), p. 102.
5
Ibid., p. 103.

The phenomenon of the vast expanse of an impenetrable forest exercises a powerful fascination on Toya. He regards it as more than a romantic or mysterious experience, more than just one of the nature's many guises. To his mind a wood is a living creature, a fusion of matter and spirit. Not surprisingly, wood is the only material with which he attempts to express his vision of life – and death. The surfaces of the sculptures belonging to the series he named *Woods* are worked with an axe, chisel and, since 1984, a circular saw. The soaring trunks, two-and-a-half metres high, bear the stigmata of his treatment: scars, holes, incisions, lumps, sharp protuberances and deep furrows. They reveal what is under the surface, but the exposed areas in their turn become surface.

Toya's aggressive treatment of his material seems to be a continuous attempt to fathom the essence of nature and also of himself. Furthermore, as he has often stated, he sees a direct link between making sculptures and life and death. At an early age he was fascinated by the death of humans and animals in Pompeii, by the excavated figures and the imprints of their corpses. 'The image of Pompeii has remained very important in my work to this day. I try to visualize how the space around me would be filled with ash and how I would suffocate. My body would dissipate, but the shape of my body would remain like a fossilized surface. This is an interesting image but at the same time a frightening one. In the beginning I tried to express this image of a hollowed-out figure in my work.'[1] He goes on to say: 'In my image of Pompeii I would be buried in the space and become nothing. The space and I would be inverted, and my now hollow, empty existence would drift upon the integumentary husk between the outer mass and inner emptiness. I began to think that creation was similar to excavation.'[2] For him, sculpture, death and its witnesses come together in the Pompeii figures. Death is tangible in a form, a mass, a sculpture. 'Life becomes settled through death. Death promises life.'[3]

His series *Woods* is pervaded with this idea. The sculptures call to mind tree-trunks dug up from a burnt and submerged forest, tormented trees rising from their ashes. Toya assigns greater importance to the surface of his works than to the overall form. 'I search for a form while working with the material. You have form and you have meaning. In minimal art there is a clear and definite relationship between form and meaning, but I tend to wander between them; this is the essence of my work. I want my work to be a place of encounter with something that is greater than I am.'[4]
Toya has a strong need to invest his sculptures with a spiritual, animistic charge, but prefers to do so through a form of spirituality than does not subscribe to a specific religion. In 1990 he wrote: 'Sculpture only exists as an icon when that sculpture is related in some way to religion. Even before sculptures became icons, there were places which were regarded as very special. Sculpture was born when people started marking these places with stones; the stones gradually acquired the significance of an icon. This kind of phenomenon has influenced my work (...).'

And finally, on the subject of his *Woods*: 'I am not expressing an image of a lush forest filled with life, but a dead forest, a lost forest. My work is like a burial ceremony for a forest. In a sense it is a form of purification. Burial ceremonies are not for the dead but a way for the living to possess death, to define and humanize it, to accept it.'[5]

1
Exh.cat. *A Primal Spirit. Ten Contemporary Japanese Sculptors*, Hara Museum ARC, Gunma; Los Angeles County Museum of Art, Los Angeles, Museum of Contemporary Art, Chicago et al., 1990, p. 97.
2
Ibid., pp. 98 and 101.
3
Catalogue *Shigeo Toya, Out of the Villages*, Satani Gallery, Tokyo, 1993, p. 3.
4
Op.cit. (note 1), p. 102.
5
Ibid., p. 103.

Shigeo Toya

1947
Geboren in / Born in Kamiminochi, Nagano prefecture
1973
Afgestudeerd aan de / Graduated from Aichi Prefectural
University of Fine Arts and Music, Department of
Sculpture
1975
Voltooiing van postacademische studie aan / Completed
postgraduate course in sculpture, Aichi Prefectural
University of Fine Arts and Music
Woont en werkt in / Lives and works in Tokorozawa,
Saitama prefecture

Eenmanstentoonstellingen keuze
Solo exhibitions selection
vanaf / from 1990

1990
Soko Art Museum, Niigata
1991
Thomas Solomon's Garage, Los Angeles
1992
Ashiya City Museum of Art & History
Viewing Doors I, Shugo Satani Art Room, Tokyo
Gallery Haku, Osaka
1993
Temporary Space #027, Sapporo
1994
Kuma Museum of Art, Ehime
Viewing Doors II, Kenji Taki Gallery, Nagoya
From Borders I: Individual, the House, the Skin, Satani
Gallery, Tokyo
Shugo Satani Art Room, Tokyo
1995
Forest of Visions, Hiroshima City Museum of
Contemporary Art
Municipal Denchu Art Museum, Okayama
1996
From Borders III, Satani Gallery, Tokyo
Linkage II, Kenji Taki Gallery, Nagoya
From Borders IV, Ten Gallery, Fukuoka
1998
From Borders V, Kenji Taki Gallery, Nagoya
From Borders VI, Satani Gallery, Tokyo
1999/2000
Kenji Taki Gallery, Nagoya

Groepstentoonstellingen keuze
Group exhibitions selection
vanaf / from 1990

1990
Contemporary Sculpture in Japan III, Kanagawa Prefectural
Gallery, Yokohama
A Primal Spirit. Ten Contemporary Japanese Sculptors, Hara
Museum ARC, Gunma et al.
A Natural Order, The Hudson River Museum, New York
1991
Contemporary Art: The Mind of Japan, The Museum of Fine
Art, Gifu
Structure and Remembrance: Toya, Endo, Kenmochi, Tokyo
Metropolitan Art Museum
1992
Japanese Modern and Contemporary Wooden Sculpture,
Okayama Prefectural Museum of Art
1993
Giappone: Anni Novanta, Museo del Folklore, Roma;
Japanische Kunstler: Kunst der 90er Jahre, Stadtsmuseum
Düsseldorf
Invisible Nature, Ballgame-Hall, Royal Garden of the
Prague Castle, Prague, etc. (travelled in Hungary and
Germany)
The 1st Asia-Pacific Triennal of Contemporary Art,
Queensland Art Gallery, Brisbane
1995
Art in Japan Today 1985-1995, Museum of
Contemporary Art, Tokyo
Japanese Culture: The Fifty Postwar Years, Meguro Museum
of Art, Tokyo et al.
Japan Today, Louisiana Museum of Modern Art,
Denmark, etc. (travelled in Northern Europe)
Memory of Tree, Memory of Sculpture, Museum of
Contemporary Art, Sapporo
1996
Naivety in Art, Setagaya Art Museum, Tokyo
1997
Le Japon. Créations in-situ 1997, Mont-de-Marsan
Japanese Contemporary Art Exhibition, National Museum
of Contemporary Art, Korea
1998
*Human, Nature and Prayer – Image of Trees in Japanese
Art*, Nagano Prefectural Shinano Art Museum
1999/2000
Art Document 1999, 2000 in Kanazu Forest of Creation

#1
**Barok van een rechthoekig massief blok III / Baroque of Rectangular
Solid III, 2000**
hout, as van hout, acryl / wood, wood ashes, acrylic
72 × 400 × 72 cm
collectie / collection Chukyo Women's University, Aichi, Japan
foto / photograph Kenji Taki Gallery

#2
Bos / Woods VIII, 1999
hout, as van hout, acryl / wood, wood ashes, acrylic
30 delen / parts
220 × 30 × 30 cm, ieder / each
collectie de kunstenaar / collection the artist foto / photograph Anzai. Courtesy
Shugoarts, Tokyo

#3
From Borders V, 1997-1998, niet in de tentoonstelling / not exhibited
hout, as van hout, acryl / wood, wood ashes, acrylic
21 m
collectie de kunstenaar / collection the artist foto / photograph Hiromu Narita.
Courtesy Kenji Taki Gallery

#4
From Borders VI, 1998, niet in de tentoonstelling / not exhibited
hout, as van hout, gips, acryl / wood, wood ashes, plaster, acrylic
143 × 396 × 71,5 cm
collectie de kunstenaar / collection the artist foto / photograph Oguma Sakae.
Courtesy Shugoarts, Tokyo

#5
Seifa Utaki, 1993
**gedrukte kaart, potlood, acrylverf op papier / map, pencil, acrylic
paint on paper**
42,2 × 62,4 cm
collectie / collection Stedelijk Museum Amsterdam

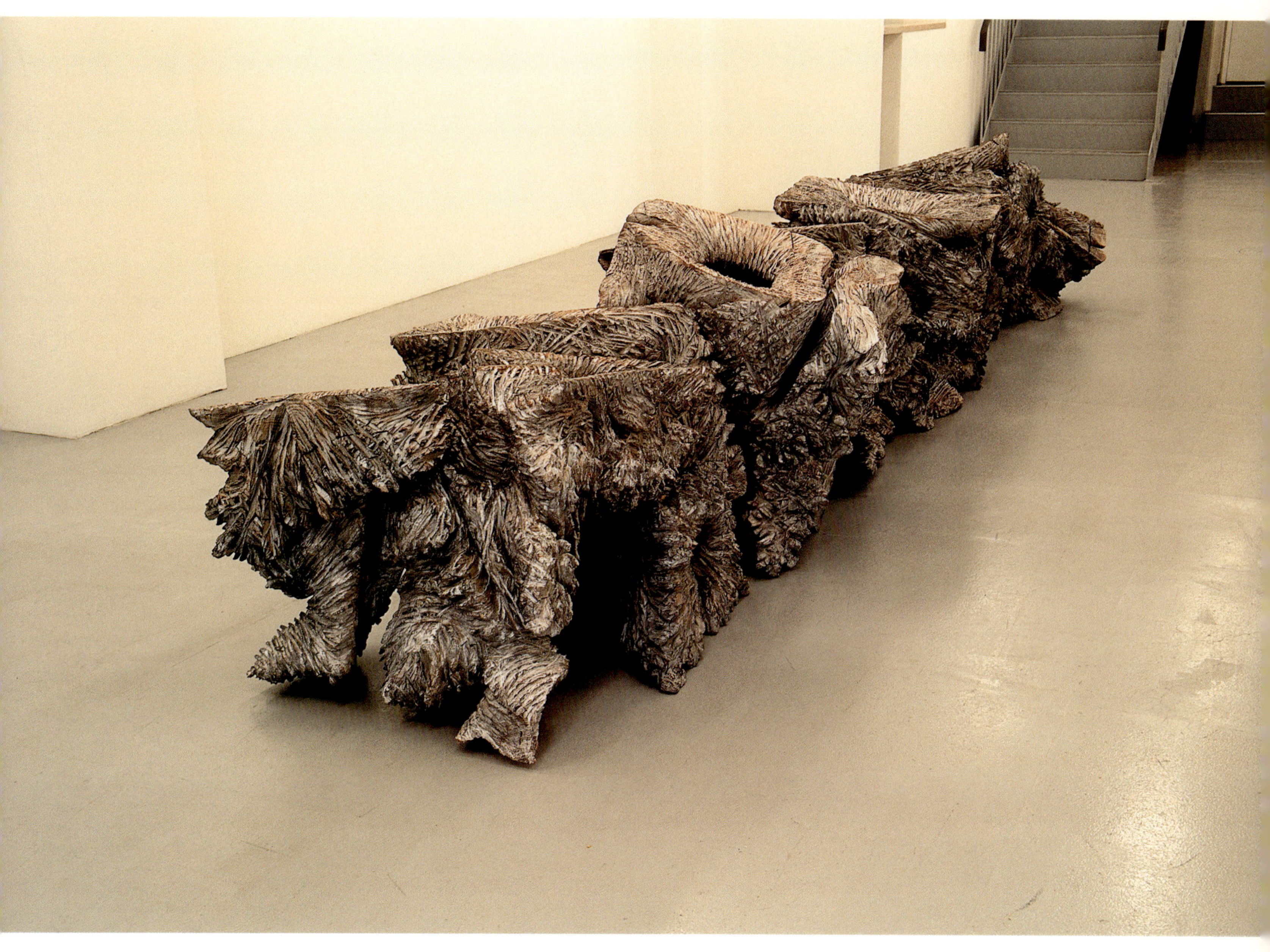

Shigeo Toya

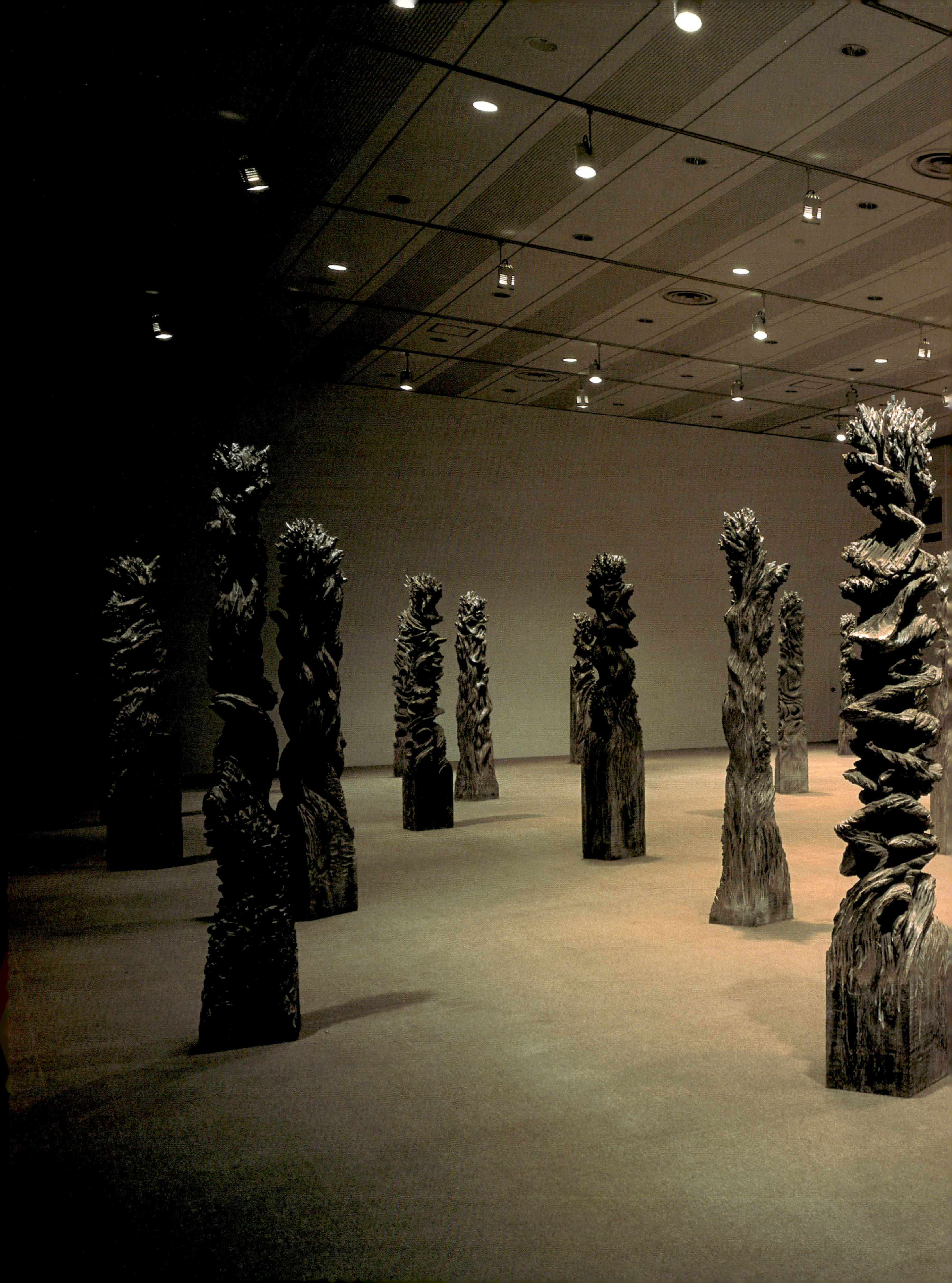

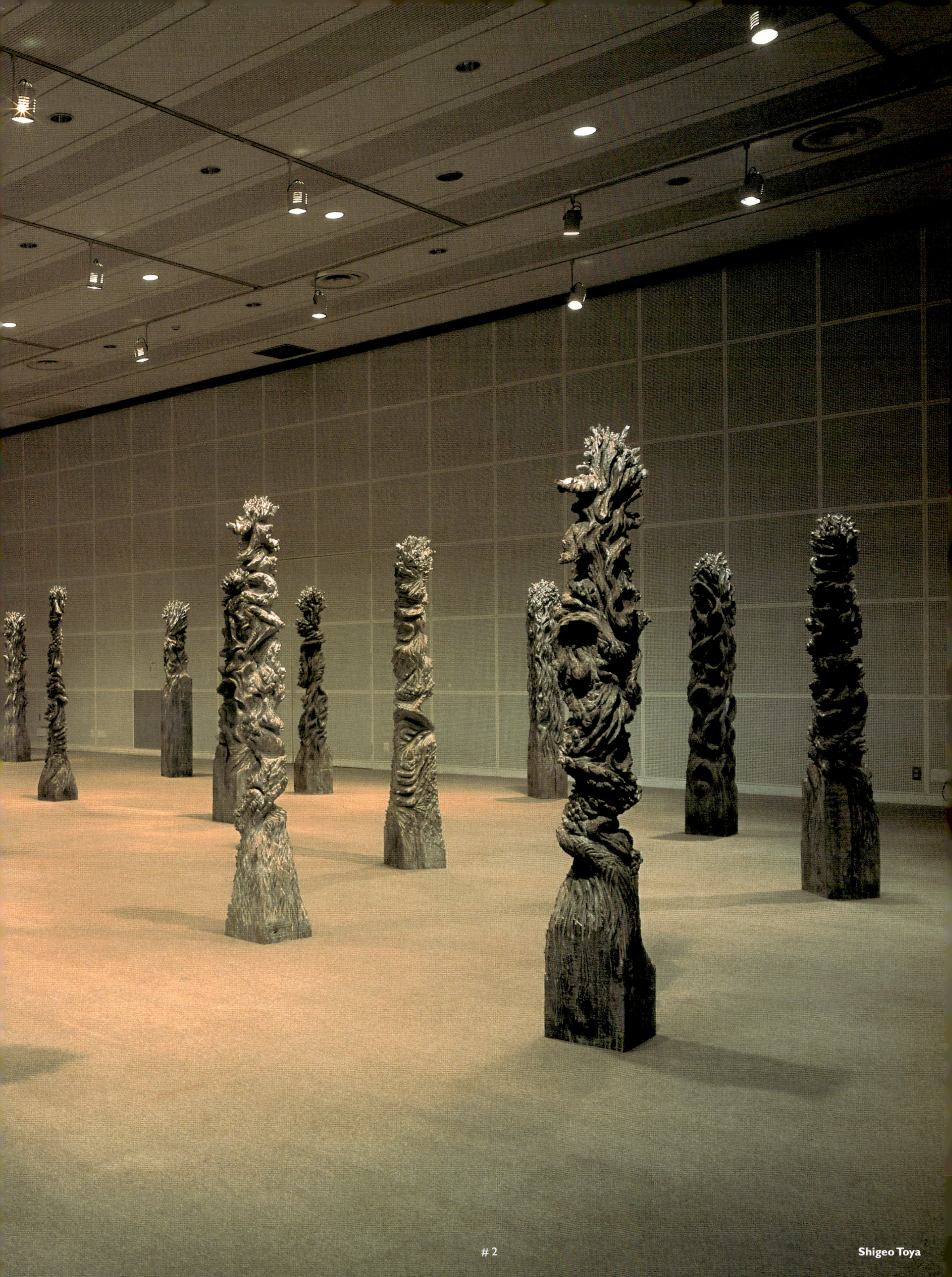

2
Shigeo Toya

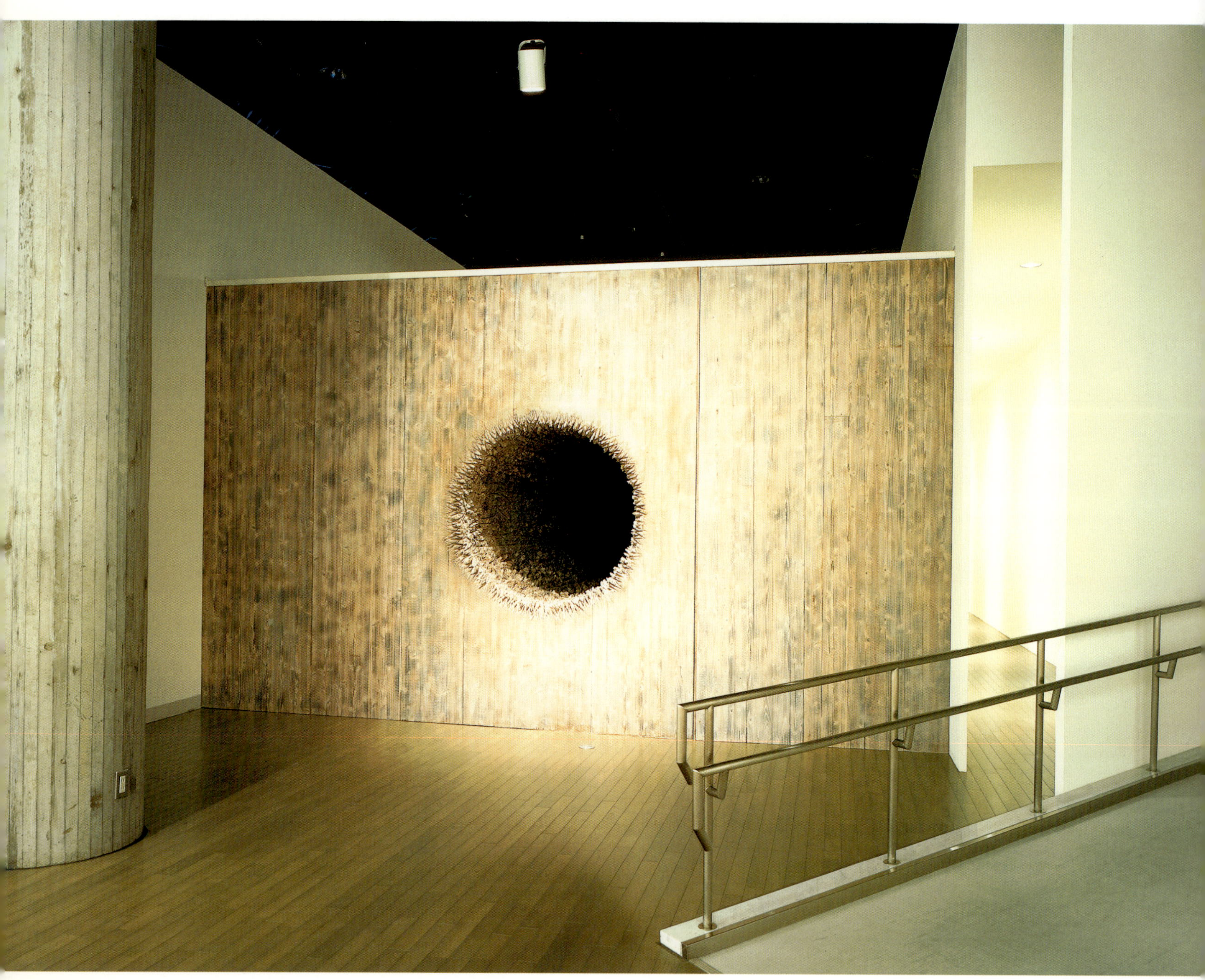

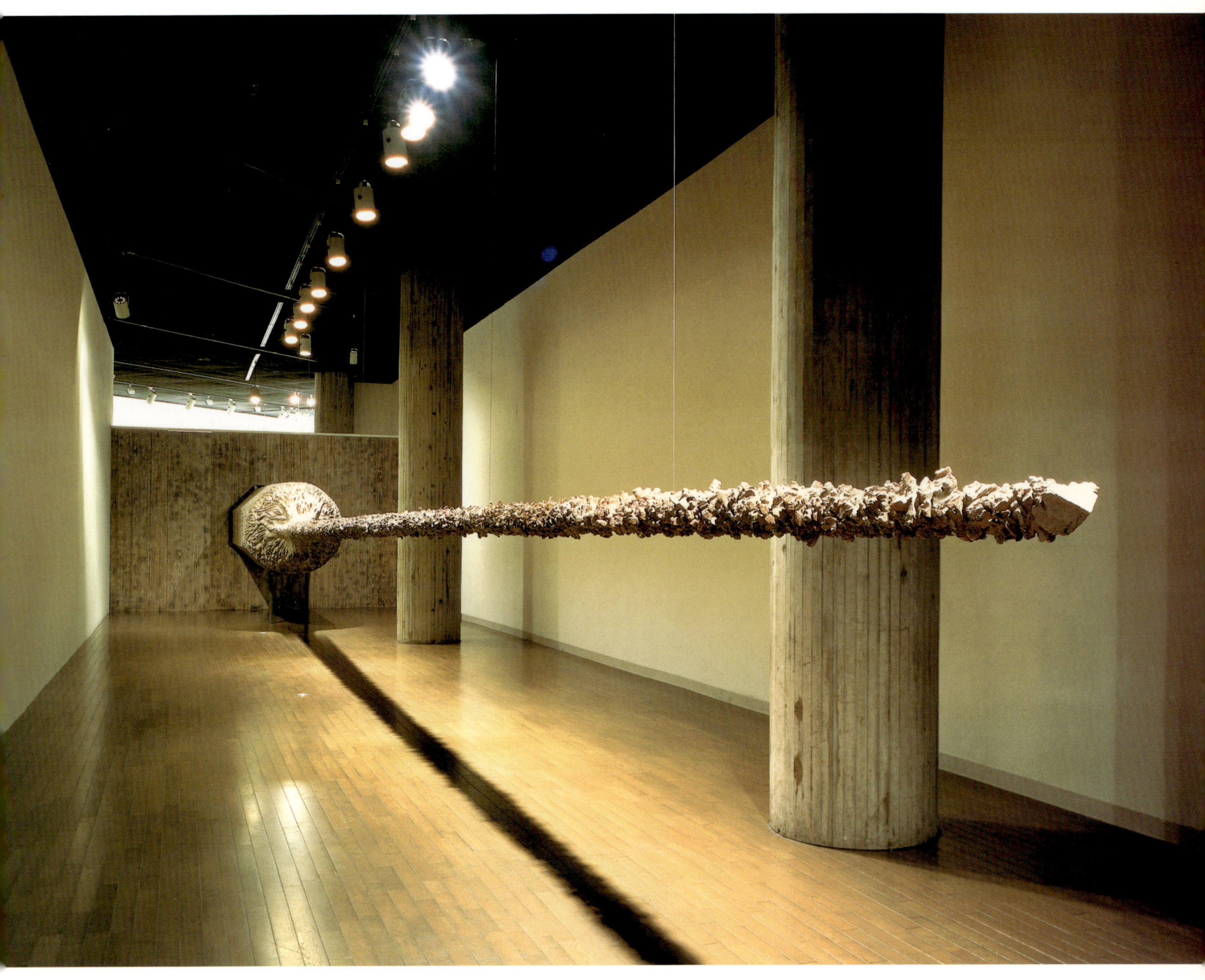

Shigeo Toya

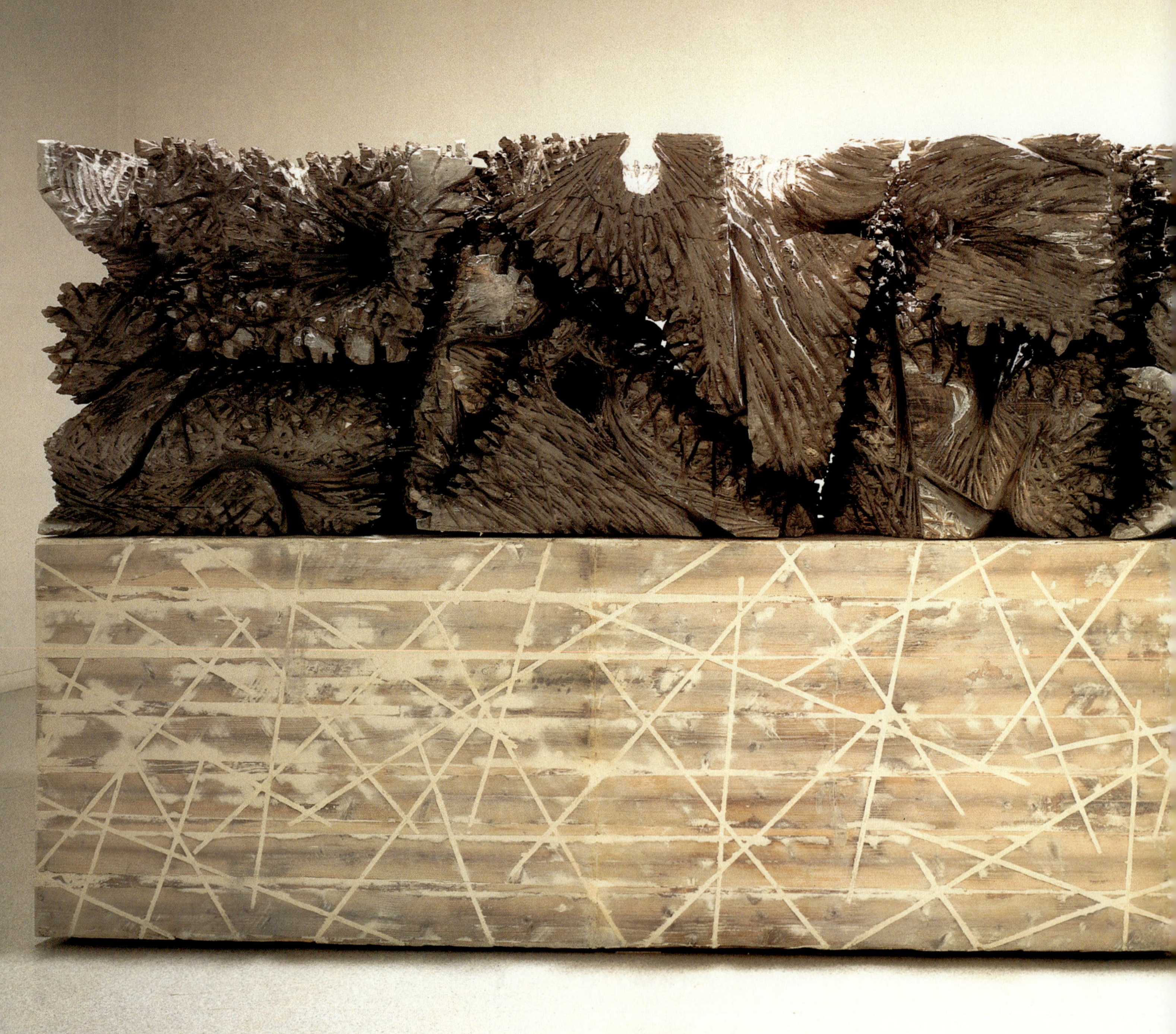

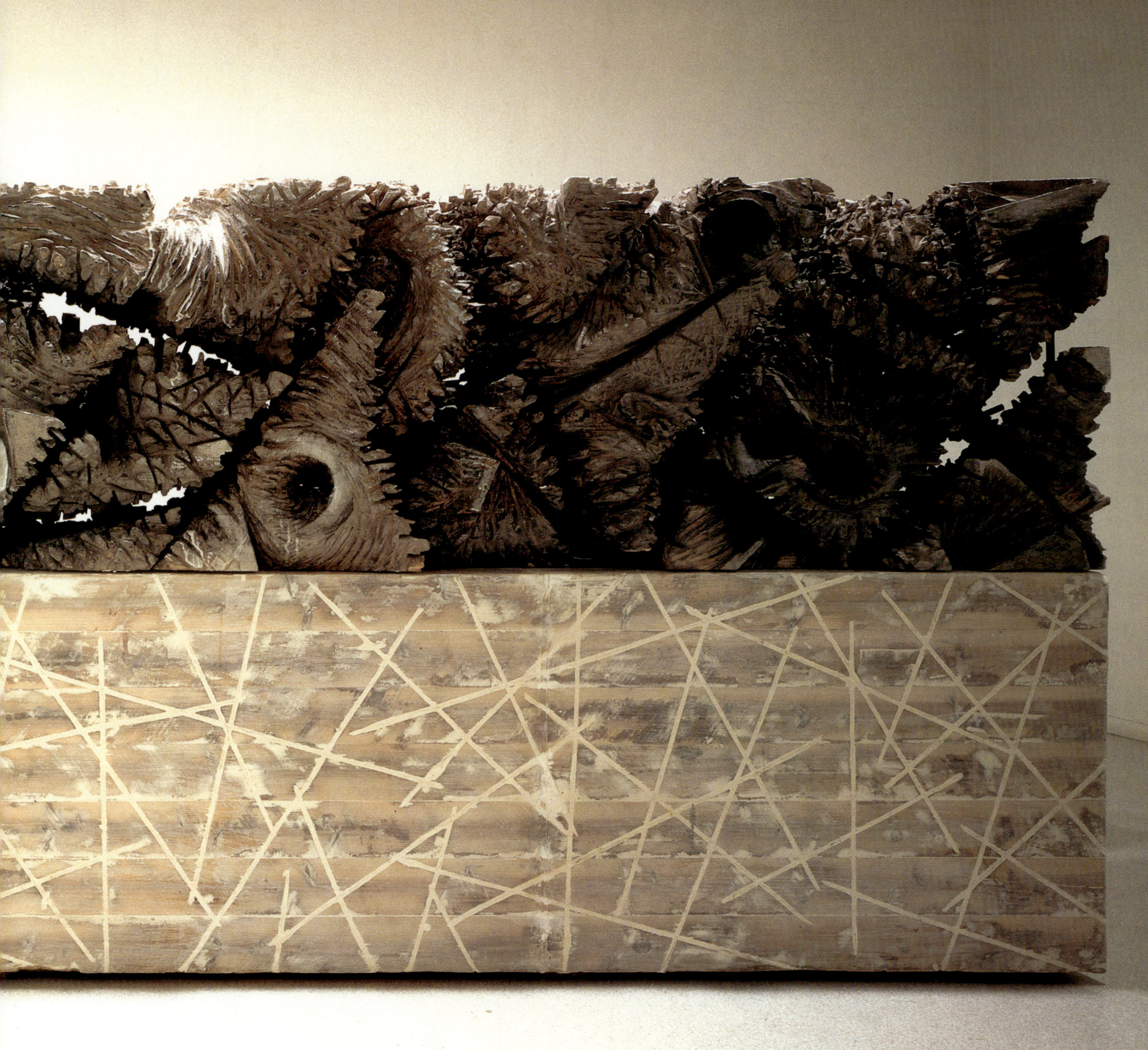

Shigeo Toya

Toshihiro Kuno 1948

Zomer 1990
Grassen langs de weg vallen nauwelijks op, als je er geen aandacht aan schenkt. Alleen wanneer je er werkelijk bewust mee bezig bent, begint hun aanwezigheid er toe te doen. Ik zou willen, dat mijn werken zijn zoals die grassen: opmerkelijk en wonderlijk als je er belangstelling voor hebt.

Voorjaar 1992
Als je reist, heb je allerlei ontmoetingen. De laatste paar jaar ben ik geïnteresseerd geraakt in primitieve vormen, die ontstaan vanuit het dagelijks leven. Eenvoudige vormen, die ik nooit eerder zag, betekenen een inspiratie voor mijn werk.

Zomer 1993
Ik wil bewust zijn van de manier waarop de bezoeker zich (door mijn werk) beweegt. Werken zouden op de muur en op de vloer moeten worden geïnstalleerd. Wanneer alle delen (van een installatie) aaneen worden geregen, laten zij geen sterke indruk achter. De visuele ervaring van het werk is belangrijk. Eerst de delen, dan het geheel. Creëer plekken, die open blijven. De bezoeker is zich op de ene plek, voortdurend sterk bewust van de aanwezigheid van de andere. Er moet een plaats zonder middelpunt worden gecreëerd, zodat er in het bewustzijn van de bezoeker primaire beelden kunnen ontstaan, terwijl zij in de niet specifiek vormgegeven ruimte ronddwalen.

Lente 1998
Als ik een ruimte of een opstelling in zijn geheel waarneem, herinner ik mij er toch alleen maar een deel van. Ik wil een topos creëren, waarin de delen, die in mijn geheugen zijn blijven hangen, met elkaar verbonden worden.

Zomer 2000
De Atsuta Shrine is een van de meest beroemde tempels in Japan, die is gelegen in de stad Nagoya. In mijn jeugd bezocht ik deze tempel vaak en bracht daar de hele dag door, terwijl ik speelde in de bosachtige tuin erom heen. Je hebt daar grindpaden, de geur van hout, een offerplaats, speciale bomen, waar aan de takken talloze papiertjes hangen met toekomst-voorspellingen en ook zijn daar de tempelvrouwen (vrouwen met indrukwekkende lange haren) die het gebied schoon-houden.
Dit alles is mijn persoonlijke beeld van het primitieve. Het zijn referenties voor mijn installatie in het voorjaar 2001 (in Otterlo). Twee ruimten worden er voor ingericht. De zalen zullen klaar moeten zijn, om de ruimte optimaal te kunnen gebruiken. De ene ruimte is niet gescheiden van de andere: het eerste zaaltje leidt de bezoeker naar het zaaltje, dat erachter ligt, een binnenruimte, waar de bezoeker de stilte van de plek ervaart, alsof hij zich in het heiligdom van de tempel bevindt.

Toshihiro Kuno

Summer 1990
Weeds by the roadside are inconspicuous when you aren't paying attention to them. Only when you really think about them, does their presence begin to matter. I want my books to be like such weeds: noticeable if you take an interest in them.

Spring 1992
When you travel you experience all kinds of encounters. Over the last few years I have become interested in the primitive forms that emerge from everyday life. Forms that are simple, but that I never saw before, impart inspiration to my work.

Summer 1993
I must be conscious of the viewers' line of movement. Works should be installed on the walls and floors, one fragment linked to another in such a way that they do not leave a strong impression. Visual experiences of the work. First its parts and then the whole, produce places that are left over of free. The viewer in one place is at the same time strongly conscious of the presence of another place. A center-less space is created so that viewers will conjure up primal mental images while wandering around the undelineated space.

Spring 1998
When I see some scene, although I see it in its visual entirely, I remember only part of it. I want to create a topos where the parts that linger in the memory are linked.

Summer 2000
Atsuta-shrine is one of the most famous shrines in Japan, which is located in Nagoya City. In my childhood, I often went to this shrine and spent all day long playing in the ground of its forest garden. There are gravel walk, smell of wood, offering place, special trees, where many pieces of fortune papers bound on the twigs, shrine maiden (impressive long hair style ladies), purifying place.
All of them are the primitive view of my own, and which are the hints of my installation work in spring 2001.
Two rooms prepared. The work must be done using the space of the rooms sufficiently. The one room is not separated from the other. The first room leads the viewers tot the back room. Inner place, where viewers find stillness of the place, feels as if they are in the sanctuary of some shrine.

Toshihiro Kuno

Wanneer men een installatie van Toshihiro Kuno binnen-
loopt, wordt men omringd door allerlei voorwerpen, die
met het Japanse of beter het Aziatische leven van alle dag
te maken hebben, niet zozeer het leven nú in deze eeuw,
maar door de eeuwen heen. Om er enkele te noemen:
een lange lattenbank, die refereert aan de veranda of
omloop (de 'engawa'), die oude en ook nog nieuwe
Japanse huizen kenmerkt (deze lange veranda wordt
's zomers veel gebruikt als zit- en ontmoetingsplaats),
een serie grote Chinese kooklepels gevuld met rijst en
bevestigd aan de wand, een dakgoot met thee, een bak
met steenkool, een bronzen urn met as, een opgerold
touw en allerlei natuurlijke materialen als takken, water,
zand.

Al deze objecten, die met ons dagelijkse, fysieke bestaan
te maken hebben, doen een appél op ons gevoel voor een
intuïtieve, fundamentele manier van leven, in nauw contact
met de natuur en met de medemens. Kuno tracht d.m.v.
zijn installaties het gevoel en het besef op te roepen voor
een basale wijze van bestaan, die de samenleving van
Japan vooral kenmerkte in de eerste eeuwen van onze
jaartelling en die nu in onze industriële-technologische
samenleving volledig verloren is gegaan. Kuno refereert
met zijn installaties – die soms de mentaliteit en sfeer van
de Italiaanse 'Arte Povera' ademen – bewust niet alleen
aan de vroegere Japanse cultuur en maatschappij, maar
gebruikt ook voorwerpen uit China, Korea en Indonesië.
Hoewel deze beschrijving de indruk zou kunnen wekken,
dat zijn werk vervuld is van een zekere nostalgie en
terugblikkende romantiek, is dit geenszins het geval. Zijn
installaties bieden de beschouwer een totaal-ervaring aan,
die teruggaat naar de fundamenten van ons bestaan. De
manier waarop dit gebeurt is zeker Japans of Aziatisch,
met het nodige visuele raffinement. Elk onderdeel in zijn
installaties heeft een gelijke waarde en zijn eigen
uitgewogen positie, maar toch zorgt de opstelling als
geheel en niet de afzonderlijke objecten voor de beoogde
fundamentele beleving. Zijn installaties zijn niet ingericht
volgens een dominante, rationele ordening, maar veeleer
intuïtief.

De kunsthistoricus Kazuo Yamawaki typeerde het werk
van Kuno als volgt: 'Toshihiro Kuno is een kunstenaar, die
een poging doet om de kunst nieuwe kracht te geven
door een koppeling te zoeken met de wereld van het
dagelijks leven, waarvan de moderne kunst zich tot op
heden bewust heeft gedistantieerd.
Kuno's werk vormt in zekere zin een samenvatting van de
Japanse esthetiek, maar hij bereikt dit resultaat niet door
alleen maar traditionele vormen of materialen te gebruiken. Het is waar, natuurlijke materialen komen veelvuldig
in zijn werk voor, maar hij gebruikt geen steen, hout of
ander materiaal in stereotype patronen. Ook gebruikt hij
geen bloemen, traditionele Japanse vazen, theekommen,
geen tokonoma alkoof, geen kachel om thee te maken of
andere gerei voor de bereiding van thee. In plaats daarvan

kiest hij onverwachte dingen als een bundel verroest
ijzerdraad, een deel van een dakgoot, een elektrische
lamp, een emmer of een Chinese keukenlepel. Kuno gaf
op een volstrekt eigen manier vorm aan de Japanse
esthetiek, "op zoek naar wat er in de stroom van de tijd
onveranderd bleef."'[1]
'Zijn kunst richt zich op en ontleent zijn esthetiek aan de
vormtaal, die is gegroeid vanuit het gewone dagelijkse
bestaan, tot ver terug in de geschiedenis. Zijn objecten
houden verband met prototypische vormen in ons
collectieve geheugen; zij zijn diep geworteld in de basale,
oermenselijke behoefte aan voedsel; kleding en
onderdak.'[2]

1
Matsuo Basho (1644-1694), Japans dichter, vooral
bekend om zijn haiku's.
2
Kazuo Yamawaki, 'Toshihiro Kuno. Japanese insights into
beauty', *Toshihiro Kuno Catalogue of the 28th São Paulo
Biennale*, 1998, Brazilië, 1998, p. 6-7.

When you walk into one of Toshihiro Kuno's installations, you find yourself surrounded by a variety of objects belonging to everyday Japanese, or rather Asian life. Not life in this century, but life throughout the ages. For instance: a long slatted bench that refers to the veranda or stoop ('engawa') running round old and modern Japanese houses, where people like to sit and be sociable in the summer, a set of large Chinese ladles filled with rice and fixed to the wall, a gutter of tea, a scuttle of coal, a bronze urn filled with ashes, a coil of rope and diverse natural materials such as branches, water and sand.

All these objects that are part of our daily, physical life, appeal to our feelings for an intuitive, fundamental way of life in close contact with nature and our fellow-humans. As well as deliberate references to old Japanese culture and society, Kuno's installations, which sometimes recall the mentality and atmosphere of Italian 'arte povera', make use of objects from China, Korea and Indonesia. Although this description might arouse the impression that Kuno's work is characterised by nostalgia and romantic retrospection, it certainly is not. His installations offer us a total experience that takes us back to the foundations of our existence. They do so in a Japanese or Asian way, with the customary visual refinement. Every element of these installations is equally significant, but each has its own, carefully chosen position. However, it is the arrangement as a whole, and not the individual objects, that is responsible for the intended fundamental experience. Kuno's installations are not governed by a dominant, rational organisation; they are too intuitive for that.

The art historian Kazuo Yamawaki describes Kuno's work as follows: 'Toshihiro is an artist who endeavors to bring new vigor back to art by seeking linkages with the everyday world from which modern art up to now deliberately separated itself. Kuno's works epitomize Japanese aesthetics, but he does not achieve this result by using traditional materials or forms. Natural materials often appear in his works, it is true, but he does not use stone, wood and other such materials in stereotypical patterns. Nor does he use flowers, vases, tea bowls, tokonoma alcove, hearth for brewing tea or other accoutrements of tea. Instead, he employs unexpected articles, such as a tangle of rusted wire, part of a rain trough, an electric bulb, bucket, and Chinese cooking ladle. Kuno brings the Japanese aesthetic into relief in a way totally his own, "in search of what remains unchanged in the flow of time"'.[1]

'His art is oriented towards, and derives its aesthetic from, a language of forms fed by ordinary everyday life from far back in the past. His objects are linked with prototypal forms in our collective memory; they are deeply rooted in the basic, primitive need for food, clothing and shelter.'[2]

1
Matsuo Basho (1644-1694), Japanese poet, best known for his haikus.
2
Kazuo Yamawaki, 'Toshihiro Kuno. Japanese insights into beauty', *Toshihiro Kuno Catalogue of the 28th São Paulo Biennale*, 1998, Brazil, 1998, p. 6-7.

Toshihiro Kuno

1948
Geboren in / Born in Obu City, Aichi Prefecture
1974
Rondde Post-doctorale studie af aan Nagoya
Junior College of Art and Design / Completed the
post graduate course of Nagoya junior college of
art and design
1986
Ontving de 11e Nagoya City Prize ter aanmoediging van jonge kunstenaars / Awarded the 11th
Nagoya City Prize for the encouragement of
young artists.
Woont in Nagoya City / Lives in Nagoya City

Eenmanstentoonstellingen keuze
Solo exhibitions selection

1981
Tokiwa Gallery, Tokyo
1981
Westbeth Gallery, Nagoya
Gallery 16, Kyoto
1982
AI Gallery, Tokyo
1983
Tokiwa Gallery, Tokyo
City Gallery, Kobe
Westbeth Gallery, Nagoya
1985
Westbeth Gallery, Nagoya
1986
City Gallery, Kobe
1987
Tokiwa Gallery, Tokyo
Nagoya City Museum Gallery, Nagoya
1988
City Gallery, Kobe
1990
Regu-Matsunami Gallery, Nagoya
Westbeth Gallery, Nagoya
1991
Tokiwa Gallery, Tokyo
1993
Sakura Gallery, Nagoya
1996
The Contemporary Art Center of Vilnius, Vilnius,
Lithuania
1997
Chrongo Gallery, Seoul, Korea
1999
Gallery 16, Kyoto
2000
Gallery Apa, Nagoya

Groepstentoonstellingen keuze
Group exhibitions selection

1981
YO-IN, Russell Grimwade Garden, National Gallery
of Victoria, Melbourne, Australia
1983
New Generation of Contemporary Art, Mie
Prefectural Art Museum, Tsu, Japan
1988
Art Now '88, Hyogo Prefectural Museum of
Modern Art, Kobe
1991-92
Seven Artists: Aspects of Contemporary Japanese Art,
Santa Monica Museum of Art, Santa Monica, USA;
Portland, USA; Tamayo, Mexico D.F., Mexico; New
Orleans, USA
Artists in Tokai Area, Aichi Prefectural Museum of
Art, Nagoya
Seven artists, Aspects of Contemporary Japanese Arts,
Nagoya City Art Museum, Nagoya
1994
Position 1994, Nagoya Contemporary Art
Exhibition, Nagoya City Art Museum, Nagoya
1995
'95, Kwangju Biennale: Beyond the borders, Kwangju
Biennale Art Hall, Kwanju Korea circulating cur-
rents; Japanese and Korean Contemporary Art,
Aichi Prefectural Museum of Art, Nagoya/Nagoya
City Art Museum, Nagoya
1996
Roles of the couple: Soo-Ja Kim & Toshihiro Kuno,
Akira Ikeda Gallery, Taura, Yokosuka, Japan
1998
XXIV Bienal Internacional de São Paulo, São Paulo,
Brazil

#1
Untitled, 1991
installatie / installation
Tsano, Nagoya, Japan niet tentoonsgesteld / not exhibited

#2
Untitled, 1998
installatie / installation
XXIV Biennal International de São Paulo, Brasil niet tentoonsgesteld / not exhibited

#3
Untitled, 1992
installatie / installation
Inazawa City Ogisu Memorial Art Museum, Inazawa, Japan niet tentoonsgesteld / not exhibited

#4
Untitled, 1994
installatie / installation
Nagoya City Art Museum, Nagoya, Japan niet tentoonsgesteld / not exhibited

#5
Untitled, 2001
installatie / installation
**bronzen urnen, Fuji-zand, draad, hout, as, doek, ijzer, droogrek, touw,
offertafel, dakgoten, papiertouw, groene thee, rijst, zout, Chinese
pollepel, marmeren vat / bronze urns, Fuji-sand, wire, wood, ash,
towel, iron, horse, rope, offering table, eaves, paper cord, green tea,
rice, salt, Chinese cooking ladle, marble vessel
2 zalen / 2 rooms, 330 × 500 × 800 cm en / and 330 × 500 × 710 cm
collectie de kunstenaar / collection the artist**

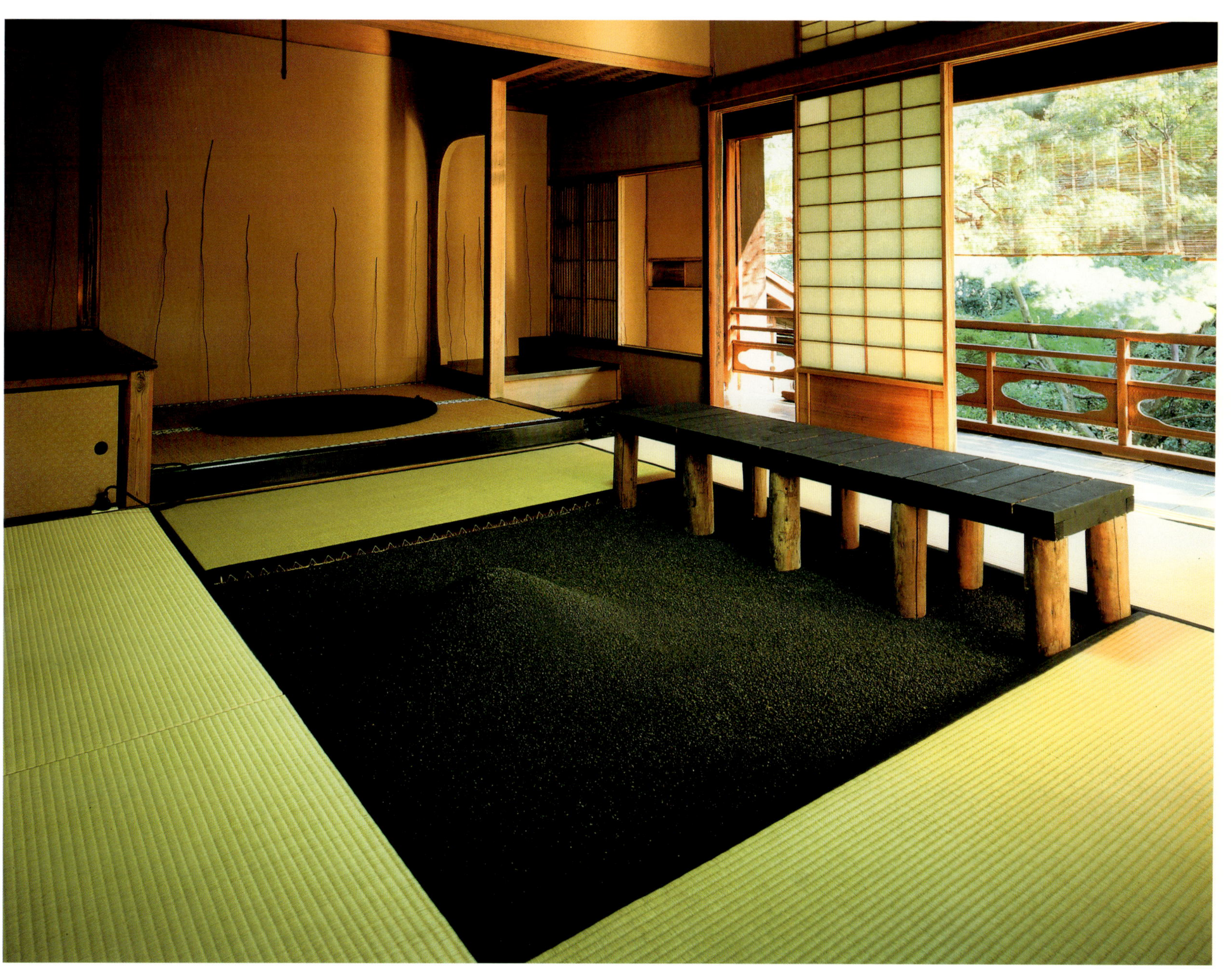

Toshihiro Kuno

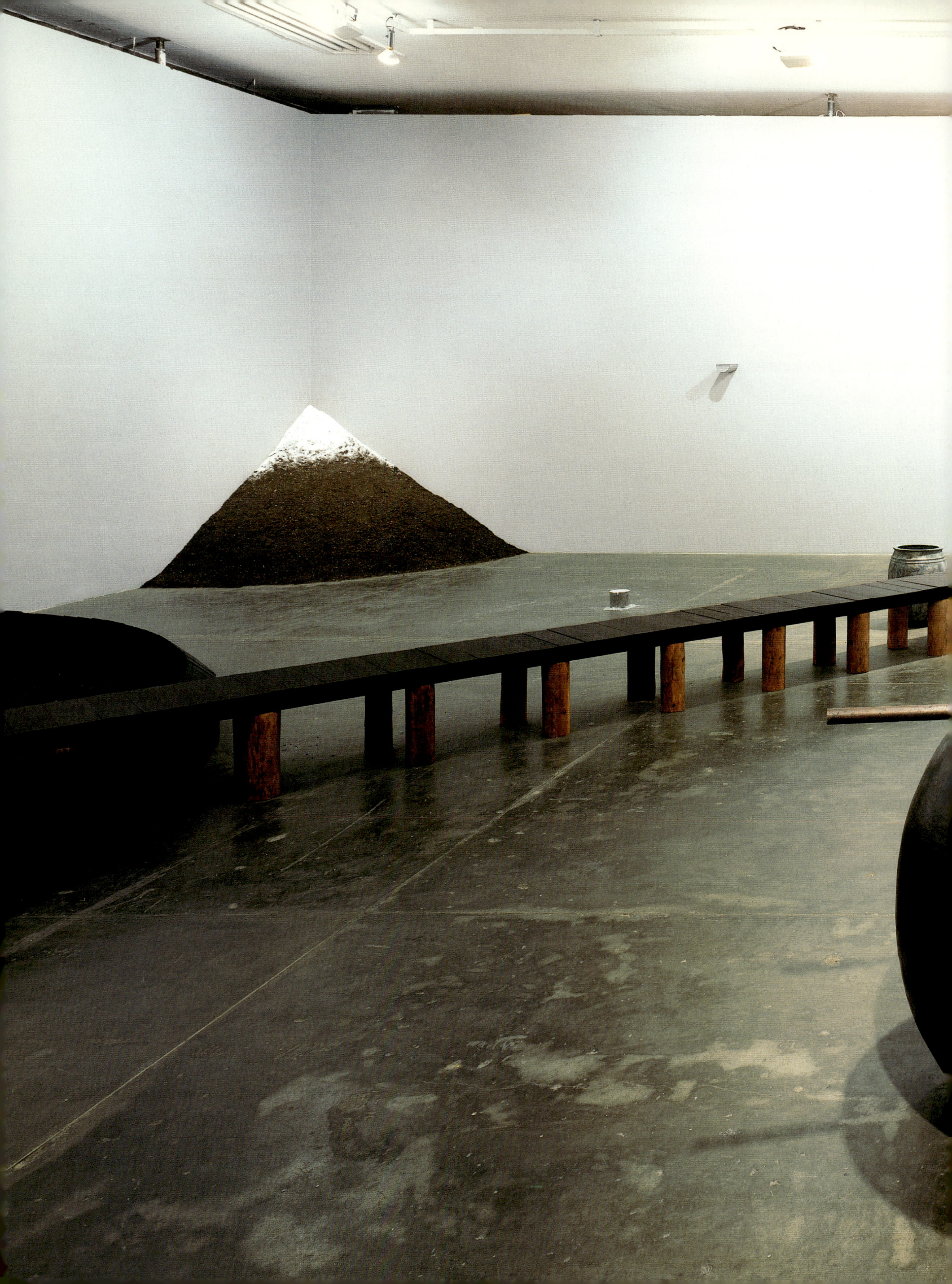

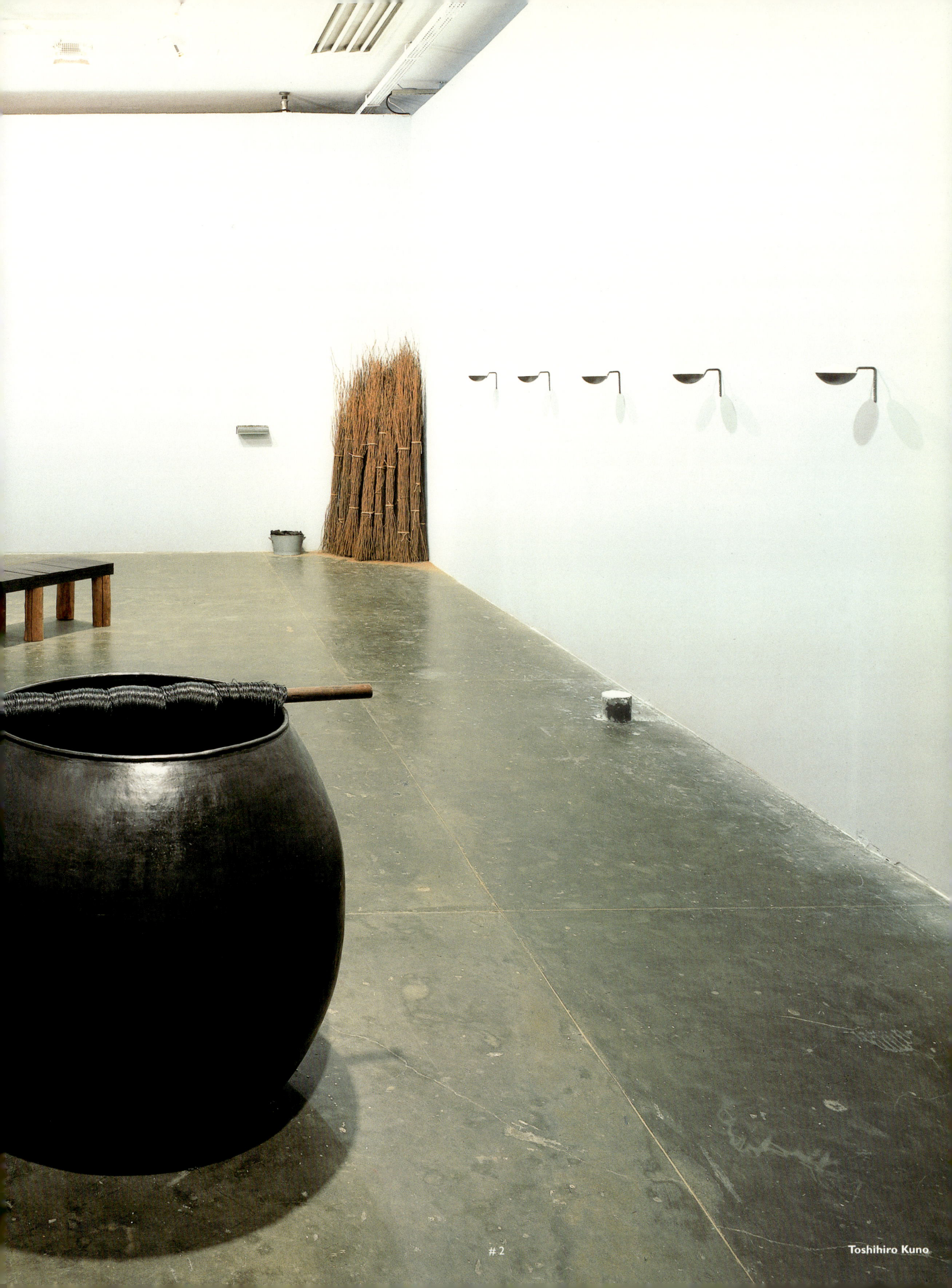

Toshihiro Kuno

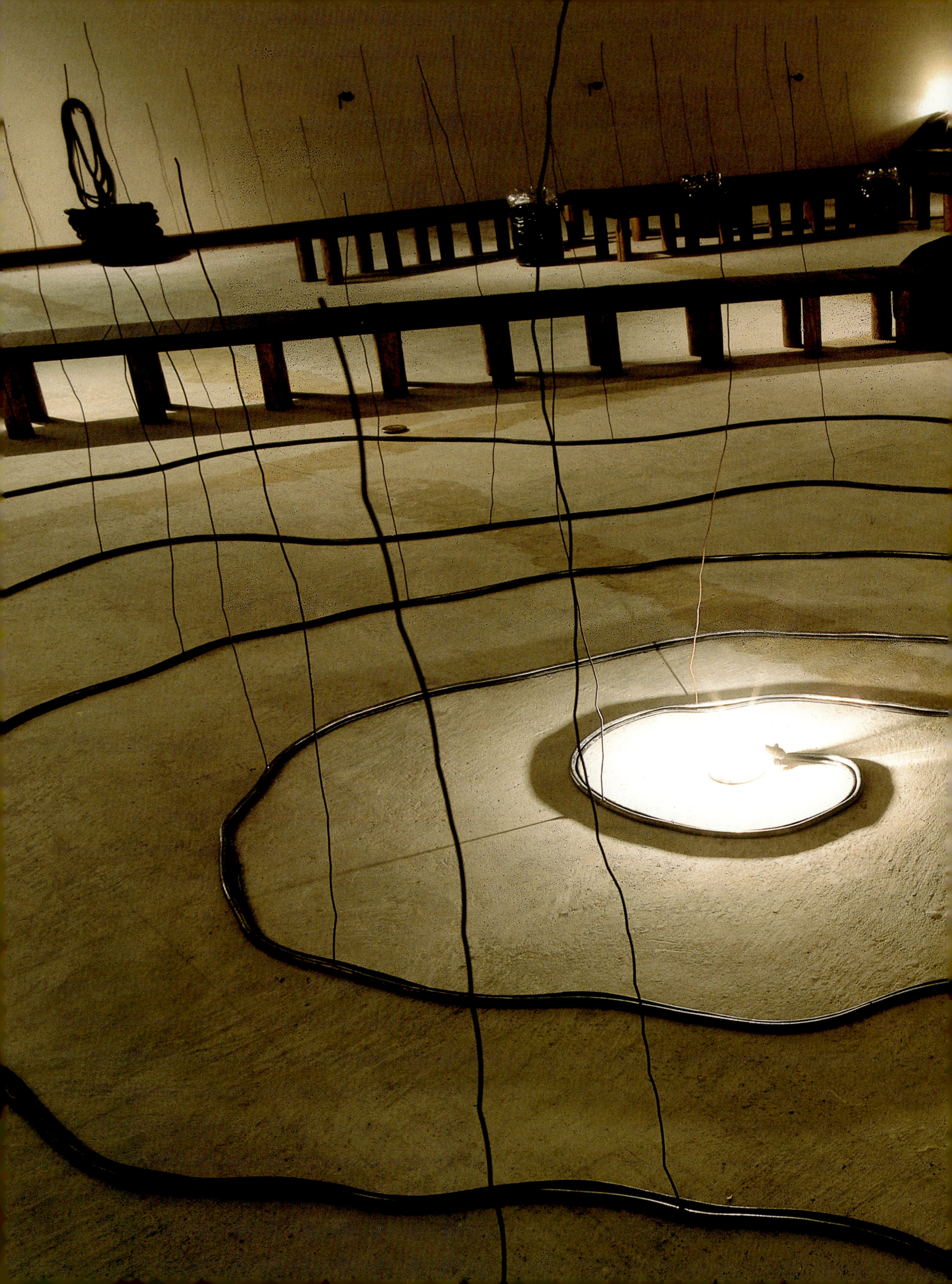

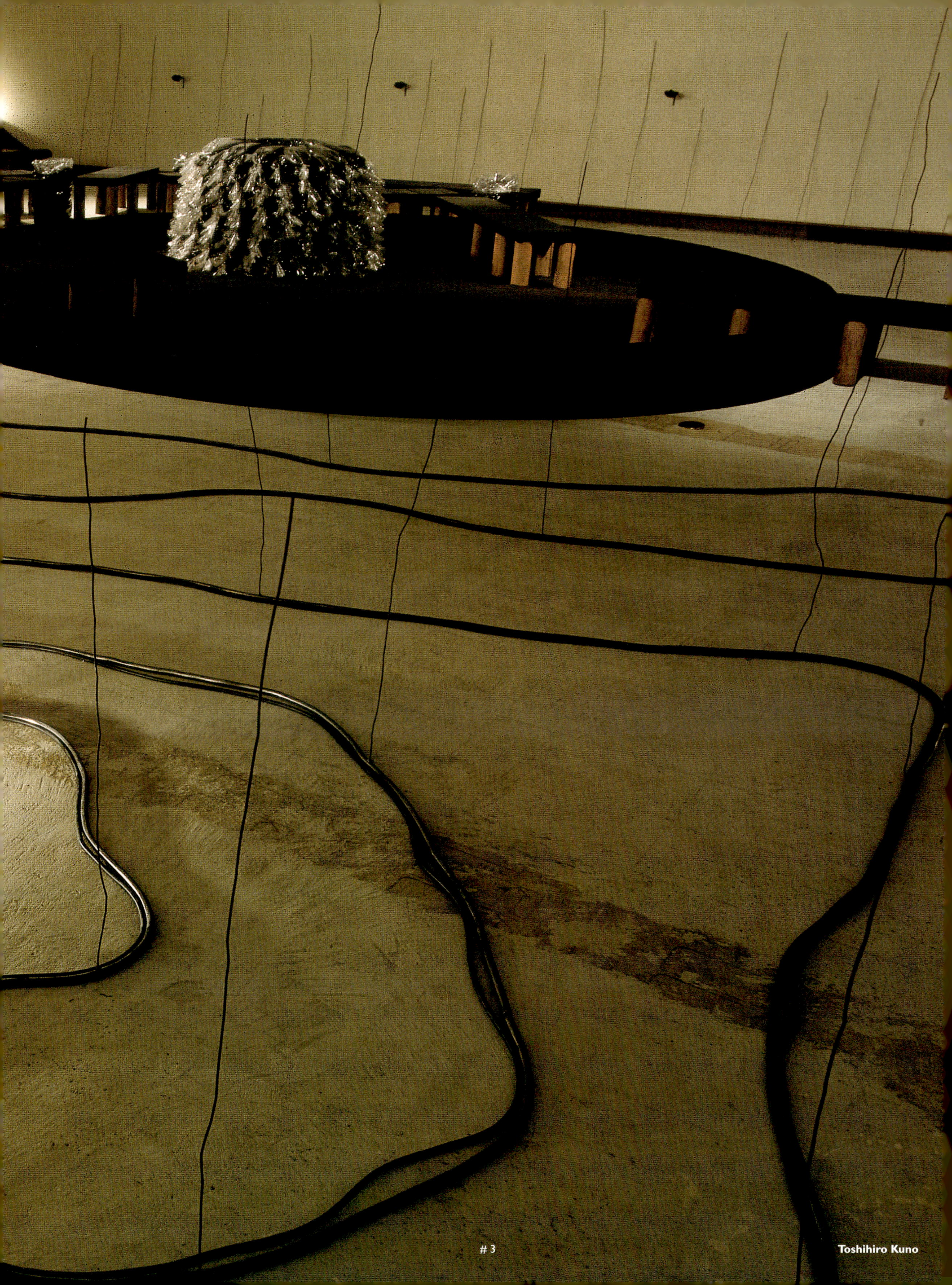

3
Toshihiro Kuno

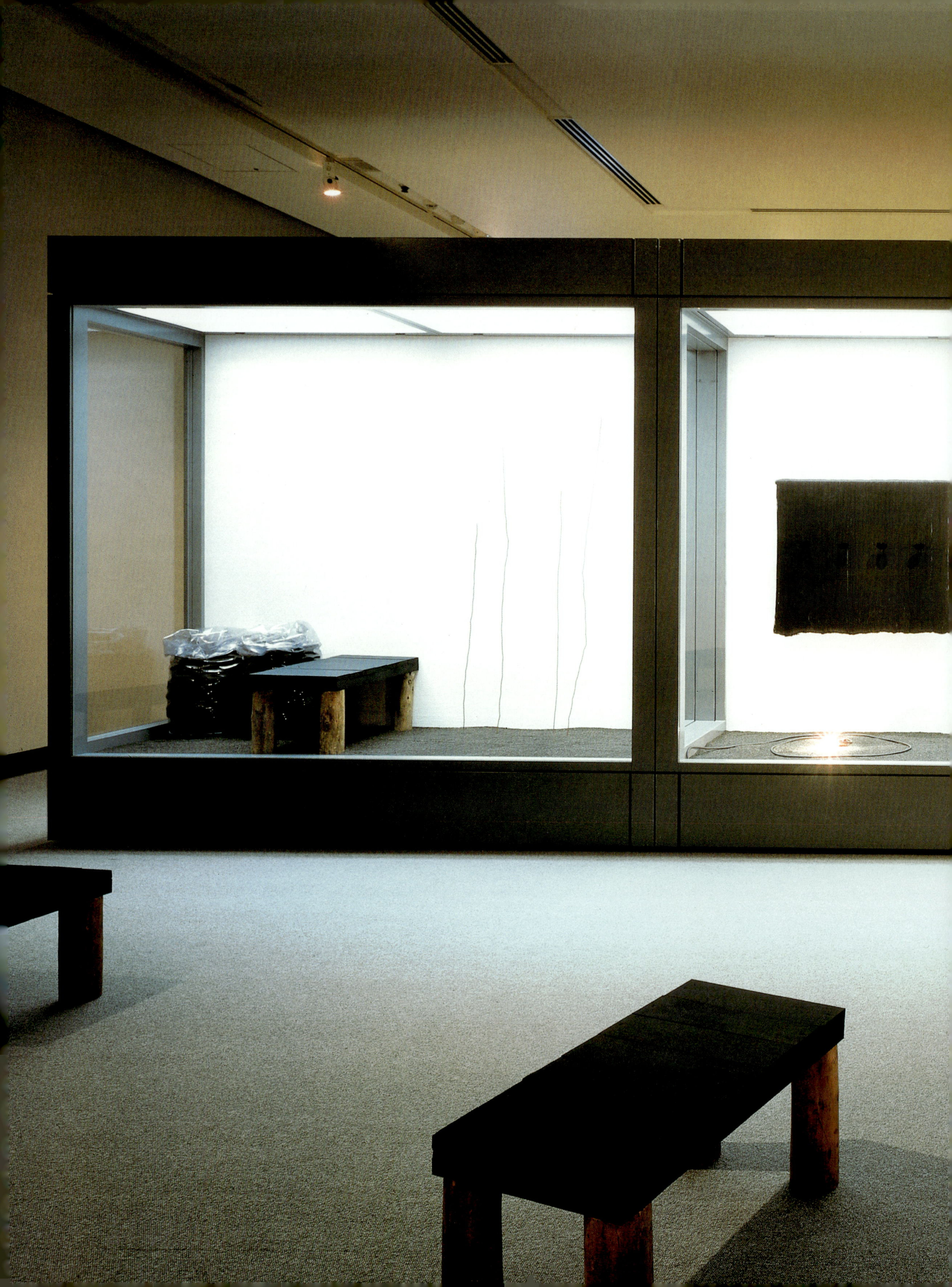

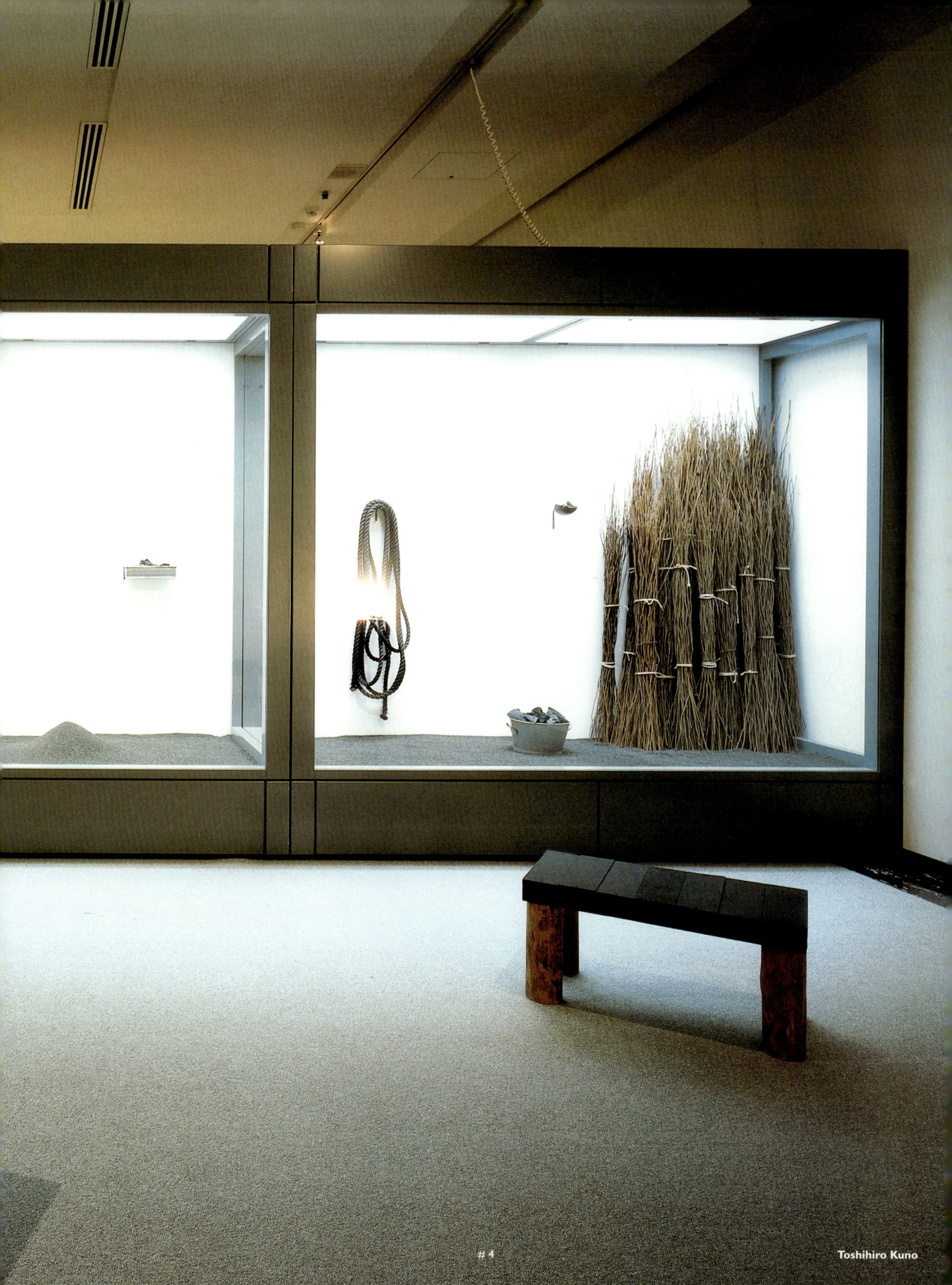

Toshihiro Kuno

Kimio Tsuchiya 1955

Het hout dat ik gebruik is hout dat niet voor de bouw kan worden gebruikt of voor traditionele sculptuur. Het is hout, dat waarschijnlijk mooi was, toen het nog leefde, maar eenmaal gekapt, beschouwd wordt als voorbestemd om weg te rotten en uiteen te vallen. Dit hout heeft geen commerciële waarde; daarom wordt het maar in stukken gehakt en ondergeploegd door bulldozers, alleen om het uit de weg te ruimen. Als ik daarnaar kijk, is het alsof de bulldozer in mijn eigen vlees ploegt. Het hout is als het ware een deel van mijzelf en heeft eenzelfde niveau van levenskracht: ik leef en de boom leeft. (…)

Iedereen houdt van het prachtige groen van Matsudo (waar Tsuchiya woont), toen het nog een bos was, maar nu de bomen zijn gekapt en het hout wegrot, beseffen mensen hoe lelijk dit is geworden en hoe vreselijk. Ik houd niet van dit soort egocentriteit van de mens. Zelfs als een boom is gekapt, is het nog steeds een boom. Zelf al begint het hout te rotten, is het nog steeds hout. Zelfs wanneer het tot as verbrandt, heeft het, als as, leven. Vanuit deze visie wil ik kunst beschouwen en maken. (…)

De groei van de jaarringen van bomen zijn prachtig als vorm, maar hun betekenis gaat veel verder. Zij vertegenwoordigen de geschiedenis van de boom, de geschiedenis van de mensheid en daarom ook de geschiedenis van de aarde. Ik vind dat ik deze diepere betekenislaag in mijn eigen werk moet laten zien. Ik kreeg eens een stuk hout, dat ongeveer vijftien honderd jaar oud was. Ik ben 35 jaar oud, en dus vergeleken met de boom nog maar een kind. Ik telde de ringen en dacht: 'Deze was toen ik geboren werd. Deze was toen de atoombom op Hiroshima viel (1945). Deze was toen de oorlog begon (1941). Dit was de Meiji-periode (1868-1912). Dit was de Edo-periode (1615-1868). Tijden van grote veranderingen voor de Japan cultuur. 'We hebben dit allemaal op school geleerd, maar dit stuk hout was een stille getuige van al deze veranderingen. (…)

Ik denk niet dat er een groot verschil bestaat in de waarde van een menselijk leven vergeleken met het leven van een boom, maar het menselijk ego is zo groot, dat mensen de vrijheid nemen om welke bomen dan ook te kappen en bomen te vernietigen, die ze niet kunnen gebruiken. Wanneer men deze houding ziet in Japan en andere delen van de wereld, roept dat ernstige vragen over het menselijk gedrag op. Door hout te gebruiken, stel ik de vraag waar wij vandaan komen en waar wij heen gaan, wat het betekent om te leven en om te sterven.

Kimio Tsuchiya
1990

Although I could use fine wood to create a work -and there are many sculptors who do- I have no desire to. The wood I use is wood that cannot be used for construction or for traditional sculpture. It is wood that may have been beautiful when alive but, once cut, is thought to have only the potential to rot and decay. This wood has no commercial value, so it is just broken up and ploughed under by bulldozers to get is out of the way. Watching this I feel as though the bulldozer is ploughing into my own flesh. It is as though the wood is a part of myself, as though the wood is a part of myself, as though the wood has the same level of life force: I am living and the three is living. Wood is not just matter. (…)

Everyone loved the beautiful green of Matsudo when it was a forest, but now that the trees have been cut and the wood has begun to decay, people think how ugly and terrible it is. I don't like this type of human egocentrism. Even when a tree has been cut, it is still a tree. Even when the wood begins to decay, it is still wood. Even when it burns to ash, as ash it still has life. It is from this point that I want to consider and create art. (…)

The growth rings of trees are beautiful in design, but their meaning goes deeper. They represent the history of the tree, the history of humanity, and therefore the history of the earth. I feel I must show this deeper level in my work. I was once given a piece of wood that was about fifteen hundred years old. I am only thirty-four, so compared with this tree, I am still just a child. As I counted the rings, I kept thinking, 'This was when I was born. This was when the atomic bomb was dropped at Hiroshima (1945). This was when the war began (1941). This was the Meiji era (1868-1912). This was the Edo period (1615-1868). This was a time when Japanese culture underwent great changes.' We have learned these things at school, but this piece of wood had witnessed all of these changes in silence. (…)

I don't feel that there is any great difference in the value of a human life compared with the life of a tree, but the human ego is such that people feel free to cut whatever trees they wish, to destroy trees they have no use for. Seeing this attitude in Japan, and in other parts of the world as well, raises serious questions about human behaviour. In using wood, I am questioning where we come from and where we are going, what it is to live and what it means to die.

Kimio Tsuchiya
1990

Kimio Tsuchiya 1955

Na een architectuur opleiding aan de Nihon Universiteit in Tokio woonde en werkte Tsuchiya van 1981 tot 1983 in Engeland. Hij volgde daar o.a. een opleiding aan de sculptuurafdeling van de Chelsea School of Art in Londen. Zijn eerste sculpturen bestonden uit assemblages van door hem gevonden en verzamelde oude stukken gebruikt hout, brokken steen en metalen objecten. Hij koos doelbewust voor het gebruik van dump-materialen en objecten, die ooit door mensen geproduceerd zijn. Eén van zijn belangrijkste motieven hiervoor was om zo de aandacht te vestigen op het verschijnsel van de exploitatie van de natuur.

Na terugkeer van een tweede verblijf in Engeland in 1988 werd Tsuchiya er zich sterk van bewust, hoezeer tengevolge van de enorme economische bloei talloze oude, traditionele houten huizen in Japan hadden moeten plaatsmaken voor hoogbouw van beton, staal en glas. In bepaalde wijken en kleine delen van alle grote steden en op het plattegrond zijn deze fragiele, lage houten woningen nog te zien en in gebruik. In de jaren tachtig en negentig werden zij echter op grote schaal door de bulldozer met de grond gelijk gemaakt of verbrand.
Het drastische einde van deze traditionele huizen, die een eigen historie hebben, gaat Tsuchiya bijzonder ter harte. Ook hij zelf is in zo'n huis opgegroeid. Hij houdt zich bezig met hun korte bestaan, met het voorbije leven dat zich daar heeft afgespeeld en de vervlogen herinneringen. Hij weet dat deze huizen kwetsbaar zijn voor natuurrampen, zoals aardbevingen – zoals enkele jaren geleden in Kobe – of voor vernietiging door oorlog.
Zonder nostalgie stelt hij hun vernietiging aan de orde en vooral de verdwijning van het leven binnen deze huizen, van families waarvan geen spoor meer bestaat.
Vanaf 1992 stelde hij sculpturen samen uit onderdelen en materialen die nog overbleven van deze oude ontmantelde huizen. In het beeld *Absence*, 1992 vulde hij een strakke, maar niet symmetrische structuur van glaspanelen, die nog het meest doet denken aan een scheef gezakt huis, met de as van verbrande materialen van één van deze gesloopte huizen (houten kozijnen, vloeren en deuren, tatami matten, plastics, etc.). De as werd in lagen aangebracht. De materiële geschiedenis van het huis werd hier gecomprimeerd in een glazen ruimte van ongeveer anderhalve kubieke meter.
Nog pregnanter kwam dit idee tot uitdrukking in het werk *Primitive Vision*, 1994, (niet in deze tentoonstelling) waarvan de witte as van een verbrand huis plat op de grond is uitgespreid in de vorm van een schaduw van een huis. Middenin het werk zijn – als op een grafsteen – de jaartallen te zien, waarin het huis werd gebouwd en vernietigd: 1965-1992.

As werd voor Tsuchiya het belangrijkste element in zijn werk, niet alleen in directe relatie tot de vergankelijke huizen, die hun identiteit verliezen, maar ook in algemene zin als een materie die direct verbonden is met het verloop van de tijd en de cyclus van het bestaan. As is voor hem meer dan het einde van een proces: 'As is geen eindproduct, maar een fase tussen materie en non-materie. Na meerdere verbrandingen komt as bijna in een toestand van niet-zijn, van het niets. Bij elke reductie prikkelt deze stof ons meer en meer onszelf te verdiepen in de vraag naar de betekenis van het begrip tijd (geschiedenis en geheugen) en ons bezig te houden met de tijd, toen materie bestond op het meest basale niveau'.[1]

In zijn opvattingen volgt Tsuchiya ook het idee dat al eeuwen door zijn voorouders werd aangehangen, dat as niet alleen een einde is, maar ook een stof, waaruit nieuwe materie wordt geboren.
Tsuchiya is zich in zijn werk ten diepste bewust van de steeds voortgaande stroom van creatie en vernietiging. In zijn werk probeert hij deze boodschap over te brengen. 'Wij zijn slechts een deel van een grotere cyclus en ons bestaan wordt bewogen door grotere krachten dan onze eigen kracht,' aldus Tsuchiya.

1
Kazuko Aono, 'Kimio Tsuchiya. Spring 1996', *tent. cat. Illusion and Remembrance, Installations by Kimio Tsuchiya*, Hara Museum of Contemporary Art, Tokio, 1996, p. 21. De informatie, waarop deze toelichting is gebaseerd, is grotendeels afkomstig uit dit artikel.

From 1981 to 1983, after training as an architect at Nihon University in Tokyo, Tsuchiya lived and worked in England, where he studied in the sculpture department of the Chelsea School of Art in London. His first sculptures were assemblages of scrap wood, lumps of stone and metal objects which he had found and collected. His choice of man-made scrap and objects was strongly motivated by the desire to draw attention to man's exploitation of nature.

On his return to Japan from a second stay in England in 1988, Tsuchiya became acutely aware of the extent to which old, traditional wooden houses had been replaced by concrete, steel and glass skyscrapers as a consequence of Japan's booming economy. These fragile, low wooden dwellings still survive in certain districts and small areas of all the big cities and also on maps. In the 1980s and 1990s, though, many of them were bulldozed or burnt down. Tsuchiya is deeply affected by the drastic demise of these traditional houses, each of which has its own history. He realised that they are vulnerable to natural disasters such as earthquakes like the one that struck Kobe a few years ago, and to wartime destruction. Without nostalgia, he thematizes their destruction and in particular the disappearance of life inside these dwellings, of families which have vanished without a trace.
In 1992 he started to assemble sculptures from the relics of these old, dismantled houses. In *Absence* (1992) he filled an austere but not symmetrical structure of glass panels – reminiscent of a house affected by subsidence – with the layered ashes of burnt material from one of these demolished dwellings (wooden frames, floors and doors, tatami mats, synthetics, etc.). The material history of the house was compressed into a glass-walled volume of roughly one-and-a-half cubic metres.
The idea is expressed even more poignantly in *Primitive Vision* (1994, not in the exhibition); here the white ashes of a burnt house are spread out on the floor in the form of the shadow of a house. In the centre of the work – as if on a tombstone – are the dates of the house's erection and destruction: 1965-1992.

Ashes became the most important element in Tsuchiya's work, not only in a direct relationship to the ephemeral houses which had lost their identity but also in a general sense, as matter directly linked with the passing of time and the life-cycle. He sees ashes as more than the end of a process: 'Ashes are not the end result. They are the middle ground between matter and non-matter. At each successive burning, they become closer to nothingness. At each reduction, they prompt us to question the notion of time (history and memory) and the time when that matter existed at its most basic level.'[1]

Tsuchiya's conceptions reflect the age-old ideas of his ancestors, that ashes are not an end but matter from which new matter is born.

Tsuchiya is profoundly aware of the continuous flow of creation and destruction, and tries to convey this message in his work. '... that we are only part of the great cycle and that our existence follows greater forces than our own.'

1
Kazuko Aono, 'Kimio Tsuchiya. Spring 1996', *exh. cat. Illusion and Remembrance, Installations by Kimio Tsuchiya*, Hara Museum of Contemporary Art, Tokio, 1996, p. 21. Much of the information in this entry is based on that article.

Kimio Tsuchiya

1955
Geboren in / Born in Fukui
1977
Afgestudeerd aan de / Graduated from Nihon
University, Afdeling Architectuur / Department of
Architecture
1981-1983
Woont in Londen / Lives in London
1989
Sculptuuropleiding bij / MA Sculpture Course, Chelsea
School of Art
1998
First International Artist in Residence, Bundanon NSW
Woont en werkt / Lives and works in Matsudo, Chiba

Eenmanstentoonstellingen keuze
Solo exhibitions selection
(vanaf / from 1990)

1990
Ancient Rain, Contemporary Art Gallery, Ikebukuro
Seibu Department Store, Tokyo
Eternity, Center d'art contemporain de Vassiviere,
Limoges
1991
The North Latitude 58, Gallery Izumi, Fukui
Invisible Material, A.T. Gallery, Tokyo
1993
Kimio Tsuchiya-Traveling Gallery, Scottish Arts Council,
Edinburgh
1994
Provenance. A Fragment of Silence, La Galerie d'art du
College Edouard-Montpetit, Montreal
1995
Landscape in Silence. Kimio Tsuchiya, Stavanger Kulturhus,
Gallerie Sølverget, Norway
1996
Illusion and Remembrance: Installation by Kimio Tsuchiya,
Hara Museum of Contemporary Art, Tokyo
1996, '98, '99
Fukuoku, Nob Gallery, Aichii
1997
Etching for Ashes Landscape in Silence, Gallery Ikeda,
Tokyo
1998
Three Circles, Sherman Gallery, Sydney
1999
Landscape in Silence, Galerie Ando, Tokyo
Ancient Rain, Gallery GAN, Tokyo

Groepstentoonstellingen keuze
Group exhibitions selection
(vanaf / since 1990)

1990
Contemporary Sculpture in Japan III, Kanagawa Perceptual
Gallery, Yokohama
A Primal Spirit, Hara Museum ARC, Gunma et al.
1991
A Current of Contemporary Art in Japan, The Museum of
Modern Art, New York
Open Gala Exhibition, Centre d'art Contemporain de
Vassiviere, Limoge
1992
Beelden op de Berg 6, Belmonte Arboretum, Wageningen
1994
Contemporary Thai-Japan Art Exhibition-Beyond the Border,
P3 Art and the Environment, Tokyo Silpakorn University
Art Gallery Bangkok
1995
Art in Japan Today 1985-95, Museum of Contemporary
Art, Tokyo
The Right to Hope/One World Art, Johannesburg Art
Gallery, Johannesburg
1996
*One World Art, Global Problems, Global Visions, Creative
Responses to our World in Need*, South Africa, Amman,
Gaza Jerusalem, Tel Aviv, Northern Ireland
The Second Asia-Pacific Triennial of Contemporary Art,
Queensland Art Gallery, Brisbane
1998
Landscape, Museum of Contemporary Art, Tokyo
Donai yanen! Et maintenant!, École nationale supérieure
des beaux-arts, Paris
2000
Man & Space, Kwangju Biennale 2000, Kwangju City Art
Museum, Korea
Helsinki 2000, Open Air Art projects, Helsinki
Yume no Ato, Haus am Waldsee, Berlin and Baden-Baden
Art Document 2000 S. Toya, T. Endo, K. Tsuchiya, Kanazu
Forest of Creation, Fukui

#1
Recollection Field, 1999
aarde, puin, 4000 begonias / soil, concrete debris, 4000 begonia
window- and door frames from a dismantled house
370 × 1320 × 2045 cm
collectie / collection The Hakone Open Air Museum, Hakone, Japan

#2
Je suis toujours vivant, 1997
vurenhout / pine wood
window- and door frames from a dismantled house
900 × 350 cm (diam.)
Tentoonstelling / exhibition in Mont-de-Marsan, 1997

#3
Locus, 1991
afvalhout, kozijnen van een gesloopt huis / salvaged wood,
magazines
window- and door frames from a dismantled house
175 × 290 × 180 cm
collectie de kunstenaar / collection the artist

#4
Absence, 1992
staal, glas en as / steel, glass and ashes
140 × 120 × 165 cm
collectie de kunstenaar / collection the artist

#5
Primitive Vision, 1994 niet tentoonsgesteld / not exhibited
as van verbrand huis (1963-1992) / ash of burned house (1963-1992)
140 × 120 × 165 cm
collectie de kunstenaar / collection the artist

#6
Remembrance, 2001
houtskool / charcoal
22 × 22 × 11 cm
collectie de kunstenaar / collection the artist

#7
Black Diary, 2001
houtskool / charcoal
5,5 × 26 × 21 cm
collectie de kunstenaar / collection the artist

#8
Locus, 1994
tekening / drawing
160 × 130 cm
collectie de kunstenaar / collection the artist

#9
Locus, 1994
tekening / drawing
160 × 130 cm
collectie de kunstenaar / collection the artist

#10
Drie foto's / Three Photographs, 1991
45 × 55 eenieder / each
collectie de kunstenaar / collection the artist

#11
I am still alive, 2001
eikenboom, 600 balken / oaktree, 600 logs
600 × 250 cm (diameter)
locatie beeldentuin Kröller-Müller Museum / location sculpture
garden Kröller-Müller Museum, Otterlo
collectie de kunstenaar / collection the artist

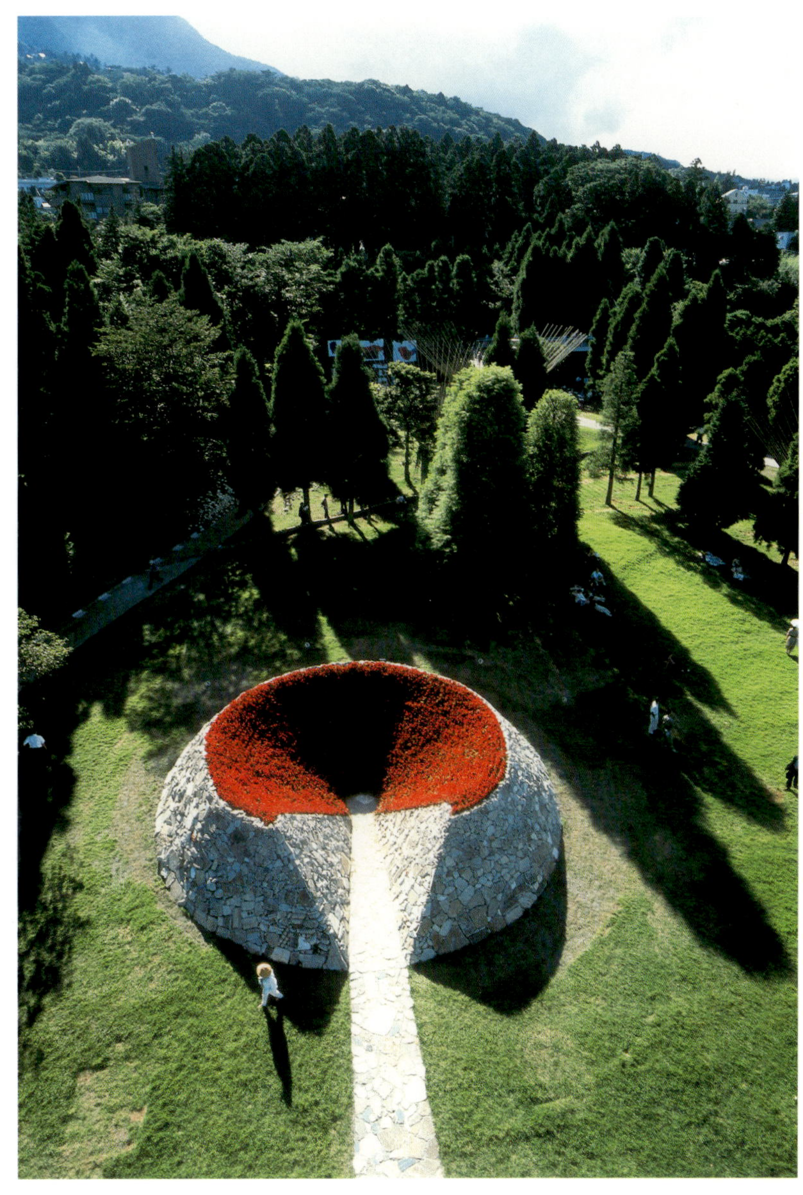

Kimio Tsuchiya

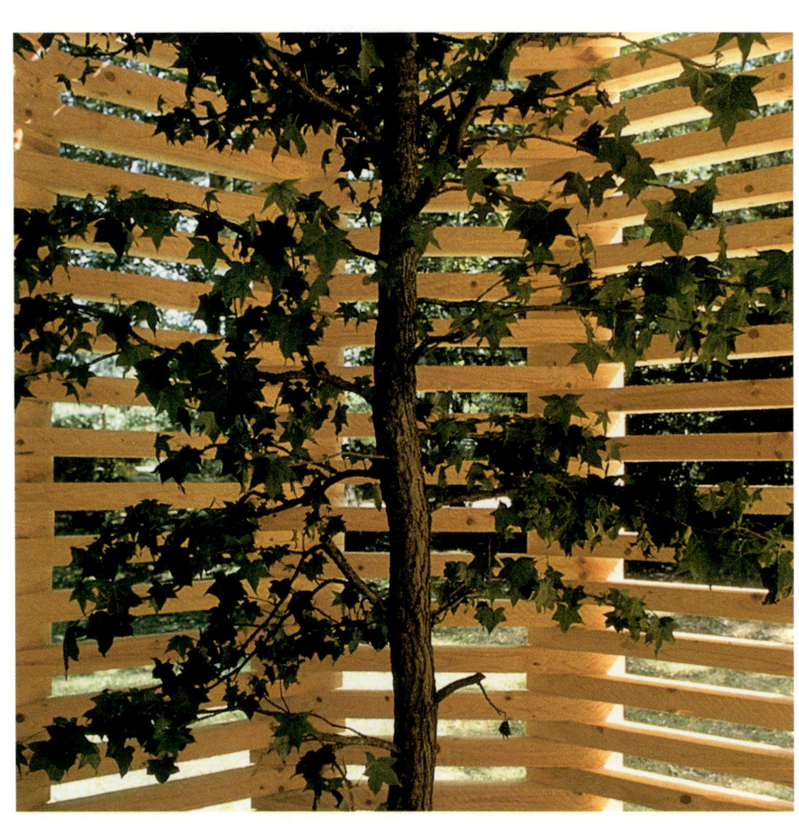

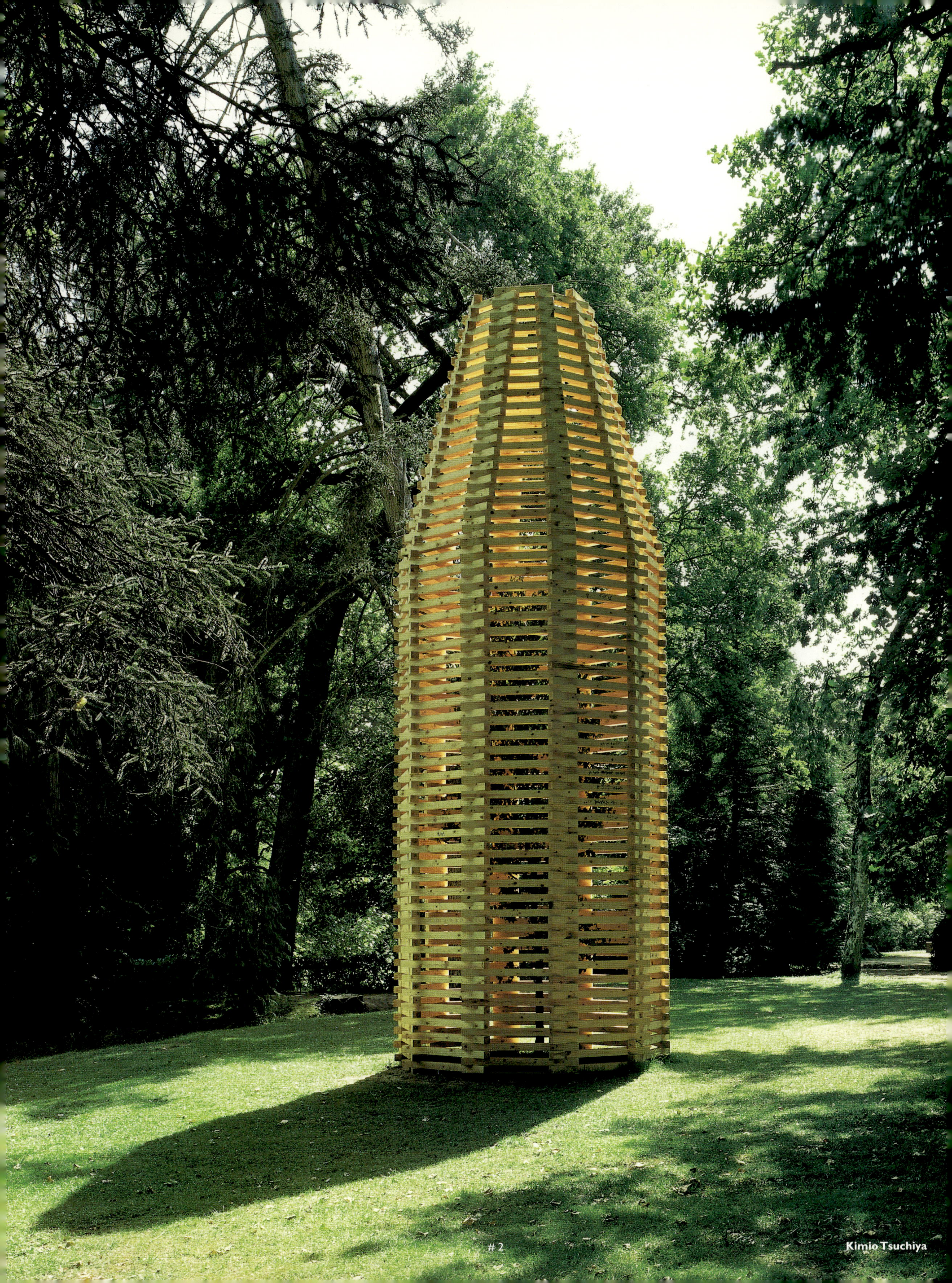

Kimio Tsuchiya

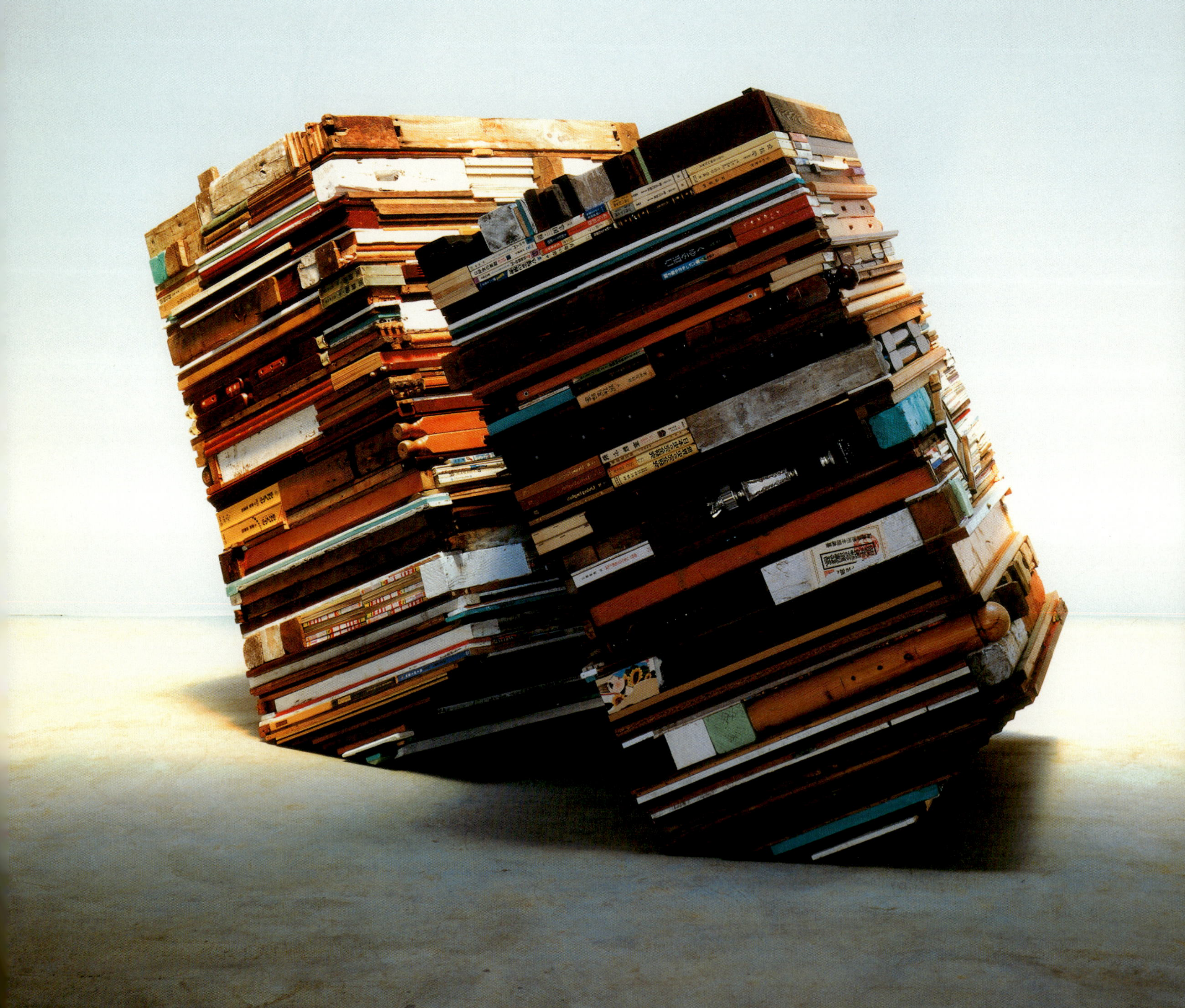

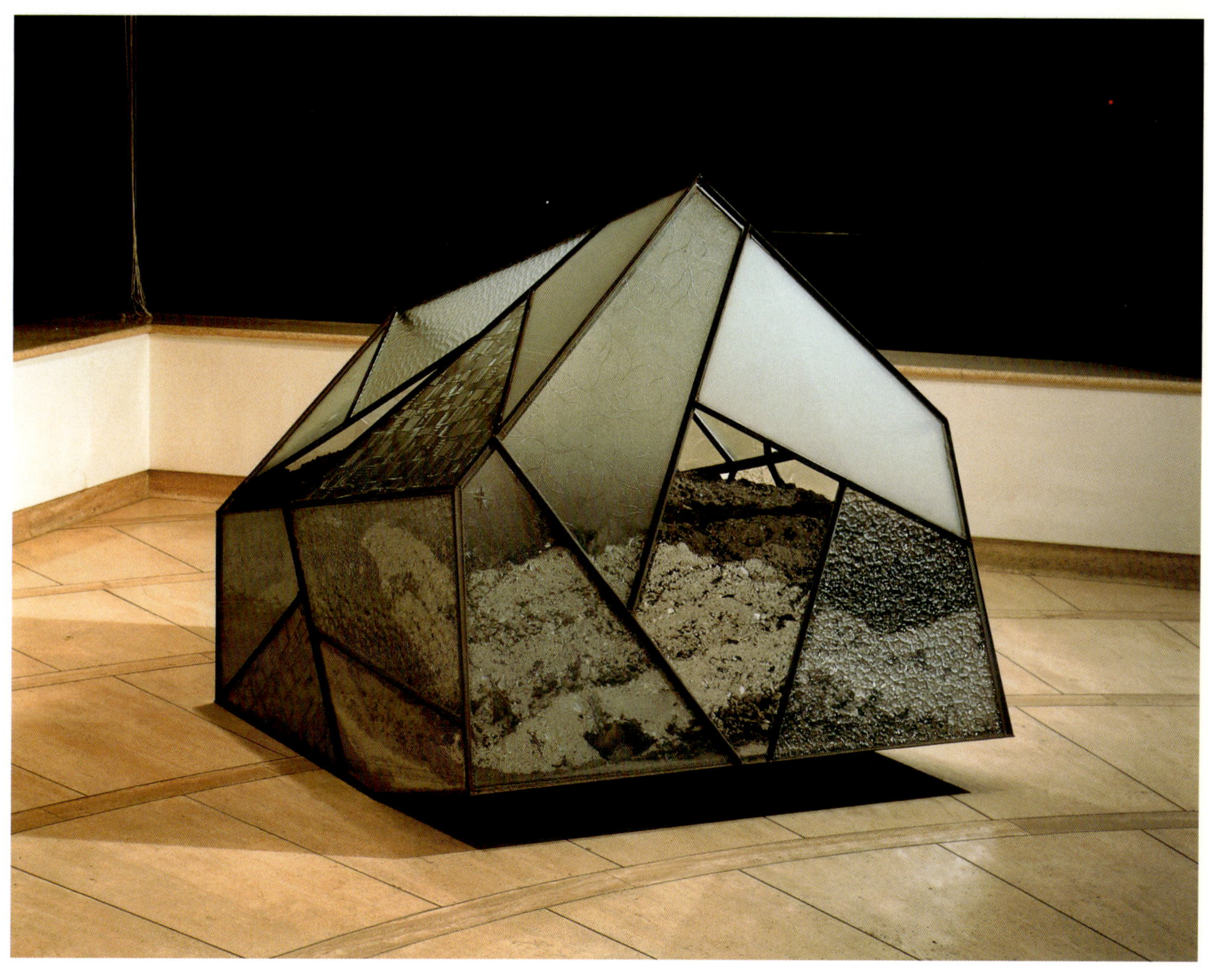

4

Kimio Tsuchiya

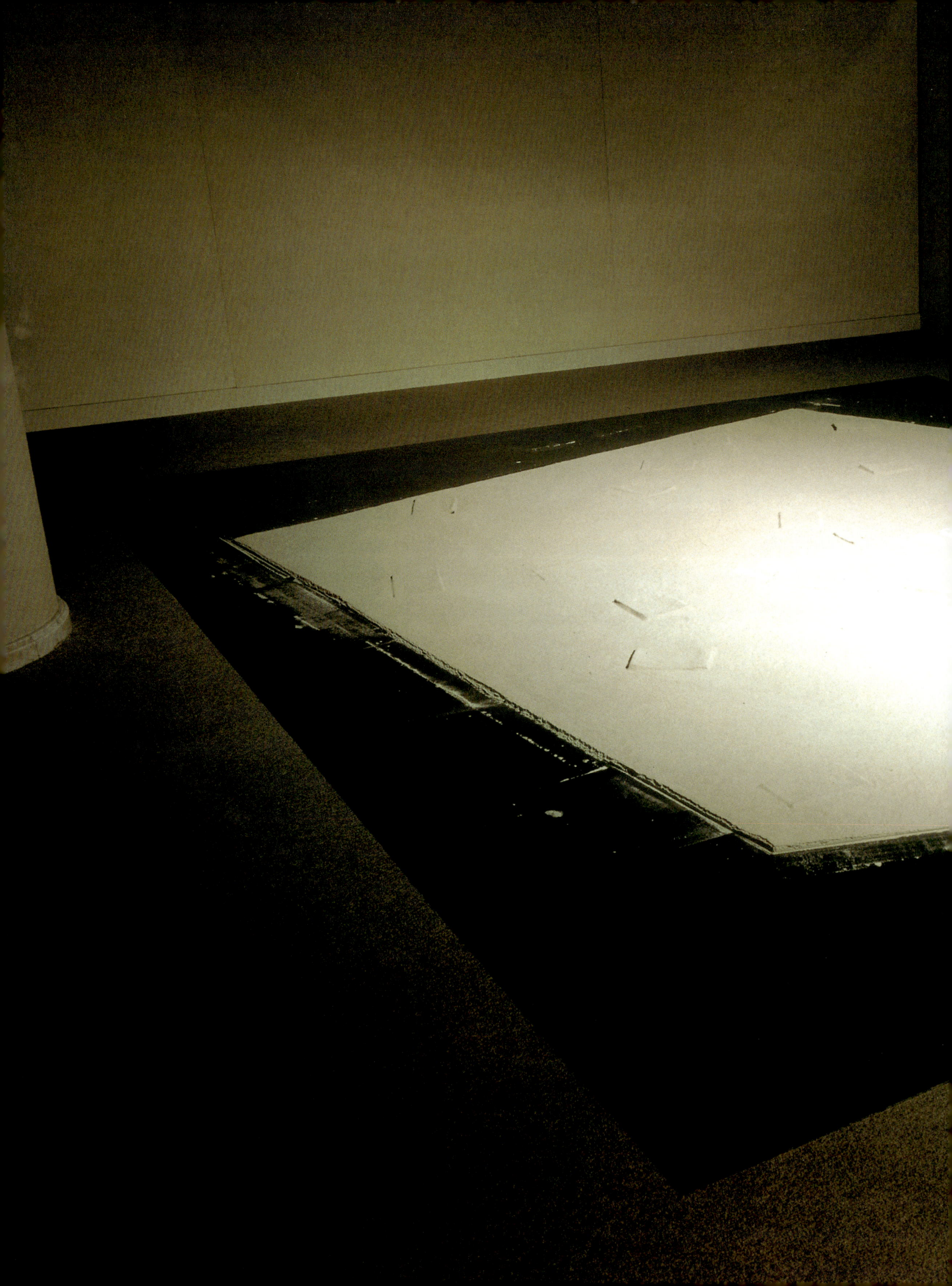

5
Kimio Tsuchiya

Hisaya Kojima 1957

Over mijn werk in het algemeen

Hoeveel water op deze aarde?
Hoeveel water in de lucht?
Hoeveel water in ons lichaam?

Er is op deze wereld maar één water.
Rond en rondom, één geheel.

Over *Critical Point, Sole Owner*

Het is verkeerd om te denken,
dat je door eigen toedoen geboren werd,
zei mijn moeder.

Het is verkeerd te denken,
dat je alleen en voor je zelf kunt leven,
zei mijn vrouw.

Uiteindelijk sterven we allemaal alleen.
Mijn vader stierf.

Hisaya Kojima
2001

About my work in general

How many waters on this earth?
How many waters in the air?
How many waters in the body?

There's one water in this world.
Around and around, all one.

About *Critical Point, Sole Owner*

It's wrong to think you were born by yourself,
my mother said.

It's wrong to think you can live by yourself,
my wife said.

Finally, we all die alone.
My father died.

Hisaya Kojima
2001

Sinds 1992 maakt Hisaya Kojima werken die hij de titel *Critical Point* gaf. Het ging hem daarbij om het moment van verandering van de verschijningsvorm van stoffen, bijvoorbeeld van water in stoom of van waterdamp in ijs.

Zo maakte hij in 1994 in het Nagoya City Art Museum een installatie, waarbij water langs een raam van het museum stroomde, werd opgevangen in een goot, door een S-vormige stalen pijp liep, tenslotte aan het einde van deze pijp werd verhit en in de buitenlucht verdampte. Het werk *Critical Point – Asymetrical Coincidence* uit 1999 in de tentoonstelling *Art Port '99* bevatte behalve deze natuurlijke processen ook kritische toespelingen op het milieu en op de politiek. Het werk speelt zich af op een in twee delen gesplitste stalen plaat. Op de ene helft van de plaat, druppelt uit een kolf zout, vervuild water uit de haven van Nagoya, op de andere helft van de plaat staat een koelstaaf in spiraalvorm – waarop de waterdamp uit de lucht condenseert, bevriest en bij regelmatige ontdooiing van de staaf als water op de plaat drupt. Vlak boven de spleet, die beide helften scheidt, hangt een grote lamp, die beide soorten water op de plaat gedeeltelijk doet verdampen. De rest stroomt door de spleet naar de rand, waar twee spiegelbeeldige geplaatste kleine menselijk figuren zitten. De daardoor ontstane roestvorming aan beide kanten van de plaat, is zeer verschillend: de kant met het havenwater is vuil en met zoutkristallen, de kant met het water uit de lucht is egaler met enkele patronen. Het niet-verdampte water – een mengsel van het zoute en het heldere water – vloeit naar de twee figuren en druppelt langs het hoofd van de omgekeerde onderste figuur naar beneden. Deze complexe installatie, die voor velerlei interpretaties vatbaar is, krijgt nog een extra dimensie door een miniatuur slagschip van de marine, dat boven op de kolf is geplaatst. De haven van Nagoya, waar de tentoonstelling plaats vond, is de belangrijkste basis van de Japanse oorlogsvloot. Uiteindelijk lijkt dit werk te handelen over de vele hoedanigheden van water en de ingrijpende veranderingen, die het door het gebruik en misbruik van de mens ondergaat.

De in deze tentoonstelling gepresenteerde installatie *Critical Point, Sole Owner* (2001), laat een opstelling van een groep voorwerpen uit het dagelijks leven zien, waarvan er twee steeds volstrekt identiek zijn: twee lampen, twee ladders, twee stoelen, twee tatami matten, etc. Ze zijn ten opzichte van elkaar in spiegelbeeld opgesteld. De installatie opent met de twee eigen schoenen van de bezoeker, die niet gelijk zijn, maar wel een spiegelbeeld opleveren. Dit werk is gebaseerd op het besef, dat van alles een veelvoud bestaat, maar dat de mens, het individu uniek is.

Opvallend is dat in Japan offergaven voor Boeddha of een Bodhisattva (fruit, bloemen, vaten sake, levensmiddelen) soms op een zelfde manier worden gepresenteerd: van elke offergave twee dezelfde en spiegelbeeldig opgesteld voor Boeddha of zijn volgeling.

Since 1992 Hisaya Kojima has been making works called *Critical Point*, the moment at which, say, water changes into steam or vapour into ice. In 1994 he made an installation for the Nagoya City Art Museum in which water flowed down a window in the museum, was collected in a trough and passed along an S-shaped steel pipe at the end of which it was heated and evaporated in the open air outside. *Critical Point – Asymmetrical Coincidence* (1999), shown in the exhibition *Art Port '99*, not only involved these natural processes but was also a critical allusion to the environment and politics. The work consists of a steel plate split in two. Polluted salt water from the port of Nagoya drips from a retort onto one half of the plate; on the other half stands a spiral cooling element on which the water vapour in the air condenses, freezes and – because the element thaws at regular intervals – drips in the form of water onto the plate. Just above the split separating the two halves hangs a large lamp under whose action the two sorts of water on the plate partly evaporate. The rest runs through the split towards the edge, where there are two small human figures in mirror image. This water produces two different kinds of rust on the two halves of the plate: the side with water from the port is dirty and forms salt crystals, the side with water from the air is more uniform, displaying a few patterns. The water that does not evaporate – a mixture of salt and clear liquid – flows towards the two figures and drips down past the head of the inverted, lower figure. This complex installation, which lends itself to a variety of interpretations, acquires an extra dimension from a miniature battleship placed above the retort. Nagoya, where the exhibition was staged, is a major Japanese navy base. In the final analysis the work seems to be about water's many guises and the radical changes it undergoes as a result of people's use and misuse of it.

The installation in this exhibition, *Critical Point, Sole Owner* (2001), is an arrangement of identical pairs of common objects: two lamps, two ladders, two chairs, two tatami mats, etc. but in each other's reverse image. The installation opnes with the pair of shoes from the visitor: the shoes are not identical, but still a reverse image. This work is based on the realisation that things are multiples but man is individual, unique and alone.

Interestingly, in Japan offerings to Buddha or a Bodhisattva (fruit, flowers, vats of saké, foodstuffs) are sometimes presented in a similar manner: identical pairs set up in mirror image in front of Buddha or his disciple.

Hisaya Koijima

1957
Geboren in / Born in Nagoya
1979
Afgestudeerd aan de / Graduated from Osoka
University of Fine Arts, Japan

Eenmanstentoonstellingen keuze
Solo exhibitions selection

1979
Gallery U, Nagoya
1980
Gallery U, Nagoya
1983
Wax Work, Gallery Westbeth, Nagoya
1984
Critical Co-Operation, Gallery A.S.G. Garannya, Nagoya
1985, '86, '87
Critical Co-Operation, Gallery Westbeth, Nagoya
1988
Critical World, City Gallery, Kobe
1992
Critical Ex. Ice- Water- Air Project, Gallery A.S.G. Garannya,
Nagoya
1995
Some Went to the N Pole. Some Went to the S Pole, Living
Design Gallery, Tokyo
1996
Critical Point / A Love Story, The Museum of
Contemporary Art, Nagoya

Groepstentoonstellingen keuze
Group exhibitions selection

1981
Contemporary Art Okazaki '81, Okazaki Municipal
Museum of Art, Okazaki, Aichi Pref.
1982
JIN, Nagoya City Museum, Nagoya
1983
Drawing '83, Gallery Westbeth Nagoya
1984
WAYA Festival '84, Suzuyo Warehouse, Nagoya
Mariko Festival: Peach Blossom in the Buddhist Cosmos,
Nagoya Theatrical Assembly Hall, Nagoya
FIRE Festival, Tokai Public Hall and Open Space,
Tokoname, Aichi Pref.
1986
One Day Exhibition : Under – Construction, K.S. Blg.,
Nagoya
Urban Installations: Proposals for Urban Scenery, Apita
Studio, Nagoya.
1987
New Sense Now, Apita Studio, Nagoya
1988
Urban Space and Art Works of Wood, Shirakawa Park and
Nagoya City Art Museum, Nagoya
Subway Art, Gallery NAF and Subway Station, Nagoya
1989
The Constructured Time, Gallery Ite-za, Kyoto
1991
Art Wave, Hisaya Park, Nagoya
1994
Position 1994: Nagoya Contemporary Art Exhibition,
Nagoya City Art Museum, Nagoya
New Wave Art in Nagoya '94, Nagoya Citizen's Gallery,
Nagoya
1995
We are Here, City Gallery, Kobe
The 4th International Biennale in Nagoya – ARTEC '95,
Nagoya City Art Museum, Nagoya
Transformation of Water, O Art Museum Tokyo
Art is Fun 7: IN /OUT, Hara Museum ARC, Gunma Pref.
1996
*Year Changing Story: Come and Check it Out! – The Mouse
Squeaks / The Cow goes Moo*, Gallery Sangetsu, Nagoya,
sponsored by Sangetsu Co. Ltd.
1997
The First Steps: Emerging Artists from Japan, Grey Art
Gallery, New York
1998
Open House, Headlands Center for The Arts, Sausalito
1999
Art Port '99 Media Select, Nagoya Port, Garden Pier, 20th
Warehouse, Nagoya
Lethe. Voice Festival, Nagoya Port, Garden Pier, 20th
Warehouse, Nagoya
2000
1980-1999 Memorial Art Exhibition, Parco Gallery, Tokyo

#1
Critical Point
Asymmetrical Coincidence, 1999 niet tentoongesteld / not exhibited
**stalen plaat, electrische lamp, zeewater, kolf, condenswater, spiraal-
vormig koelelement, figuurtjes, miniatuur oorlogsschip, etc. / iron
plate, electric bulb, sea water, seperatory funnel, condensed water,
corkscrew cooling device, figures, miniature warship, etc.**
collectie de kunstenaar / collection the artist

#2
Critical Point
Only You / Symmetrical Things, 1999 niet tentoongesteld / not exhibited
installatie / installation
**2 ladders, 2 stoelen, 2 tafels, 2 krukken 2 flessen, 2 glazen / 2 chairs, 2
tables, 2 stools, 2 bottles, 2 glasses**
cd-speler, speakers / cd player, speakers
collectie de kunstenaar / collection the artist

#3
Critical Point
Sole Owner, 2001
installatie / intallation
**speelgoed, 2 stoelen, 2 tafels, 2 staande lampen, 2 kinderstoeltjes, 2
tatamimatten, 2 kapstokken, cd-speler, speakers, etcetera / toys, 2
chairs, 2 tables, 2 standard lamps, 2 tatami mats, 2 stools, 2 ladders,
2 hat-racks, cd player, speakers, etcetera**
collectie de kunstenaar / collection the artist

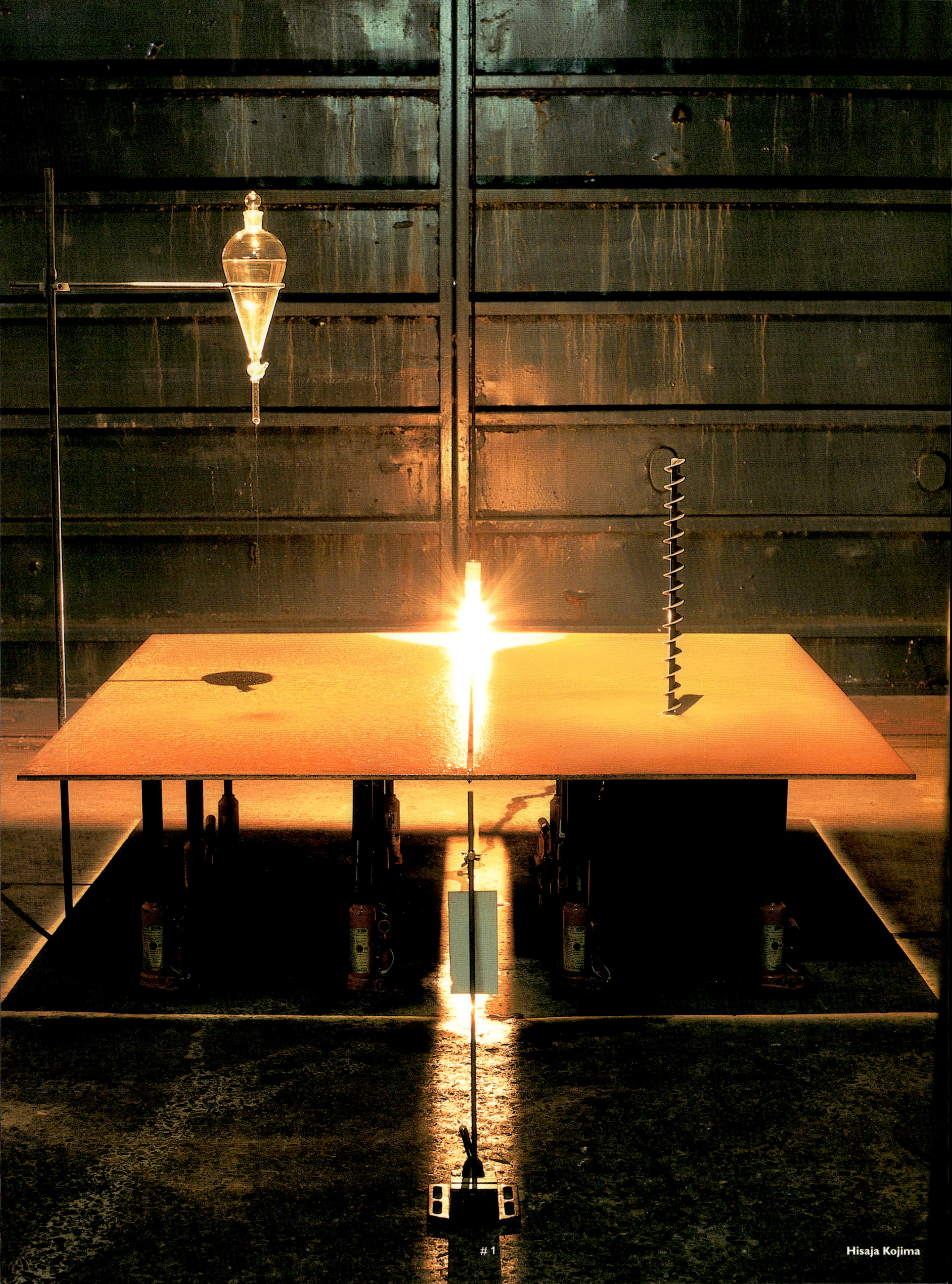

1
Hisaja Kojima

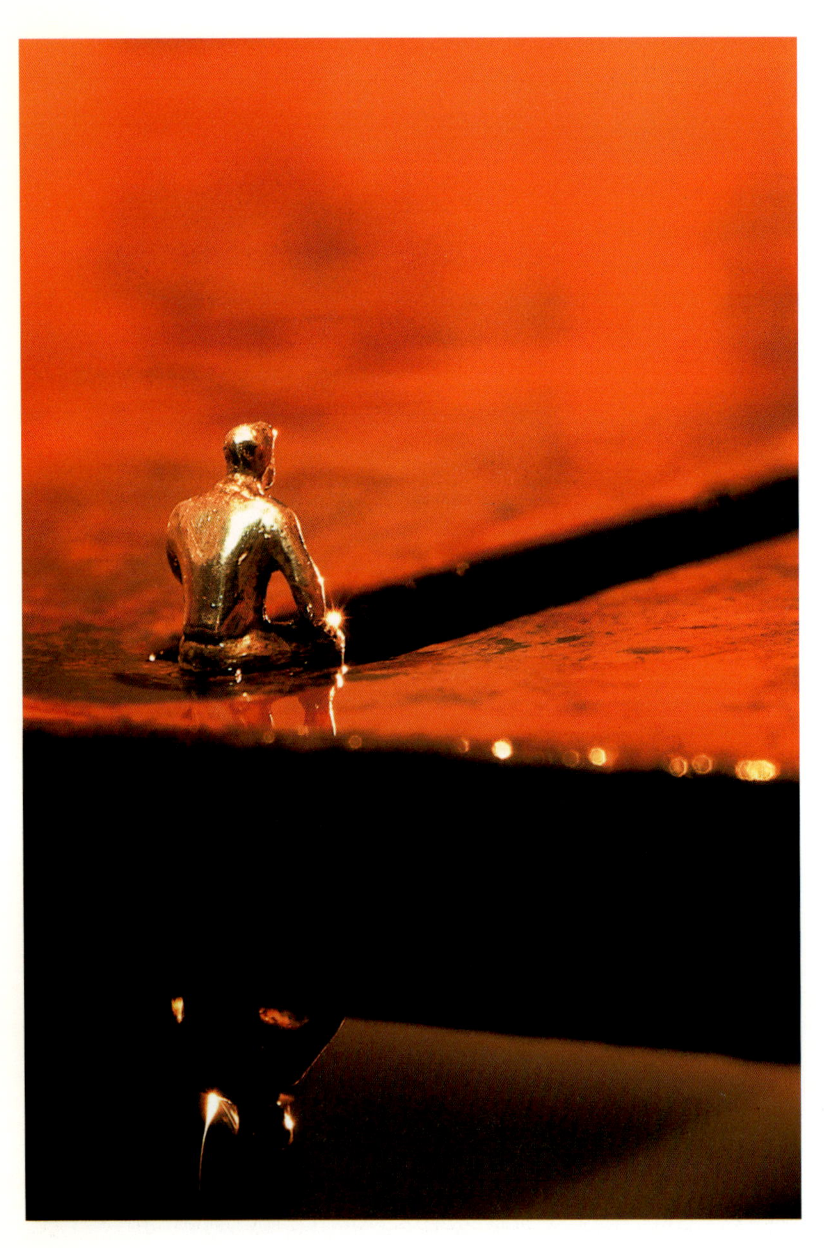
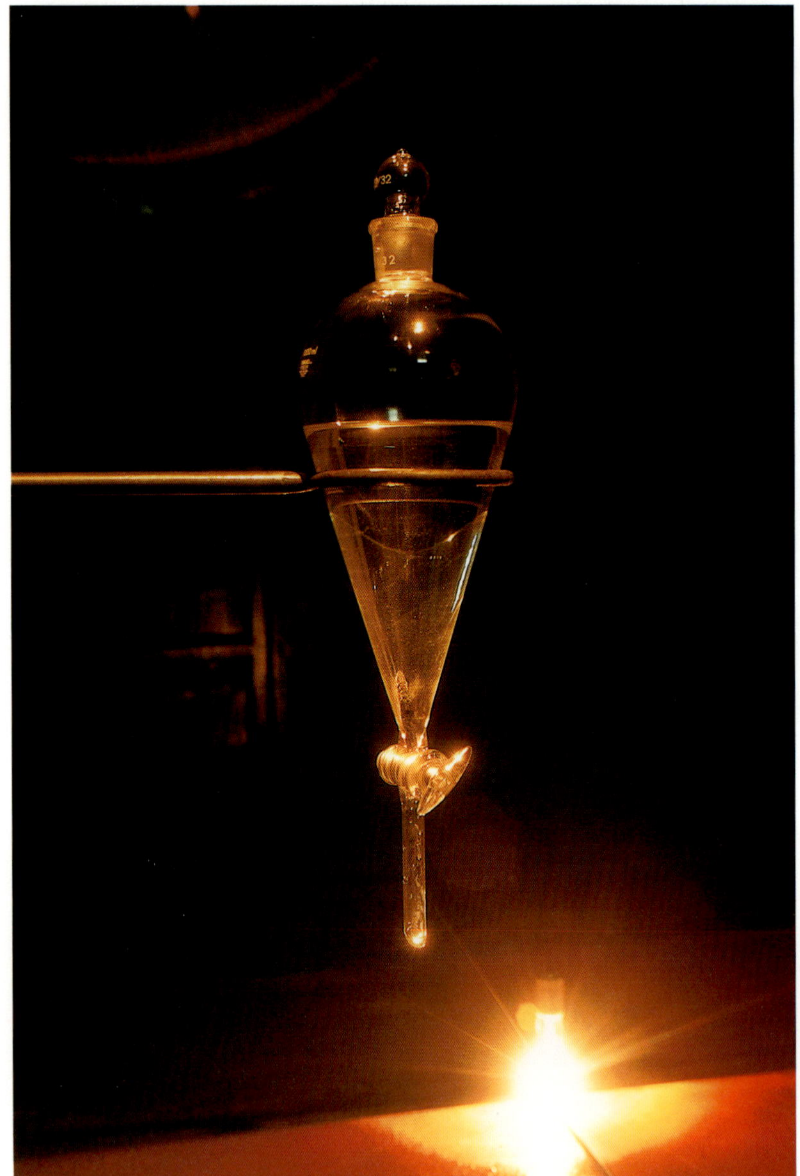

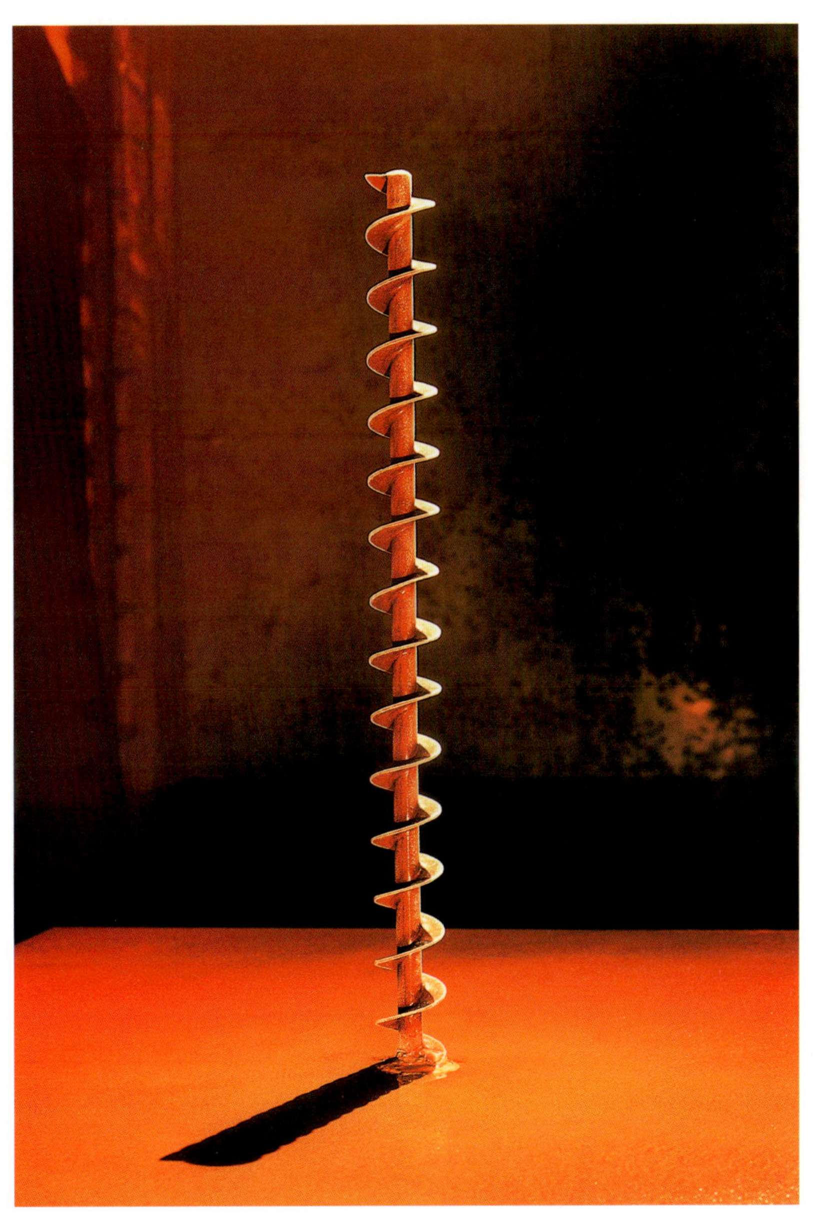

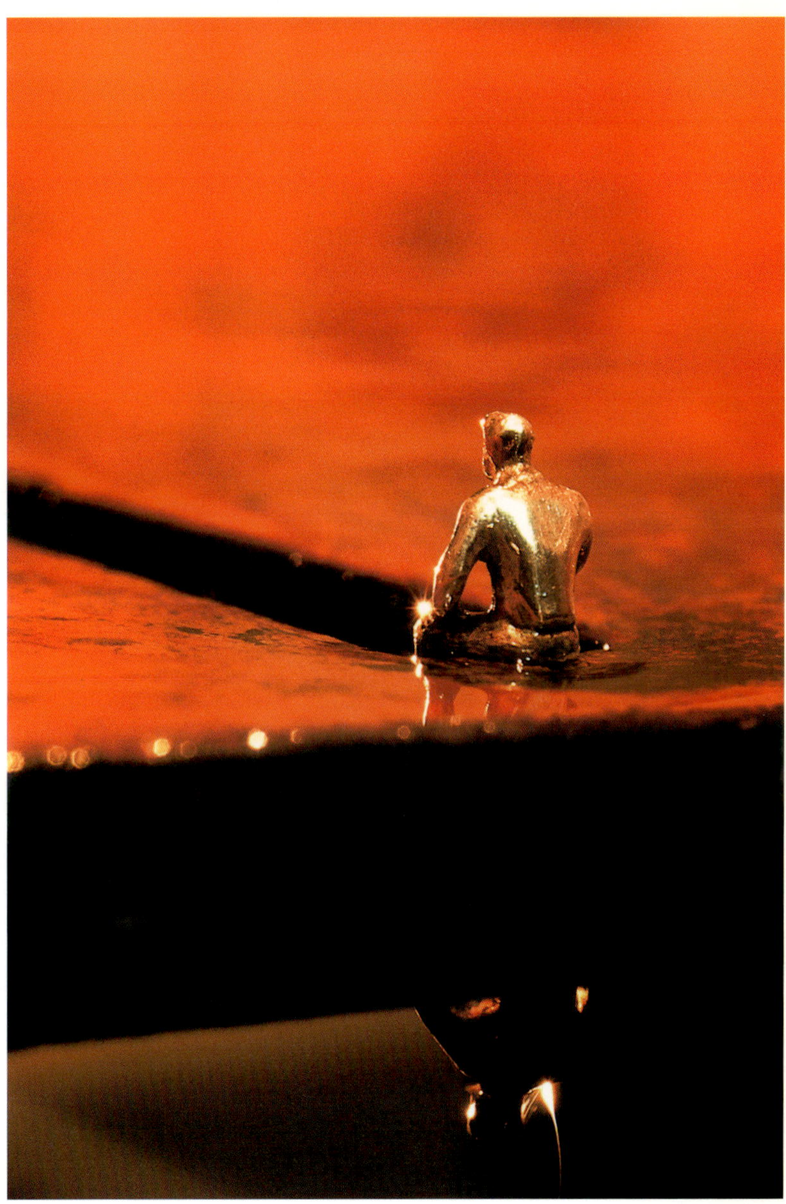

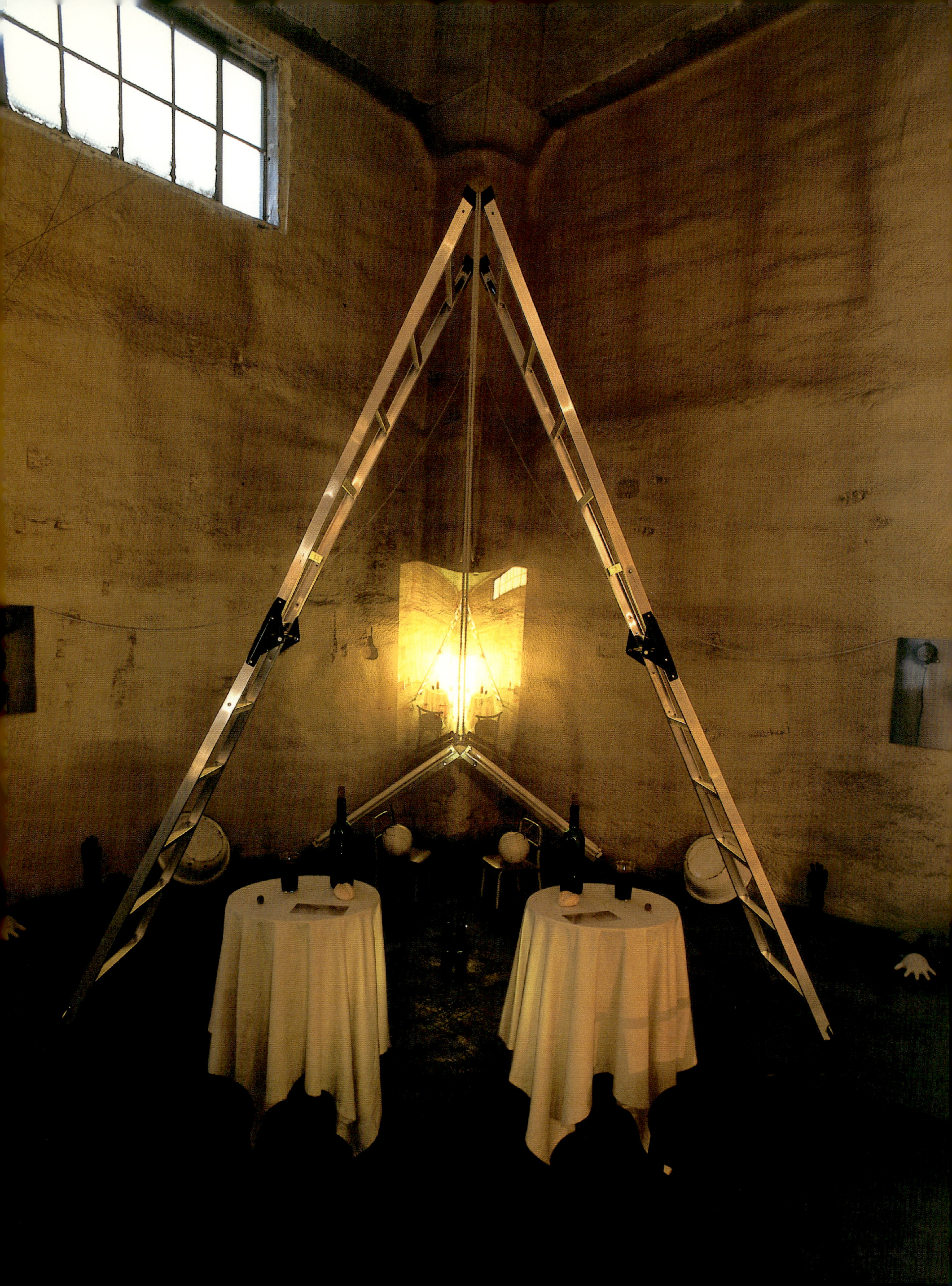

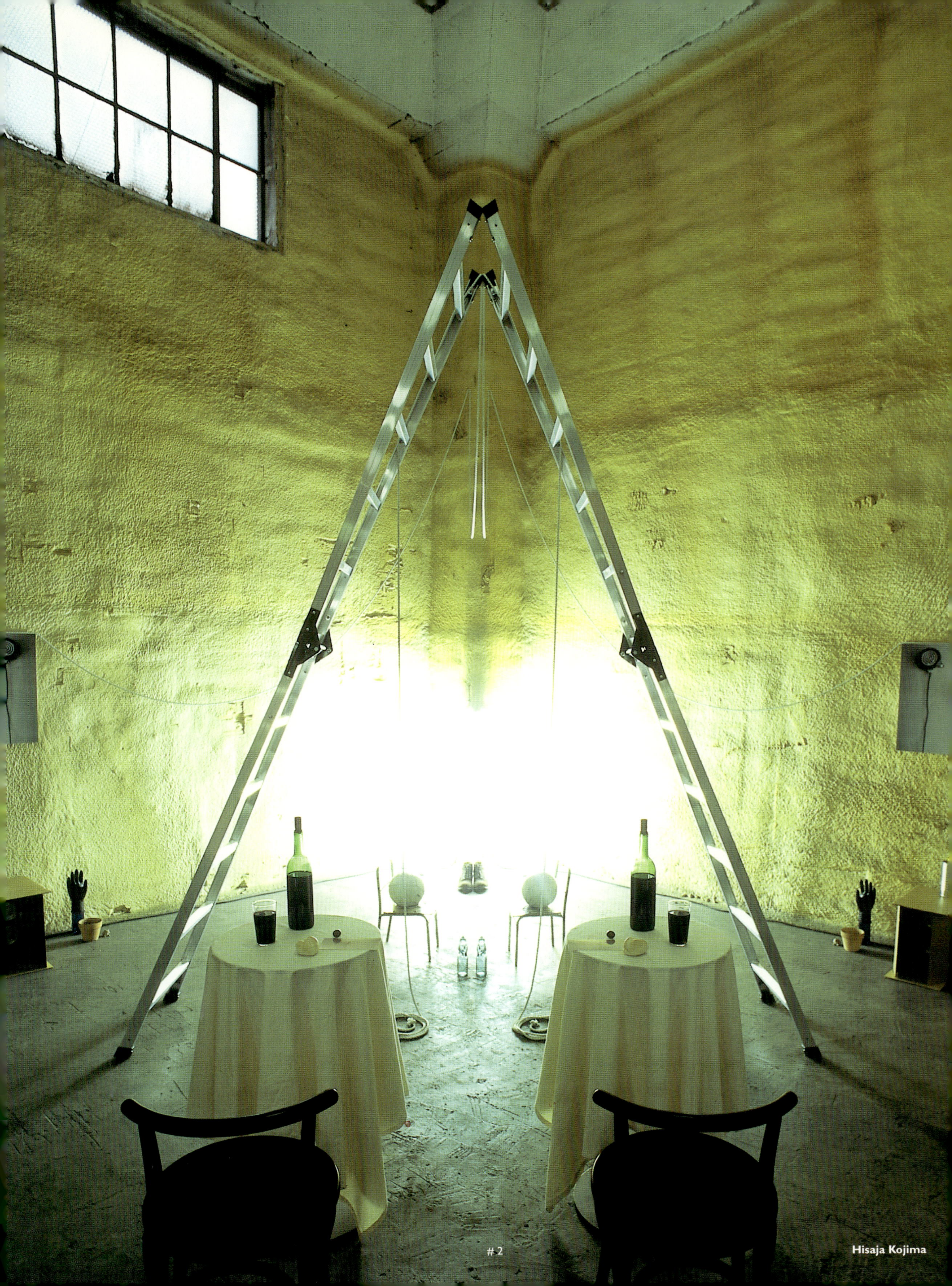

Hisaja Kojima

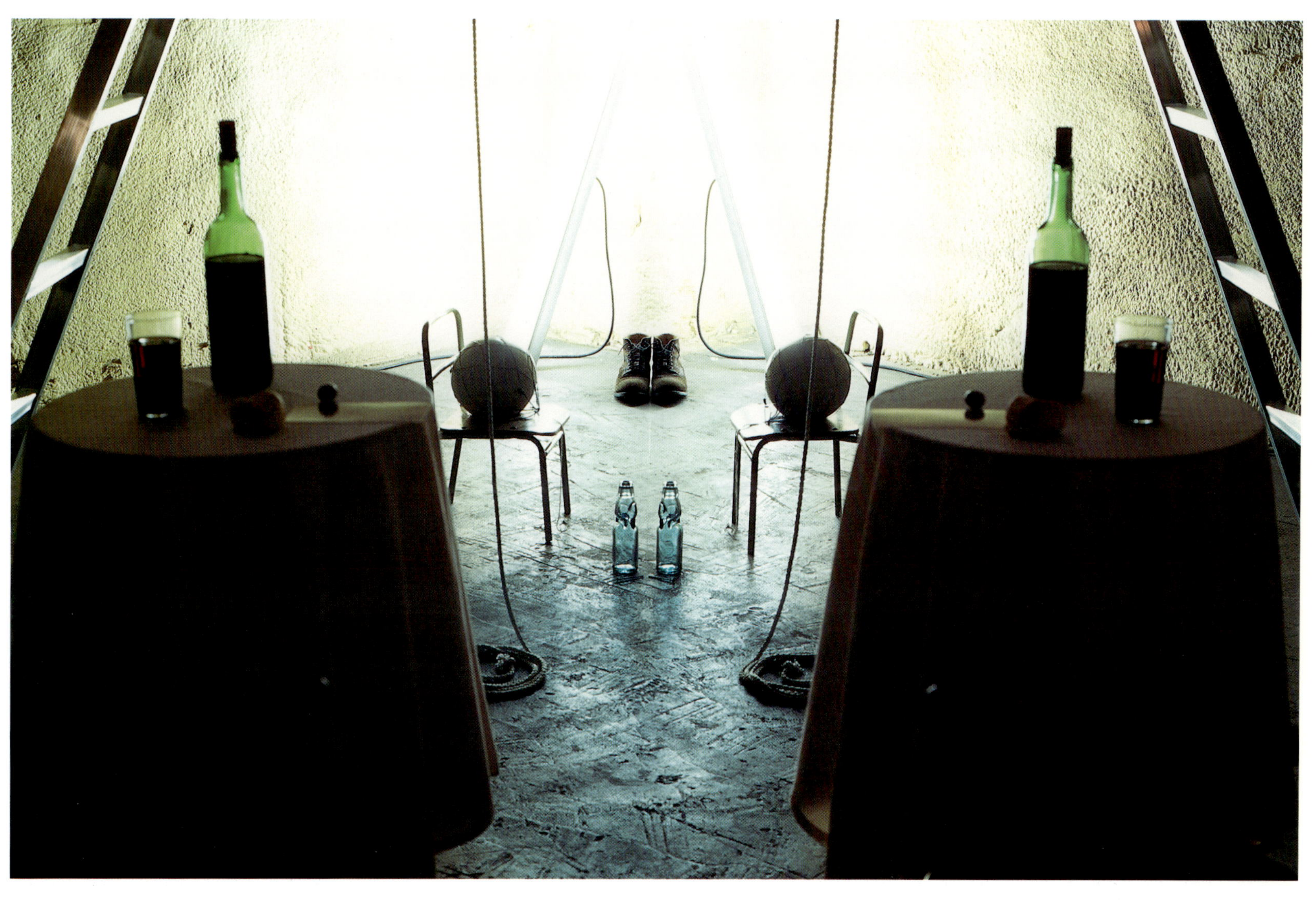

Hisaja Kojima

Tatsuo Miyajima 1957
Kaki Tree Project Executive Committee

*Voor mij is kunst iets, dat bestaat, dat is gecreëerd. Iets dat
ontstaat in de gedachten van kinderen en mijzelf (…).
Kunst is een werktuig, dat de menselijke geest kan openen,
iets dat kan teruggaan in de geschiedenis en ons in staat kan
stellen om dingen op een vrijere manier uit te drukken. (…)
Het 'Revive Time Kaki Tree Project' bevat geen concepten, die
normaal zijn in de beeldende kunst. Betrekkelijke beoordelingen
als 'goede kunst' of 'slechte kunst' spelen hier geen rol.
Elke deelnemer kan zich uiten in relatie tot de Kaki-boom.
Dat beschouw ik als echte kunst.*

Tatsuo Miyajima
1999

*To me art is something that is there, something created.
Something deriving in the mind of children and myself (…).
Art is a tool that can open the human spirit, and can reach
back into history, making it possible for us to express things
more freely. (…)
In the 'Revive Time Kaki Tree Project', ordinary concepts of art
do not exist. Relative judgements such as 'good art' or 'bad art'
are not needed. Each participant can express himself/ herself
honestly with regard to the kaki-tree. I consider that art.*

Tatsuo Miyajima
1999

Het 'Revive Kaki Tree Project'

Voordat Tatsuo Miyajima in 1995 het 'Revive Kaki Tree
Project' initiëerde, had hij nationaal en internationaal
reeds de aandacht getrokken met zijn verschillende
versies van het werk *Gadget / Digital Counter* (1988 tot
heden). Miyajima heeft met beide complexe werken in
1999 Japan vertegenwoordigd op de Biënnale van Venetië.

Het werk *Gadget / Digital Counter* bestaat uit steeds verder
tellende, oplopende getallenreeksen, die oplichten in
digitale tellers. De knipperende gadgets zijn opgebouwd
uit LED's (light-emitting-diodes). Ieder gadget telt van
1 tot en met 99. De 0 wordt niet gebruikt. Wanneer één
gadget het nummer 99 bereikt, zendt het een signaal naar
een ander gadget, dat vervolgens begint te tellen. Een
groep van tien gadgets vormen een 'unit'. Binnen een 'unit'
zijn 133651 getallenfiguraties mogelijk. De units tellen ieder
in een verschillend, eigen tempo. De getallen verschijnen in
rood licht en de getallen die een veelvoud van zeven zijn
in groen licht. De 'units' worden in rijen onder elkaar
gemonteerd op een plateau of geïnstalleerd op de wanden
en vloeren van een ruimte. Zo ontstaat er een vlak of een
zee van oplichtende en in verschillend tempo wisselende
getallen en getallenreeksen, die elkaar aansturen.

Het centrale thema, uitgangspunt of motto voor dit werk
formuleerde Miyajima als volgt: 'keep changing, continue
forever, connect with everything'. Door middel van deze
gadgets refereert Miyajima aan bijvoorbeeld een individu,
een familie, een groep of een natie maar ook aan een
molecuul of een moment. Een unit is weer een groep van
tien van deze eenheden, die onderling communiceren op
een ander niveau. Enerzijds maakt dit systeem van door-
lopende en geschakelde getallen qua concept en
presentatie een puur technologische indruk: de gadgets
tikken koel hun getallen van 1 tot 99 en beginnen op een
zeker moment opnieuw.
Toch worden er anderzijds aan zijn *Gadget / Digital
Counter* bepaalde levensbeschouwelijke of filosofische
interpretaties verbonden. Sommige auteurs wijzen op het
gegeven dat een gadget één organisme vertegenwoordigt
en dat units zich kunnen uitbreiden tot grote groepen
organismen en uiteindelijk verwijzen naar de gehele aarde,
het sterrenstelsel, het heelal en het Universum.
Zij zien hierin ook een Boeddhistische manier van denken,
waarin het kleine organisme uiteindelijk deel is van het
grote leven van het Universum, dat de gehele tijd en de
gehele ruimte omvat.[1]
De 'Digital Counters' van Miyajima gaan in wezen over de
betekenis van ons bestaan, in deze tijd, als individu, als
collectief en als deel van een veel groter geheel.

Het wereldwijde project dat Miyajima in 1995 startte,
gaat eveneens over het bestaan en meer in concreto over
de noodzaak en de zin van het voortbestaan. Centraal in
dit project staat de enige Kakiboom, die in 1945 de

atoombom op de Japanse havenstad Nagasaki heeft
overleefd. Van deze boom werden door de Japanse bio-
loog Prof. Dr. Ebinuma stekjes gekweekt, waarmee aan de
boom een nieuwe toekomst werd gegeven.
De Kakiboom[2] komt in vele mythen en volksverhalen voor
als de 'personificatie' van de wereldboom die wortelt in
het centrum van de aarde, de levensboom wiens vruchten
het eeuwige leven beloven. Toen Tatsuo Miyajima deze
kakiboom in 1995 voor het eerst zag, maakte haar overlevingskracht diepe indruk op hem: 'Kijkend naar de moe-
derboom werd ik getroffen door vitale schoonheid ervan.
De boom werd, als onschuldig slachtoffer aangetast door
de atoombom, maar hij leefde nog. Dit kleine organisme
overleefde het oorlogsgeweld. Ik bedacht dat het mogelijk
moet zijn de kwade geest van de oorlog om te vormen
tot iets levends, iets beters…'
Hij besloot de boom onderwerp te maken van een project
dat inspireert tot hoop, tot leven, samenwerking en zelfexpressie. Stekjes van de kakiboom zwierven uit over de
hele wereld, naar landen als Brazilië, Ierland, Slovenië,
Spanje, Frankrijk, Engeland, naar vele plaatsen in Italië en
ook naar Nederland.
Er staat een stek van deze Kaki-boom in de Hortus
Botanicus in Leiden en in een kwekerij in het Zeeuwse
Zonnemaire. In het kader van deze tentoonstelling krijgt
hij een derde locatie in Nederland: het Kröller-Müller
Museum.

Zodra een bepaalde gemeenschap een stekje van de kaki-
boom wil adopteren, trekt Tatsuo Miyajima zich terug, om
de mensen de grootst mogelijke vrijheid te geven het
stekje op hun manier te ontvangen. Elke gemeenschap
kiest zijn groep kinderen of volwassenen die op eigen
wijze invulling geven aan het project, in de vorm van beeldend werk, muziek, theater, poëzie of anderszins. Zo wordt
de kunst van Miyajima gerealiseerd voor en in nauw
contact met de samenleving, waarvoor hij zijn werk
bedoeld heeft.

De kakiboom, symbool voor de banden met het verleden
en de hoop op de toekomst, brengt kinderen en volwassenen over de hele wereld bij elkaar. Hij roept hun
bewondering op voor zijn ongelofelijke overlevingskracht
en laat ons nadenken over verleden en toekomst. Het
doet een beroep op ons het met zorg en toewijding te
omringen. Hoop op betere tijden moet gekoesterd
worden en vraagt veel geduld. Zo ook het stekje van de
'Kaki Tree' dat na 8 jaar een volgroeide boom zal zijn.

De organisatie van het 'Kaki Tree Project' ligt in handen
van het 'Kaki Tree Executive Committee' in Tokio.
Miyajima maakt hier deel van uit.

1
Zie catalogus Tatsuo Miyajima, Nagoya City
Art Museum, 1991. Kazu Yamawaki, 'Tatsuo Miyajima:
Art, Science and Religion', p. 5 (Engelse vertaling)
2
De kakiboom is een hoge struikachtige boom met
grote geeloranje vruchten (als een tomaat) met groene
kroonblaadjes. Per oogst kan 1 boom wel 80 kilo vruchten opleveren. De vrucht smaakt naar abrikozen en
moet overrijp gegeten worden omdat dan het looizuur
eruit verdwenen is. De naam Kaki komt van het Japanse
woord Kagayaki dat helderheid betekent, een verwijzing
naar de heldere oranje kleur. De boom (met zijn kleurige vruchten) is vaak afgebeeld op Japanse natuurschilde-
rijen en houtsneden.

The 'Revive Kaki Tree Project'

Before initiating the 'Revive Time Kaki Tree Project' in 1995, Tatsuo Miyajima had already attracted attention with several versions of his *Gadget / Digital Counter* (1988, ongoing). Both of these complex works were on show at the 1999 Venice Biennale.

Gadget / Digital Counter does just that: it counts, and the digits are indicated by light-emitting diodes (LEDs). Each gadget counts from 1 to 99, ignoring zeros. When a gadget reaches 99 it sends a signal to another one, which in turn starts counting. A group of gadgets forms a unit in which 133651 numerical configurations are possible.
Each unit counts at its own speed; no two speeds are alike.
The digits flash red, multiples of seven flash green. The units are mounted in rows under each other on a raised platform or installed on the walls and floors of a room. The result is an area or a sea of numbers and rows of numbers flashing at different speeds, each triggered by another.

Miyajima formulated the central theme, point of departure or motto of this work as follows: 'Keep changing, continue for ever, connect with everything'. He uses these gadgets to refer to an individual, a family, a group or a nation, but equally to a molecule or a moment. Each unit is formed from a group of ten, which communicate with each other on a different level. In terms of concept and presentation, the system of sequential numbers conveys a purely technological impression: the gadgets coolly run through their numbers from 1 to 99 and eventually begin to count again. Nevertheless, *Gadget / Digital Counter* is open to philosophical interpretation too. Some authors have pointed out that a gadget represents an organism and that units can form large groups of organisms and ultimately refer to the entire earth, the stellar system, outer space and the universe. In this they see a Buddhist perception according to which a small organism is part of the great life of the universe, which encompasses all of time and all of space.[1]

The worldwide project on which Miyajima embarked in 1995 is also about existence and, more concretely, the necessity and meaning of survival. Central to the project is the only kaki tree to have survived the nuclear bomb that was dropped on Nagasaki in 1945. By taking cuttings from that tree, Professor Dr. Ebinuma from Japan gave it a new future.
The kaki tree[2] occurs in many myths and folk-tales as the 'personification' of the world-tree whose roots are in the middle of the earth, a tree of life whose fruit promises everlasting life. This kaki tree made a great impression on Miyajima when he first saw it in 1995. 'Looking at the mother tree, I was struck by its vigorous beauty. The tree, an innocent victim, had been damaged by the atomic bomb, but was still alive. This small organism had survived the violence of war. I thought it must be possible to transform the evil spirit of war into something living, something better...'
He decided to use the tree in a project that would inspire hope, life, cooperation and self-expression. Cuttings from the kaki tree were sent all over the world: to Brazil, Ireland, Slovenia, France, Spain, England, to many towns in Italy and also in the Netherlands (Leiden and Zonnemaire). This exhibition provided a third Dutch location: the Kröller-Müller Museum.

Whenever a community offers to adopt a shoot from the kaki tree. Tatsuo Miyajima withdraws, so that the people can receive it into their soil in their own manner. Every community chooses its group of children or adults to give form to the project in their own way, artistically, musically, as theatre, poetry or some other form of expression. In this way Miyajima's art is accomplished in close contact with the society for which he intended it. The kaki tree, symbolizing links with the past and hope for the future, unites children and grown-ups all over the world. Its amazing will to survive inspires our admiration and our thoughts about the past and the future. It urges us to treat it with loving care. Hope of better times should be cherished, and demands great patience. So does the cutting from the kaki tree, which will be fully grown in eight years' time.

The organisation of the 'Kaki Tree Project' is carried out by the 'Kaki Tree Project Executive Committee' in Tokyo. Miyajima is a member of this committee.

[1]
See catatalogue *Tatsuo Miyajima*, Nagoya City Art Museum, 1991. Kazu Yamawaki, 'Tatsuo Miyajima, Art, Science and Religion', p. 5.

[2]
The kaki is a tall, shrublike tree which bears large, yellowish-orange fruit (like tomatoes) and green petals. One tree can yield up to 80 kilogrammes of fruit, which tastes like apricots and must be overripe for eating, to ensure that there is no residue of tannic acid. The name 'kaki' comes from the Japanese word 'kagayaki', meaning brightness, a reference to the bright orange colour. The tree (with its colourful fruit) is often depicted in Japanese nature paintings and woodcuts.

Tatsuo Miyajima

1957
Geboren / Born in Tokyo
1986
Studie aan / M.F.A., Tokyo National University of Fine
Arts and Music
1995
Begin / Start *Revive Time Kaki Tree Project*
Woont en werkt in / Lives and works in Moriya-cho,
Ibaraki, Japan

Eenmanstentoonstellingen keuze
Solo exhibitions selection

1986
Time, Maki Gallery, Tokyo
Es of the Future, Akiyama Gallery, Tokyo
1987
Lunami Gallery, Tokyo
1988
Galleria Vivita, Firenze, Italy
1989
Counter History, Gallery Takagi, Nagoya
1990
Hiroshima Installation, Hiroshima City Museum of
Contemporary Art
Lattice, Luhring Augustine Gallery, New York
1991
Museum het Kruithuis, Den Bosch
Daad Gallery, Berlin
1995
Running Time-Clear Zero, Queens House, Greenwich
1996
Fondation Cartier pour l'art contemporain, Paris
Gallery Koyanagi, Tokyo
Big Time, Modern Art Museum of Fort Worth, Fort
Worth
Anthony d'Offay Gallery, London
Centre international d'art contemporain de Montreal
1997
Big Time, Hayward Gallery, London
Counter Line, The San Francisco Museum of Modern Art
1998
Counter Room, Toyota Municipal Museum of Art

Groepstentoonstellingen keuze
Group exhibitions selection

1989
Magiciens de la terre, Centre Georges Pompidou, Paris
1990
Japanische Kunst der 80er Jahre, Frankfurter Kunstverein
Frankfurt and travelled to Bonn and Vienna
1994
Japanese Art after 1945: Scream Against the Sky,
Yokohama Museum of Art; travelled to New York and
San Francisco
1995
Art in Japan Today, Museum of Contemporary Art Tokyo
1998
Donai yanen!, École nationale supérieure des beaux-arts,
Paris
1999
Japan – XLVIII Biennial of Venice

#1
**Stek van de Kaki-boom, die de atoombom op Nagasaki (9 augustus
1945) overleefde / Seedling of the Kaki Tree, which survived the
atomic blast in Nagasaki (9 August 1945)**

70 cm hoog / high
**In bruikleen van 'Festival Zonnemaire Buitengewoon', Zonnemaire /
On loan from 'Festival Zonnemaire Buitengewoon', Zonnemaire,
The Netherlands**
**De Nederlandse beeldend kunstenaar Albert van der Weide maakte
voor dit 'Kaki Tree Project' in het Kröller-Müller Museum een schil-
dering en ontwierp de vormgeving voor de presentatie. De introduc-
tie voor dit stekje van de Kaki-boom uit Nagasaki wordt begeleid
door een groot aantal bijdragen en reacties van de Erica School
(groep 8) in Otterlo.
Voorbereiding en organisatie: Angeline Bremer-Cox.**

**The Dutch artist Albert van der Weide has made for this 'Kaki Tree
Project' in the Kröller-Müller Museum a painting and also designed
the presentation of the tree. The introduction of this seedling of the
Kaki-tree at the museum has been realised by means of a huge
number of contributions and reactions of pupils of the Erica
Primary School (group 8) in Otterlo, the Netherlands.
Preparation and organisation: Angeline Bremer-Cox.**

#2
**Activiteiten tijdens de planting van een stek van de Kaki-boom in
Japan / Activities during the planting of the Kaki-tree in Japan , 1999**
foto / photograph ...

#3
**Feestelijkheden bij de planting van een stek van de Kaki-boom in
Ogaki Jou Park, Gifu, Japan / Festivities at the occasion of the planting
of the Kaki-tree in Ogaki Jou Park, Gifu, Japan 2000** foto / photograph Kaki tree
Committee, Tokyo

#4
**Feestelijkheden bij de planting van een stek van de Kaki-boom in
Carpi, Italië, 2000 / Festivities during the planting of the Kaki-tree in
Carpi, Italy, 2000** foto / photograph Kaki tree Committee, Tokio

#5
**Activiteiten tijdens de planting van een stek van de Kaki-boom in
Gran Canaria, Spanje, 1999 / Activities during the planting of the
Kaki-tree in Gran Canaria, Spain, 1999** foto / photograph Kaki tree Committee, Tokio

#6
**Feestelijkheden bij de planting van een stek van de Kaki-boom in de
Hortus Botanicus in Leiden, als onderdeel van de tentoonstelling
'Voices from Japan' in 2000 / Festivities at the occasion of the
planting of the Kaki-tree at the Botanical Garden in Leiden, The
Netherlands, as part of the exhibition 'Voices from Japan' in 2000**
foto / photograph CBK, Leiden

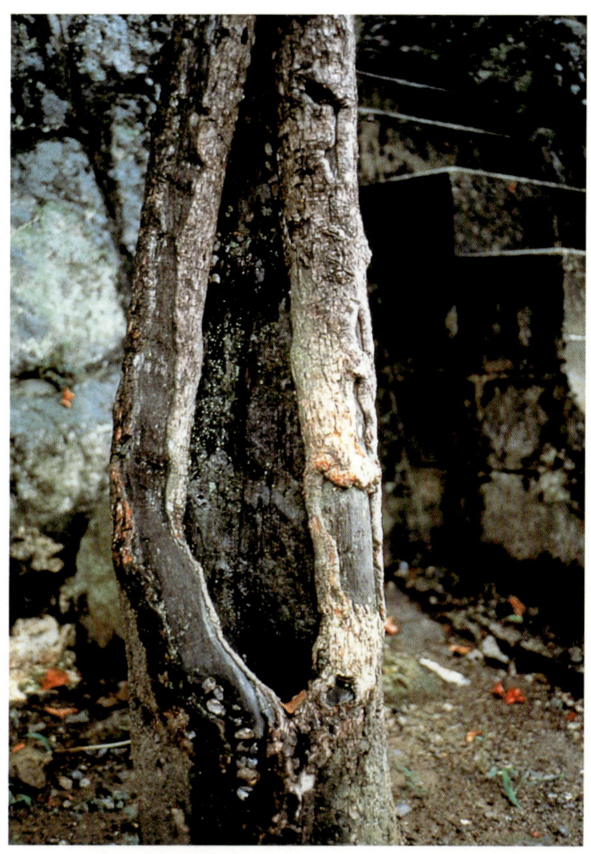

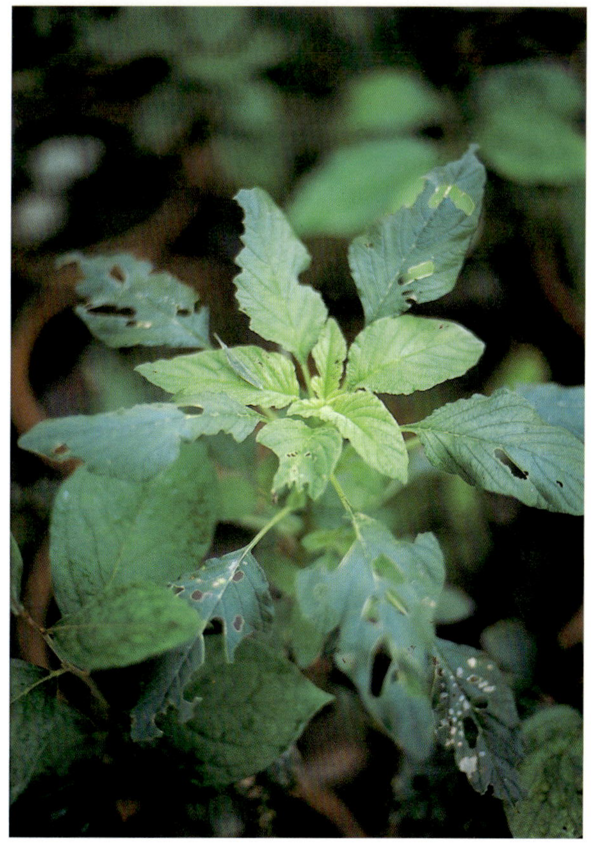

1

Tatsuo Miyajima

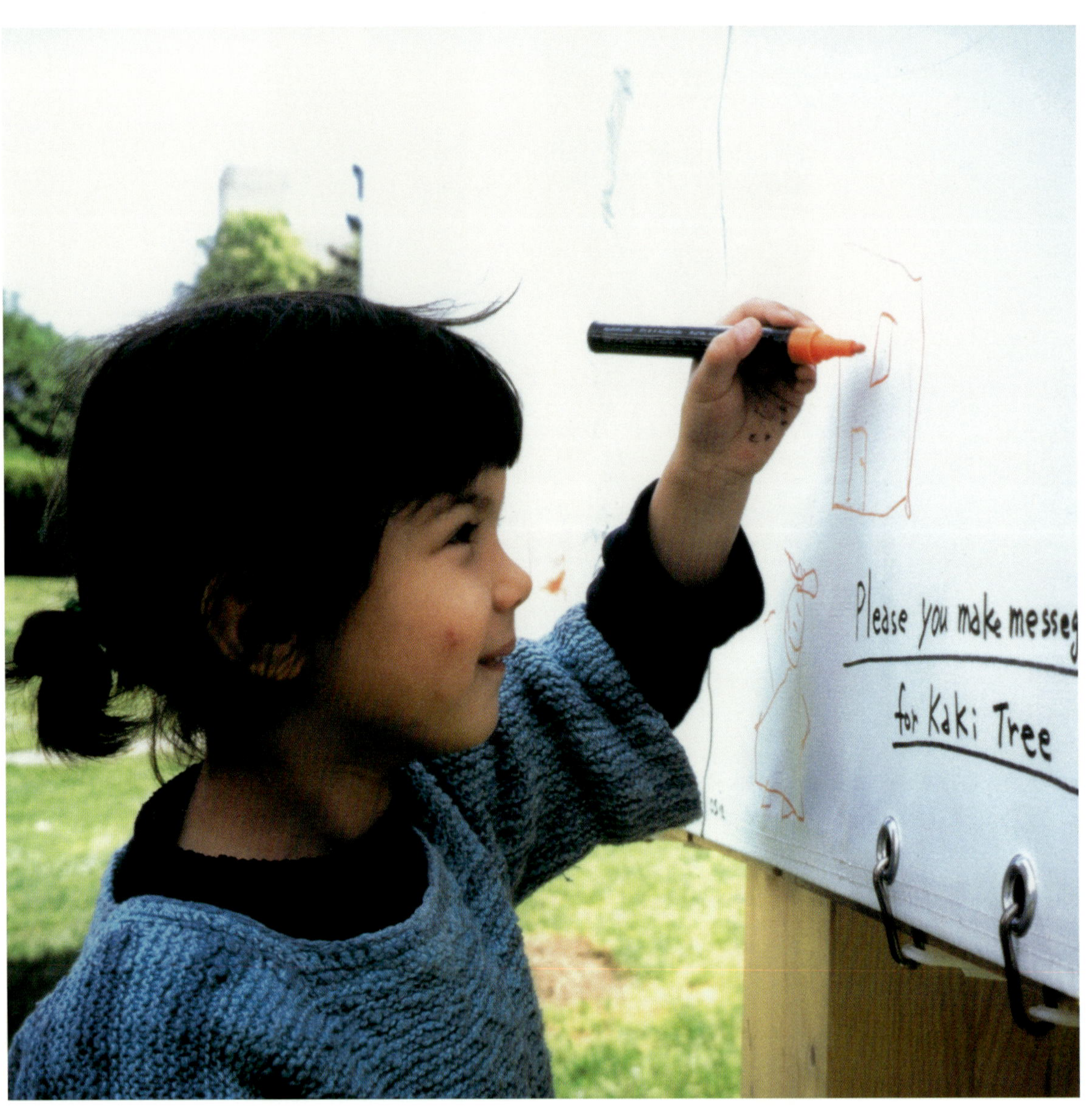
Please you make messeg
for Kaki Tree

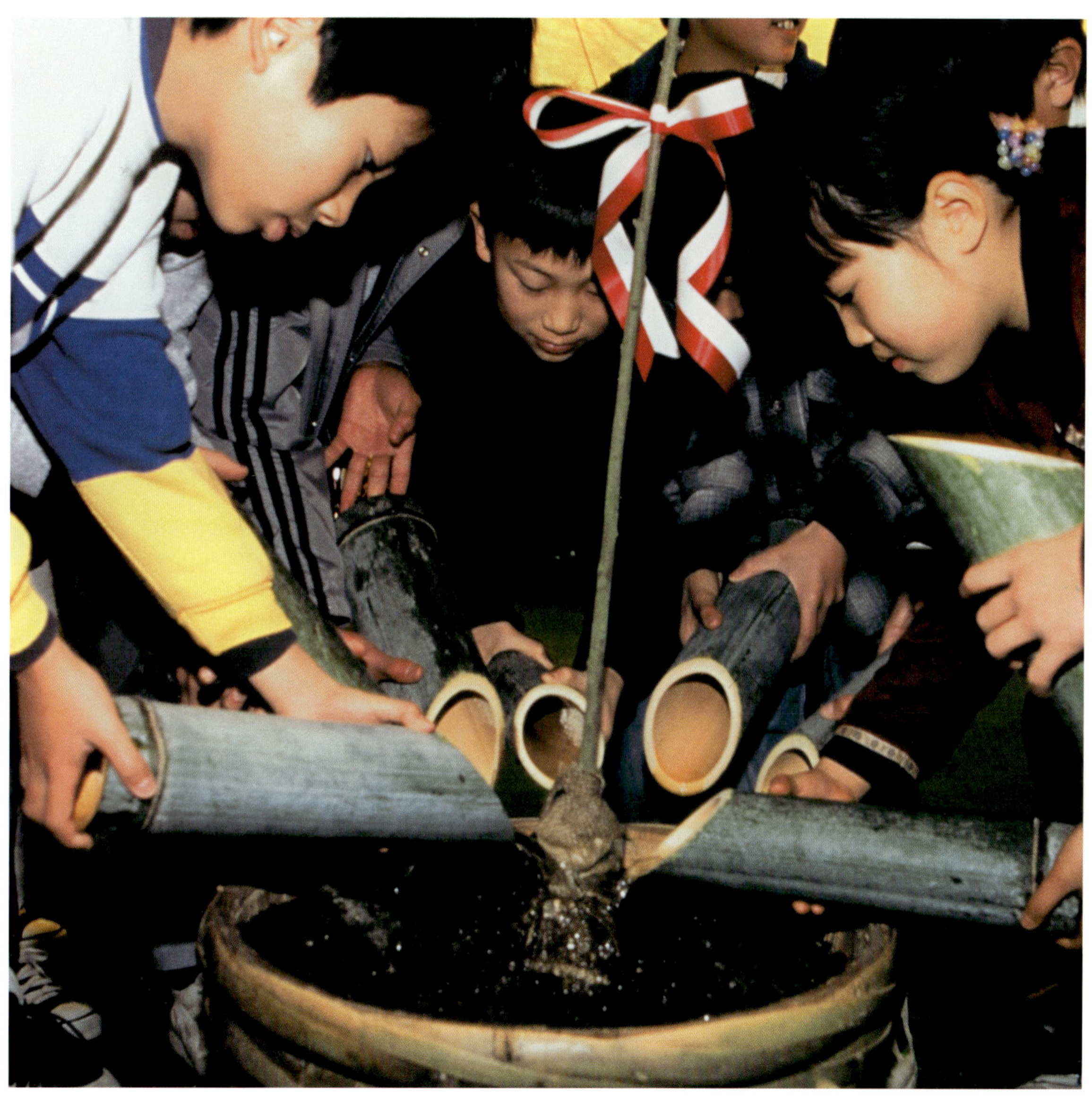

3

Tatsuo Miyajima

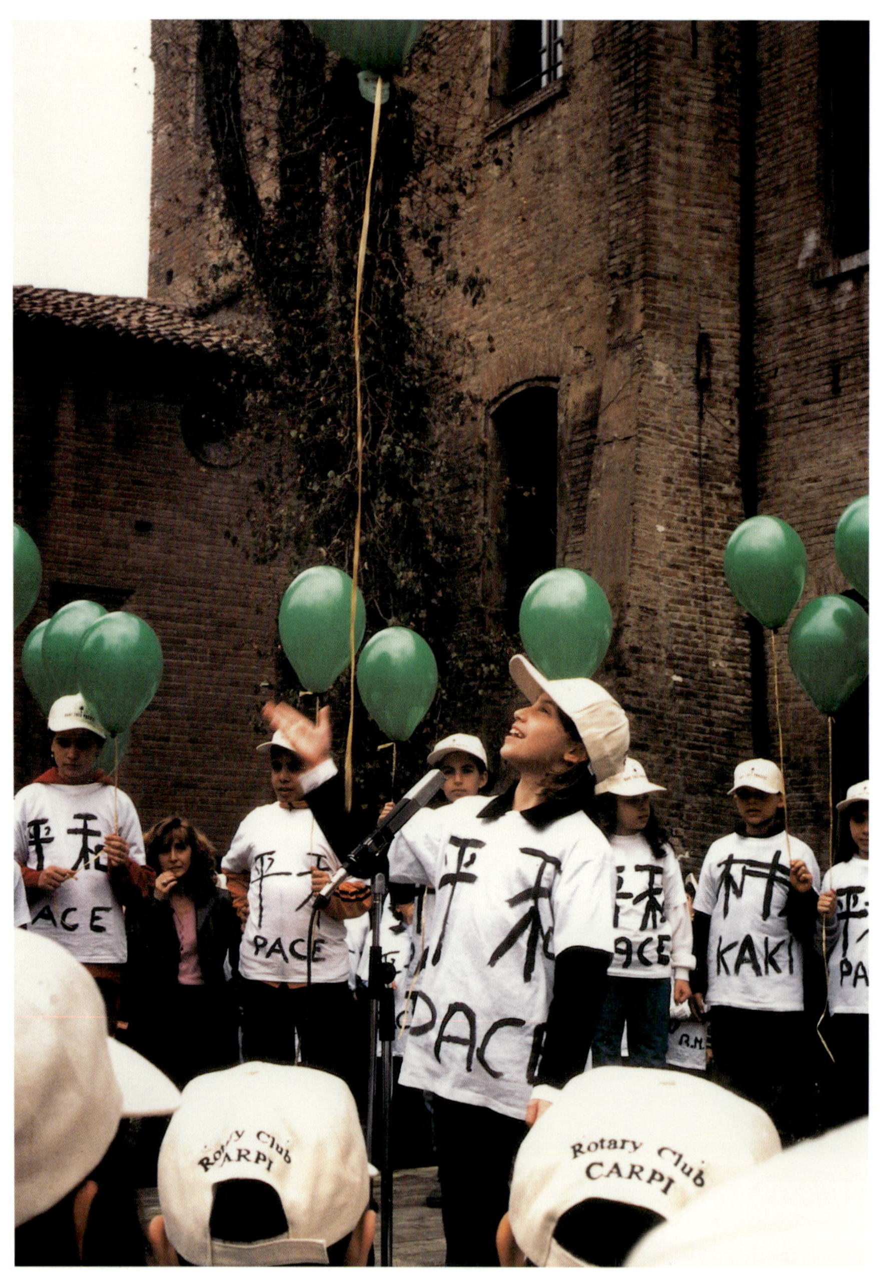

4

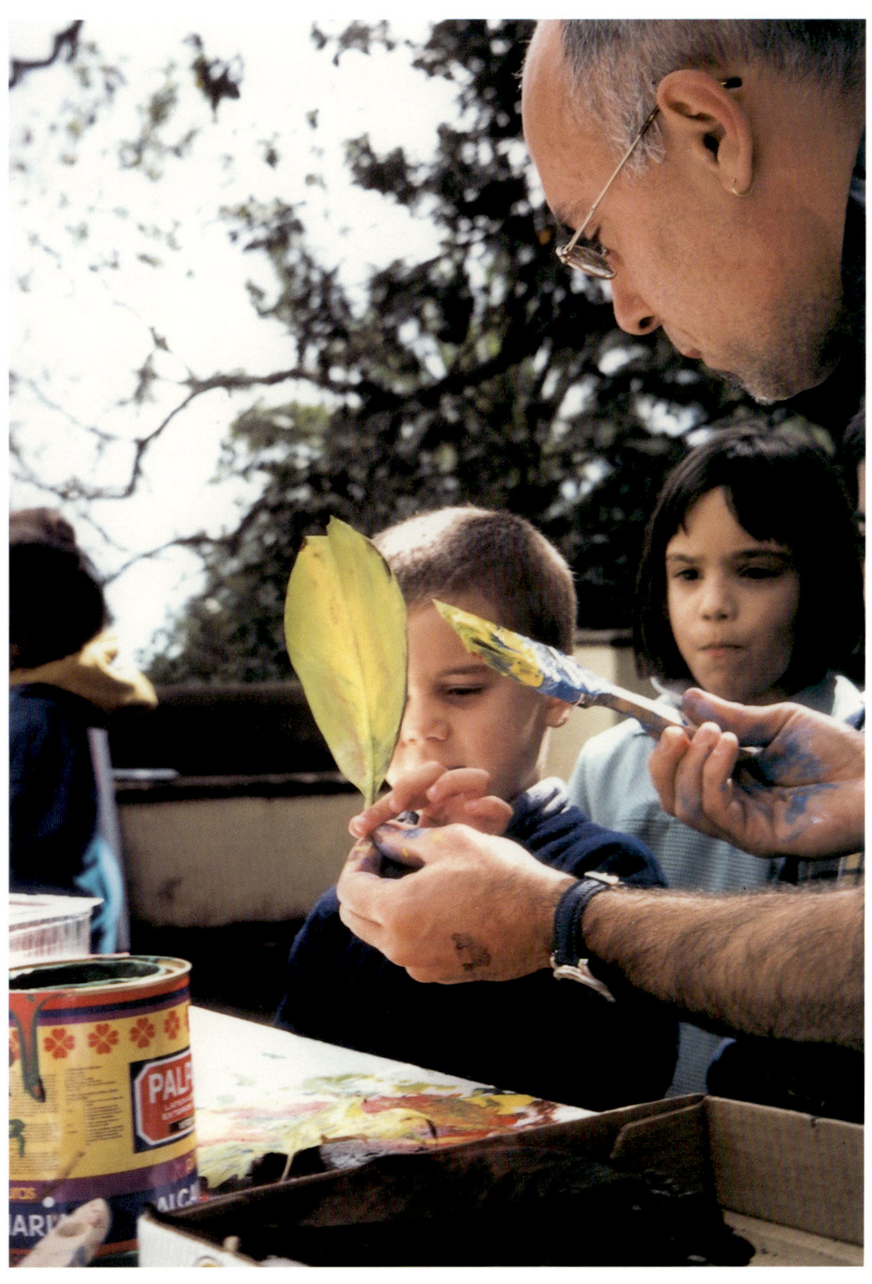

Tatsuo Miyajima

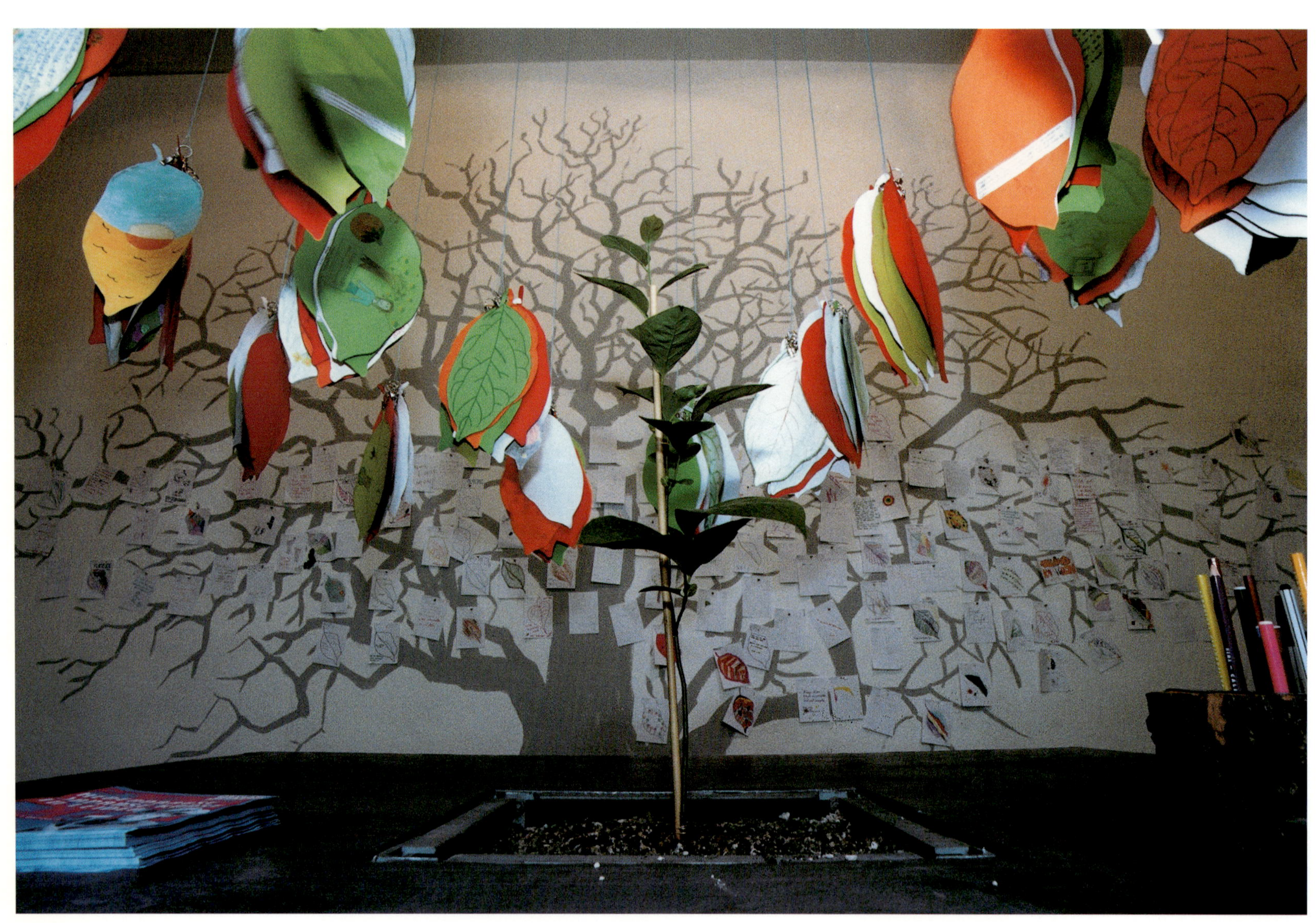

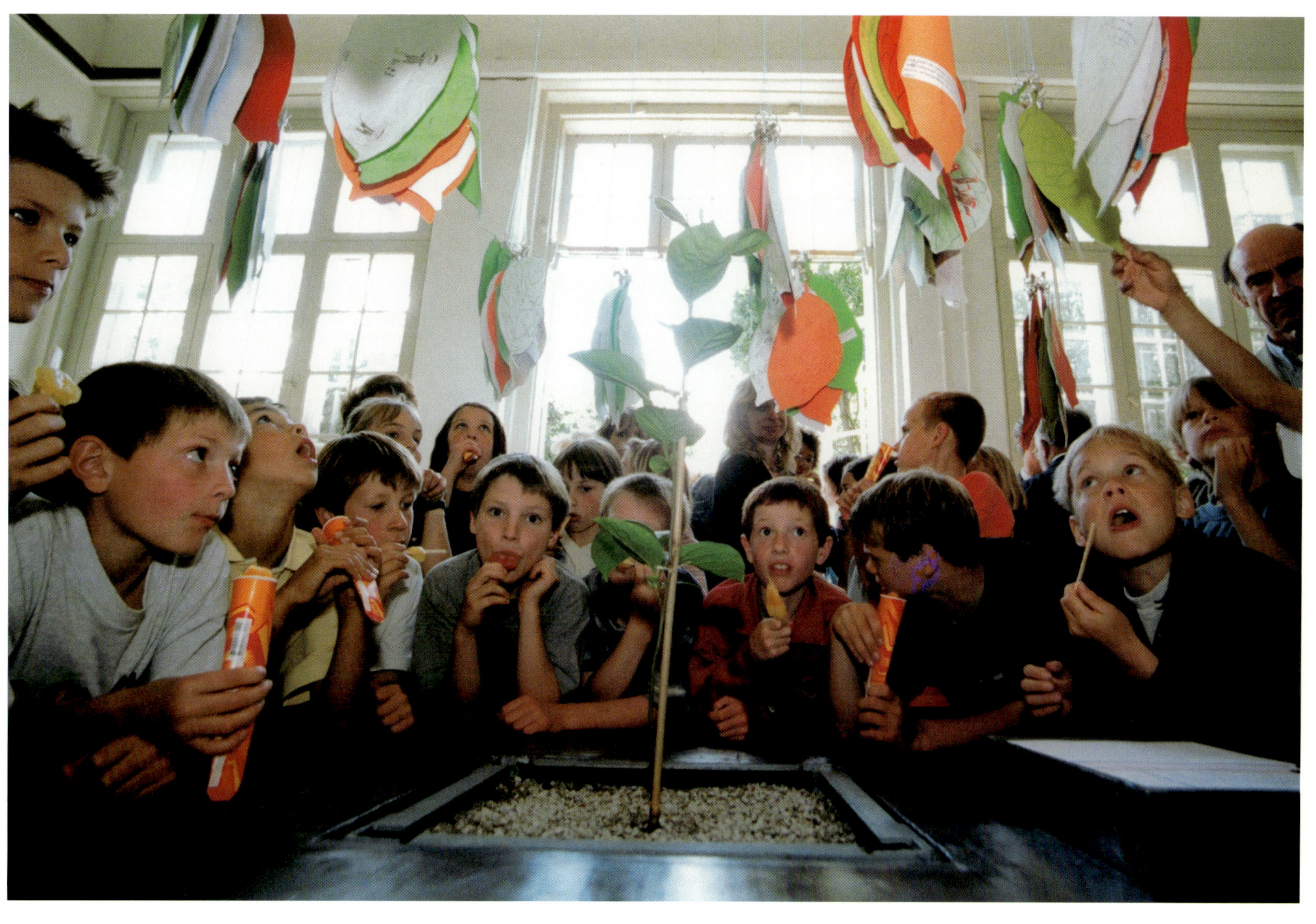

Tatsuo Miyajima

Rieko Hidaka 1958

Beschouwingen over bomen en hun ruimte

Ik vind het een groot wonder dat de mens dingen werkelijk kan zien en voelen. Als ik naar de tak van een boom kijk, en iemand anders kijkt er ook naar, kunnen we in woorden beschrijven wat we zien – de wijze waarop de tak voor ons oog verschijnt, de ruimte er tussenin, enz. – maar wij beiden kunnen nooit echt onze totale individuele ervaring van het kijken naar de boom, vergelijken. Wat ik zie en voel wordt door mijn eigen lichaam vertaald in een schilderij. Dit proces stelt mij in staat het tweedimensionale vlak van het doek te onderzoeken. Als ik er een lijn op zet, creëer ik daar een nieuwe ruimte. Ik voel dat de zo ontstane ruimte op vele manieren lijkt op de gestructureerde ruimte die ik zie, maar die ik niet echt onder woorden kan brengen, als ik omhoog kijk in de lucht naar de takken van de bomen. Het is een fascinerende bezigheid om, terwijl ik aan het werk ben, dit gevoel van geordende kwaliteit op te roepen. Ik wil het geheel herscheppen van wat ik heb ervaren, om vast te leggen, dat wat ik met al mijn zintuigen heb gevoeld en niet alleen met mijn ogen heb gezien. De ruimte, die ontstaat door mijn pogingen om deze zintuiglijke ervaring te herscheppen is eindeloos boeiend.

Boomtakken zijn een soort meetpunten in de ruimte. Zij lijken voor mij op linialen. De positie van een tak tegen de lucht bepaalt niet alleen de afstand tussen hem en mij, maar ook de afstand van hem tot de lucht.

Ik heb geen bos of een enorm grote boom nodig. Ik heb geen omgeving nodig, die mij overweldigt. Ik heb alleen behoefte aan een boom, die mij als ik onder zijn takken sta, een gevoel geeft van te worden omsloten, dat wil zeggen, op genomen te zijn in een ruimte die bepaald is.

Ik heb sommige bomen in de afgelopen jaren herhaaldelijk geschilderd, maar mijn intentie bij het werken met deze bomen is langzaamaan veranderd. Dit gebeurt waarschijnlijk omdat ik niet alleen de bomen schilder, maar ook probeer de ruimte die ik er omheen voel, te vangen. Wat ik ervaar als ik naar boven kijk naar de takken, is elke keer anders, en dat maakt mijn schilderijen ook steeds anders. Wat ik ervaar en voel verandert tijdens mijn poging de ruimte te vatten, maar ook mijn theoretisch begrip verandert. Zodoende is de ruimte die ik schilder elke keer verschillend. Daarom zal ik er nooit genoeg van krijgen om steeds dezelfde bomen te schilderen. Tegelijkertijd stelt het feit, dat ik met dezelfde bomen werk, mij in staat de veranderingen in mijzelf vast te leggen door middel van de schilderijen.

In een tekening wordt wat gezien en gevoeld is, direct vertaald in figuren op het papier. In dit proces ben ik geen filter, waar sommige elementen doorgelaten worden en andere niet, maar meer een transparant element. Eigenlijk zou ik een actieve filter moeten worden om mijn eigen gevoel en mijn begrip van de ruimte te kunnen uitdrukken.

Er is onvermijdelijk een verschil tussen de ruimte die

Notes on Trees and Their Space

I find the very fact that human beings 'see' and 'feel' things a great wonder. When I look at a tree branch, and another person also looks at it, we can describe what we see in words – the way the branch appears to our eyes, the distance that lies in between, and so on – but the two of us can never really compare the whole of our individual experience of looking at the branch. What I see and feel is translated into a painting through my own body. The process allows me to explore the two-dimensional surface of the canvas. When I draw a line across it, I create a new space there. I feel that the space thus created is in many ways like the structured space I see, but cannot aptly describe in words, when I look up into the sky through tree branches. Working on the canvas and recreating that sense of structured quality there is a fascinating activity. I want to recreate the whole of what I take in, to record what I have felt through all of my senses, and not simply through my eyes. For me, recreating the experience is exploring the pictorial space. The space that results from attempts to recreate the sensory experience is endlessly interesting.

Tree branches are like measurement marks in space. They are, for me, like ruler graduations. The position of a branch in the sky defines not only its distance from myself, but also its distance from the sky.

I do not need a forest or a really big tree. I do not need the surroundings to have awe-inspiring qualities. I only need the tree to give me, when I stand under its branches, a sense of being enveloped, that is, being within a space that is defined.

I have painted some trees repeatedly over the past years, but my goal in working with these trees has changed little by little. This is probably because I do not paint the trees themselves, but try to capture the space I sense beyond them. What I sense as I look up into their branches is different each time, and this makes the paintings different. What I sense and feel changes as my grasp of space and my theoretical understanding of it change. Thus the space I paint is different each time. That is why I have never tired of painting these same trees. At the same time, working with the same trees allows me to record the changes in myself in the form of paintings.

In a drawing, what is seen and felt translated directly into figures on paper. In this process, I am not a 'filter' which passes through some elements but excludes others, but am a much more 'transparent' existence. Working on a painting, however, I need to become an active filter and to express my own senses and grasp of space in it.

There is inevitably a difference between the space that was originally perceived and the one that is recreated on two-dimensional surface. The distances that remain ambiguous and other subtle elements which cannot be expressed on flat canvas are lost. In trying to fill the gap, I carry out ideas that come to my mind on the canvas, and in the end I get a

oorspronkelijk werd waargenomen en die, die op het platte vlak gecreëerd wordt. De afstanden die dubbelzinnig blijven en andere subtiele elementen, die niet kunnen worden uitgedrukt op een plat schilderij, gaan verloren. Om te proberen de leegte op te vullen, voer ik op het doek ideeën uit, die bij mij opkomen en uiteindelijk ontstaat er een schilderkunstige ruimte die ik niet gepland heb. Dit soort ruimte kan alleen maar bestaan in een schilderij en ik ben ervan overtuigd, dat het op zoek zijn naar deze ruimte voor mij het onderzoeken van de mogelijkheden van het schilderen betekent. Ik wil een picturale ruimte zien en ervaren, een ruimte die nieuw is voor mijn eigen zintuigen — ik wil zelf zo'n ruimte creëren.

Rieko Hidaka
2000

pictorial space that I have not planned. This kind of space can exist only within a painting, and I believe that pursuing this space is, for me, exploring the potentials of painting. I want to see and experience a pictorial space that is new to my own senses — I want to create such a space myself.

Rieko Hidaka
2000

Zoals in het werk van veel oudere Japanse kunstenaars, speelt ook bij enkele kunstenaars van de jongere generatie de natuur een centrale rol. Een van hen is Rieko Hidaka.

In haar zeer grote schilderijen is de boom het enige en allesbepalende thema. Een kersenboom, een kastanje, een iep in de tuin van haar ouderlijk huis,– waar zij woont en werkt – en de bomen in het gebied rondom een kleine tempel in de buurt zijn haar inspiratiebron.

Zij zijn haar tegenspelers en metgezellen tijdens het lange ontstaansproces van haar schilderijen. In de schilderijen van Hidaka springen twee eigenschappen naar voren: zij schildert nagenoeg in zwart-wit en kiest altijd een laag standpunt, van waaruit zij de boom of bomen van onderen gezien weergeeft; *Looking up the Trees*, zoals zij dit in de titels van haar schilderijen beschrijft. Toen zij deze manier van kijken eenmaal had ervaren, koos zij dit standpunt bewust als een constant thema in haar werk. 'Wanneer ik een boom benaderde, betekende dit dat ik in de boom ging' en 'Steeds meer wilde ik de ruimte tot uitdrukking brengen, die rondom om mij is en die mij omarmt.'[1]

'Mijn fascinatie gaat uit naar het uitvergroten van bomen. De takken van een boom dragen een overvloed aan ruimte in zich. Dit wordt benadrukt wanneer ik een detail van een boom uitvergroot. Dit ruimtelijke gevoel wordt nog eens geaccentueerd doordat ik in zwart-wit schilder en tijdens het werken gebruik maak van natuurlijke pigmenten, zoals die in traditionele Japanse schilder- en tekenkunst ook worden gebruikt. Deze pigmenten zijn relatief hard en tijdens het schilderen heb ik het gevoel alsof ik aan het beeldhouwen ben. Die extra dimensie is essentieel in mijn werken.'[2]

Dagelijks tast zij de structuur van de boom, de afzonderlijke takken en vooral de ruimte, die de totale boom inneemt, af. Op dezelfde dag vertaalt zij haar ervaringen van dat moment in het tweedimensionale beeld van het schilderij. Zo groeit het schilderij langzaam – dag na dag – naar zijn voltooiing.

Hidaka noemt zichzelf een traditionele schilder, maar het proces van beschouwing van de boom en zijn ruimte en een weergave van haar perceptie van de boom zijn uniek. Op het platte vlak opent zij, parallel aan de werkelijke ruimte van de boom, een geheel andere, eigen ruimte.

As it does for many older Japanese artists, nature plays a central role in the work of some representatives of the younger generation. One of them is Rieko Hidaka.

Her extremely large paintings are dominated entirely by a single theme: the tree. A cherry, a chestnut and an elm in the garden of her parents' house – where she lives and works – and the trees surrounding a small temple in the neighbourhood are her principal source of inspiration.

They are Hidaka's partners and companions during the long gestational period of her paintings, in which two characteristics are immediately apparent: she paints almost exclusively in black and white and always chooses a low viewpoint from which to depict a tree or trees – 'looking up the trees', as she expresses it in the titles of her pictures. Once she had experienced this way of looking at trees, she deliberately adopted it as a constant theme in her work. 'Whenever I approached a tree, it meant that I went into it' and 'More and more I wanted to express the space that is around me and embraces me.'[1]

'I am fascinated by the idea of enlarging trees. A tree's branches accommodate a great deal of space. This is emphasized when I enlarge a detail of a tree. This sense of space is accentuated even more by the fact that I paint in black and white and during my work make use of natural pigments like those used in traditional Japanese paintings and drawings. These pigments are relatively hard and while I am painting I feel as if I am sculpting. That extra dimension is essential to my works.'[2]

Every day she scrutinizes a tree's structure, its individual branches and above all the space occupied by the whole tree. That same day she translates her experiences of the moment into the two-dimensional painting. In this way the painting slowly grows – day by day – towards its completion.

Hidaka calls herself a traditional painter, but the process of contemplating the tree and its space and the way she depicts her perception of it are unique. On the flat surface, parallel to the tree's actual space, she opens up an entirely different space of her own.

1
Tent.cat. / exh.cat. *Rieko Hidaka,* Monash University Gallery, Melbourne, 1997.
2
'Op zoek naar Emotie', Walter de Vries, interview o.a. met Rieko Hidaka / interview with Rieko Hidaka, *Fine Arts Magazine Tableau,* Nov. 2000, p. 91.

Rieko Hidaka

1958
Geboren in / Born in Tokyo
1983
Afgestudeerd aan de afdeling Japanse Schilderkunst van
de hogeschool voor de kunsten / Graduated from the
Department of Japanese Painting College of Art and
Design, Musashino Art University (BFA)
1985
Voltooide / Completed the Graduate School of Art and
Design, Musashino Art University (MFA)
1995-1996
Studeerde in Duitsland / Studied in Germany under
Japanese Government Oversea Study Porgram for
Artists

Eenmanstentoonstellingen keuze
Solo exhibitions selection

1985
Miyuki Gallery, Tokyo
1987
Miyuki Gallery, Tokyo
1989
Miyuki Gallery, Tokyo
1990
Galerie 16, Kyoto
Kintetsu Department Store, Art Gallery, Osaka
1993
UCP Gallery Ueda, Tokyo
1997
Monash University Gallery, Melbourne, Australia
1998
The National Museum of Art, Osaka
1999
Choufu City Culture Hall Tazukuri, Tokyo
Sagacho Exhibit Space, Tokyo
2000
Tomio Koyama Gallery

Groepstentoonstellingen keuze
Group exhibitions selection

1990
Triangulation of Modernisme Part 5, Gallery Furukawa,
Tokyo
1991, 1995, 1997
*Contemporary Nihonga 11ᵗʰ Yamatane Museum of Art Prize
Exhibition*, Yamatane Museum of Art, Tokyo
1992
*Being Mad under the Trees, Miho Akioka Takashi Inagaki
Rieko Hidaka*, Galerie 16, Kyoto
1993
Art Today '93, Sezon Museum of Modern Art, Nagano
*Beyond the 'Nihonga'– An Aspect of Contemporary
Japanese Paintings*, Tokyo Metropolitan Art Museum,
Tokyo
1994
Art-Venture, The Museum of Modern Art, Shiga
Memorial Art Exhibition of Kanayama Heizo Prize, Hyougo
Prefectural Museum of Modern Art, Kobe, Hyougo
1995
Japanese Culture: The Fifty Postwar Years, Meguro Museum
of Art, Tokyo/Hiroshima City Museum of
Contemporary Art, Hiroshima/Hyougo Prefectural
Museum of Modern Art, Kobe, Hyougo/Fukoaka
Prefectural Museum of Art, Fukoaka
1996
Inga Beyer & Rieko Hidaka, Loft, Cologne, Germany
1997
The Vision of Contemporary Art '97, The Ueno Royal
Museum, Tokyo
1998
Final '98 – On the Wall, Galerie 16, Kyoto
1998-1999
Taste and Pursuits: Japanese Art in the 1990s, The
National Gallery of Modern Art, New Delhi, India /
Metropolitan Museum of Manila, The Phillippines
1999
Art Document 1999 in Kanaz from Asian Forest, Kanaz
Forest of Creation, Fukui
Visionen von den Urlandschaften, Hokkaido Asahikawa
Museum of Art, Hokkaido
2000
*Intersections of Expression-Contemporary
Japanese Painting*, Musashino Art University Museum &
Library, Tokyo
Green, Nature, Longing for the Trees, Nagano Prefectural
Ina Bunka-Kaikan

#1
From the Space of Trees VII (Drawing I), 2000
potlood op papier / pencil on paper
56 × 56 cm
collectie de kunstenaar / collection the artist foto / photograph Yoshitaga Uchida

#2
From the Space of Trees VII (Drawing II), 2000
potlood op papier / pencil on paper
46 × 46 cm
collectie de kunstenaar / collection the artist foto / photograph Yoshitaga Uchida

#3
From the Space of Trees IV, 1998
pigment, bindmiddel op papier/ pigment, binder on paper
tweeluik / diptych, 220 × 360 cm ieder / each
collectie de kunstenaar / collection the artist foto / photograph Yoshitaga Uchida

#4
Looking up the Trees VI, 1992
pigment, bindmiddel op papier / pigment, binder on paper
221 × 361 cm
collectie de kunstenaar / collection the artist foto / photograph Yoshitaga Uchida

#5
From the Space of Trees VII (Drawing III), 2000
potlood op papier / pencil on paper
40 × 40 cm
collectie de kunstenaar / collection the artist foto / photograph Yoshitaga Uchida

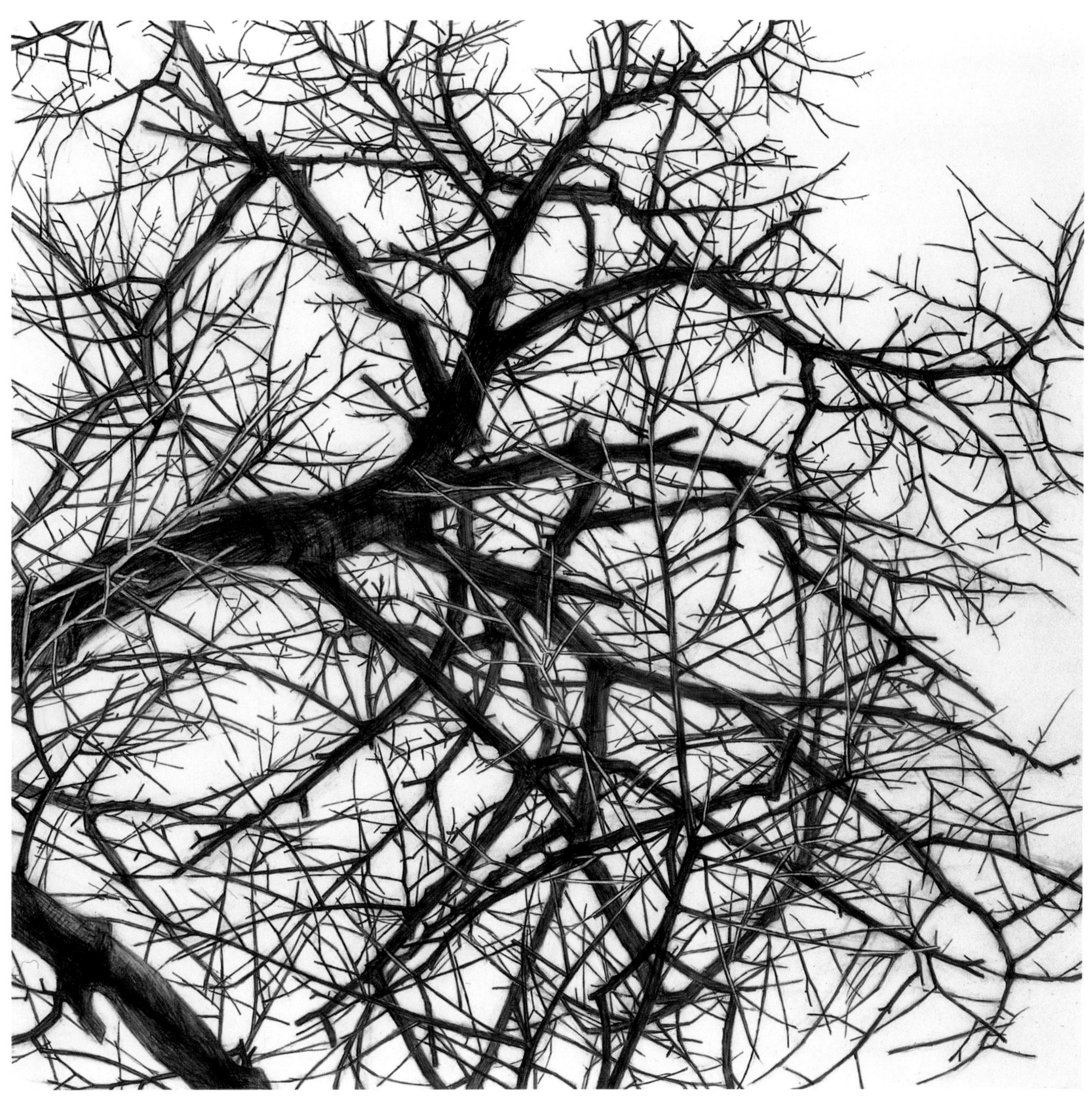

1

Rieko Hidaka

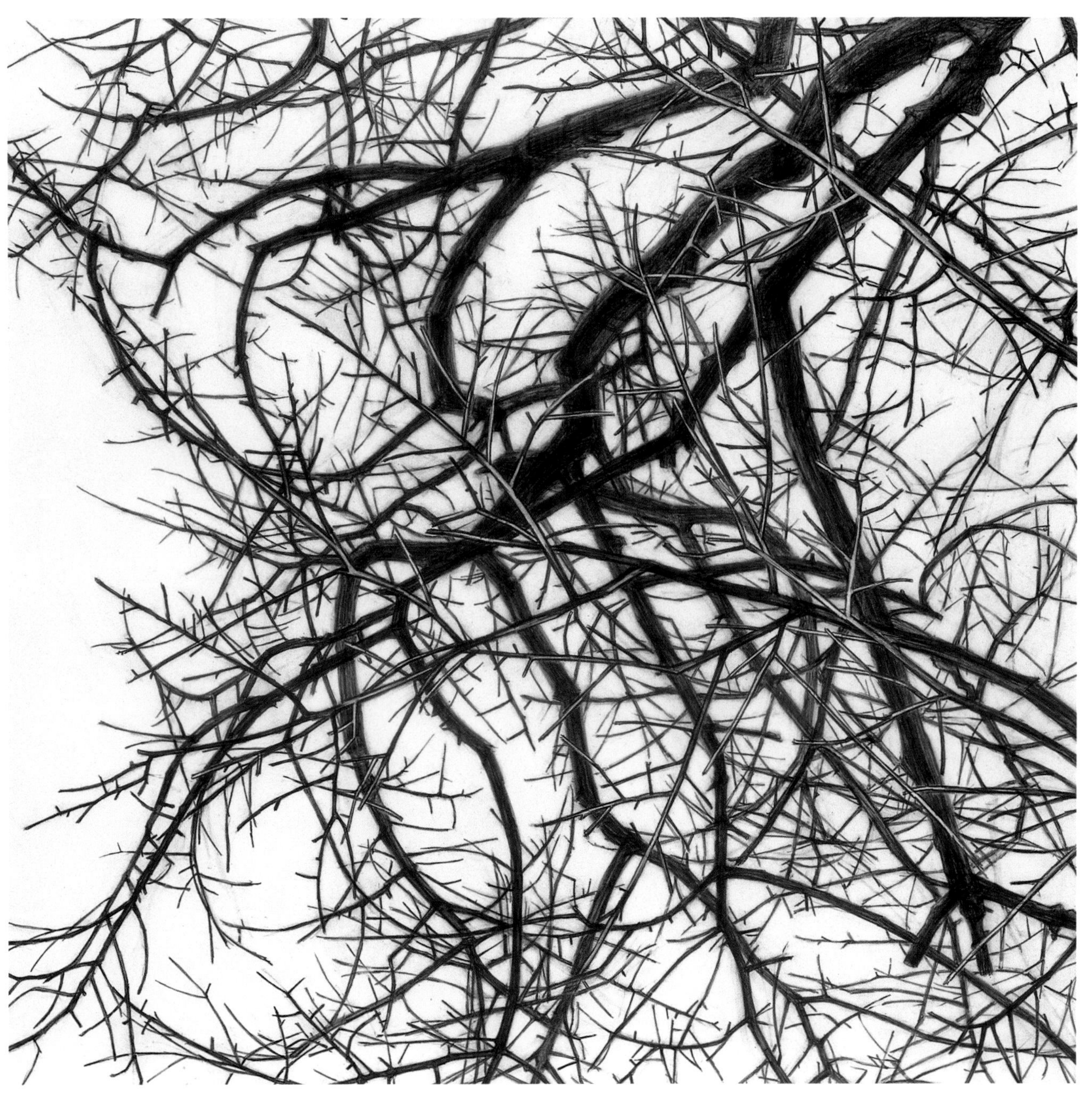

2

Rieko Hidaka

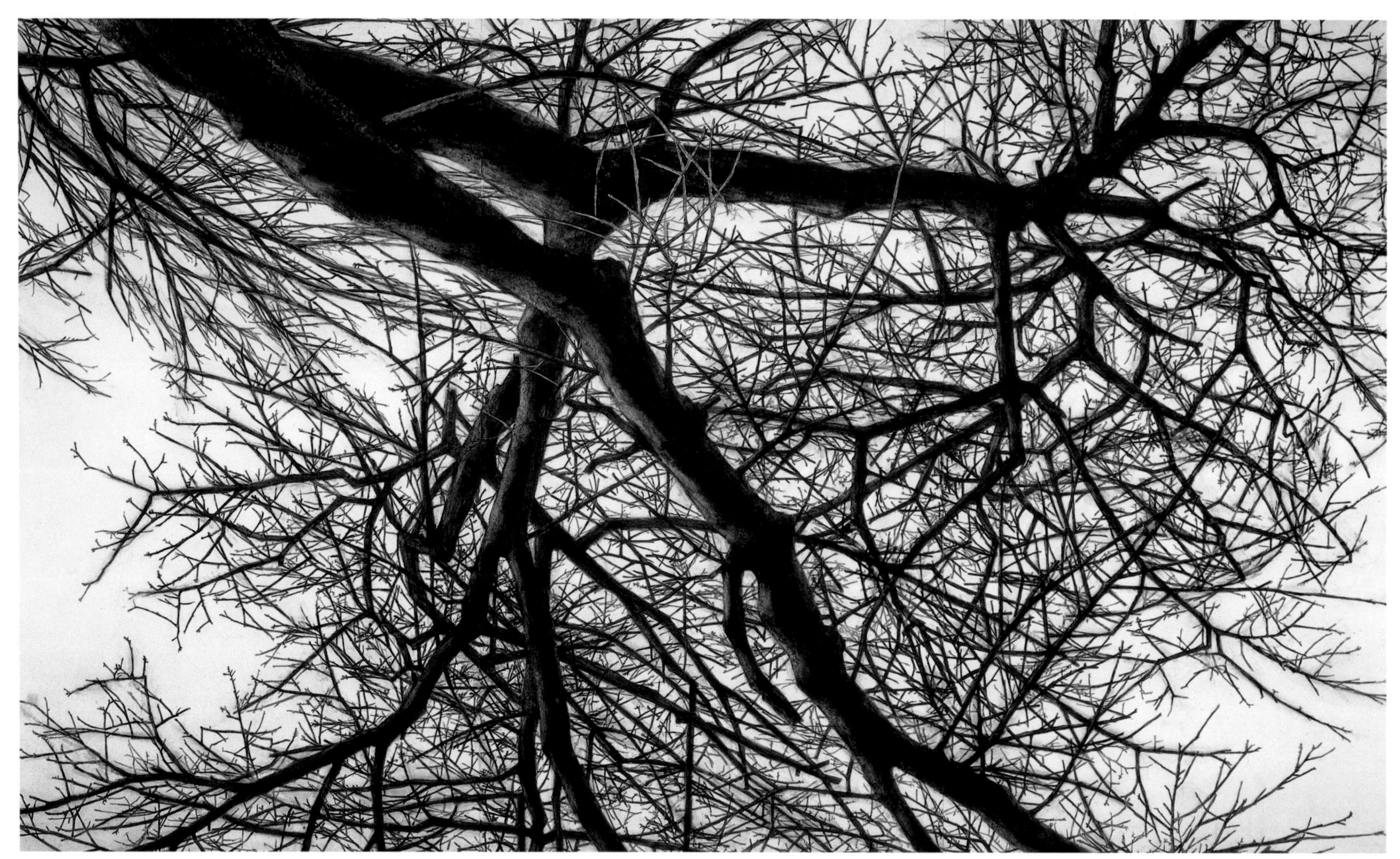

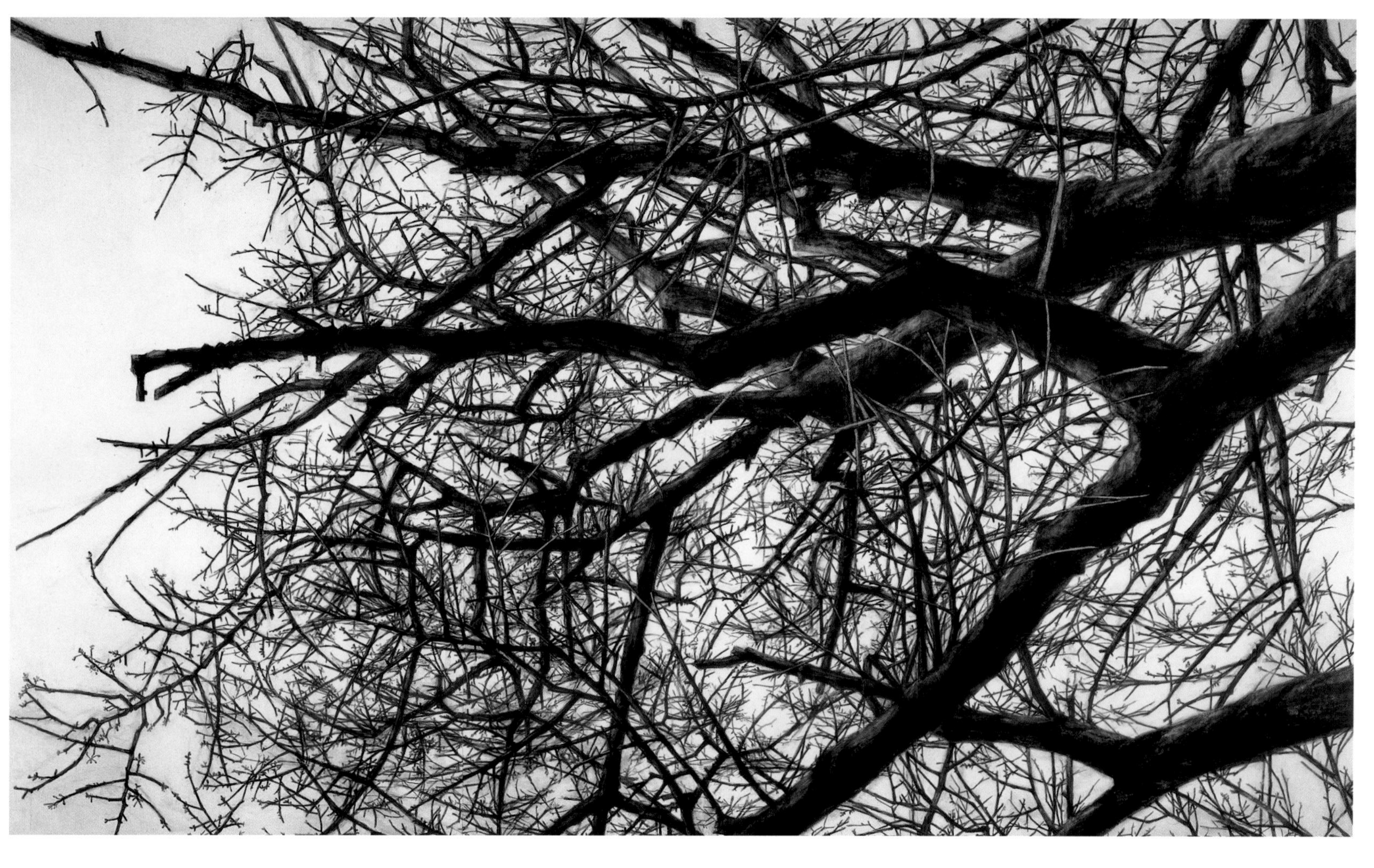

3

Rieko Hidaka

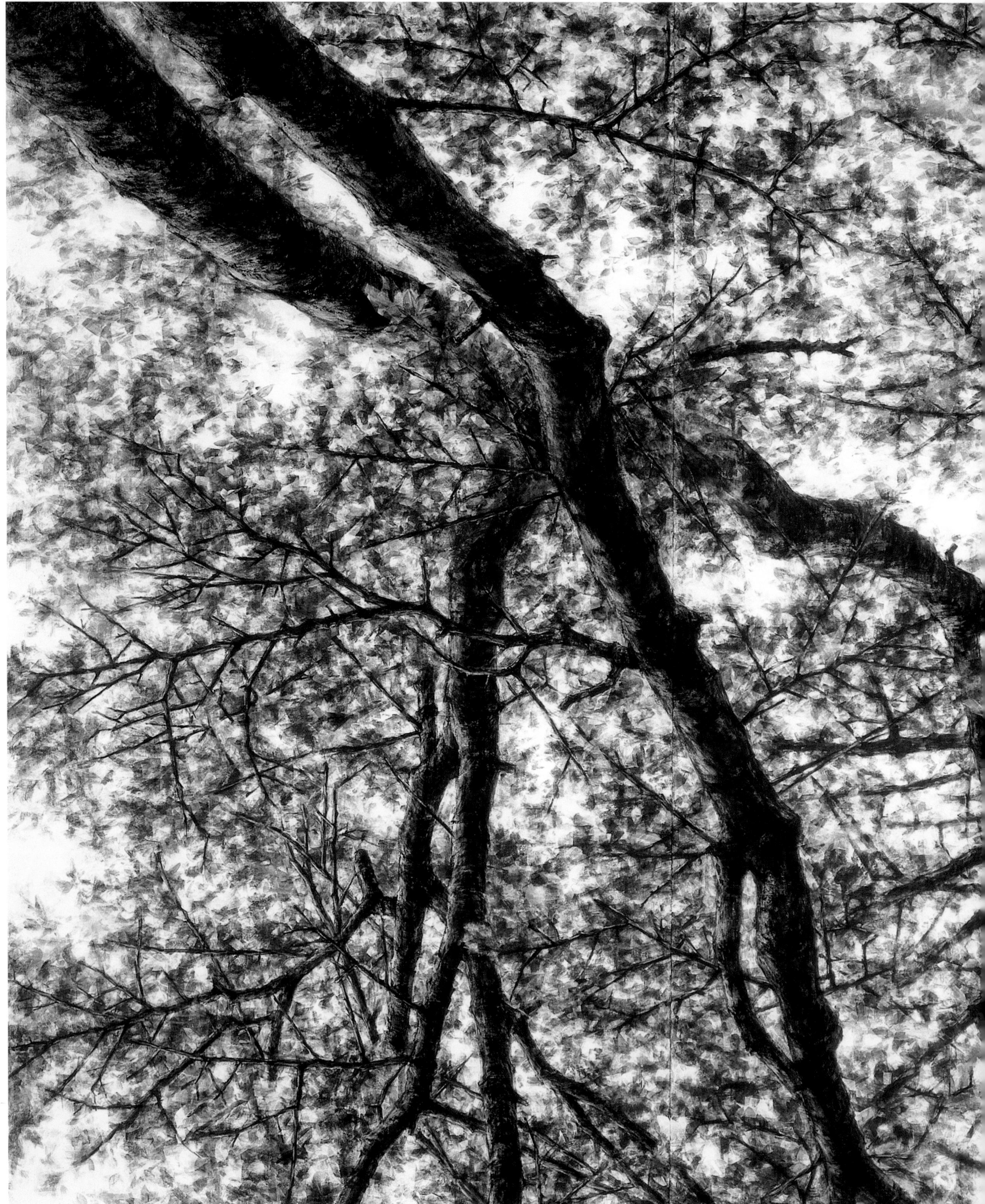

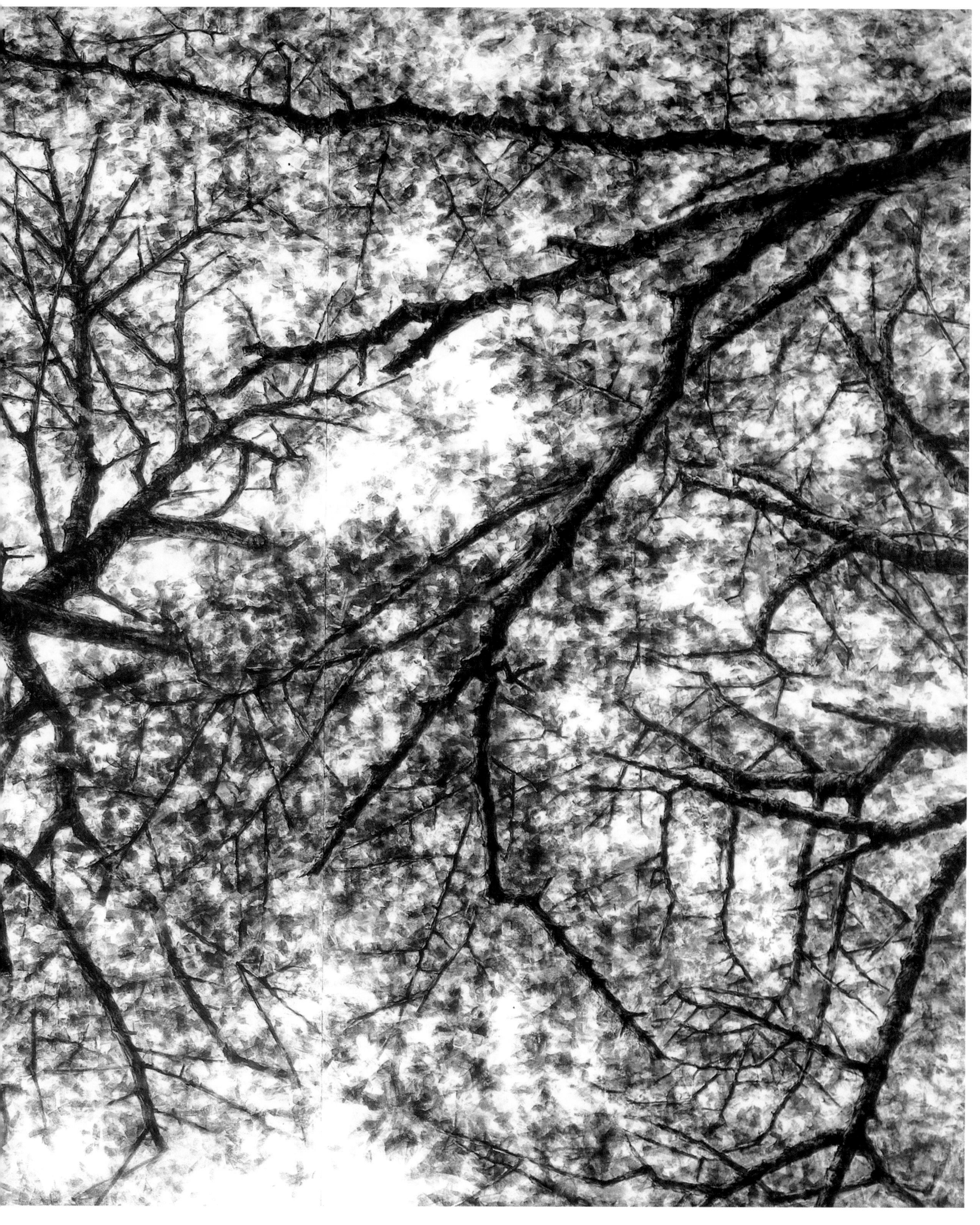

4

Rieko Hidaka

Minako Saitoh 1962

De Mens en De Tijd

Om te beginnen, een van de fundamentele thema's in mijn werk is de mens. Mijn werk komt voort uit een bezinning op de dood. Ik had een sterke behoefte om mij te bezinnen op de dood, als een bewijs van leven in een samenleving, waar de zin van het leven ontbreekt. Sindsdien is mijn visie op een omgeving die de zin van leven en dood creëert, te weten mijn visie op de maatschappij, verruimd en is mijn werk veranderd. Het bezit nu een veel groter aantal thema's. Zelfs al verandert mijn werk qua uiterlijk, de belangstelling voor de mens blijft steeds de basis van mijn werk; de belangstelling voor wat mensen maken, de onderlinge verhoudingen, of de relatie met de maatschappij.

Een ander essentieel thema in mijn werk is de 'tijd'. Ik ben geïnteresseerd in de tijd die ik zelf heb doorgebracht en die ik in mijn leven werkelijk heb beleefd. Ik ben ervan overtuigd dat ik de menselijke natuur kan ontdekken in iets heel gewoons, dat in de geschiedenis herhaaldelijk plaatsvond en elke dag gebeurde. De tijd verstrijkt, onmerkbaar maar gestaag; zij weeft een mythe en creëert de geschiedenis, is het niet zo? In mijn werk is er sprake van een andere 'tijd', die verschilt van de reële tijd, maar er tegelijkertijd een onlosmakelijk aspect van is. Deze tijd stroomt zonder ophouden voort en heeft in mijn werk een verhaal tot gevolg.

Object en Gebeurtenis

Om de hierboven genoemde thema's aan de orde te stellen, gebruikte ik, als een sleutel tot mijn werk, verschillende soorten objecten, die heel gewoon zijn in ons dagelijks leven. De keuze hiervan is gebaseerd op de idee dat de oorspronkelijke betekenis van elk object zich wijzigt en het object een nieuwe betekenis krijgt met het verstrijken van de tijd of wanneer het object in een andere context wordt geplaatst. Zulke objecten met een nieuwe betekenis functioneren in mijn werk als een metafoor voor het menselijke of de tijd.

Tegelijkertijd wordt de 'gebeurtenis' een wezenlijk deel van werk. Deze 'gebeurtenis' betreft iets dat vaak plaats vindt als een resultaat van de relatie tussen de mens en de tijd, bijvoorbeeld, wanneer de mens ergens enige tijd doorbrengt of wanneer hij de tijd besteedt aan een bepaald doel. De foto, die vaak in mijn werk voorkomt, heeft als functie een herinnering over te dragen en wordt daarom onmisbaar om de gebeurtenis mee te delen.

Foto's en objecten zijn met elkaar verweven en wijken af van hun originele functie en betekenis. Zij vertegenwoordigen zo een unieke wereld in mijn werk.

Minako Saitoh
2000

Human beings and Time

First of all, one of the principal themes of my work is 'human beings'. My work originates from a contemplation of death, and it is because I needed to contemplate death as a proof of life in this society where one lacks a sense of being alive. Since then, my insight into such an environment as creates this sense of life and death, namely an insight into society, has been broadened and my work has changed and covered a much wider range of topics. Even if my work changes in appearance, an interest for human beings always exists at the bottom of my works; an interest for what human beings produce, the relationship between each other, or the connection with the society.

Another essential theme of my work is 'time'. I have interest in such a time as I myself have spent and could experience actually in my life. I am convinced that I can find the human nature in something quite common that has occurred repeatedly in a history and happened in everyday life. Time passes by, gently but steadily, and weaves a myth and creates a history, doesn't it?

In my work exist another 'time', which is at once different from and one side of the same coin of the real time of this world. This time is flowing on without any stagnation and creating a story in my work.

Object and Occurrence

To represent the above mentioned themes, I utilized, as a keystone of my work, various kinds of objects that are familiar in our daily life. This choice is based on the idea that the original meaning of each object is changing into a new meaning, as time passes or when the object is put on a different context. Such objects with a new meaning functions as a metaphor of human or time in my work.

At the same time, an 'occurrence' becomes an essential part of my work. This 'occurrence' means something that often happens as a result of human relationship with time, for example, when human beings spends time for a while or when he devotes his time to a certain purpose. The photograph that frequently appears in my work has a function of conveying memory, and thus will become indispensable for telling the occurrence. Photographs and objects intertwine with each other, deviate from their original function and meaning, and then represent a unique world of my work.

Minako Saitoh
2000

Minako Saitoh is één van de jongere Japanse kunstenaars, die zich zeer bewust zijn van de tijd en de samenleving, waarin zij leven. Eigenlijk zijn er maar twee thema's die Saitohs werk volledig beheersen: mensen en tijd.

'Eén van de allerbelangrijkste aspecten van mijn werk is gebaseerd op mijn belangstelling in mensen, hun verhoudingen en de dingen, die zij creëren,' zo schrijft Saitoh. 'Ik heb het gevoel dat de Japanse samenleving geneigd is het bewustzijn, dat wij werkelijk leven, te verdoezelen. Om zich bewust te zijn van het leven, is het noodzakelijk na te denken over de dood. Dood is het bewijs van het bestaan van het leven. (…) Tijd is een tweede belangrijk element in mijn werk. Ik ben geboeid door het gegeven, dat de tijd, die mij is toebedeeld en die ik zal doormaken, het menselijk leven vertegenwoordigt. Het is de accumulatie van al deze individuele tijdsstromen, die resulteren in de geschiedenis van de mensheid en die de mythen doen ontstaan. Door te kijken naar de gewone, dagelijkse handelingen, die mensen de gehele geschiedenis door herhalen, kunnen we, denk ik, de essentie van het menselijk bestaan achterhalen,'

Om haar opvattingen over mensen en tijd vorm te geven en uit te drukken, gebruikt Minako Saitoh in haar werk alledaagse objecten en gebeurtenissen, als metaforen voor het menselijk bestaan en het verstrijken van de tijd. Om dit laatste te verduidelijken, neemt zij in haar installaties veel foto's op. Als zij zich in haar werk bezighoudt met mensen, met de samenleving of de geschiedenis, dan gaat het over haar eigen Japanse omgeving en over de Japanse geschiedenis.

Het werk *The Grave at Midday-Nippon* in de tentoonstelling handelt bijvoorbeeld over de oorlogsgeschiedenis van Japan en de rol van Japan als agressor in andere Aziatische landen, zoals China en Mandsjoerije in de tweede helft van de jaren dertig. De foto's zijn genomen uit een propaganda tijdschrift, dat toen door de Japanse regering in Japan werd verspreid, om de aanvalsoorlog te rechtvaardigen en te verheerlijken. De cover van dit tijdschrift *Nippon* is tientallen malen op het middenpaneel herhaald. Midden op dit paneel is de kop te zien van de Chinese monnik Gang-Jing, die in de zesde eeuw voor Christus het Boeddhisme vanuit China naar Japan bracht. Deze foto en de enorme berg rijst refereren aan elementen uit het dagelijkse bestaan van alle Aziatische volken, waarvan ook Japan deel uitmaakt. Een ander thema in dit werk is de massaliteit van het leger, waarmee de oorlog in Japan werd gevoerd, de aangeboren volgzaamheid van het individu in deze situatie en de mate van schuld van elk individu aan de oorlogspraktijk, een onderwerp waarover door de oudere en jongere generatie in Japan zeer verschillend gedacht wordt.

De installatie *Memory* weerspiegelt de mens en de samenleving in deze tijd. Het bestaat uit een grote hoeveelheid gebruikte futons (dunne Japanse matrassen), die over de vloer zijn verspreid. Deze futons verwijzen op een zeer ondubbelzinnig wijze naar het leven van de mens: het bed is de plaats waar mensen worden geboren, sterven en liefhebben.

Deze versie van *Memory* – Saitoh realiseert van haar installaties steeds nieuwe versies – wordt vermengd met fotobeelden van het uitzicht vanuit een psychiatrisch ziekenhuis. 'Terwijl de bovengenoemde foto's de geestelijke conditie van mensen uitdrukken, zijn de matrassen vooral een metafoor voor de natuur van het menselijk lichaam. (…) Een matras zou kunnen worden gezien als iets dat de herinneringen van iemands leven opslaat. Door dit materiaal kunnen zowel de universele, ononderbroken handelingen van de mens als de continue stroom van de tijd, volledig worden uitgedrukt,' aldus Saitoh.

Minako Saitoh is one of the young Japanese artists with an acute awareness of the times and society in which they live. Two themes dominate her work: people and time.

'One of the most important aspects of my work is based on my interest in people, their relationships, and the things they create. I feel that Japanese society today tends to obscure our awareness of truly being alive. In order to consider one's consciousness of life, I think it is necessary to examine death. Death is a proof of the existence of life.' (...) 'Time is another important element of my work. I am interested in the fact that the time that has been allotted to me and through which I will pass is representative of a human life. It is the accumulation of such individual flows of time that results in mankind's histories and gives birth to myths. By looking at the commonplace acts that people repeat throughout history, I believe that we can see the essence of human life,' Saitoh writes.

In order to materialize and express her perceptions of people and time in her work, Minako Saitoh uses everyday objects and events as metaphors for human existence and the passing of time. The numerous photographs in her installations are meant to illustrate the latter aspect. The people, society and history addressed in her work are her own Japanese environment and Japanese history.

The *Grave at Midday-Nippon* in this exhibition is about Japan's wartime history and its role of aggressor in other Asian countries such as China and Manchuria in the latter half of the 1930s. The photos come from a propaganda magazine circulated by the Japanese government in Japan to justify and glorify the onslaught. The cover of *Nippon* magazine is repeated dozens of times on the central panel, in the middle of which is the head of the Chinese monk Gang-Jing, who brought Buddhism to Japan from China in the sixth century B.C.. This photo and the huge mountain refer to elements of the everyday life of all Asian peoples, including the Japanese. Another of the work's themes is the massive military presence in Japan during the war, people's automatic obedience in this situation and the degree of individual guilt in the manner in which the war was conducted, a subject on which the older and younger generation of Japanese people hold widely differing views.

The installation *Memory* reflects the people and society of our times. It consists of a large number of used futons. These thin Japanese mattresses are an unambiguous reference to human life: the bed is where people are born, die and make love.

This version of *Memory* – Saitoh makes new versions of her installations for every occasion – is combined with photographs of the view from a psychiatric hospital. Saitoh: 'While the aforementioned photos would express people's mental conditions, the mattresses would specifically be a metaphor for our bodily natures. It could also be understood as something that stores the memories of a person's life. In my view, the ceaseless universal acts of people, as well as the continuous flow of time, could be fully expressed through this material.'

Minako Saitoh

1962
Geboren in / Born in Tokyo
1986
B.F.A. Tokyo National Unversity of Fine Arts and Music
1988
M.F.A. Tokyo National University of Fine Arts and Music
1992-1995
Woont en werkt / Lives and works in New York

Eenmanstentoonstellingen keuze
Solo exhibitions selection

1991
Controlled Life, Gallery Lunami, Tokyo
1992
Gallery Q, Tokyo
1994
The Grave at Midday-Nippon, Yokohama Galleria Bellini
Hill Gallery, Yokohama
1995
The Seesaw, Contemporary Art Space – Nihonbasi
Takashimaya, Tokyo
1995
Shofu Gallery, Tokyo
1995
Studio Kinshichou-Kinshichou Seibu, Tokyo
1996
Kawasak City Gallery, Kawasaki
1996
Gallery Le Deco, Tokyo
1997
Behind the Moon, Gallery Q, Tokyo
1998
Self portrait, Gallery Nikko, Tokyo
2001
Viewing room, Yosuya, Tokyo

Groepstentoonstellingen keuze
Group exhibitions selection

1987
Oya Underground Art Exhibition, Oya Underground Hall,
Totigi
1987
Artist Forest, Kirin Heart Land Gallery, Tokyo
1989
JACA '89, Los Angeles Convention Center, Los Angeles
1990
Mito Oct. Exhibition, Mito Contemporary Art Center,
Mito
1991
Zone, Parthenon Tama, Tokyo
1992
Apostles of the Art, Gallery Q, Tokyo
Emerging Artists from Japan, White Columns, New York
1993
Christmas Show, White Columns, New York
1994
Japan-Korea Contemporary Art Exchange Show, Funabashi
City Gallery, Chiba
1995
New Asian Art Show 1995, Kirin Plaza, Osaka
The Japan Foundation Forum, Tokyo
1996
The International Com-Art Show in Suwon '96, Korea
1998
Kanagawa Art Annual '98, Kanagawa Prefectural Gallery,
Yokohama
1999
Wearable, Galeri Padi, Bentara Budaya Gallery, Indonesia
International Art Encounter, Ciudad de Oviedo, Spain
Laboratory of the Senses, Sakura City Museum, Chiba
2000
Kawafune Gallery, Tokyo
Gallery Q, Tokyo

Beurzen-Sponsoring / Grant-Sponsorship

1992
The Japan Foundation
1994
The Nomura Cultural Foundation
1999
The Nomura Cultural Foundation
The Japan Foundation

#1
Grave at Midday – Nippon, 1994/95-2001
installatie / installation
**foto's, beschilderd staal, rijst, neon / photographs, painted steel, rice,
neon**
ruimte / room: 1060 × 1080 cm
collectie de kunstenaar / collection the artist

#2
Memory, 2001
installatie / installation
**futons, foto's, transparante foto's / futons, photographs, transparen-
cies**
ruimte / room: 700 × 1580 × 246 cm
collectie de kunstenaar / collection the artist

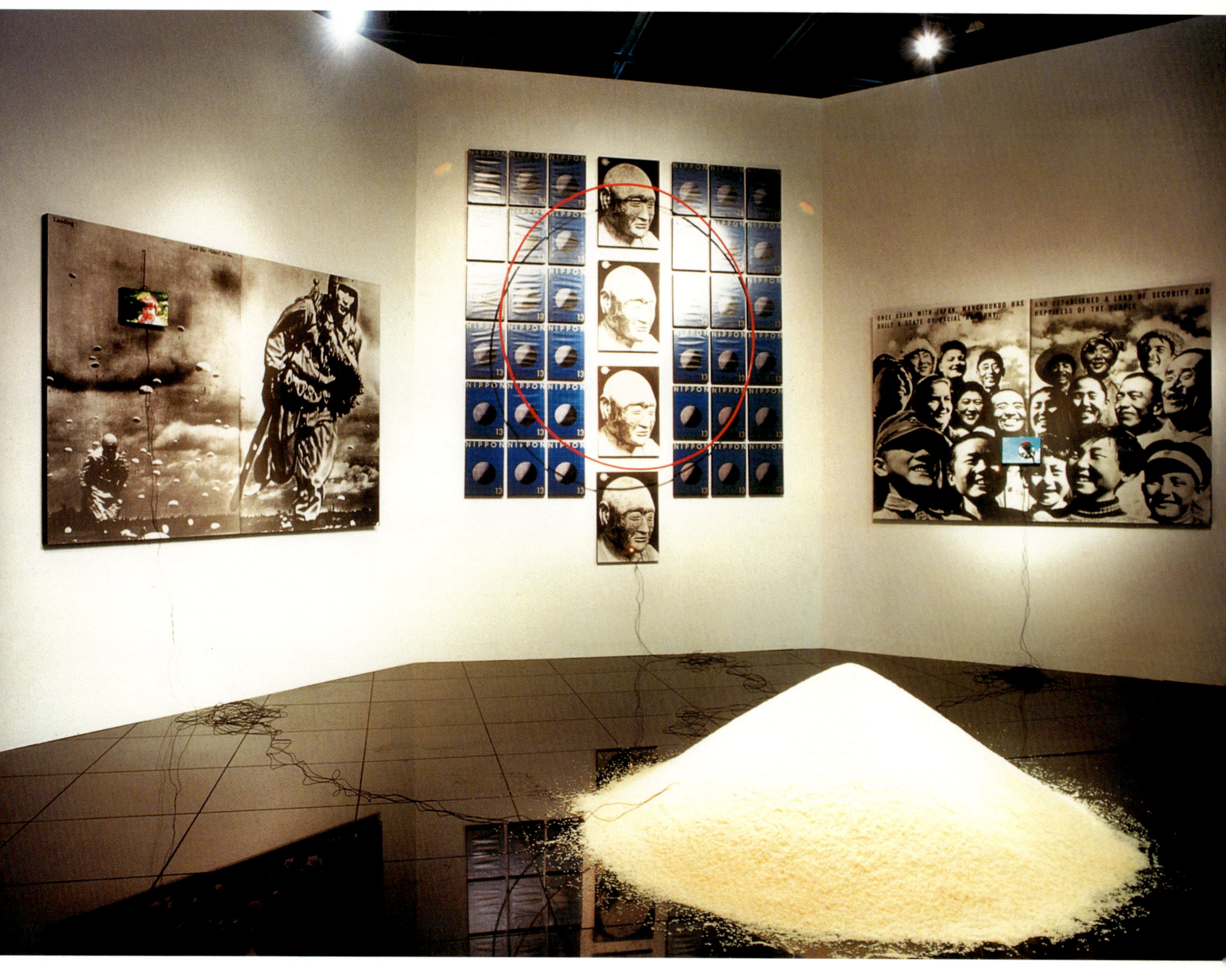

Minako Saitoh

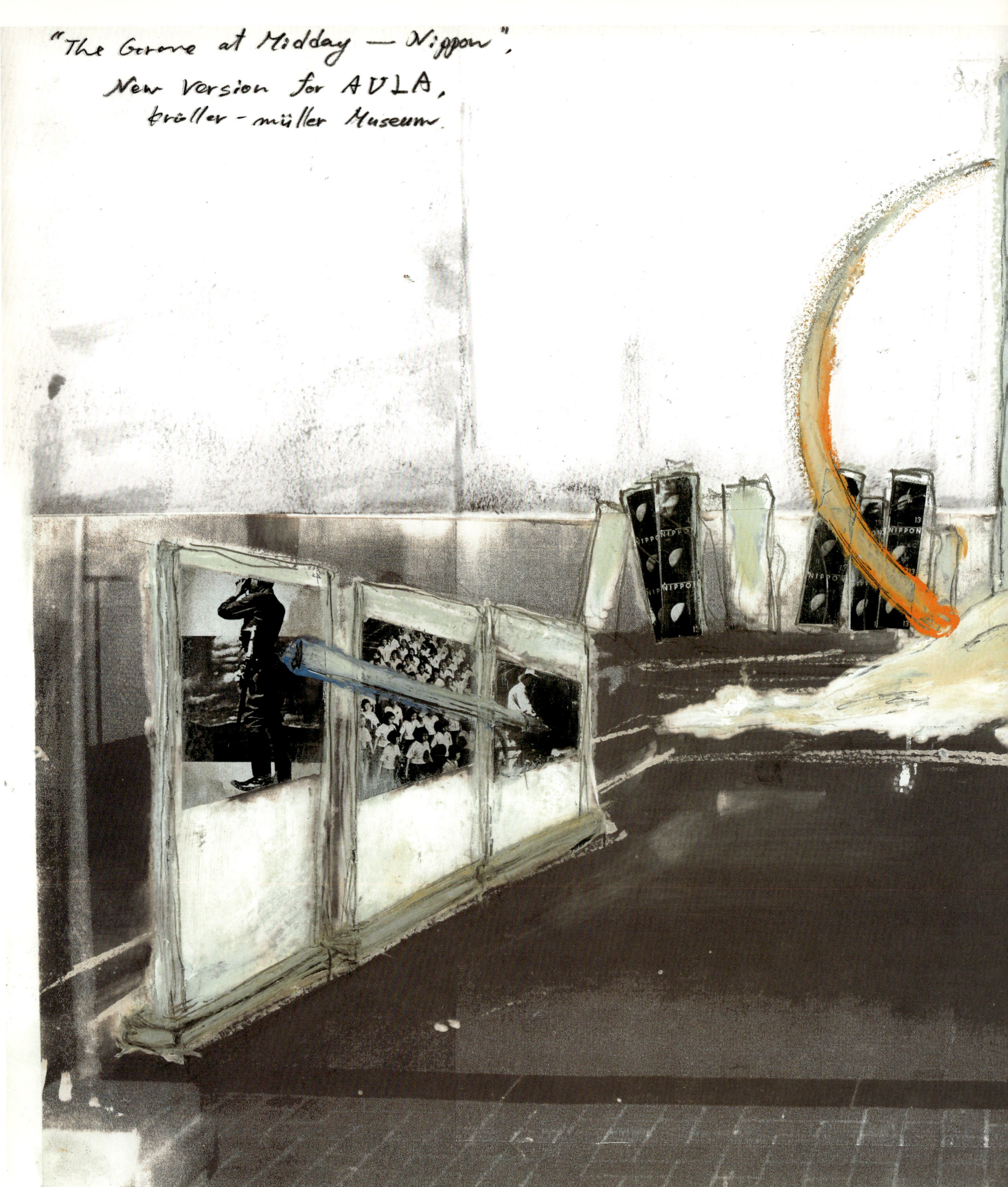
"The Grove at Midday — Nippon",
New Version for AULA,
Kröller - müller Museum.

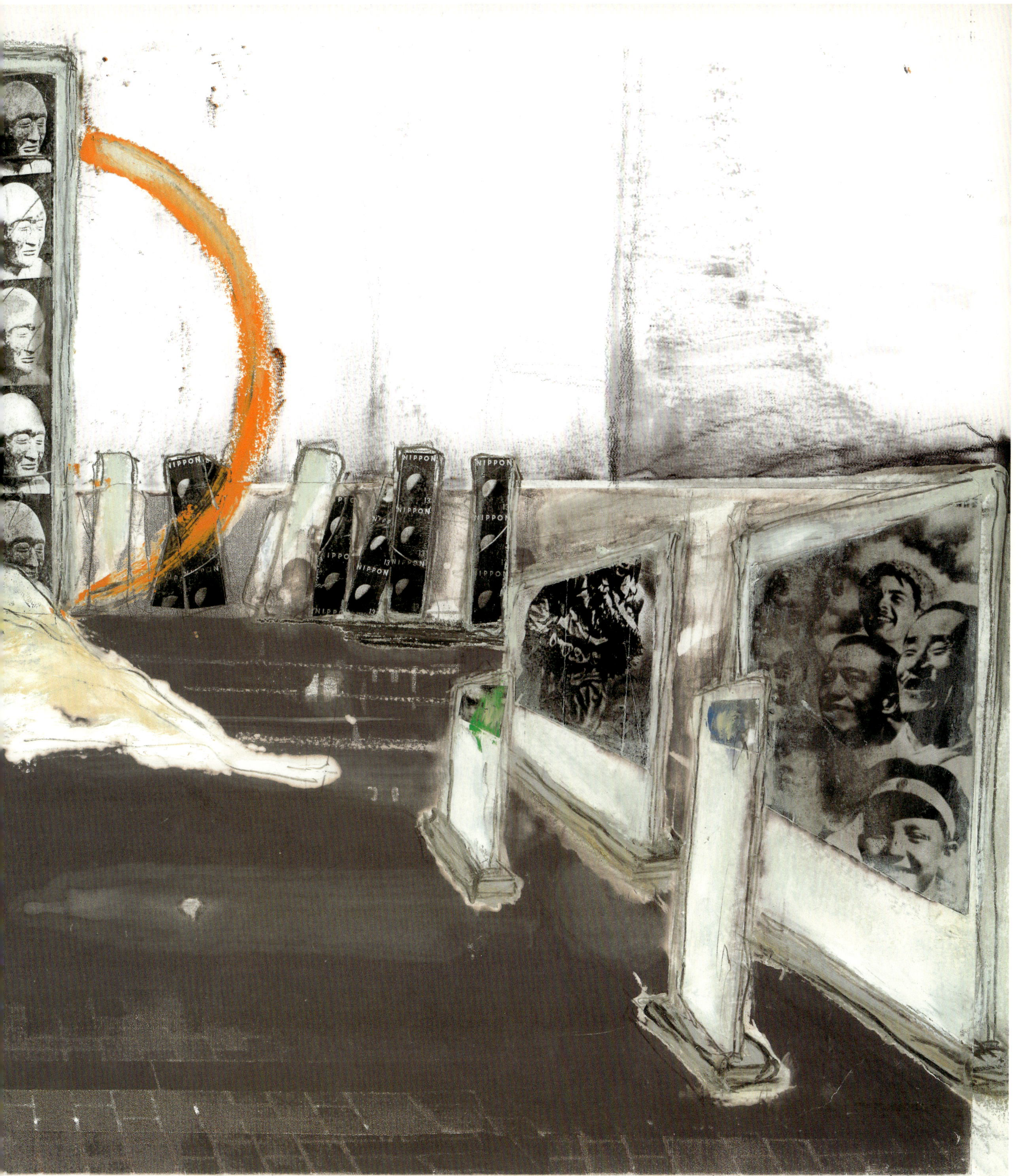

1

Minako Saitoh

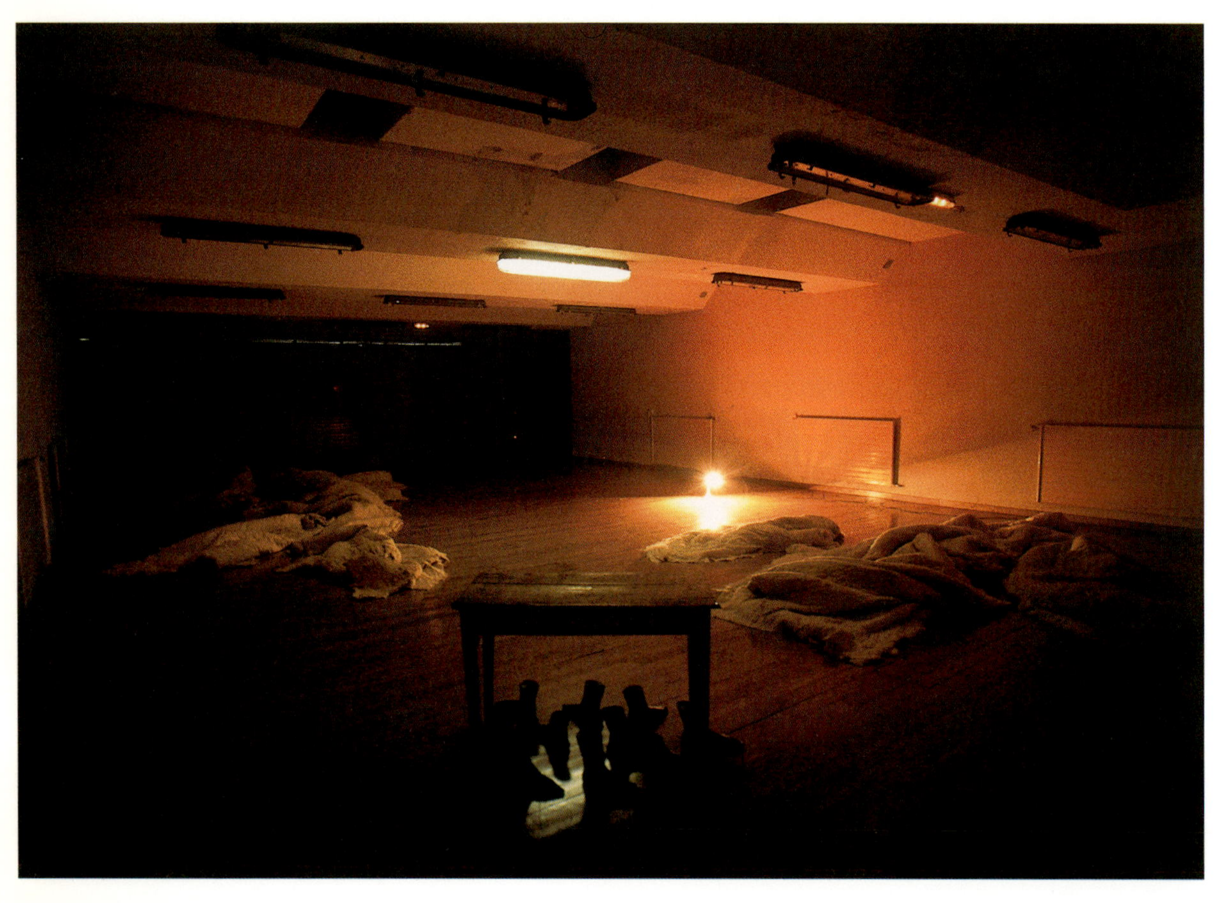

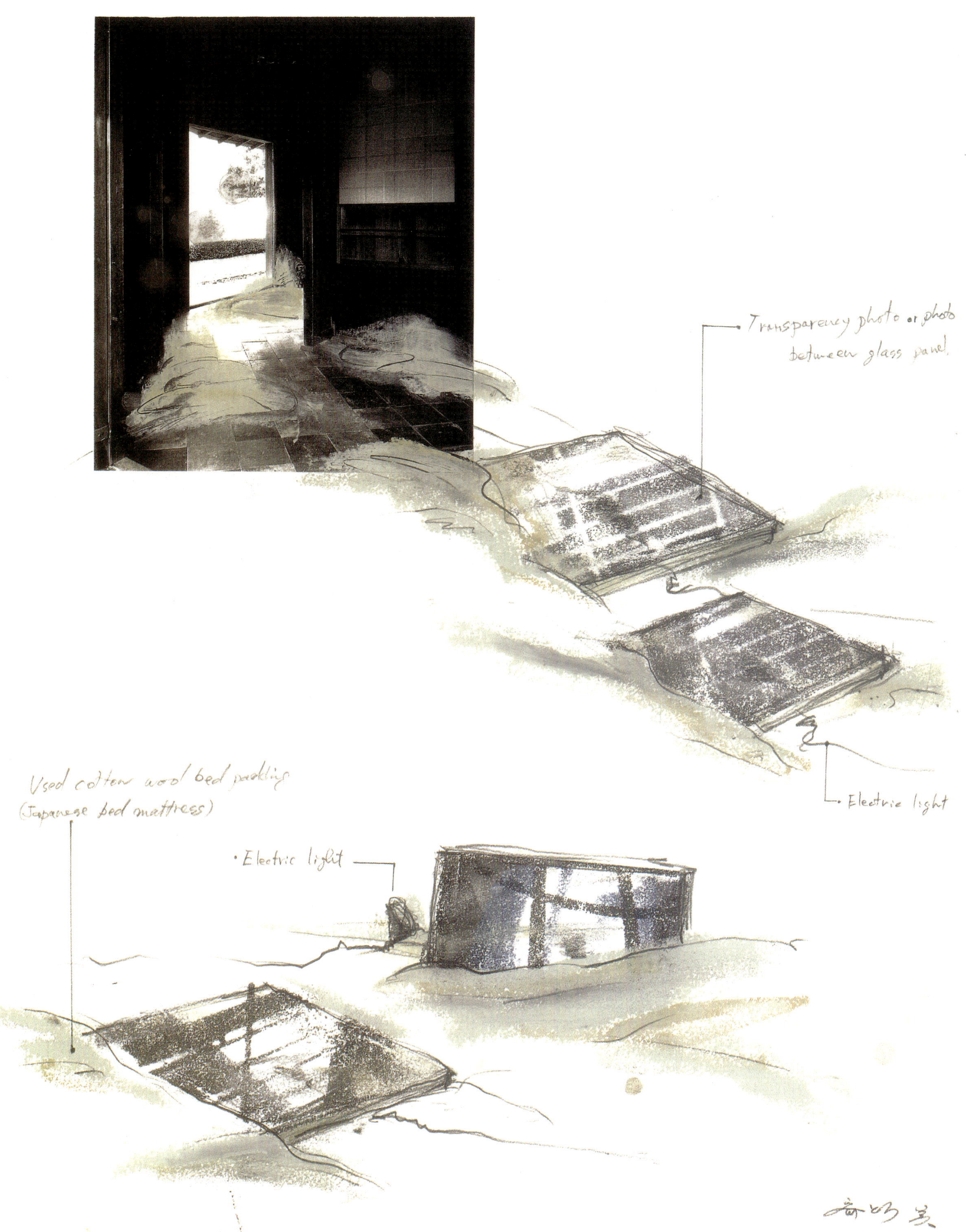

Minako Saitoh

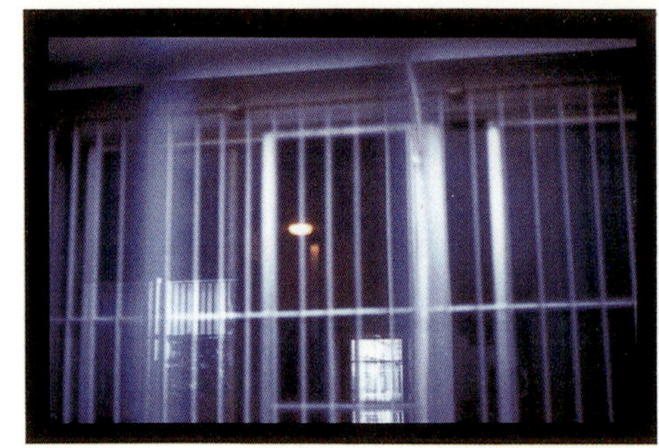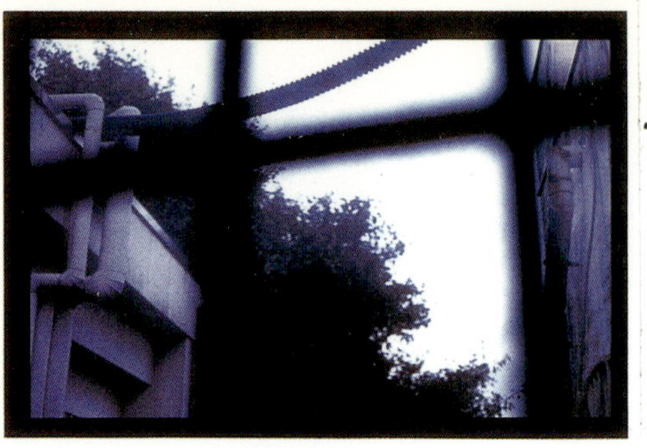

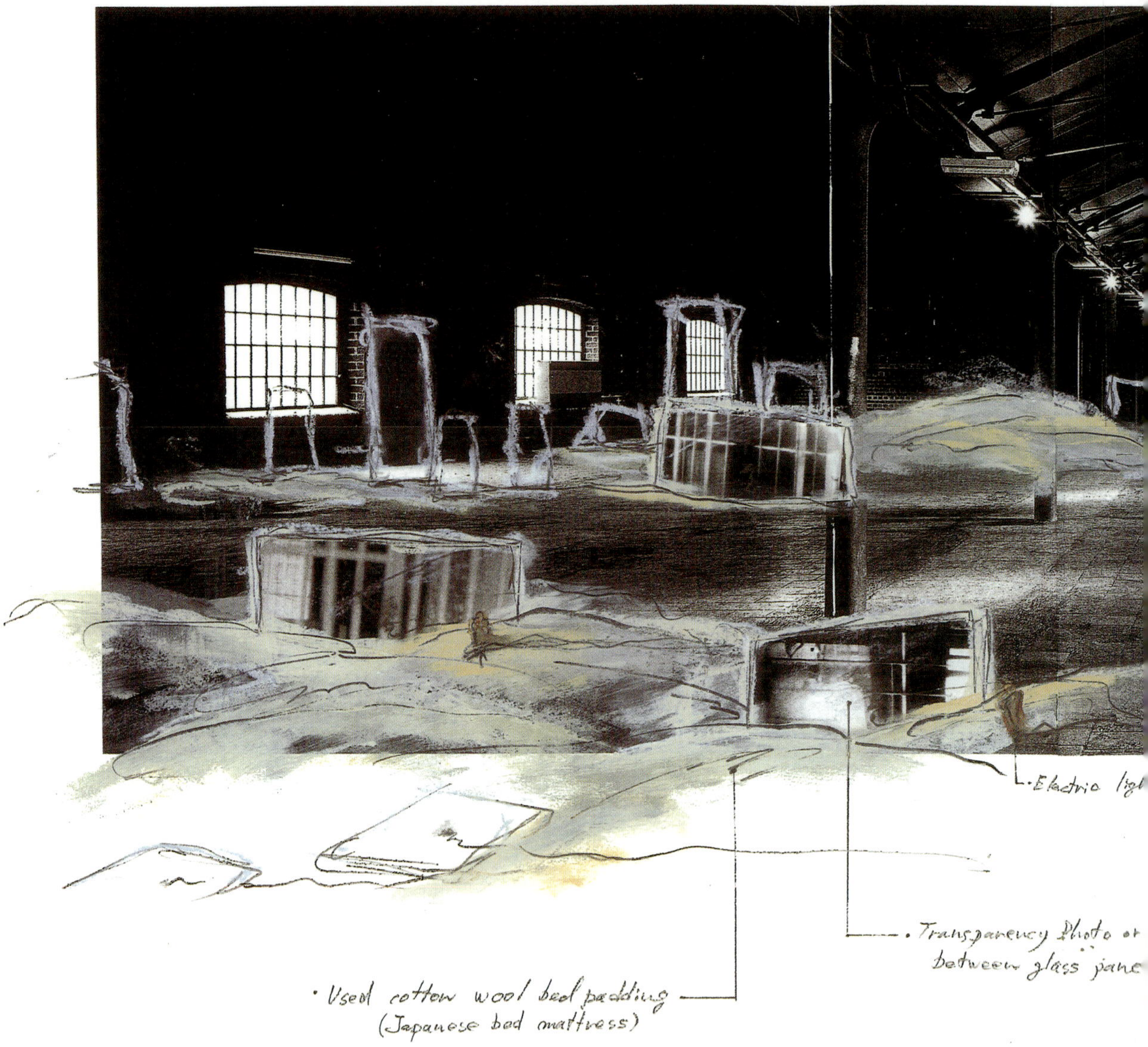

·Electric ligh

·Transparency photo or
between glass pane

·Used cotton wool bed padding
(Japanese bed mattress)

" Memory "
New Version with Photo.

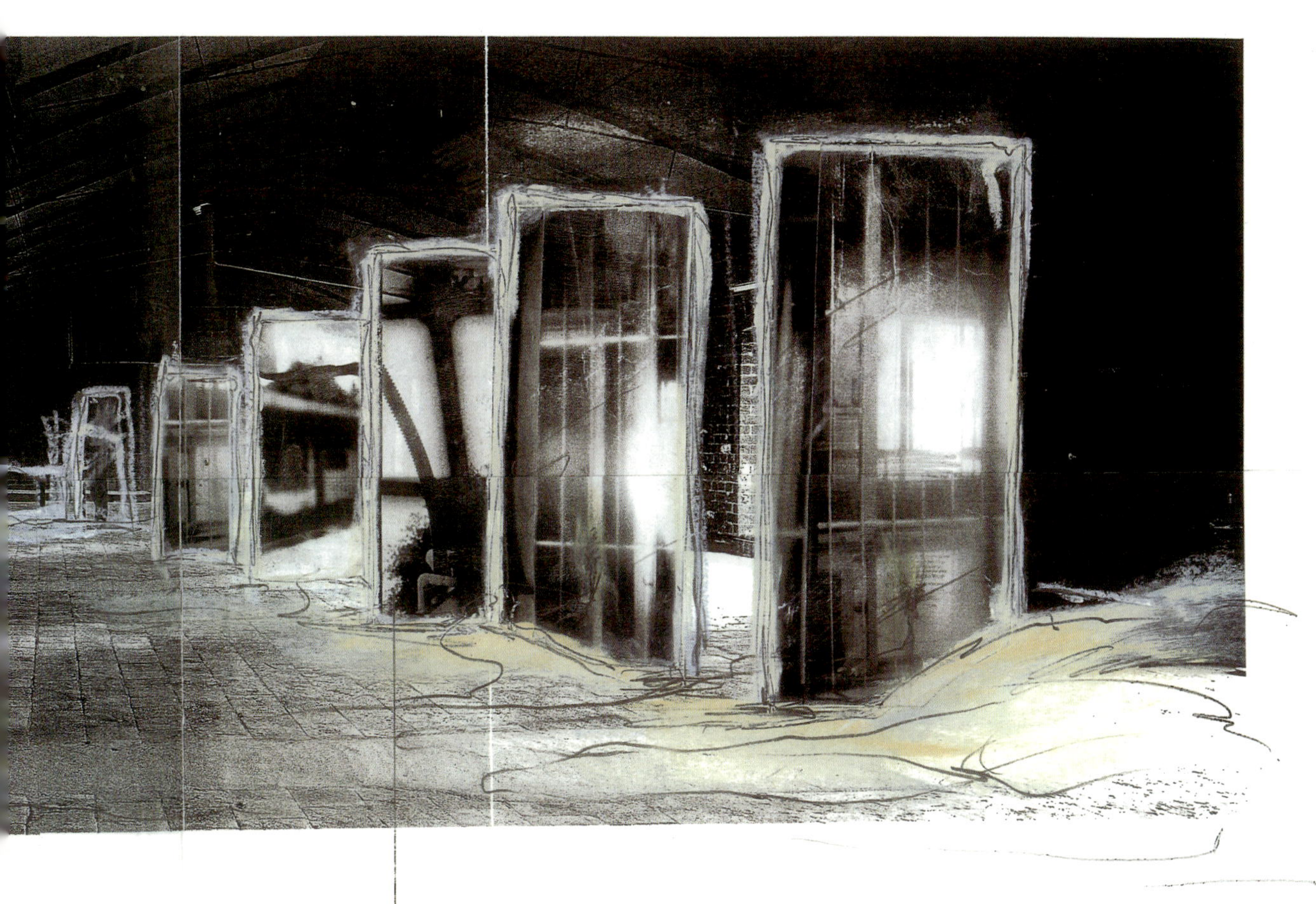

• Transparency, Photo.
  or Photo

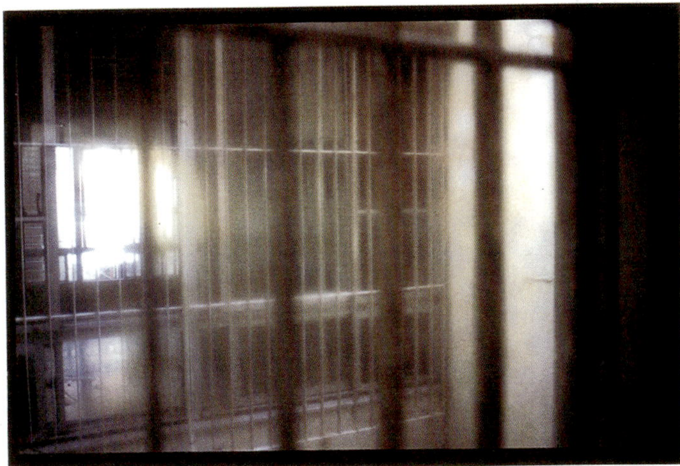

2

Osamu Kanemura 1964

Toen ik nog een student was in de jaren negentig, werd in een museum een tentoonstelling geopend met de titel Fleeing Photography. Waar op deze wereld vlucht deze naar toe? Moet deze wel vluchten? Ik kon absoluut niet achterhalen wat het betekende, maar op dat moment werd de Japanse fotografie ineens in de context van het 'post-moderne' geplaatst. Ik vraag me echter af of de Japanse fotografie ooit wel het 'moderne' heeft uitgedrukt.
Ik ben er zeker van, dat elke foto van mij werkelijk 'modern' is. In die tijd werd verondersteld, dat het dualisme tussen de fotograaf en het onderwerp achterhaald was, maar wat mij betreft, dat zal nooit het geval zijn, absoluut niet. Er is tot nu toe met betrekking tot de Japanse fotografie geen enkel probleem opgelost. Ik herhaal, dat mijn foto's 'modern' zijn en dat ik geen vertrouwen heb in een foto die niet het 'moderne' uitdrukt.

Osamu Kanemura
2000

When I was a student in the nineteen nineties, an exhibition entitled Fleeing Photography opened in a museum. Where on earth is it fleeing to? Does it need to flee? I couldn't make any sense of what it meant, but at that very moment, Japanese photography was suddenly brought into the context of 'post-modern.' I wonder, though, if Japanese photography has ever experienced the 'modern'? I am sure, that each of my photos is thoroughly 'modern'. In those days it was said, that a dualism of photographer and subject had been over, but as far as I am concerned, it never ends, absolutely not. No problems has been solved yet in the field of Japanese photography. I repeat that my photos are 'modern' and I cannot trust in any photo, that has not experienced the 'modern'.

Osamu Kanemura
2000

Osamu Kanemura fotografeert alledaagse straten en plekken o.a. in het totaal volgebouwde gebied tussen Tokio en Yokohama. Dit gebied bestaat uit een combinatie van woonwijken, winkelcentra, fabrieken en industrie-terreinen.

Zeer opmerkelijk is dat in zijn foto's mensen nauwelijks of geen rol spelen. Zijn foto's zijn gevuld met gebouwen en objecten: flats, winkels, enkele auto's, fietsen, elektriciteits-palen en -draden, reclameborden, afval, etc. Het zijn uiteindelijk wel producten van mensen, die hij op de foto vastlegt, een omgeving van mensen, zo gegroeid door complexe processen; toch fotografeert hij alleen de gebouwde omgeving en objecten. Hij doet dat op een uiterst koele en gedistantiëerde manier, die verwant is met de wijze van registreren van bijvoorbeeld de Franse kunstenaar Jean-Marc Bustamente en de Duitse kunstenaars Bernd en Hilla Becher of Thomas Struth.

Het gaat hem in wezen alleen om een visuele weergave – in het platte vak – van vorm en ruimte, van de verhouding tussen gebouwen en objecten, en van de door beiden gecreëerde ruimte. Kanemura moet niets hebben van emoties of zelfexpressie in zijn fotografie. Zijn definitie van een fotograaf luidt dan ook: 'Een fotograaf is iemand, die foto's neemt.'

Kanemura was enige tijd popmusicus. Over de mentale houding van waaruit hij destijds zijn muziek maakte, zegt hij het volgende. 'Ik vind zelfexpressie walgelijk, de zelf-expressie, die met zeer luide stem te keer gaat en (bij de toehoorder) de emotionele snaar probeert te raken. Toen ik musicus was, verafschuwde ik aangename, gevoelige melodieën, een relaxte swingende beat. Een strak, continu ritme, 'off-beat' tempo, het geluid van een snerpend volume waren alles voor mij.'
Deze uitspraak is – mutatis mutandis – zeker ook van toepassing op de opvatting, waarmee hij zijn 'stedelijke landschappen' maakt.

Osamu Kanemura photographs ordinary streets and spaces in the totally built-up area between Tokyo and Yokohama, an area crammed with residential areas, shopping centres and industrial parks.

People are conspicuously absent. His photographs are filled with buildings and objects: apartment blocks, shops, a few automobiles, bicycles, power masts and wires, bill-boards, refuse etc. These are of course the products of people, a man-made environment formed by complex processes, but all he photographs are the buildings and objects. He does so in an extremely cool and detached manner, reminiscent of Jean-Marc Bustamente of France, and the German artists Bernd and Hilla Becher or Thomas Struth.

Basically, Kanemura is only interested in the two-dimensional representation of form and space, of the relationship between buildings and objects, and of the space created by both. He eschews emotion or self-expression, in keeping with his definition of a photographer as 'someone who takes photos.'

For a while Kanemura was a pop musician. Commenting on his mental attitude towards his music-making during that period, he says: 'I am thoroughly disgusted by self expression that yells in a loud, loud voice, and by tugging on the emotional strings. When I was a musician, I loathed pretty melodies, emotional melodies, a relaxed, swinging beat. I felt that repetitive rhythm, off beat tempos, the noise of a howling amp were everthing.'
This statement is – mutatis mutandis – surely consistent with the conception of his 'urban landscapes'.

Osamu Kanemura

1964
Geboren in / Born in Tokyo
1993
Afgestudeerd aan / Graduated from Tokyo College of
Photography, Kanagawa
1997
The 13th Higashikawa Prijs / Prize New Photographer
The Photographic Society of Japan (PSJ) award New
Photgrapher
2000
The 19th Ken Domon Prijs / Prize

Eenmanstentoonstellingen keuze
Solo exhibitions selection

1993
Crashlanding in Tokyo's Dream, Ginza Nikon Salon, Tokyo
1994
Crashlanding in Tokyo's Dream, Spirit Square Center for
Arts and Education, Loch Walker Gallery, Charlotte,
(NC), USA
1995
Tokyo Swing, Yoshii Gallery, New York, USA
A Three Generation Chronicle of Ginza, Tokyo
Today's Japan, Konika Plaza, Tokyo
1996
Keihin Machine Soul, Works H, Kanagawa
1997
Film by Osamu Kanemura, Mole, Tokyo
Osamura Kanemura Slide Show. Gasoline Cruising,
Roppongi Caramel, Tokyo
Keihin Machine Soul, Higashikawa Cultural Gallery,
Hokkaido
1998
All the Needles on Are Red, Viewing Room Yotsuya, Tokyo
1999
Someday O.K. Prince Will Come, Gallery Q&Q, Tokyo
Black Parachute Ears 1999, Viewing Room Yotsuya, Tokyo
Black Parachute Ears 1991, Kawasaki City Museum,
Kanagawa
Colored Air Blood Black 1999, Viewing Room Yotsuya,
Tokyo
2000
*The 19th Ken Domon Prize Exhibition, Black Parachute Ears
1999*, Ken Domon Museum of Photography, Yamagata

Groepstentoonstellingen keuze
Group exhibitions selection

1992
The 3rd fotografie Biennale: Waste Land from Now on,
Rotterdam Waterstad, Rotterdam
1993
Range of Vision, Tokyo College of Photography, Kanagawa
1994
Japan Today, Louisiana Museum of Modern Art,
Humlebeck, Denmark
Japanese Avant-Garde, Spirit Square Center for Arts and
Education, Charlotte, (NC), USA
About, Big City, Akademie Galarie im Marstall, Berlin,
Germany
Downtown, Nederlands Foto Instituut, Rotterdam
1995
New Japanese Photographers, Taka Ishii Gallery, Tokyo
1996
New Photography 12, The Museum of Modern Art, New
York, USA
1997
Absolute Landscape, Yokohoma Museum of Art,
Kanagawa
1998
Photography Today – The Absence of Distance, National
Film Center, The National Film Center, The National
Museum of Modern Art, Tokyo
Prix Whanki Exhibition, Whanki Museum Korea
1999
The 5th Photo Biennale Herten, Herten, Deutschland
Osamu Kanemura, Norio Kobayashi & Masato Seto,
Photographic Arts, Nigata
The 1st Korea-Japan Photo Biennale: 386 Generation, Japan
Embassy & Indecco Gallery, Seoul, Korea / Kodo
Gallery, Teagu, Korea
2001
Polypolis: Art from Asian Pacific Megacities, Kunsthaus
Hamburg, Hamburg

1
SUZY CREAM OIL CHEESE, 2001
120 foto's / photographs
50,8 × 61 cm ieder / each
collectie de kunstenaar / collection the artist

2
BLACK PARACHUTE EARS, 1999
48 foto's / photographs
50,8 × 61 cm ieder / each
collectie de kunstenaar / collection the artist

3
COLOR AIR BLOOD BLACK, 2001
2 foto's / photographs
100 × 125 cm ieder / each
collectie de kunstenaar / collection the artist

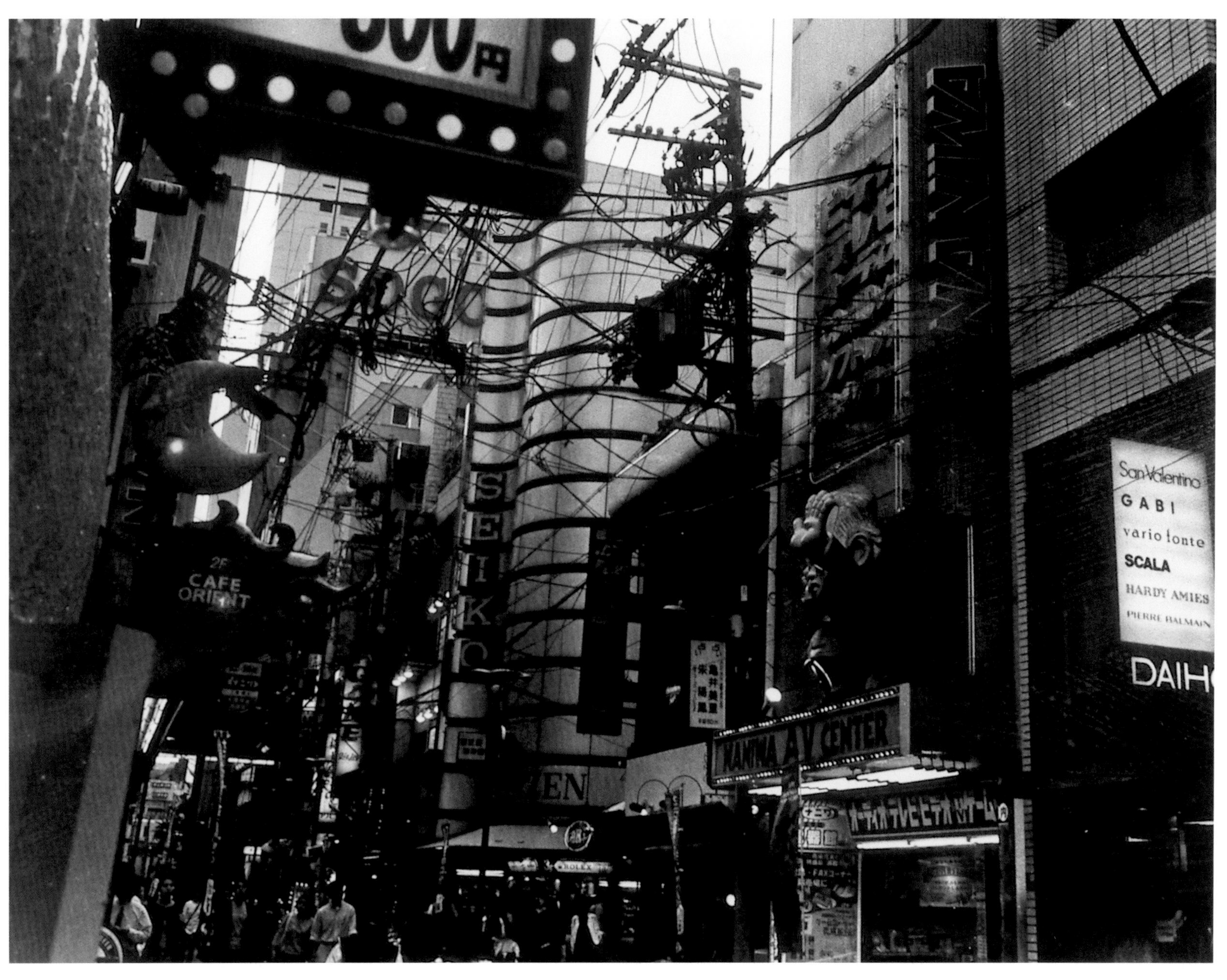

Osamu Kanemura

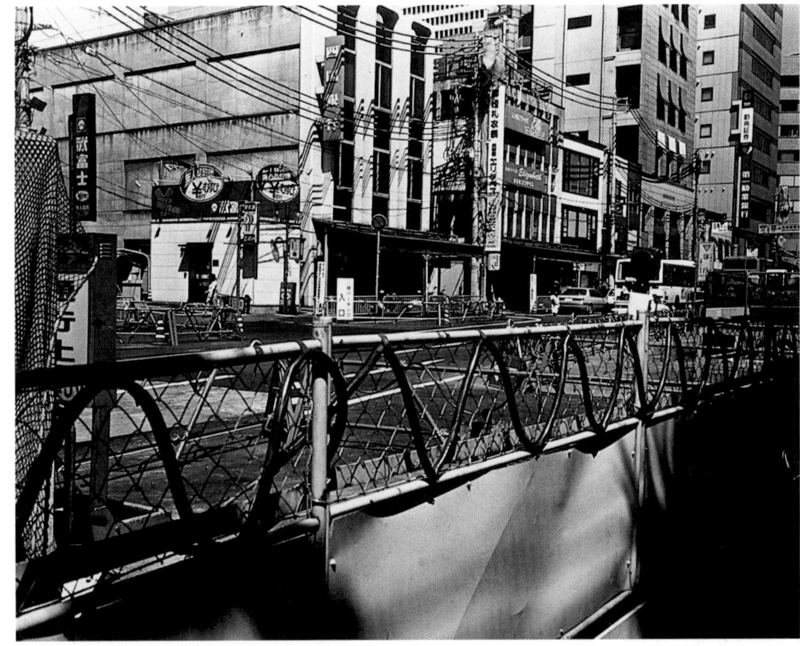
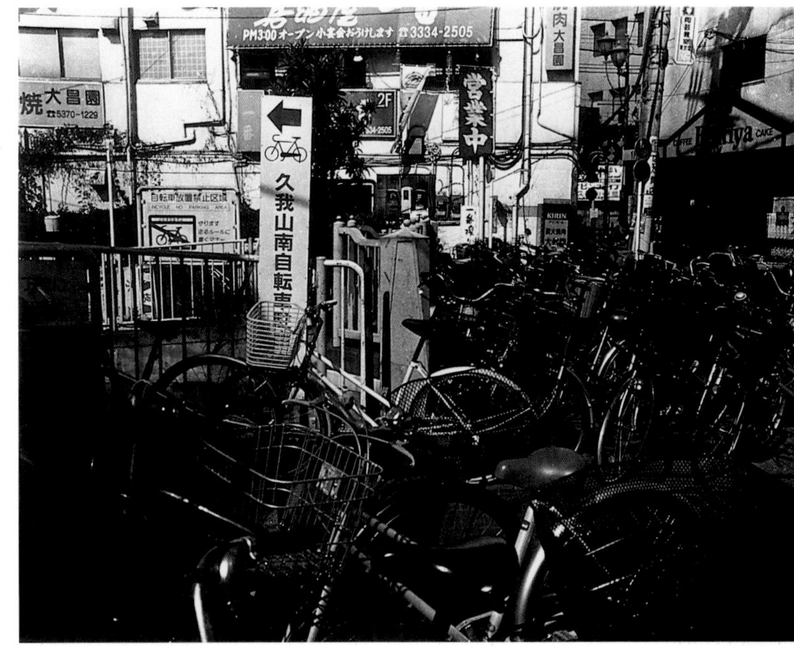
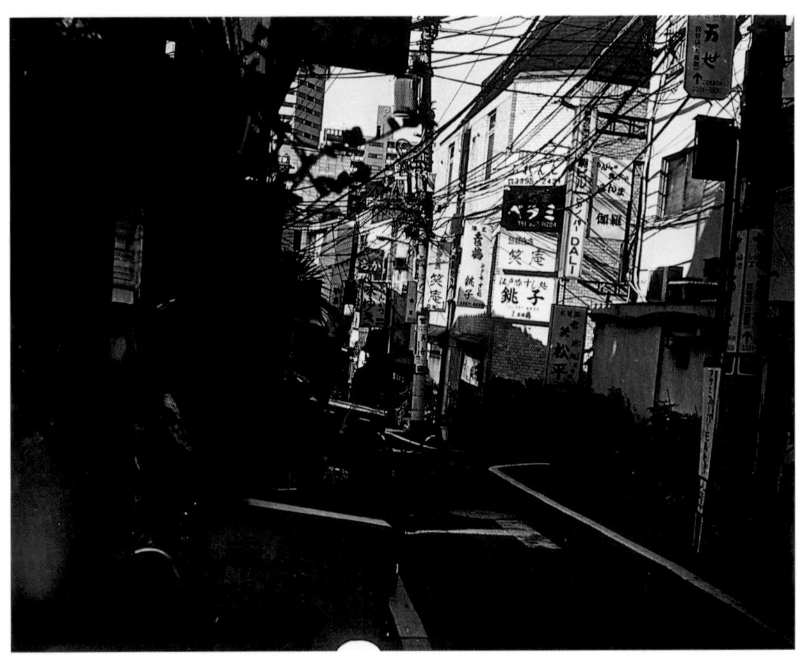
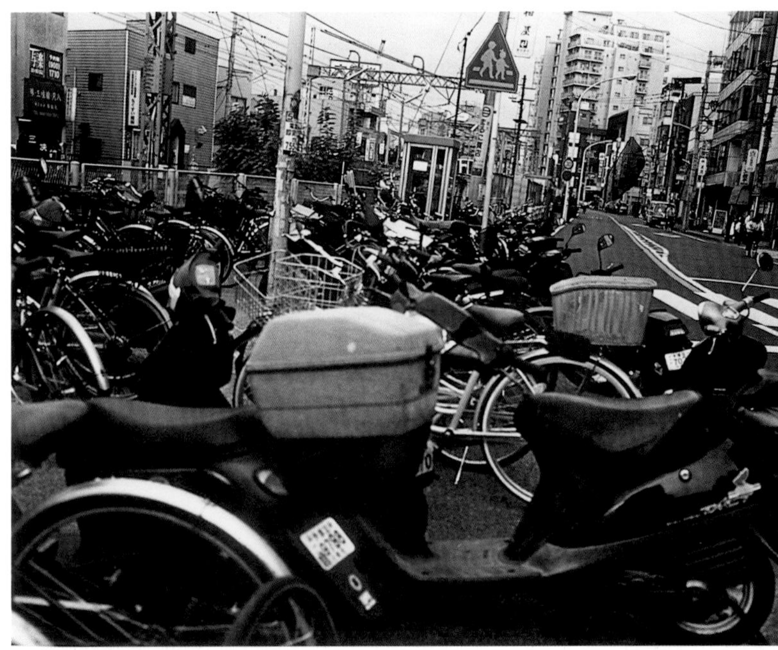
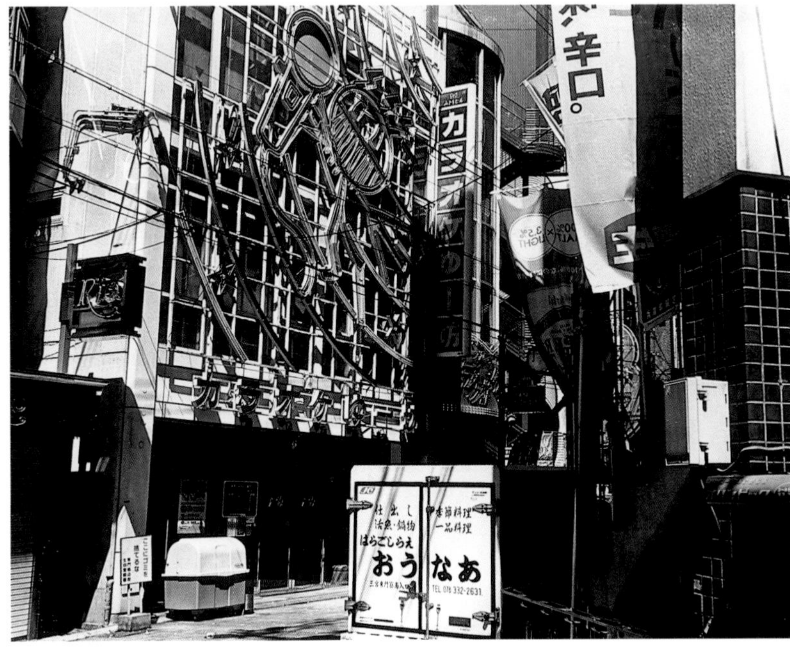
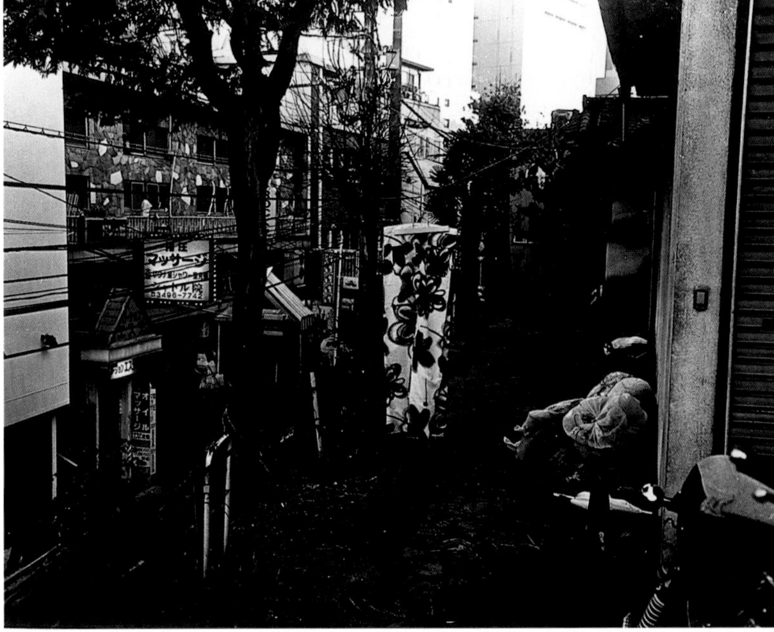

Osamu Kanemura

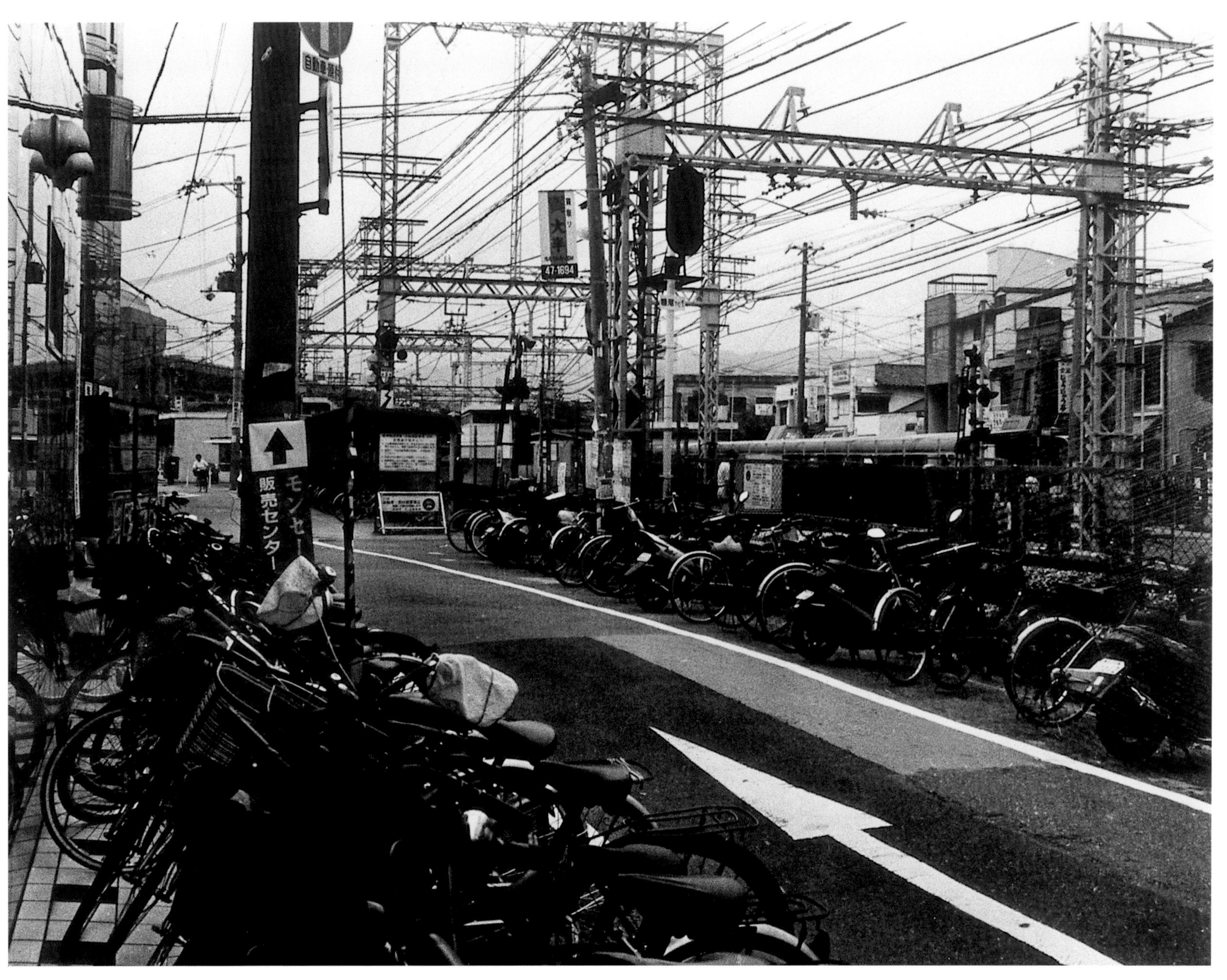

1

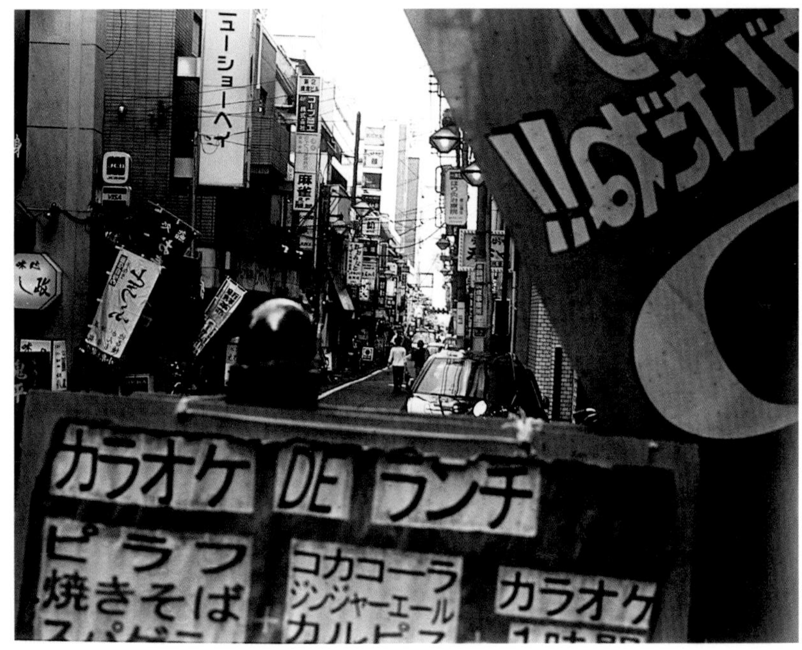
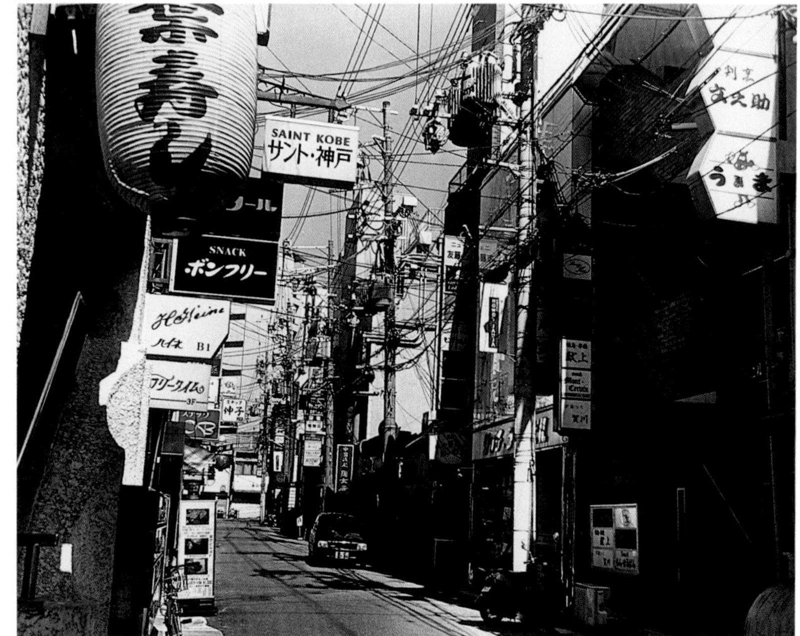
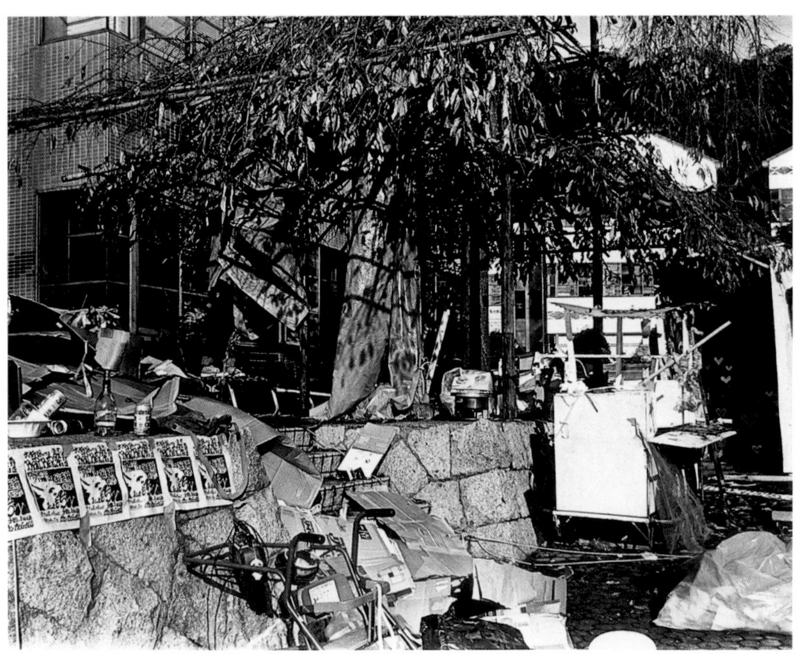
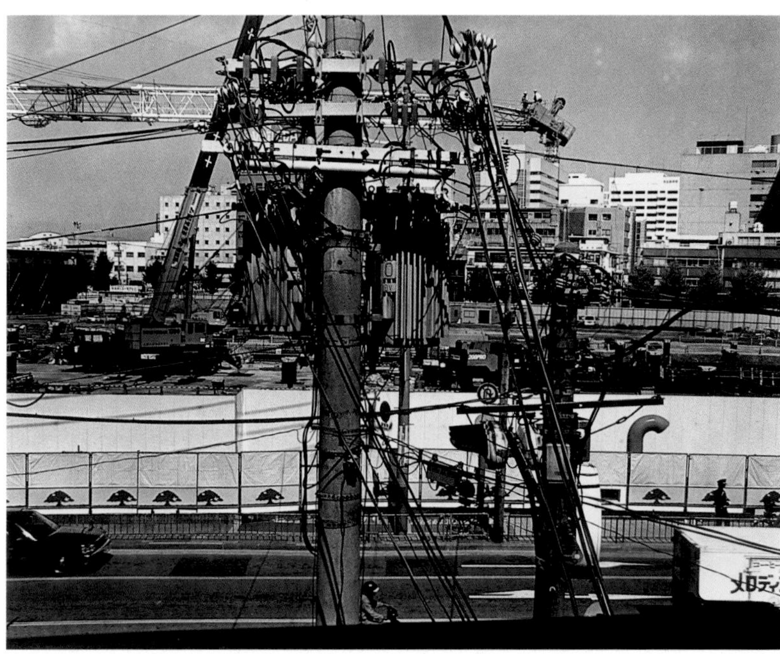
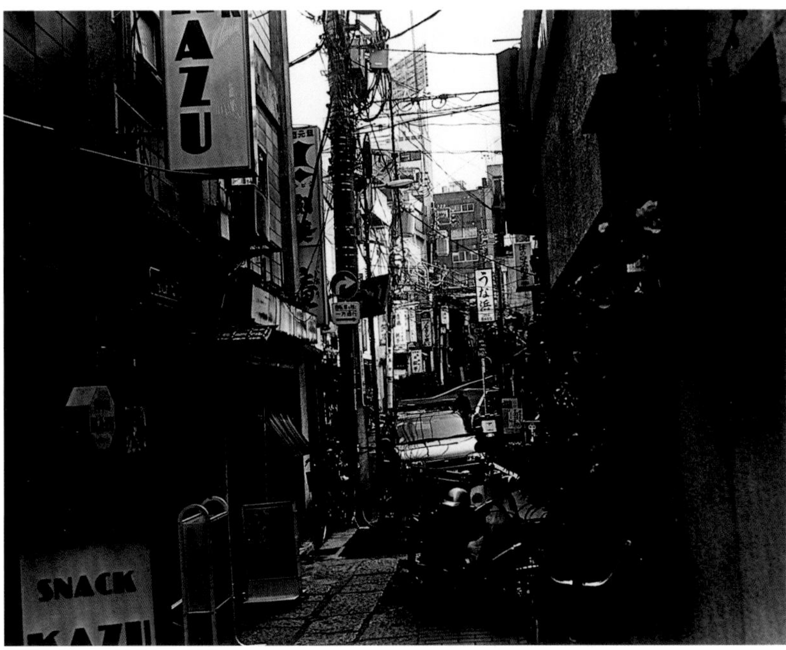
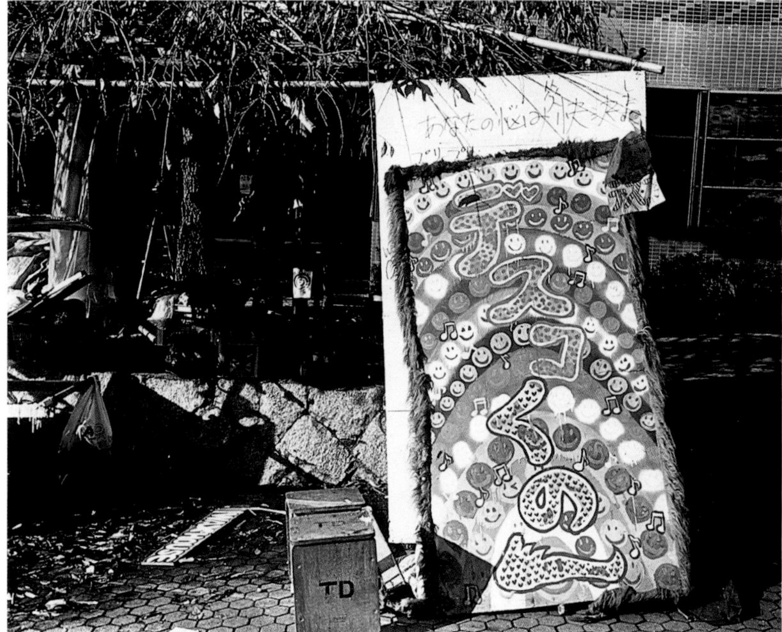

Osamu Kanemura

Tsuyoshi Ozawa 1965

1998

*Toen ik een kind was vertelde mijn moeder mij dat zelfs een
enkel schilderij in staat was een kind van de hongerdood te
redden en ik gelooofde dat dit mogelijk was; daarom wil eens
zo'n soort kunst maken.*

2000

*Ook al kon ik geen kop Miso-soep krijgen,
Ook al waren de batterijen van mijn mobieltje op,
Ook al werkte mijn E-mail niet goed,
Ook al ontdekte ik bij aankomst op het station dat ik mijn
portemonnee thuis had laten liggen,
Ook al zat mijn T-shirt vol met sausvlekken,
Dan nog gaat de dag over in de schemering in een moment*

*Voordat de duisternis valt
Verzadigd van blauw licht.
Alles op aarde wordt volop beschenen door een blauw licht.
De hersenen herstellen de ontregeling van het zien, die
optreedt wanneer de delen, verantwoordelijk voor het zien bij
daglicht, hun functie overdragen aan de delen, die het zien
tijdens de nacht mogelijk maken, waarbij gebruik gemaakt
wordt van de verbeelding.*

*De afstand tussen de blik en het object groeit.
Het zonnespectrum, de laagste golflengte, de violetblauwe
straling reflecteert het oppervlak van de aarde.
Ik besefte dat dit het vluchtigste en meest ontroerende
ogenblik van de dag is.*

Tsuyoshi Ozawa

1998

*When I was a child my mother told me that even a single
painting could save the life of a starving child and I believed
that was possible, so some day I want to make that kind of
art.*

2000

*Even if I could't have a cup of Miso soup at lunch,
Even if my mobile batteries were dead,
Even if the E-mail application was not working well,
Even if I remembered I had left my wallet in my home after
I reached a station,
Even if my T-shirt was stained by sauce,
The day becomes twilight in a moment.*

*Before the dark
Filled with a blue light.
The blue light thoroughly illumines every thing on the earth.
The brain revises the optical function disorder which is
happening during transmission of the function of the particles
which allows for day vision & the particles which allows for
night vision using the imagination.*

*The distance between the eyesight and the substance spread
so far.
A solar spectrum, the lowest wavelength, the nearly visible
rays, is reflecting the surface of the earth.
I realized the moment is the most fleeting and heartrending
of a day.*

Tsuyoshi Ozawa

Tsuyoshi Ozawa gebruikt ironie en spel om pijnlijke, blokkerende sociale structuren te bekritiseren en via de kunst een nieuwe vorm van communicatie op gang te brengen.

Een sprekend voorbeeld hiervan is de 'Nasubi Gallery'. Deze kleinste galerie in Japan en in de wereld is in feite een 'melk-kastje', dat tot het begin van de jaren '70 in vele Japanse huizen diende voor de aflevering van melkflessen aan huis. Ozawa startte deze verplaatsbare galerie in 1993 met een officiële opening als een onschuldige prikactie tegen het in Japan heersende systeem van de 'huur-galerieën'. Nog steeds kunnen Japanse kunstenaars voor zeer hoge bedragen een galerie huren om hun werk voor een weekend of een week te tonen.

Het Japanse woord *nasubi* betekent aubergine en is een toespeling op een officiële bijeenkomst, waarbij de naam van de Nabisu Gallery verkeerd werd uitgesproken. De Nabisu Gallery is een toonaangevende commerciële galerie in Ginza – het winkelcentrum van Tokio – die op een even succesvolle als veilige wijze handelt in impressionistische en post-impressionistische Franse schilderkunst.

In zijn wit geschilderde 'milk-box', organiseerde Ozawa sindsdien mini-exposities van zijn eigen werk en van dat van collega-kunstenaars als o.a. Takashi Murakami en Yayoi Kusama. De tentoonstellingen waarmee hij contact wilde zoeken met andere publieksgroepen dan de established galeriebezoekers, vonden plaats in een boekwinkel, op de hoeken van straten, bij een bioscoop of een platenwinkel. Later in 1995 trok hij met zijn 'portable non-profit' galerie de wereld rond en presenteerde hij zijn galerie in Venetië, Bordeaux en Kopenhagen. De Nasubi Gallery functioneert nog steeds.

Andere ironische projecten, waarmee hij Japanse tradities en waarden parodieert, zijn het *Soya Sauce Museum* en de *Milk Ceremony*. Het eerste is een museum, waarin de ontwikkeling van de Japanse (schilder)kunst wordt getoond middels schilderijen en objecten, die alle zijn gemaakt met behulp van sojasaus. Sojasaus is op de rijst na, het meest gebruikte product in de Japanse keuken. Het museum bevat kamerschermen uit de veertiende eeuw, schilderijen uit de negentiende eeuw, werken van de Gutai-groep, van Kusama en Oraki. Het is voor een deel ook een paradie op het verschijnsel in de Japanse kunstgeschiedenis, zich de Westerse kunst toe te eigenen.

De *Milk Ceremony* is een niet-sarcastisch bedoelde reactie op de thee-ceremonie, één van de belangrijkste culturele tradities in Japan. De 'thee-ceremonie' wordt uitgevoerd in een klein vertrek, dat 4,5 tatami-mat groot is (± 5 m²). De ceremonie kent een strenge, traditionele esthetiek en vereist nauwgezette voorbereidingen. De deelnemers worden geacht de regels precies in acht te nemen. Ozawa trok zich van deze traditie weinig aan en organiseerde zijn

eigen 'milk-ceremony-school'. In plaats van in een speciaal voor een theeceremonie ingerichte kamer, voert hij zijn 'melk-ceremonie' uit in een tent. Passende ceremoniële handelingen achtte hij niet nodig en er worden ook koekjes geserveerd. Het was bij deze performance niet zijn bedoeling om op een kitscherige wijze de traditie van deze ceremonie belachelijk te maken, maar om het sociale element ervan opnieuw onder de aandacht te brengen. De Melk-ceremonie is een serieuze grap, die in de eerste plaats communicatie met de toeschouwer beoogt.

Het werk, waarmee Ozawa veel bekendheid kreeg, is *Jizoing*. Hij koos hier voor het in Japan zeer bekende en geliefde beeldje van Jizo, een 'bodhisattva'. Deze 'bodhisattva' redt de zielen van de overledenen uit de hel, maar hij is ook een boeddhistische beschermheilige van reizigers en kinderen. Jizo-beeldjes kan men in Japan overal aantreffen in de steden en het platteland; zij worden met bloemen en vruchten vereerd.

Na zijn studie keerde Ozawa in 1996 de gesloten Japanse kunstwereld en maatschappij de rug toe en ging op reis, met Jizo. Steeds plaatste hij een beeldje of het gestileerde teken van Jizo in de context van de plaats waar hij zich op dat moment bevond. Hij fotografeerde bijna dagelijks dit symbool van de zeer oude traditionele levensopvatting in Japan in confrontatie met een stukje wereld buiten Japan. Zijn reizen voerden hem aanvankelijk door heel Azië, waarbij hij delen van de zijde-route volgde – van Korea, via India naar Israël en Turkije – en later naar Europa en de Verenigde Staten.

In 1997 voegde hij aan deze *Jizoing*-serie nog een vervolg toe: *Twilight Jizoing*. Elke dag op het moment van zons-ondergang fotografeerde hij een afbeelding van Jizo in de omgeving, waarin hij zich op dat moment bevond. Ook zijn statement in deze catalogus gaat over dit magische moment.

In deze tentoonstelling presenteert hij *Jizoing-New York* en *Jizioing Berlin*. Jizoing is een project dat nog steeds doorloopt. Het lijkt een symbool te zijn geworden van een Japanner, die over de gehele wereld reist, op zoek naar het andere, buiten Japan, maar ook naar zijn eigen wortels en achtergrond. Dit werk komt in wezen voort uit dezelfde visie en overtuiging, waarmee de 'zachtaardige activist'[1] Tsuyoshi Ozawa zijn eerder genoemde werken maakte.

1
Yukie Kamiya, 'Tsuyoshi Ozawa: Kritische humor', in tent. cat. *Dark Mirrors of Japan*, De Appel, Amsterdam, 2000, p. 4/12

Tsuyoshi Ozawa uses irony and play to criticize awkward antiquated social structures and to establish a new form of communication through art.

A good example is the 'Nasubi Gallery'. The smallest gallery in Japan and indeed in the world, it is actually a 'milk-box', a receptacle used for milk deliveries to many Japanese households up to the 1970s. Ozawa officially opened his mobile gallery in 1993 as an harmless protest at the prevailing Japanese system of 'rental galleries' in which, to this day, Japanese artists can exhibit their work for a weekend or a week in a gallery for an exorbitant sum.

The Japanese word 'nasubi' means eggplant, and is an allusion to an official gathering at which the name of the Nabusi Gallery was mispronounced. The Nabisu Gallery is a prestigious commercial gallery in Ginza – downtown Tokyo's shopping centre – which deals successfully and securely in Impressionist and post-Impressionist French painting.

Since then Ozawa has staged mini-shows of his own work and that of fellow-artists such as Takashi Murakami and Yoyoi Kusama in his white-painted milk-box. Aimed at establishing contact with a public other than frequenters of established galleries, these shows were presented in bookshops, on street-corners, by cinemas or record shops. Later, in 1995, he travelled widely with his portable, non-profit gallery, presenting it in Venice, Bordeaux and Copenhagen. The Nasubi Gallery is still operational.

Other ironical projects which parody Japanese traditions and values are his 'Soya Sauce Museum' and the 'Milk Ceremony'. The former is a museum which records the development of Japanese painting with pictures and objects made with soy sauce, a staple ingredient in Japanese cooking, second only to rice. In the museum there are 14th-century screens, 19th-century paintings, works by the Gutai group, Kusama and Oraki. It is partly a parody on the Japanese phenomenon of appropriating western art.

The 'Milk Ceremony' is not meant as a sarcastic reaction to the tea ceremony, one of Japan's most important cultural traditions. Performed in a small room the size of four-and-a-half tatami mats (approximately five square metres), the tea ceremony adheres to a severe, traditional aesthetic and requires painstaking preparations. Participants are expected to keep strictly to the rules. Ozawa flouted this tradition by organizing his own 'milk ceremony school'. Instead of a room furbished specifically for a tea ceremony, his milk ceremony is performed in a tent. He departs from ceremonial behaviour by serving cookies. The idea is not to ridicule the traditional tea ceremony in a kitschy manner, but to remind people of its

social element. 'Milk Ceremony' is a serious joke, aimed first and foremost at communication with the beholder. In 1996, after his studies, Ozawa turned his back on the hermetic world of Japanese art and society and set off on his travels with Jizo, placing a statue or the stylized symbol of Jizo in the context of his current location. Nearly every day he photographed this symbol of the ancient Japanese concept of life as a contrast to the world outside Japan. His journeys took him all over Asia, some of them along the silk route – from Korea, via India to Israel and Turkey – and later to Europe and the United States.

In 1997 there was a sequel to this Jizoing series: *Twilight Jizoing*. Every day at sunset Ozawa took a photograph of a Jizo image wherever he happened to be at the time. His statement in the catalogue describes that magical moment.

On show in this exhibition are *Jizoing-New York* and *Jizoing Berlin*. Jizoing is an ongoing project. It seems to have become a symbol of a Japanese world traveller in search of that other world outside Japan, but also in search of his own roots and background. The project is essentially based on the same vision and conviction as the aforementioned works of the 'gentle activist'[1] Tsuyoshi Ozawa.

1
Yukie Kamiya, 'Tsuyoshi Ozawa: Critical humor', in exh. cat. *Dark Mirrors of Japan*, De Appel, Amsterdam, 2000, p. 4/12

Tsuyoshi Ozawa

1965
Geboren in / Born in Tokyo
1989
Afgestudeerd aan de / Graduated from Tokyo National
University of Fine Arts and Music afdeling schilderkunst
/ Oil Painting Course)
1991
Voltooide postacademische opleiding in muurschilderen
aan de / Completed postgraduate studies in Mural
Painting Course, Tokyo National University of Fine Arts
and Music
1996-1997
Verbleef / Stayed in New York, met een beurs van de /
granted by the Asian Cultural Council

Eenmanstentoonstellingen keuze
Solo exhibitions selection

1998
*One Man Group Show: Ichitaro Okamoto, Nitaro Okamoto,
Santaro Okamoto, Tsuyoshi Ozawa*, Ota Fine Arts, Tokyo
Jizoing and New Nasubi Gallery, Asian Fine Arts Factory,
Berlin
1999
Museum of Soy Sauce Art Annex, Ota Fine Arts, Tokyo
2000
Tsuyoshi Ozawa: Jizoing 1987-1999, Ota Fine Arts, Tokyo

Groepstentoonstellingen keuze
Group exhibitions selection

1997
The 20th Gala Benefit Auction, The New Museum of
Contemporary Art, New York.
1997-1999
Cities on the move, Secession, Vienna; Museum d'art con-
temporain de Bordeaux, Bordeaux; P.S.1 Contemporary
Art Center, New York; Lousiana Museum of Modern
Art, Denmark,
et al.
1998
1998 Taipei Biennial. Site of Desire, Taipei Fine Arts
Museum, Tapei
*Donai yanen! Et maintenant! – La creation contemporaine
au Japon*, École nationale supérieure des beaux-arts,
Paris
*Between the Unknown Straits – Art Now in Japan and
Korea*, Meguro Museum of Art, Tokyo (travelled to the
National Museum of Art, Osaka and The Korean
Culture & Arts Foundation, Seoul, in 1999)
1999
Modest Radicalism: MOT Annual 1999, Museum of
Contemporary Art Tokyo, Tokyo
The 1ˢᵗ Fukuoka Asian Art Triennale 1999, Fukuoka Asian
Art Museum, Fukuoka
Hack the Future! Breaking into Art History, the Ueno
Royal Museum / Toho Cherry, Tokyo
1999-2000
Game Over, Watari-um Museum of
Contemporary Art, Tokyo
2000
Vacant Lot, Toyota Municipal Museum of Art, Aichi
Continental Shift, Ludwig Forum for Internationale Kunst,
Aachen
Dark Mirrors from Japan, De Appel, Amsterdam
Yume no Ato, was von Traum blieb, Haus am Waldsee,
Berlin; Staatliche Kunsthalle, Baden-Baden
Museum City Fukuoka 2000 [art out] (outdoor exhibi-
tion), Fukuoka
Rendez-vous, Collection Lambert en Avignon
Home Is Yours, Your Home Is Mine, Rodin Gallery, Seoul

#1
Jizoing Notebook, 1987-1997
Pagina's uit het notitieboekje waarin Tsuyoshi Ozawa zijn Jizo-
installaties in Azië, Europa en de V.S. uit de jaren 1987 tot 1997
registreerde / Notebook of Tsuyoshi Osawa in which he registrated
all his Jizo-installations in Asia, Europe and the U.S.A. from 1987
until 1997
25,5 × 18 cm ieder / each
collectie de kunstenaar / collection the artist

#2
Jizoing
New York, 1998
foto / photograph
2 delen / parts: 90 × 90 cm ieder / each
5 delen / parts: 55 × 55 cm ieder / each
5 delen / parts: 41,7 × 41,7 cm ieder / each
22 delen / parts: 15 × 15 cm ieder / each
collectie de kunstenaar / collection the artist

#3
Jizoing
Berlin, 2000
foto / photograph
5 delen / parts: 41,7 × 41,7 cm ieder / each
collectie de kunstenaar / collection the artist

#4
Jizoing
Hunza, Pakistan, 1988
foto, zilverdruk, getint / photograph, gelatine silverprint, toned
45,5 × 45,5 cm
collectie de kunstenaar / collection the artist

#5
Jizoing
Kowloon Wall City, Hong Kong, 1992
foto, zilverdruk, getint / photograph, gelatine silverprint, toned
45,5 × 45,5 cm
collectie de kunstenaar / collection the artist

#6
Jizoing
Tosa, Kochi Prefecture, Japan, 1995
foto, zilverdruk, getint / photograph, gelatine silverprint, toned
48 × 24 cm
collectie de kunstenaar / collection the artist

#7
Jizoing
Installatie voor Taipei Biënnale (Futons) / Installation for Taipei
Biennal (Futons), 1998
foto, zilverdruk, getint / photograph, gelatine silverprint, toned
collectie de kunstenaar / collection the artist

#8
Nasubi Gallery, 1995
in de tentoonstelling / in the exhibition Miran Fukuda
foto / photograph
collectie de kunstenaar / collection the artist

#9
Nasubi Gallery Bird, 2001
hout / wood
50 × 20 × 30 cm
collectie de kunstenaar / collection the artist

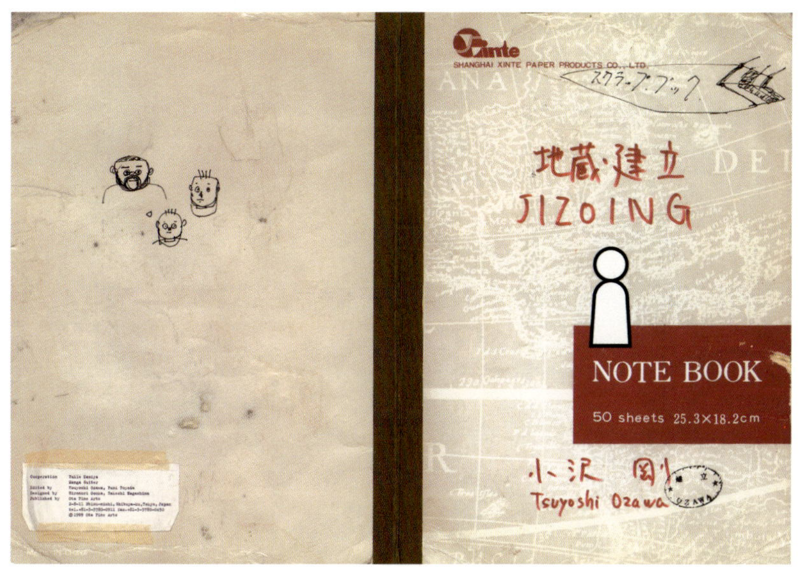

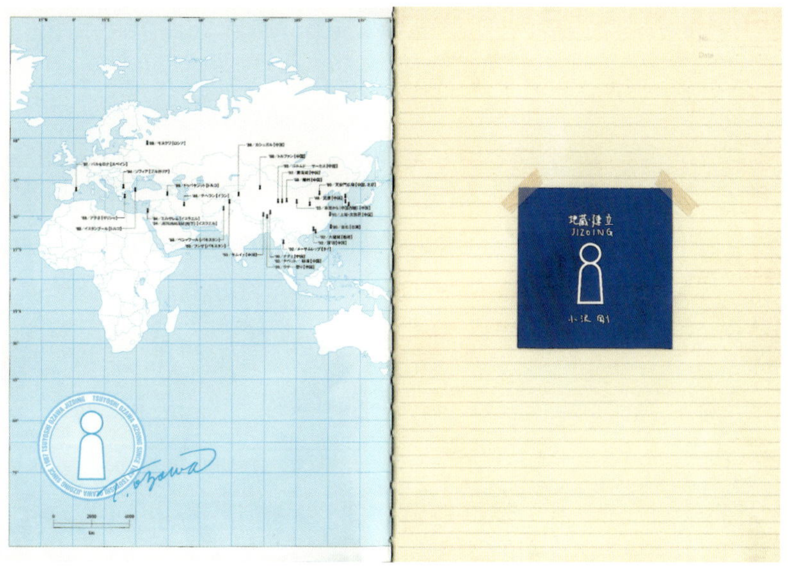

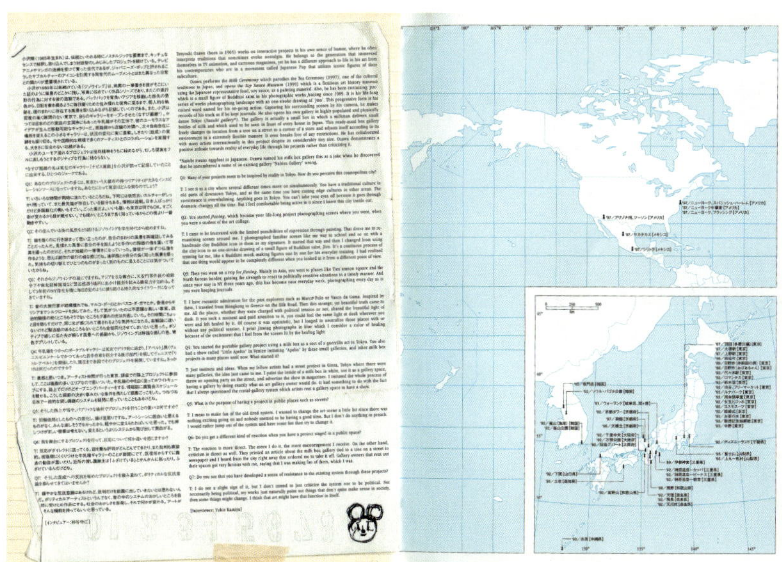

簡単な泥地蔵の作り方

材料―・泥、or砂 1〜2kg
　　　・藁
　　　・水

① 上記の材料をボール等の中で軍たふ 程の固さまでねる。

② 壁や岩などしっかりしたものにはりつける様に泥で形づけて収.

③ 乾いた砂をかけるときれいに仕上がります.

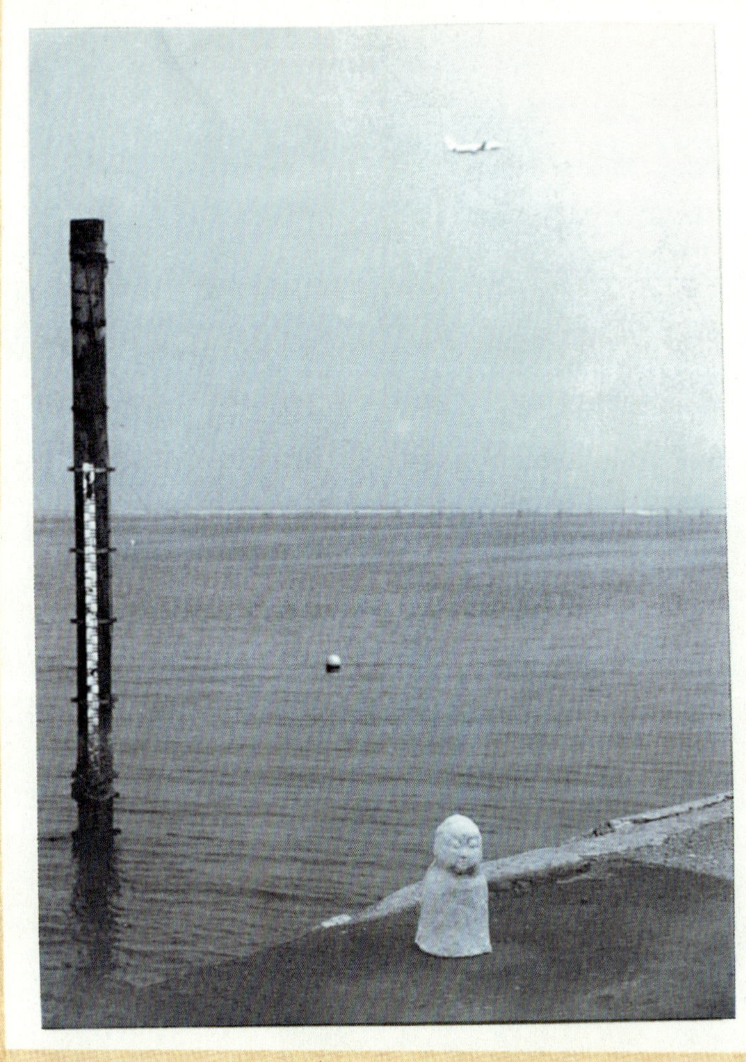

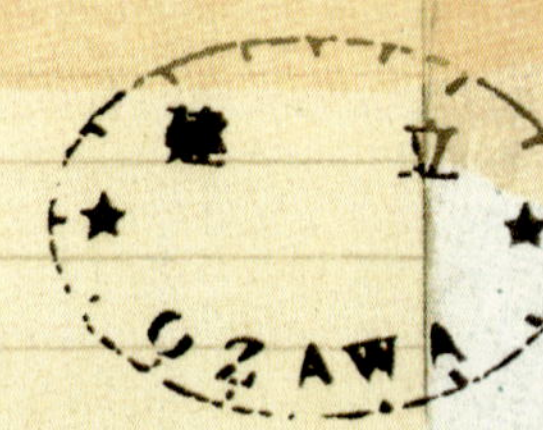

羽田（多摩川編）［東京］
Haneda (Tama River Series) [Tokyo]　1987　28×19.6cm

学生の頃、こんな風景ばかり見ていた。
I always saw such a scene when I was a student.

育った町は、山を削ったところと
団地、その団地の為の造生を進められ、つくり
変えられてつまり、家からそのたちは行った。こちらへ
少しずつ変わる以前の答え
それは行く度に夢かしく思った。私の
前の答えを忘れられた
その風景たちへのノスタルしでもの
よう変われる以前の答え
強く支配している私の
ものではないだろうか。

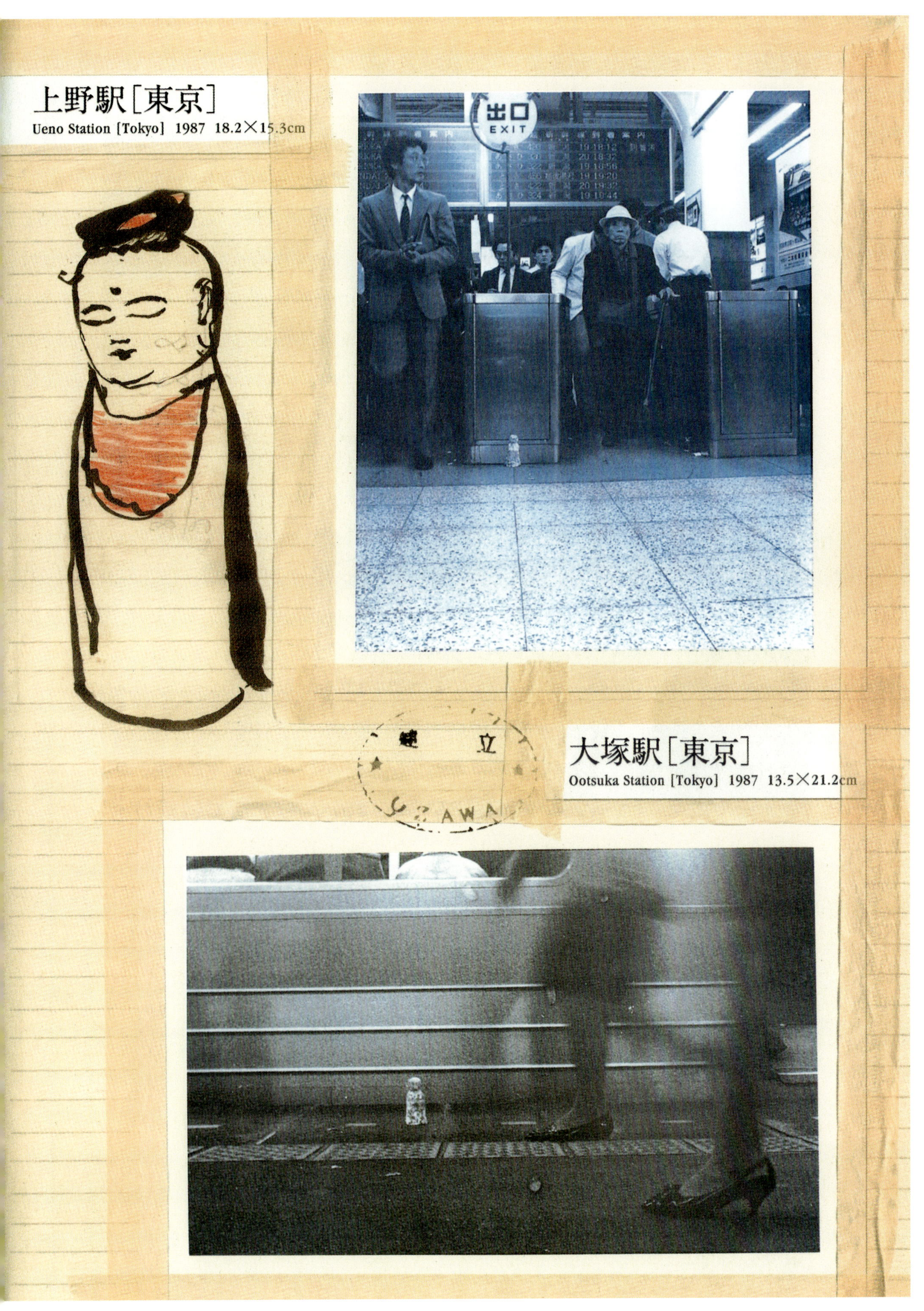

上野駅［東京］
Ueno Station [Tokyo] 1987 18.2×15.3cm

大塚駅［東京］
Ootsuka Station [Tokyo] 1987 13.5×21.2cm

Tsuyoshi Ozawa

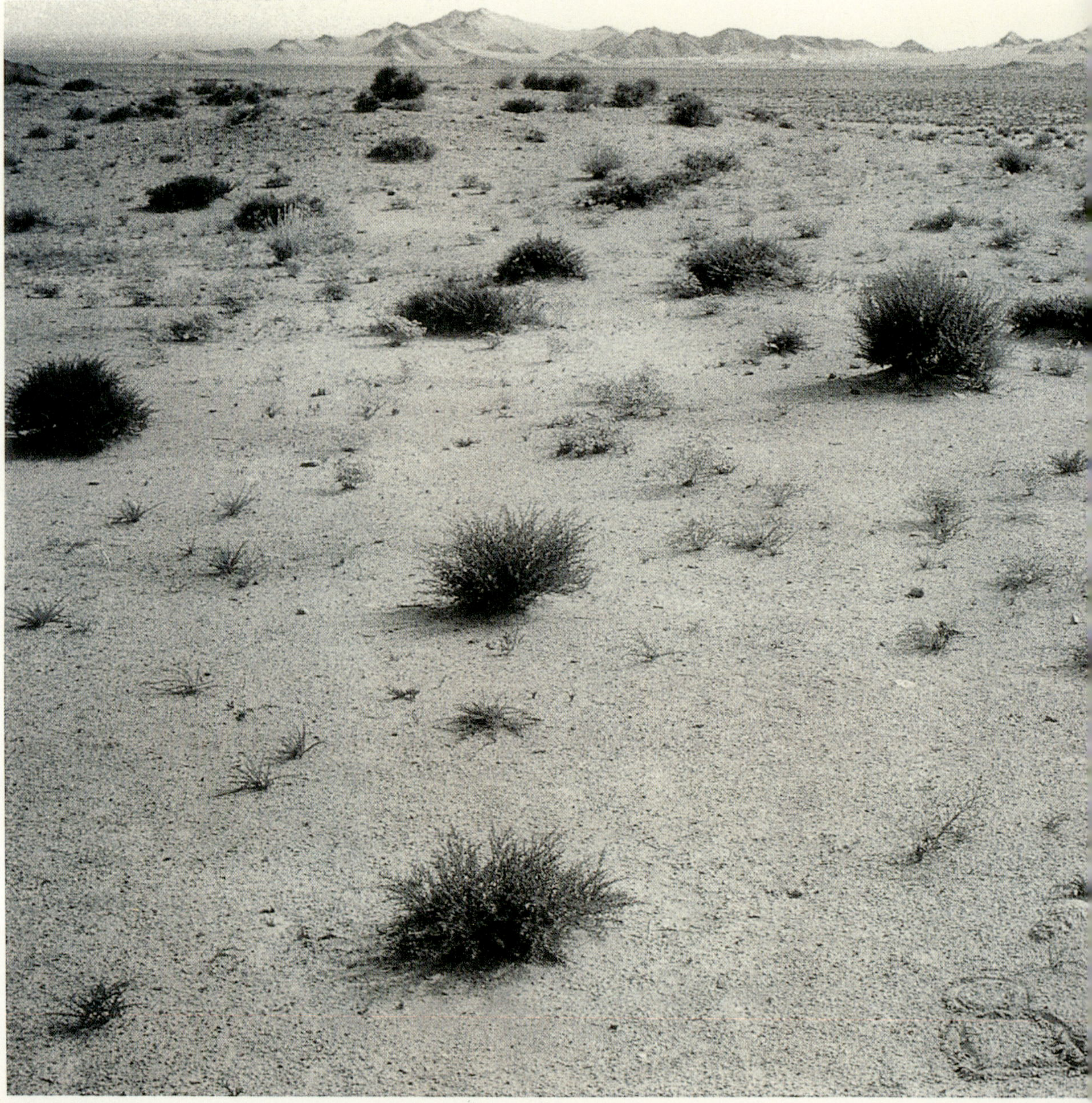

チベット──砂漠［中国］

Tibet - Desert [China]　1993/8/22　102×126cm*

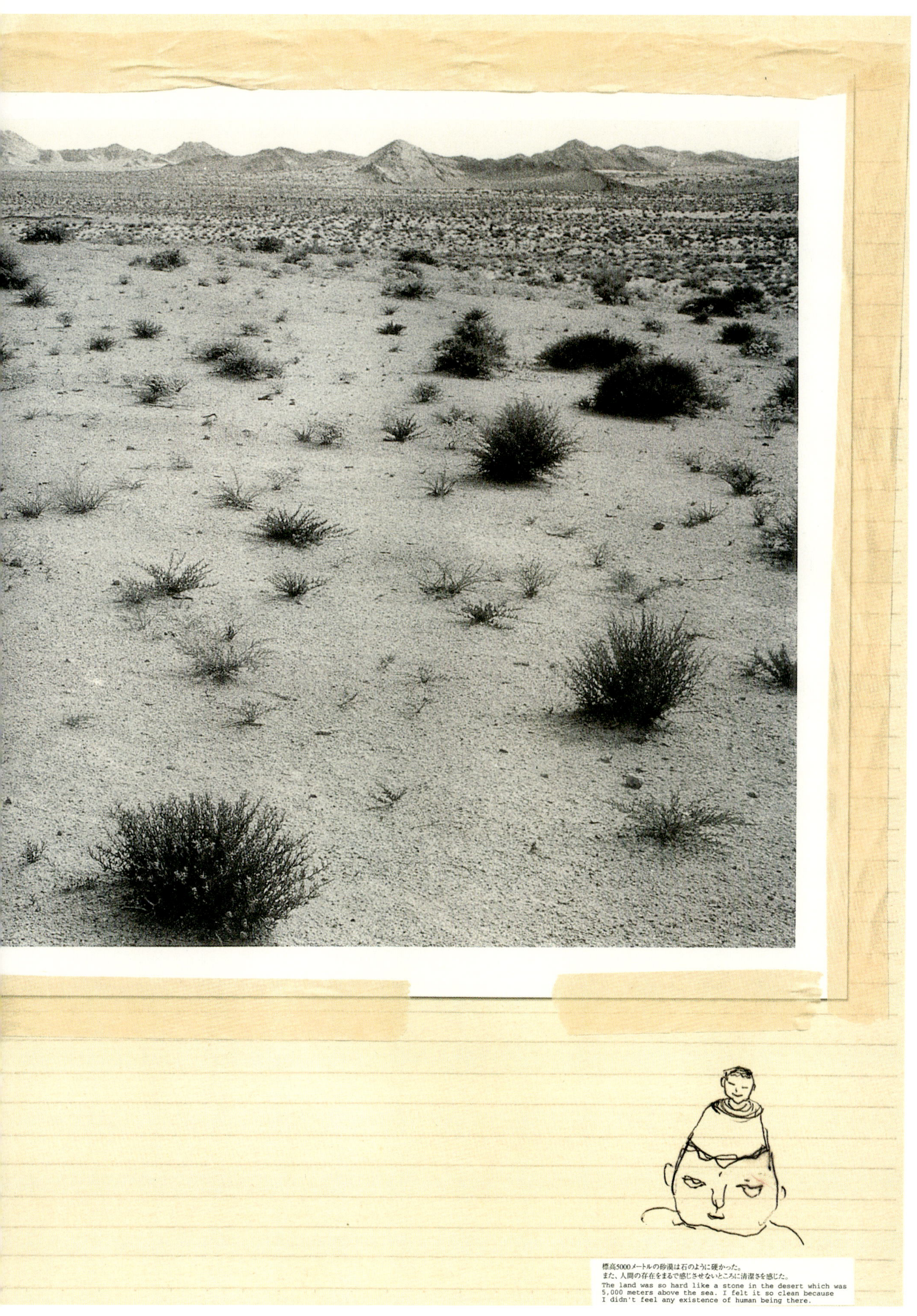

Tsuyoshi Ozawa

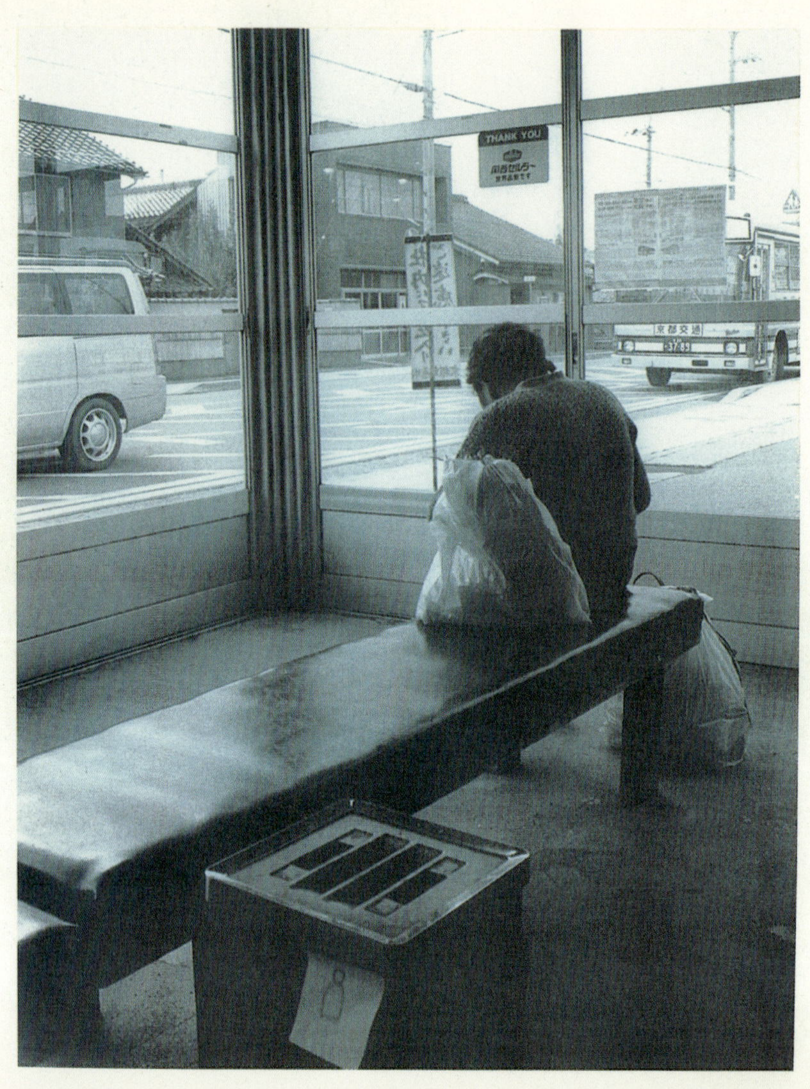

舞鶴［京都府］
Maizuru [Kyoto Prefecture] 1997 22.5×17cm

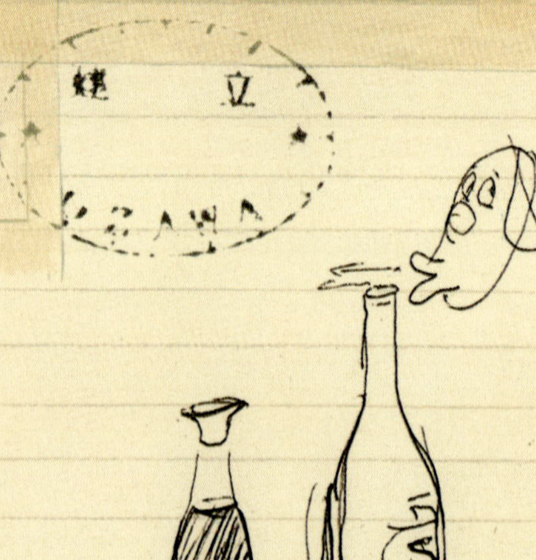

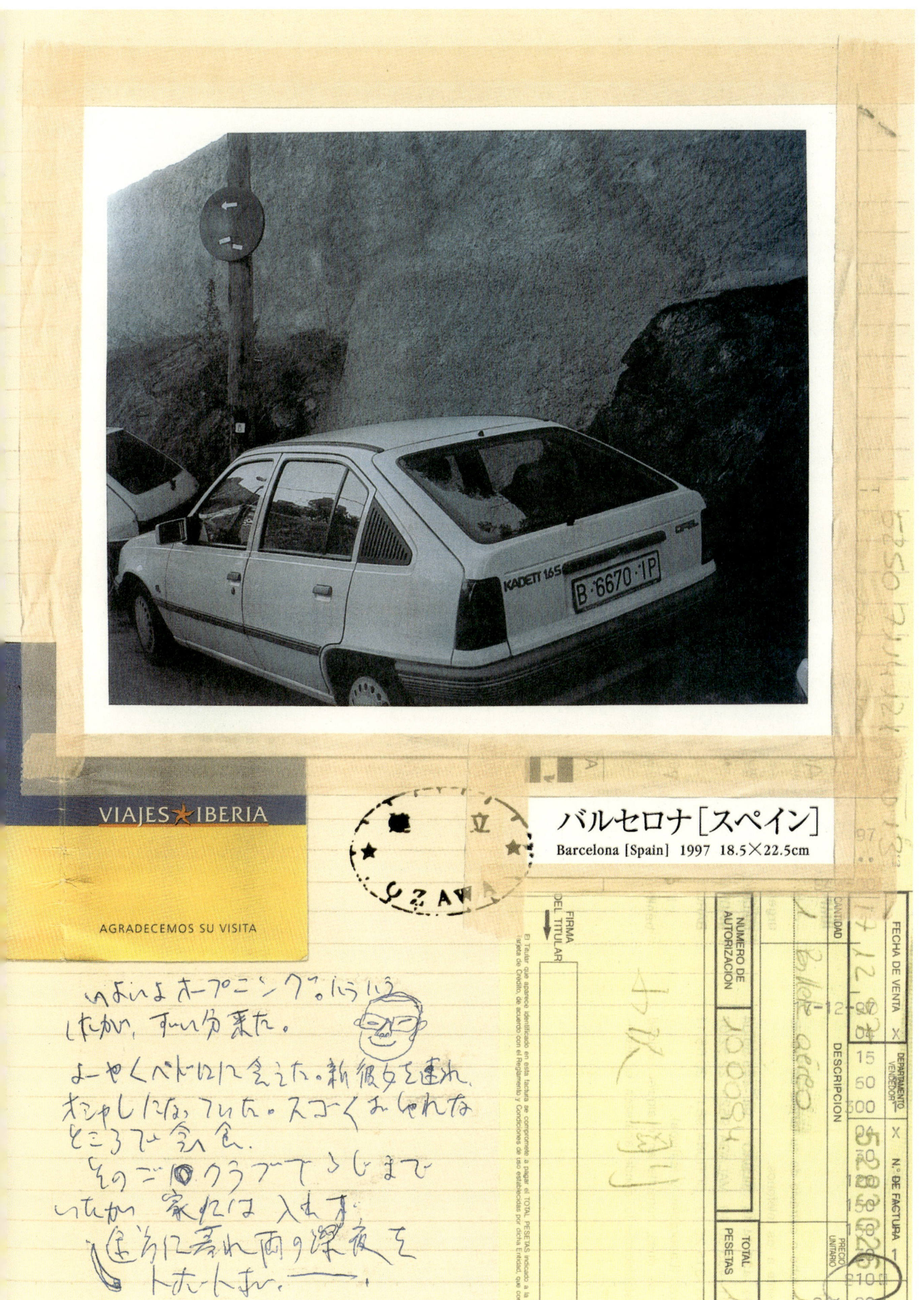

バルセロナ［スペイン］
Barcelona [Spain] 1997 18.5×22.5cm

Tsuyoshi Ozawa

Mariko Mori 1967

Met haar performances, foto- en videowerken is Mariko Mori, één van de kunstenaars van de jongere generatie, die al halverwege de jaren negentig aanvankelijk vooral buiten Japan bekendheid kreeg. In al haar werken speelt zij steeds zélf de hoofdrol. Zij presenteert zichzelf in een oogverblindende artificiële outfit in de drukke centra van wereldsteden als Tokio of New York, bijvoorbeeld als een extravagante vrouwelijke robot, een sciencefiction figuur, een buitenaards wezen of een esoterische priesteres. Mori transformeert zich telkens weer in een onwezenlijke, onbenaderbare figuur, zonder eigen persoonlijkheid of menselijke identiteit. Het is alsof zij door middel van een werkelijkheid geworden droombeeld de toeschouwers op straten, pleinen of in de ondergrondse wil confronteren met hun eigen dromen en met werelden, die in de werkelijkheid van hun dagelijks leven geen rol spelen. Hierbij put zij ongetwijfeld uit de rijke en fantastische beeldtaal van de popcultuur en de sciencefiction in boeken, films, video's en in de Manga's. Haar vroegere werk wordt dan ook gezien als een nieuwe vorm van 'Pop', die ook wel 'Post-Pop' of 'Tokyo-Pop' wordt genoemd.

In 1994 verzorgde zij bijvoorbeeld, midden in het zakencentrum van Tokyo een theeceremonie. Deels gekleed als een secretaresse, deels als een soort ruimtevaarder met een space-pak bood zij voorbijgangers thee aan. De meesten van hen waren zakenlieden en weigerden of negeerden het gebodene. Zo ontstond er de door haar beoogde confrontatie tussen realiteit en fantasie. Deze performance streefde een communicatie na, die niet tot stand kwam.

Vanaf ongeveer 1996 gaat het kosmische en het spirituele een steeds grotere plaats in het werk van Mori innemen, ongetwijfeld mede beïnvloed door de geest en de traditie van het Boeddhisme en Shintoïsme.
In het videowerk *Kumano/Alaya* uit 1997-1998, dat deel uitmaakt van deze tentoonstelling, is Mariko Mori te zien als een Japanse priesteres, die dansend als een fee naar een kleine tempel ijlt en daar een eigentijdse versie van een theeceremonie uitvoert. De zeer esoterische figuur, die in haar optreden verwijst naar natuurlijke en bovennatuurlijke, spirituele krachten, combineert in haar verschijning oude traditionele vormelementen en volstrekt eigentijdse hightech vormgeving. Ditzelfde geldt voor het ontwerp van de tempel. Deze video is dan ook exemplarisch voor het latere werk van Mori: een integratie van eeuwenoude, nieuw beleefde spiritualiteit en technische verworvenheden uit het huidige, moderne Japan.

Gijs van Tuyl, directeur van het Kunstmuseum Wolfsburg, dat in 1999 een overzicht van het werk van Mariko Mori toonde, typeerde haar werk als volgt: 'De kunst van Mariko Mori is een synthese van tegenpolen: werkelijkheid en fantasie, ernst en humor, science en fiction, techniek en natuur, wetenschap en religie, lichaam en ziel, logica en mystiek, stad en land, materialiteit en spiritualiteit, man en vrouw, robot en mens…'

With her performances, photo and video works, Mariko Mori is one of a younger generation of artists who emerged onto the art scene, especially outside Japan, in the mid-1990s. Wearing a dazzling artificial outfit, she makes her appearance in the busy centres of metropolises like Tokyo and New York in a variety of guises: an extravagant female robot, a figure from science fiction, a being from outer space or an esoteric priestess. Her transformations of herself into unreal, aloof figures lack individual personality or human identity. Like materialized dream-images, they seem to confront onlookers in city streets, plazas and subways with their own dreams and with worlds that play no part in people's everyday reality. Mori clearly draws on the rich, fantastical imagery of pop culture and science fiction in books, films, videos and mangas for her impersonations; her earlier work was in fact hailed as a new form of 'Pop', also dubbed 'Post-Pop' or 'Tokyo Pop'.

In 1994, for example, she performed a tea ceremony in Tokyo's business centre. Dressed in a sartorial blend of secretary and space-suited astronaut, she offered tea to passers-by. Most of them were business people, who either declined the offer or ignored her. The result, a confrontation between reality and fantasy, was just what she intended: her performance was aimed at establishing a communication that proved to be abortive.

From about 1996 on, her work assumed a more cosmic and spiritual character, undoubtedly influenced by the spirit and tradition of Buddhism and Shinto.
In her video piece *Kumano/Alaya* (1997-1998), on show in this exhibition, Mariko Mori is a Japanese priestess who, dancing like a fairy, flits towards a small temple, where she enacts a contemporary version of the tea ceremony. Extremely esoteric in appearance, the figure seems to possess natural and supernatural, spiritual powers. The work combines old, traditional formal elements with a very contemporary, hi-tech design. This applies to the temple too. The video is exemplary for Mori's later work, integrating as it does a new experience of an ancient spirituality and the technical achievements of present-day Japan.

Gijs van Tuyl, director of the Kunstmuseum in Wolfsburg, Germany, which staged a survey of Mariko Mori's work in 1999, characterized her work as 'a synthesis of antipoles: reality and fantasy, gravity and humour, science and fiction, technique and nature, knowledge and religion, body and soul, logic and mysticism, town and country, materialism and spirituality, man and woman, robot and human …'

Mariko Mori

1986-1988
Bunka Fashion College, Tokyo
1988-1989
Byam Shaw School of Art, London
1989-1992
Chelsea College of Art, London
1992-1993
Whitney Museum of American Art, Independent Study
Program, New York
Woont en werkt in New York / Lives and works in New
York

Eenmanstentoonstellingen keuze
Solo exhibitions selection

1993
Art & Public, Geneva
Close-up, Project Room, New York
1995
Made in Japan, Shiseido Gallery Tokyo
1996
Centre National d'Art Contemporain
De Grenoble, Grenoble
Made in Japan, Deitch Projects, New York
1997
Play with Me, Dallas Museum of Art, Dallas
Mirage, Gallery Koyanagi, Tokyo
1998
Contemporary Projects 2: Mariko Mori, Los Angeles
County Museum of Art, Los Angeles
Mariko Mori, The Andy Warhol Museum, Pittsburgh
1999
Empty Dream, The Brooklyn Museum of Art, Brooklyn
Mariko Mori – Esoteric Cosmos, Kunstmuseum Wolfsburg
Voiceovers, Art Gallery of New South Wales, Sydney
2000
Dream Temple, Rooseum Center of Contemporary Art,
Malmo
Beginning of the End, Center National de la
Photographie, Paris
Link, Centre Pompidou, Paris
Mariko Mori-Beginning of the End, Galerie Emmanuel
Perrotin, Paris

Groepstentoonstellingen keuze
Group exhibitions selection

1994
American Fine Arts, Co., New York
1995
All Dressed Up, Apex Art, New York
Linking Worlds (curated by Jeff Koons), Nicole Klagsbrun
Gallery, New York
On Beauty (curated by Dan Cameron), Regina Gallery,
Moscow
Body Capsule in Shibuya, Postmasters Gallery, New York
By Night, Fondation Cartier Pour l'art Contemporain,
Paris, France
Doug Aitken, Mariko Mori, Ricardo Zulueta, Elga Wimmer
Gallery, New York
Ideal Standard Life, Spiral Garden, Tokyo Japan
Ironic Fantasy, The Miyagi Museum of Art, Miyagi, Japan
Nach Weimar, Kunstsammlungen Zu Weimar, Weimar
The Scream, Arken Museum of Modern Art, Ishoji,
Finland
Tokyo Pop, Hiratsuka City Art Museum, Hiratsuka, Japan
25th Anniversary: 25 Younger Artists Exhibition, John Weber
Gallery, New York
1997
Biennale de Lyon d'Art Contemporain, Lyon
Cities On The Move, Weiner Secession, Vienna
Fifth International Istanbul Biennial, Istanbul, Turkey
La Biennale di Venezia, The Nordic Pavilion, Venice
Johannesburg Biennale, Johannesburg
1998
I love New York, Museum Ludwig, Köln
Mariko Mori/Jana Sterback, Museum of Contemporary
Art, Chicago
1999
Tokyo 60/90 14 Photographers, Metropolitan Museum of
Photography, Tokyo
1999-2000
Regarding the Beauty Hirshhorn Museum and Sculpture
Garden, Washington D.C.
Seeing Time, San Francisco Museum of Art
2000
The UFO Show, Illinois Sate Univ., Normal, IL
Mariko Mori
Yume no Ato, was vom Traum blieb, Haus am Waldsee,
Berlin; Staatliche Kunsthalle, Baden-Baden

#1
Kumano, 1997-1998
video / DVD
collectie de kunstenaar / collection the artist
Courtesy Gallery Koyanagi, Tokyo
Reproductions © Mariko Mori

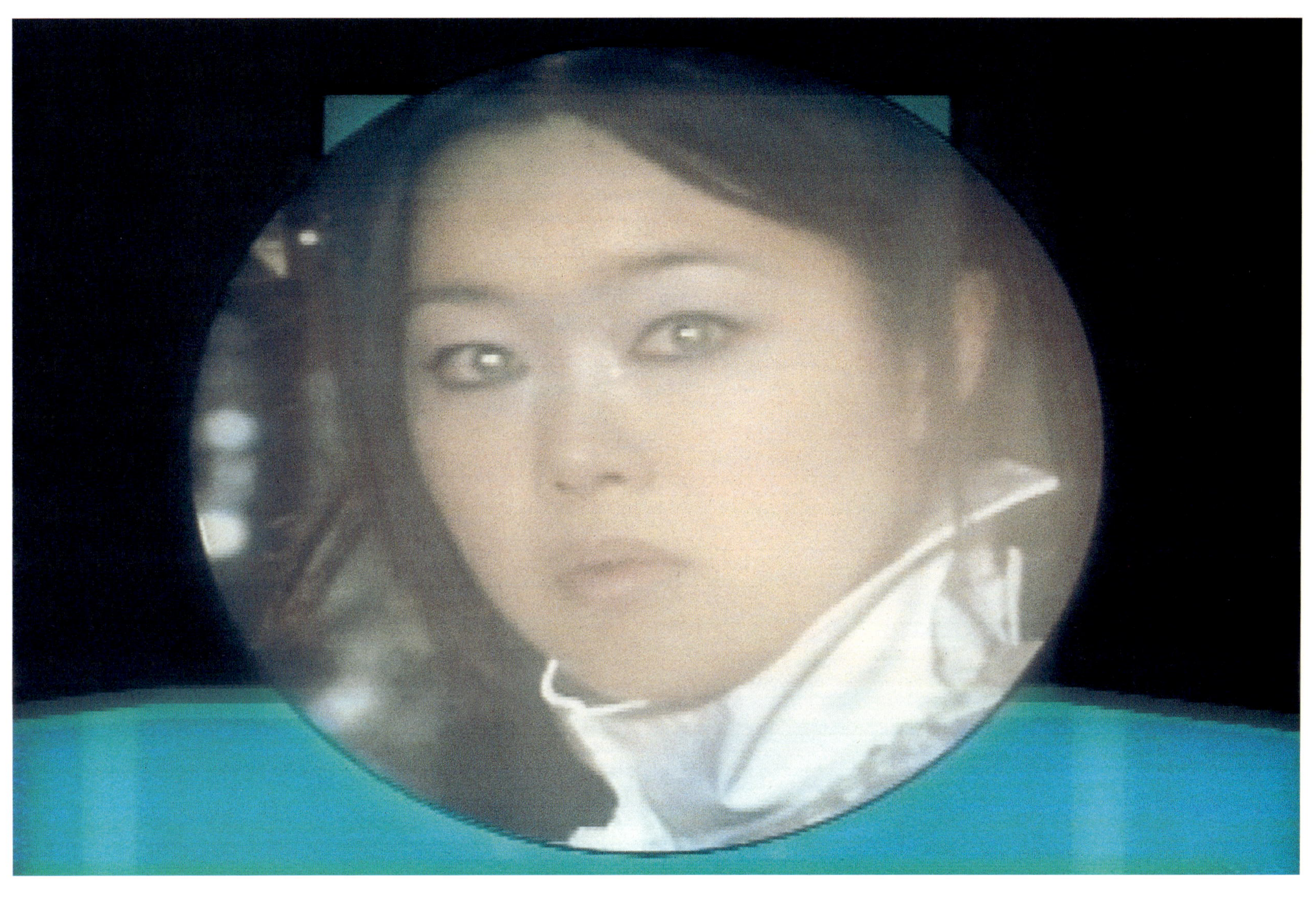

Mariko Mori

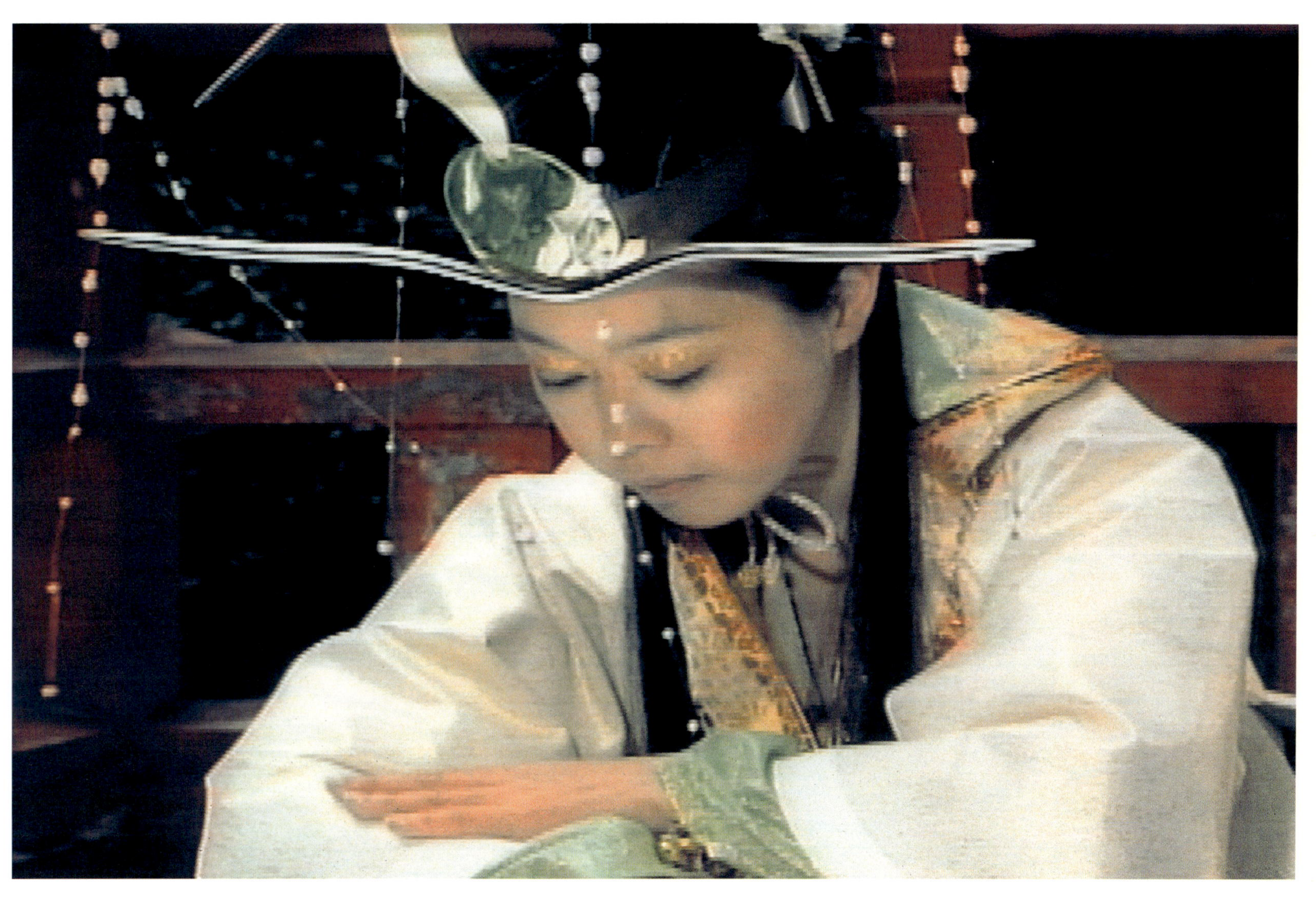

1

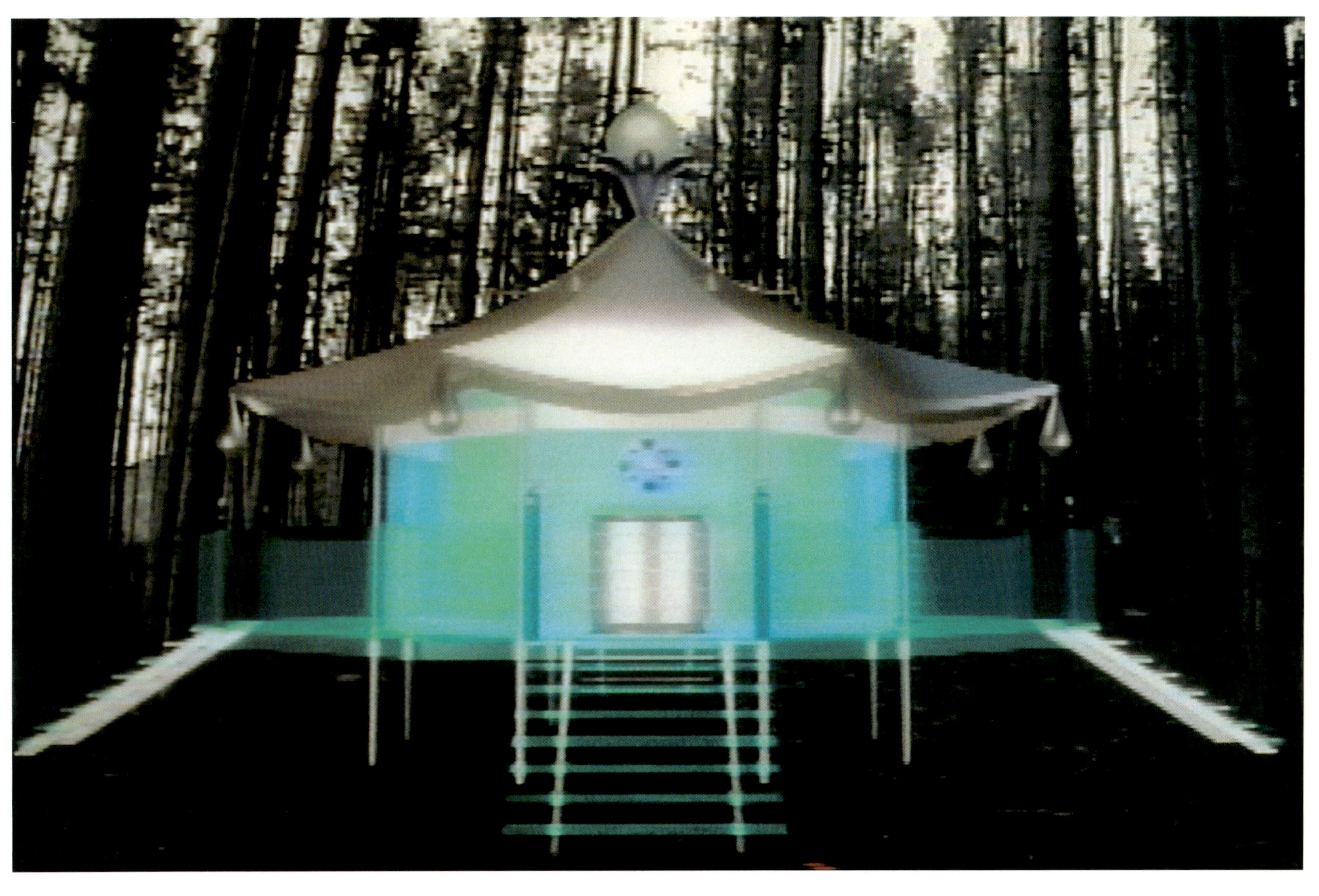

1

Mariko Mori

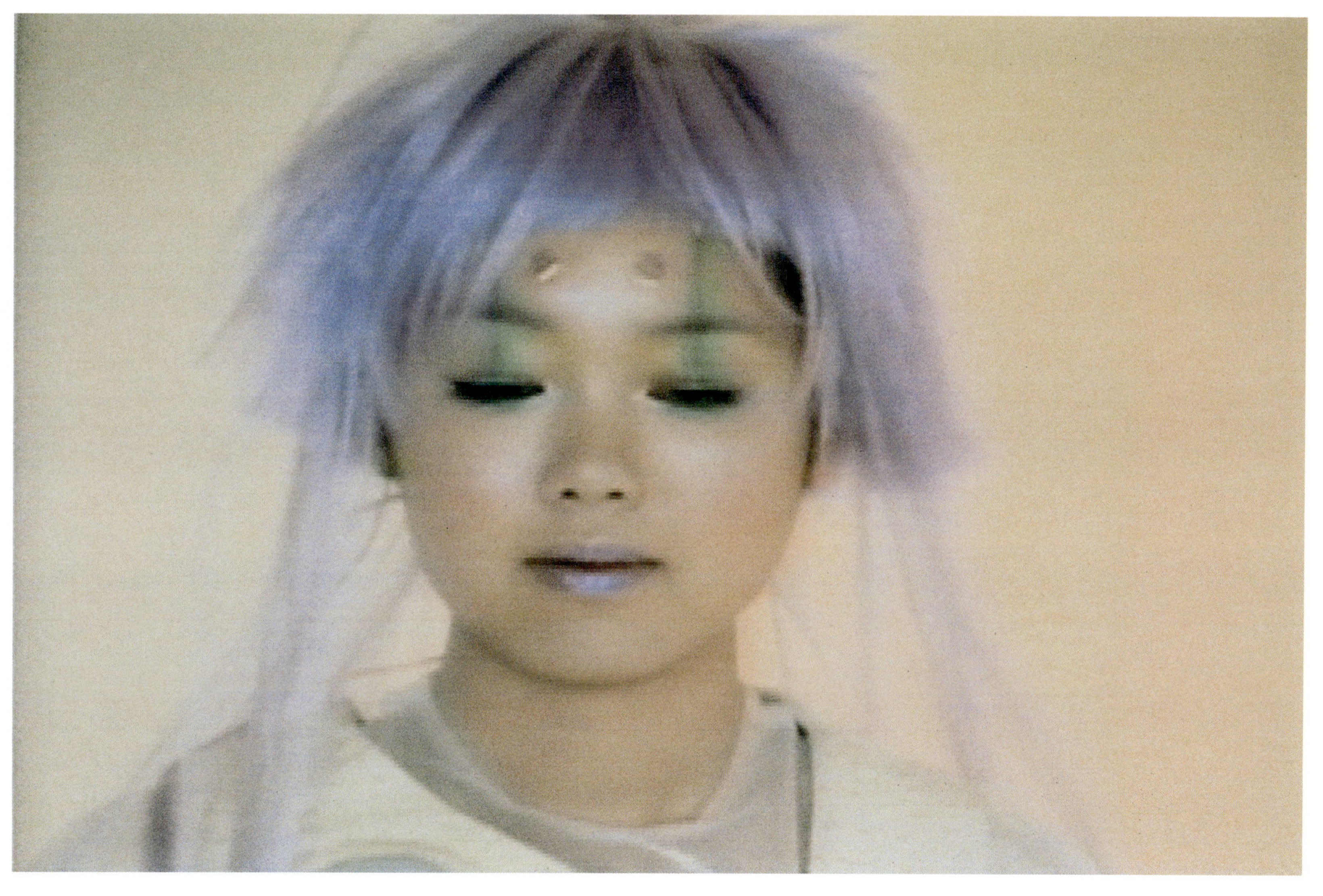

Dit werk werd geïnspireerd door de notities van een man, die verbonden was aan de Amerikaanse luchtmacht. Het ging over een ongeluk tijdens een oefening in het parachutespringen.

Ongelukkiger wijze kon hij zijn parachute niet open krijgen. Hoewel hij gedeeltelijk verlamd raakte, ontsnapte hij aan de dood: als door een wonder kwam hij in een hoge boom terecht. Terwijl hij naar beneden viel had hij minutenlang een psychedelische ervaring. Hij vertelde hierover het volgende: 'Ik deed een hopeloze poging om in leven te blijven, dit duurde echter maar heel even; ik zag mijn hele leven in flashbacks voor mijn ogen voorbijgaan — het werd op dat ogenblik als het ware samengevat in beelden.'
Deze aantekeningen geven ons besef van tijd weer, dat in onze psyche een vage en geheimzinnige rol speelt. In zijn geval was er sprake van een uiterst bedreigende situatie met levensgevaar. Dat was ook de reden dat deze luchtmachtpiloot zulke vreemde beelden zag.
Dit fenomeen is heel direct gekoppeld aan de fysische werking van de hersenen, niet de emotionele. Het is bekend dat dit wordt veroorzaakt door Dopamin. (Dit wordt ook wel een verdovend middel voor de hersenen genoemd.) In zo'n stressvolle situatie wordt Dopamin razendsnel in grote hoeveelheden aangemaakt. Zo'n genadeloze ervaring als hierboven beschreven, heb ik nooit gehad, maar ik wil graag iets vertellen over een ervaring van mijzelf, die daarmee te vergelijken is.

Ongeveer tien jaar geleden kreeg ik een verkeersongeluk. Ik reed ik op mijn motor in een heel druk deel van Tokio, ik reed door een smalle straat toen er plotseling een auto aan mijn linkerkant verscheen, ik kon hem niet meer ontwijken, ik had geen andere keus dan naar rechts uit te wijken. Toen kwam ik in frontale botsing met een grote vrachtwagen. Ik botste met mijn hoofd tegen de voorruit en vloog over het dak van de auto. Op dat moment had ik ongeveer dezelfde ervaring als de parachutist tijdens zijn ongeluk. Ik zag de hele wereld in slowmotion, alsof ik naar een stroboscopische film keek. Mijn buiteling duurde zeker niet langer dan 1 of 2 seconden, maar voor mij voelde het alsof het 2 of 3 minuten waren. Voor mijn ogen zag ik een deel van het wegdek en de straat om mij heen. Uiteindelijk kwam ik 5 meter verderop op de weg terecht. Doodstil lag ik daar, ik voelde op dat moment geen pijn, maar na een tijdje voelde ik een soort elektrische schok door mijn rug elke keer als ik ademhaalde. Dopamin heeft een zelfde chemische werking als bij een narcose. Als ik terugdenk aan dat moment kan ik niet concreet of precies de beleving ven tijd uitleggen die ik toen ervoer, toen ik over het dak van de auto vloog.

Wij zijn gewend om te gaan met een ingedeelde tijd. Waarom bestaat een dag uit 24 uur? Waarom is een minuut 60 seconden? Enzovoort. Wanneer men onder extreme stress staat zoals het geval was bij de parachutist, ervaart men een volstrekt ander idee van tijd of zoals je ook zou kunnen zeggen, een parallelle wereld, waar de gemeten tijd niet bestaat.

This work was inspired by the note of a man, who was a member of the US Air Force. The incident occurred during parachute descent training.

Unfortunately, he could not open his parachute for himself. Although he was paralyzed from the waist down, he escaped death by a miracle owing to huge trees. While he descended, he had a special psychedelic experience for a few minutes. He said the following,
'I made a hopeless effort to exist, but it only lasted a moment, I could see my whole life flash before my eyes — it was summarised and visualised in this moment.'
This note reflects that our 'sense of time' is quite a vague and mysterious concept in our psyche (thought process). In his case, that was a very pressing situation with imminent danger. Therefore the subject US Air Force member was able to see such a strange vision.
This phenomenon is known to be connected with the physical mechanics of the brain, not emotional. It is known that it is caused by Dopamin (— it is otherwise known as the brain drug). Dopamin rapidly increases in quantity in a situation that cause great stress to one's body. I've never gone through such a merciless experience, but would like to introduce a similar experience of mine.

About ten years ago, I had a traffic accident. I was riding a motorcycle in a crowded part of Tokyo. I rode through a narrow street, when a small car suddenly appeared on my left, I could'nt avoid it, so I had no choice but to vere to the right ride on.
It was at this moment that I had a head-on collision with a long wagon, I shattered the windscreen with my head, and then was sent flying over the roof. At this time, my experience was very similar to that of the parachuter's accident. The world around me seemed as if in slow motion as if I was seeing the world through a strobe camera. Though my flight was no more than 1 or 2 seconds, it felt as 2 or 3 minutes. Before my eyes I saw the details of the surface of the road and the street around me.
Finally I hit the road 5 meters ahead. I felt no pain for a moment, as I lay moveously on the asphalt, but after a while, electrical shock came to my back increasing with every breath. (Dopamin can also chemical action as anesthetic.) If I reflect back to that moment, I can't concretely or exactly explain the sense of time I experienced when I was flying over the roof of the car that collided into me.

We can relate to periodical time very easily. Why does one day consist of 24 hours? Why is 1 minute 60 seconds? and so on. However if put under extreme stress such as that of the parachuter, one can experience another sense of time, if you will, a 'paralell world' where measured time does not exist.

My main concept lies in the spiritual or mental world of human beings. In order to conduct this search, I have been looking for a keyword. I decided for 'unconsciousness'. Surrealists work in the beginning of the 20th century

Het basis-concept van mijn werk concentreert zich op de spirituele of psychische wereld van de mens. Om dat te onderzoeken heb ik gezocht naar een sleutelwoord. Ik koos voor het 'onderbewuste'. Het werk van de surrealisten in het begin van de twintigste eeuw had zijn oorsprong in de droom van de kunstenaar. Ik wil dit begrip echter niet alleen verbinden met de droom die je hebt tijdens de slaap, maar ook met de situatie van iemand die wakker is, en met een bepaalde hersenfunctie of speciale lichamelijke ervaringen. Natuurlijk hebben Freud en Jung uiterst sensationele theorieën ontwikkeld en zijn deze theorieën inmiddels wijd verbreid (Libido, Super ego, Occulte etc.). Onder invloed van de ontwikkeling van de medische wetenschap zijn deze theorieën herzien en zijn niet meer niet meer zo actueel als daarvoor.

Als kunstenaar is het mijn plicht mij te richten op onze psychische processen en door middel hiervan werken uit te voeren. In 1995 noemde ik daarom mijn eenmanstentoonstelling Doppelgaenger. Dit werk gaat over de geestelijke wereld van de mens. Ik kan dit begrip heel eenvoudig uitleggen. Doppelgaenger is het andere ik, mijn alter-ego (een deel van mij), waarvan mijzelf en anderen zich bewust zijn. Het super ego of het ego kan door niemand worden gevisualiseerd. Dit vond ik een interessante gedachte. Ik wil niet verwijzen naar en fysieke kopie van mijzelf zoals de kloon (Dolly), die met succes ter wereld kwam met behulp van gespecialiseerde medische technologie aan het eind van het millennium. Dit was een verbazingwekkende gebeurtenis in de jaren negentig, maar 'Doppelgaenger' gaat over iets heel anders. 'Doppelgaenger' is sterk verbonden met de menselijke psyche. Ik presenteerde mijn werk door middel van enkele wassen beelden en spiegels. Ik plaatste elke pop tegenover een spiegel die weer bovenop een ronde spiegel stond.

Is de spiegeling of het beeld zelf de realiteit?
Wie bepaalt dat de werkelijke wereld beperkt is tot de derde dimensie?
Deze vragen zijn erg belangrijke elementen in mijn concept. Misschien zag de parachutist tijdens zijn val, verder dan de derde dimensie.
In een volgende tentoonstelling onderzocht ik het bewustzijn van de mens. Ik nam een paar sleutelbegrippen uit de theorie van Lacan – de gespleten persoonlijkheid, of de dimensies van de spiegel en zette dit in beelden om.

Jumper #2 is een uitbreiding van het werk en de ideeën, waarmee ik tot op heden mee bezig ben.
In ieder geval voel je vrij om in de ruimte van de parachutist te springen en zijn vreemde wereld mee te beleven.

Yoshinori Kon
2000

originated the artists dreams. I want to connect with not only the dream world we entire while sleeping, but also to link them to the awaking situation, and functions of the brain or sensations that the human body experience. As a matter of course, Freud or Jung have given extremely sensational theories regarding the masses (Libido, Super-ego, Occult etc.). According to the development of medical science, those theories have been revised, and are not so radical issues.
As an artist, it is my duty to focus on our mental process and through this execute works. In 1995 I titled my solo exhibition Doppelgaenger. This work also dealt with a spiritual world of human beings. To explain this is words very simply: 'Doppelgaenger' is another me (part of me) that I and others are aware of. Super-ego or ego is not visualized by anyone.
I found this an interesting point. I am not referring to a physical copy of myself such as the clone (Dolly) that was successfully born through the use of Hyper medical technology at the end of the millenium. This occurence was a surprising matter in the nineteen-nineties, but 'Doppelgaenger' is quite another interpretation. 'Doppelgaenger' is related to psyche very closely.
I presented my concept through some wax dolls and mirrors. I set each doll in front of the mirror placed on the top of circular mirror.

Is the reflection of itself part of the real world?
Who decided are real world is limited to the third dimension? Such questions are very important elements of my concept. (Perhaps the parachuter is beyond the 3rd dimension while descending.)
In the next exhibition I explored the consciousness of human beings. I took some key phrases, a man of dual personality, or dimension of mirror from Lacan's theory through a visual media.

Jumper #2 is an extension of the work and concepts I have been dealing with up to now.
By all means feel free to jump into the world of the parachuter and simulate his strange world.

Yoshinori Kon
2000

Yoshinori Kon 1967 203

Van oorsprong is Yoshinori Kon een fotograaf, die de vele mogelijkheden van de fotografie benut om vorm te geven aan zijn fascinatie voor het functioneren en de structuur van de menselijke geest. Later zocht hij ook zijn toevlucht tot de installatie en de film bij de visualisering van zijn speurtocht naar de functies en condities van de psyche. Hij is één van de weinige jonge kunstenaars in Japan, die zich in zijn werk zo sterk verdiept in de psychische gesteldheid van de mens en deze tot onderwerp van zijn kunst maakt. Met name is hij geïnteresseerd in de verhouding tussen het bewuste en het onderbewuste, het ego en het superego, het waken en de droom. Zijn eigen toelichting over de achtergronden en het ontstaan van het videowerk *Jumper* maken duidelijk wat hem beweegt.

Kon studeerde in 1995 aan de Kunstacademie in Düsseldorf bij Bernd Becher en in 1998 aan dezelfde academie bij Magdalena Jetelova.

Yoshinori Kon started off as a photographer, exploiting the medium's numerous possibilities to give form to his fascination in the way the human mind works and is structured. He subsequently turned to installation and film as a means of visualizing his search for the functions and conditions of the psyche. Kon is one of the few young Japanese artists to have explored the psychic human condition so deeply and made it the subject of his art. He is particularly interested in the relationship between the conscious and the unconscious, between ego and super-ego, between waking and dreaming. His commentary on the backgrounds and genesis of his video work *Jumper* makes his motivations clear.

In 1995 Kon studied at the Kunstakademie in Düsseldorf with Bernd Becher, and in 1998 in the same institution with Magdalena Jetelova.

Yoshinori Kon

1967
Geboren in / Born in Hokkaido, Japan
1992
Opleiding schilderkunst / B.A. in painting, 1994:
M.A. at Tokyo University of Fine Arts and Music
1995
Kunstakademie Düsseldorf, Photography Class Prof.
Bernd Becher
1996
Kunstakademie Düsseldorf, Sculpture Class, Prof.
Magdalena Jetelova
Staatlich Hochschule für Gestaltung Karlsruhe.
Auditor for 1 year at Prof. M. Odenbach
1998
Kunstakademie Düsseldorf Sculpture Class, Prof.
Magdalena Jetelova Finisthed 6 term.
Gaf workshop op / Taught and conducted a workshop
at University of Nagoya Plastic and Fine Art
1999
Tokyo National University of Fine Arts and Music,
Assistant of Photography Center

Eenmanstentoonstellingen keuze
Solo exhibitions selection

1991
Yoshinori Kon Exhibition, Ginza Nagatani Gallery, Tokyo
1993
Yoshinori Kon Exhibition, Gurdian Garden, Tokyo
1995
Doppelgänger, Gallery Kobochika, Tokyo
2000
Mirror, Gallery Kobochika, Tokyo

Groepstentoonstellingen keuze
Group exhibitions selection

1990
Two People Exhibitions, Setagaya Art Museum, Tokyo
1991
Talking by Photograph II, Tokyo National University of
Fine Arts and Music
Museum, Tokyo
1992
3.3m Exhibition, Gurdian Garden, Tokyo
New Cosmos of Photography, P3 art and environment,
Tokyo
1993
24ᵗʰ APA Biennale, Seibu/Shibuya, Tokyo
Talking by Photograph III, Tokyo National University of
Fine Arts and Music Museum, Tokyo
1995
A Sound of Light II, AI Gallery, Tokyo
1996
Düsseldorf – Poznan, International Artist Centre, Poznan,
Poland
The Collenbach Salon, Galerie Maikäfer der Zukunft,
Düsseldorf, Germany
*Art Spirit Hokkaido Biennale 1996-97 / Talking Body:
Approach of 10 artists*, Hokkaido Public Modern Art
Museum, Sapporo / Round Exhibition at Obihiro,
Asahikawa, Hakodate
1997
Rundgang 97, Kunstakademie Düsseldorf, Düsseldorf,
Germany
Klasse Jeterova in Gütersloh, Kunstverein Kreis Güterslo
e.v., Gütersloh, Germany
1998
Rundgang 98, Kunstakademie Düsseldorf, Germany
1999
Artport 99/media select, Warehouse, Nagoya

Prijzen / Awards

1992
3,3 m³, Contemporary Photo Competition, Grand Prix
New Cosmos of Photograf 1992, Contemporary Photo
Competition – Prised for Nobuyoshi Araki
1993
24th APA Biennale, Contemporary Photo Competition –
Prised for Canon Inc.

1
Jumper #2, 2000
video-projectie / large-scale video projection
collectie de kunstenaar / collection the artist

2
Doppelgänger, 2000 niet tentoongesteld / not exhibited
speigel, pop, stoel / mirror, dummy, chair
collectie de kunstenaar / collection the artist

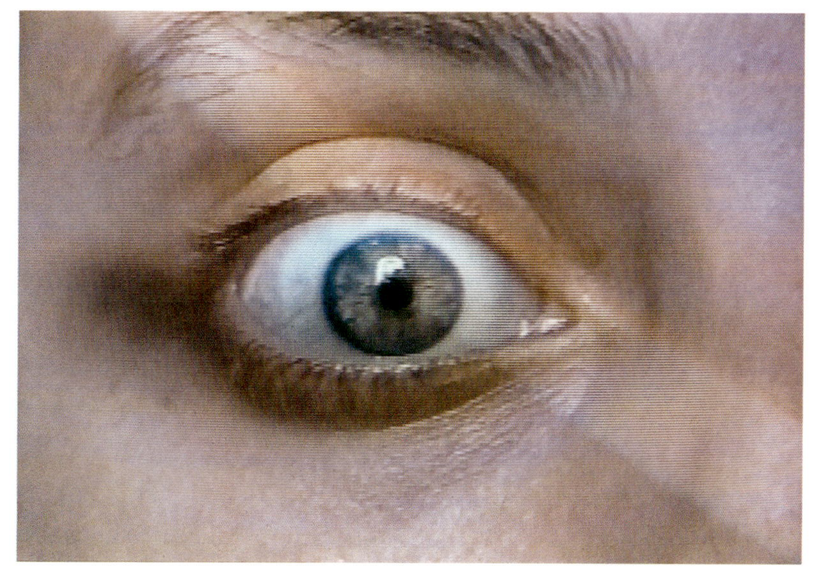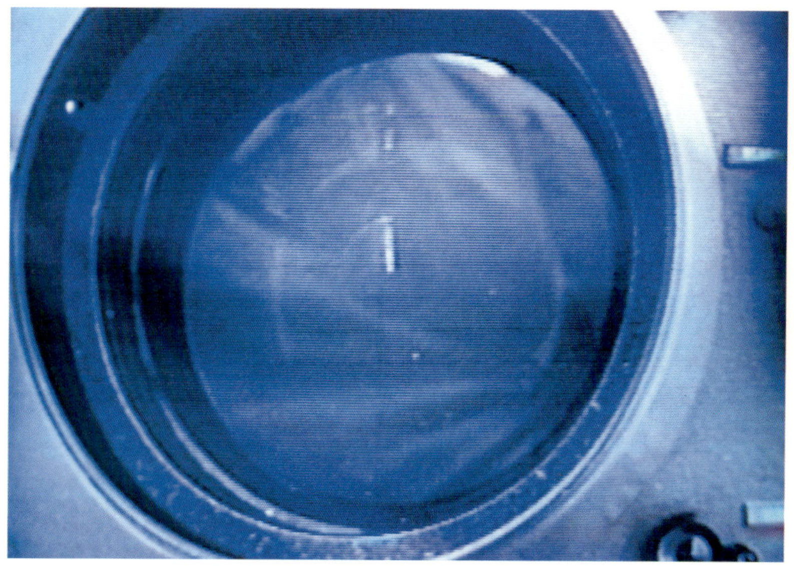

Yoshinori Kon

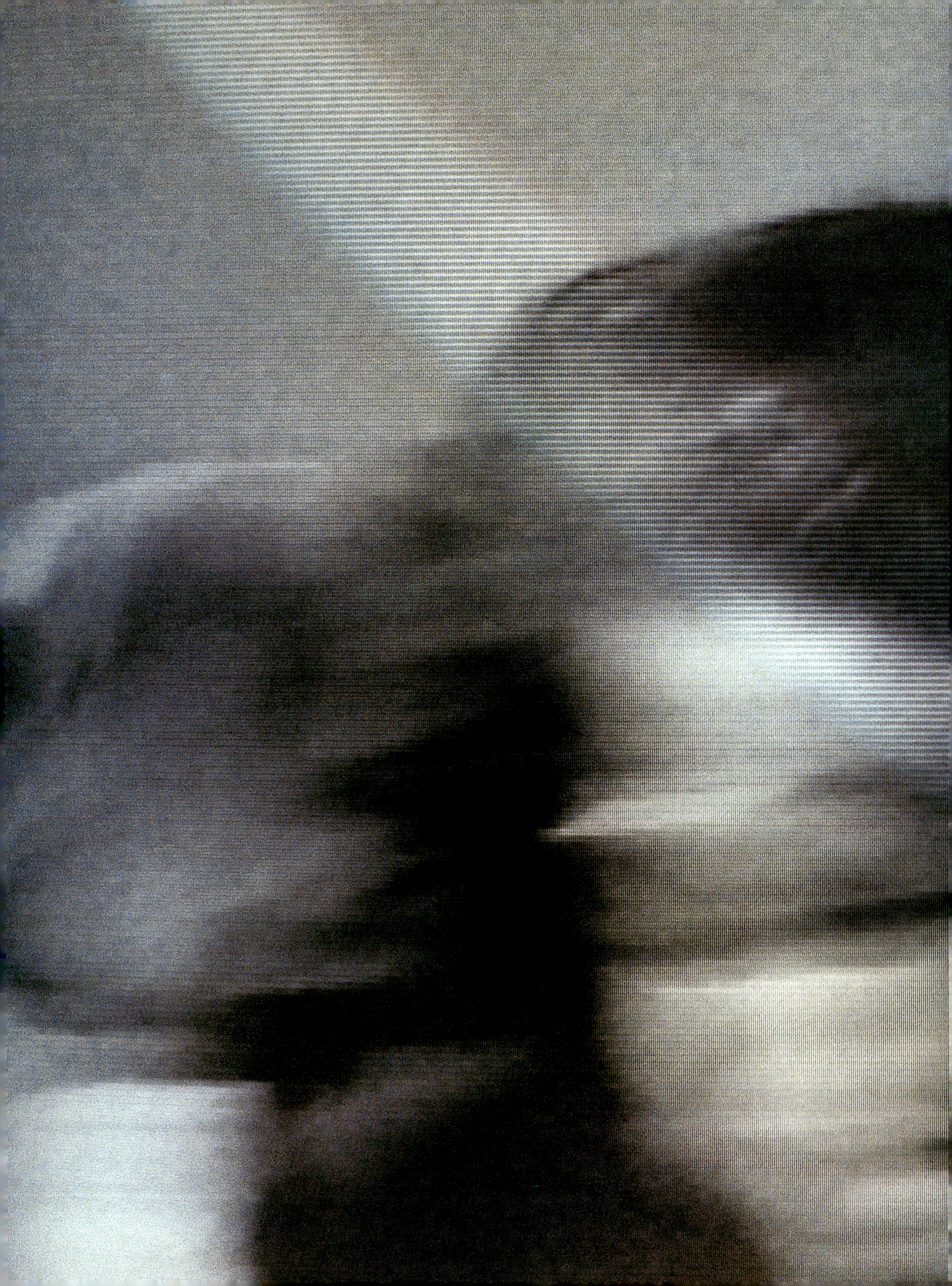

1
Yoshinori Kon

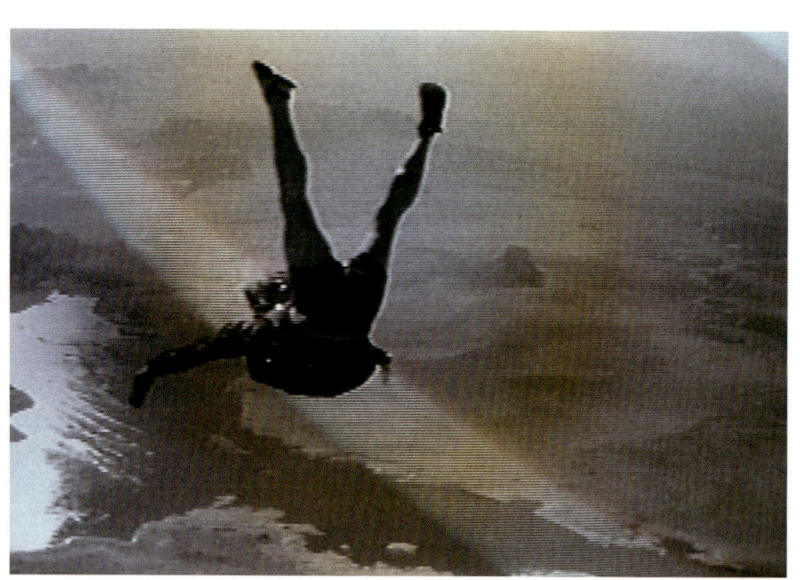

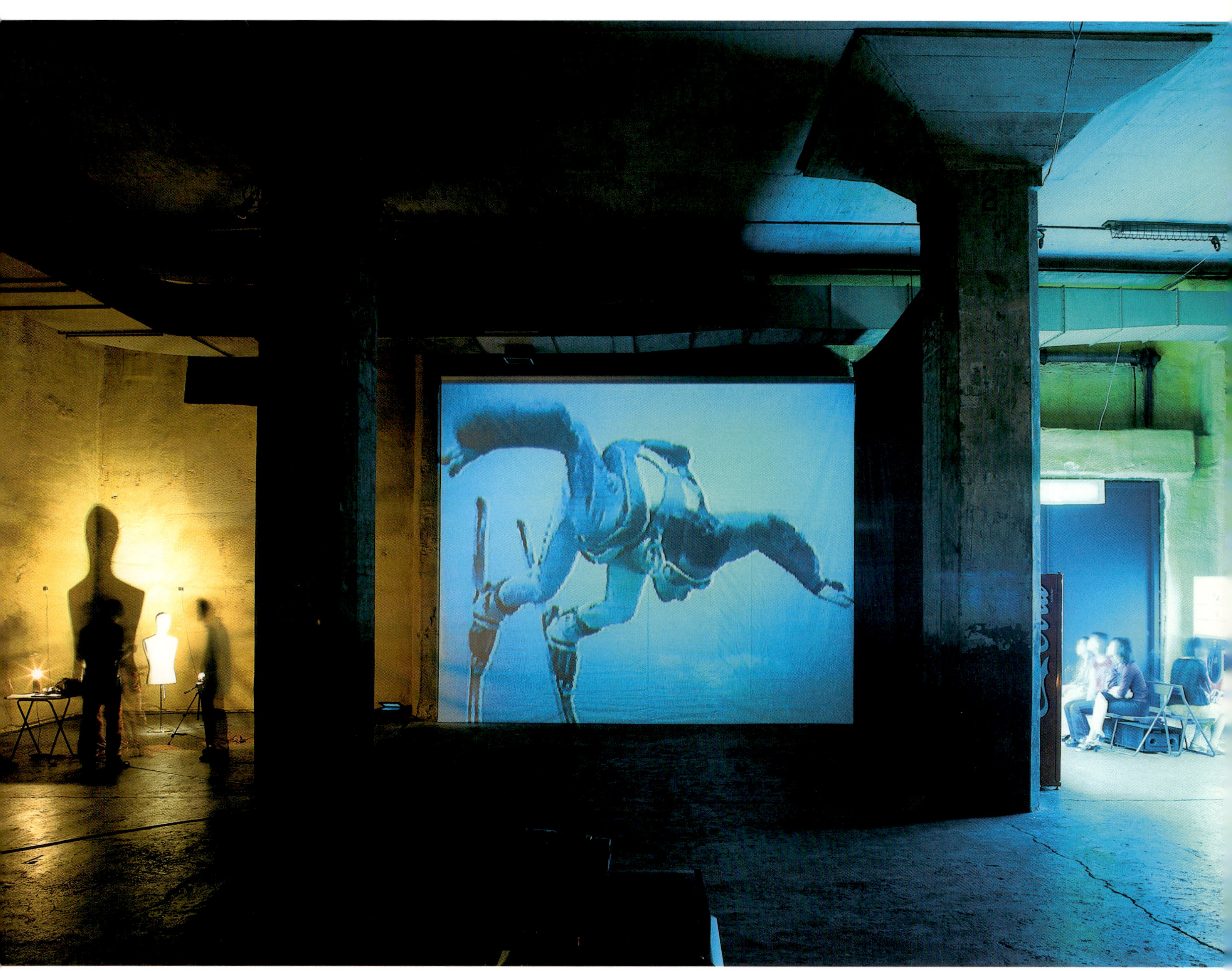

1

Yoshinori Kon

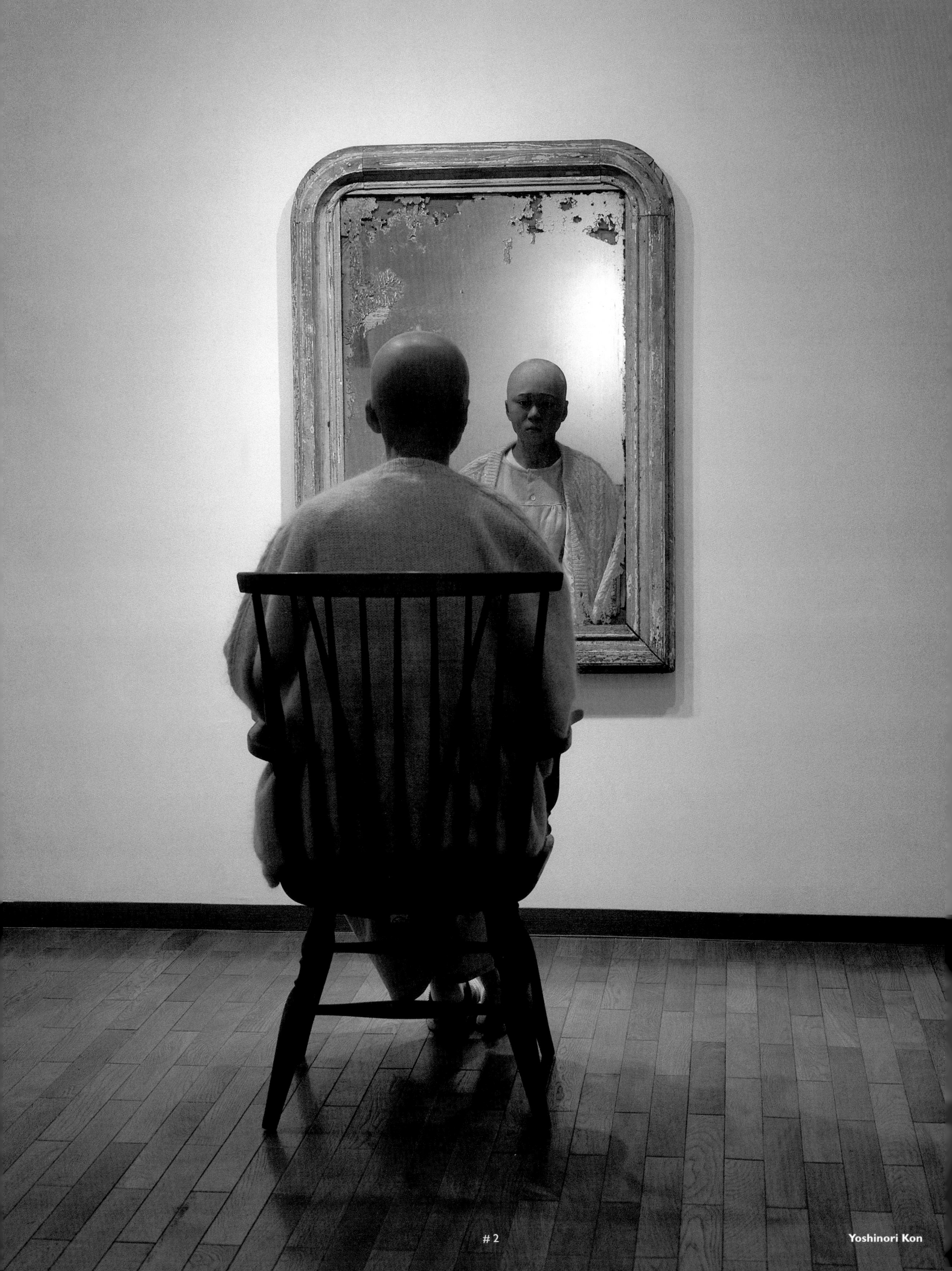

2

Yoshinori Kon

Beste Vincent van Gogh,

Hoe gaat het met je, Vincent?
Met mij gaat het hier goed.
Het spijt me dat ik je zo lang niet geschreven heb.
Ik ben nog steeds Ikiro aan het schrijven.
Herinner jij je dat nog?
Ikiro kan in het Engels vertaald worden door 'Be Alive' (leef en leef bewust).
Ik gebruikte dit woord Ikiro voor het eerst in een brief aan jou in 1986.
In die tijd kon ik mijn leven nauwelijks aan en soms was ik teleurgesteld in de samenleving.
Misschien was ik wel te jong.
Het woord Ikiro was het enige woord om een jonge man als ik moed te geven.
Het is werkelijk een woord dat energie geeft, vind je niet?

Sindsdien heb ik veel ervaring opgedaan met Ikiro.
Van 1994 tot 1996, woonde ik in New York om er Engels en kunst te studeren.
Ken je New York? Misschien wel niet.
In ieder geval ik ging naar New York toe.
Het was er erg goed. Waarom? Omdat ik genoeg afstand kreeg van mijn eigen omgeving en zo leerde ik mijzelf beter kennen.
De ervaringen die ik daar opdeed zijn nu nog steeds erg belangrijk.
'Waartoe is kunst in staat?'
'Wat kan ik met mijn leven doen?'
Door anderen te observeren vond ik langzaam mijn eigen weg, door Ikiro te schrijven,

Sinds 5 mei 1997, mijn verjaardag (Dank je dat je mij niets gestuurd hebt)
schrijf ik elke dag Ikiro.
Ik schrijf Ikiro elke dag.
Kun jij je dat voorstellen? Natuurlijk in het begin was dit erg moeilijk.
Je zegt misschien: is dit niet erg vervelend en krijg je er geen stijve nek van!!
Ja, dat is wel zo, Maar ik probeer het. Waarom?
Waarom niet?
Soms schreef ik Ikiro voor een tentoonstelling, soms voor vrienden, soms voor mijzelf.
Hoe meer ik Ikiro schreef, hoe minder ik mij afvroeg 'Waarom'.
Weet je? Wanneer ik Ikiro schrijf, moet ik mijzelf concentreren op het niets.
Dat betekent dat ik sinds kort besef, dat ik leef.
Zo raakte ik er een beetje bij beetje aan gewend, Ikiro te schrijven.
En nu. Je kunt zeggen dat het een soort van dagelijkse routine of meditatie is geworden.

Tot voor kort heb ik vele plaatsen op de wereld bezocht met Ikiro.

Dear Vincent van Gogh,

How are you doing Vincent?
I'm fine here.
Sorry that I didn't write a letter to you for so long.
I've been still writing Ikiro.
Do you remember?
Ikiro can be translated into 'Be Alive' in English.
I used this word Ikiro in a letter to you in 1986 for the first time.
At that time I always struggled to live my life and sometimes I was disappointed with society.
Maybe I was too young.
The word Ikiro was the best word to encourage such a young guy.
It's really an energetic word, isn't it?

Since then I've experienced a lot of things with Ikiro.
From 1994 to 1996, I lived in New York to study English and Art.
Do you know New York? Maybe you don't.
Anyway I went to New York.
It was really nice. Why? Because I got enough distance from my place so that I could see myself very well.
The experiences I had there are quite important still now.
'What's the possibility of Art?'
'What can I do through my life?'
Watching through others I slowly found my own style, writing Ikiro.

Since the 5th of May in 1997, my birthday (Thank you for sending me nothing!)
I've been writing Ikiro everyday.
Writing Ikiro everyday.
Can you imagine? Of course the beginning was really hard.
You say it is just boring and really a pain the neck!!
Yes, it is actually. But I tried. Why.....?
Why not?
Sometimes for a show, sometimes for friends, sometimes for myself, I wrote Ikiro.
The more I wrote Ikiro, the less I asked 'Why?'.
You know what? Whenever I write Ikiro, I have to face myself with nothing.
Which means I newly know I'm alive here.
So I got used to writing Ikiro little by little.
And now. You can say it has become a kind of daily routine or meditation.
It's really interesting. You know why?
Because I feel Ikiro is not only Art but also a part of my daily life.

Recently I have been to many places in the world with Ikiro.
There were so many things that I didn't know in the world.
During the trip, I wrote Ikiro. It was like a communication.
Half of my bag was always filled with paper for Ikiro.
Sometimes in front of many people, sometimes in front of a

Er waren zoveel dingen op de wereld die ik niet kende.
Tijdens de reis schreef ik Ikiro. Het was een vorm van
communicatie.
De helft van mijn rugzak was gevuld met papier voor Ikiro.
Soms schreef ik Ikiro voor een groot publiek, soms voor een
berg, midden in de natuur soms binnen, soms buiten, en soms
in grote steden en in kleine dorpen.
Elke keer, steeds op een andere plek voelde ik iets nieuws.
Soms zelfs dacht ik dat het helemaal geen Kunst was.
Maar het deed er niet toe of het nu Kunst was of niet, omdat
in die periode
mijn belangstelling zich meer op 'Creatie' toespitste dan op
'Kunst'.
Ik ging naar plaatsen waar Kunst helemaal niet bestaat
Waar mensen zich bezig houden met het zorgen voor voedsel,
kleding, onderdak op de meest basale manier.

Ik stelde mij de oorsprong van het creëren voor, toen ik dat
zag.
Vincent. Vergeleken bij jouw tijd is alles nu geautomatiseerd en
gecompliceerd geworden.
Ik denk dat we ver zijn afgedreven van het oorspronkelijk idee
van creëren
En nog iets anders
Het lijkt erop dat wij mensen nooit stoppen met creëren
Denk je ook niet?
Ik wil daarom geen negatieve instelling krijgen.
Omdat het enige dat wij kunnen doen is 'scheppen'.
Ikiro Ikiro Ikiro. Nog steeds word ik hierdoor bezield.
Het is alsof er niets is veranderd sinds mijn eerste Ikiro in
1986.
Ikiro is en blijft Ikiro.
Wat ik wil zeggen is, dat ik bewust Ikiro schrijf.
Zelfs als de werkelijke betekenis ervan niet begrepen zou
worden.
Zelfs als niemand zou weten of het nu Kunst is of niet.
Omdat…ik het zo wilde.
Dat is alles.
Ik heb geen enkele reden om Ikiro te schrijven.
Ikiro is niets meer of minder dan Ikiro.
En ik denk…
Misschien hou ik wel van Ikiro.

Tot spoedig.

Takahiro Suzuki
26 december 2000

mountain, surrounded by natures, inside, outside, big city, small
village – I wrote Ikiro.
Each time from each place I felt something new
even though sometimes it might not have made sense as Art.
But it didn't matter if it could be Art or not, because in this
time
the point of my interest moved from 'Art' to 'Creation'.
I went to places which don't even have Art.
They produced food, clothing, shelter by themselves in simple
ways.
I imagined the roots of creation, when I saw that.

Vincent. Compared to your time, everything has become
systematic and complicated.
I think we have come far from the basic idea of creation.
And one more thing.
It seems like, we human beings never stop creation.
Don't you think so?
So I won't become negative.
Because the only thing we can do is creation.
Ikiro Ikiro Ikiro. This is my spirit still now.
I feel like nothing has changed since the first Ikiro in 1986.
Ikiro is always Ikiro.
What I want to say is I did write Ikiro
even if the exact meaning of Ikirowasn't understood.
Even though nobody know if it was Art or not.
Because … I just wanted.
That's all.
I don't have any reason to write Ikiro.
Ikiro is no more and no less than Ikiro.
And I think …
maybe I like Ikiro.

See you soon. Ciao!

Takahiro Suzuki
26 December 2000

Sinds 1994 schrijft Takahiro Suzuki dagelijks vele malen in Japanse karakters het woord *Ikiro*, dat hij vertaalt met 'be alive'. Hij zal dit dagelijks doen in de tentoonstelling in het Kröller-Müller Museum.

Na zijn studie legde Suzuki zich toe op het maken van installaties en provocerende performances. Hij bracht dagenlang door in een soort grafkist (*Room for Thinking of Beuys*) of legde zich te slapen midden tussen het verkeer in een van de drukste straten van Osaka. In 1994 vertrok hij naar New York. Ver weg van Japan ging hij sterk twijfelen aan zijn kunstenaarsschap en overwoog hij zelfs geheel met de kunst te breken. Tijdens deze periode schreef hij dagboeken en brieven aan de door hem bewonderde Van Gogh. Aanvankelijk als een vorm van aanmoediging van zichzelf, gebruikte hij in deze brieven het woord *Ikiro*. Vervolgens ging hij er toe over dit woord regelmatig en later elke dag neer te schrijven op kleine vellen Japans rijstpapier. Wat begonnen was als een aansporing voor hemzelf, werd gaandeweg het vervaardigen van een abstracte tekening, een eindeloos herhaalde minimale handeling en een vorm van meditatie. Het plaatsen van het *Ikiro*-teken is voor Suzuki ook een leidraad, die structuur en zin geeft aan zijn leven. Leven en kunst vallen door *Ikiro* in een geconcentreerde vorm samen.

In zijn Newyorkse periode ging hij zich ook meer en meer bezinnen op zijn Japanse achtergrond. Hij kwam naar zijn zeggen, tot het door het Boeddhisme geïnspireerde inzicht, dat goed en kwaad, positief en negatief, het maken van kunst en het niet-maken van kunst en een zelfde waarde hebben.
Uit een behoefte aan communicatie voerde Takahiro Suzuki het schrijven van zijn *Ikiro*-teken na enige tijd ook in het openbaar uit, als een performance. Hij begon hiermee op Washington Square Park in New York (1996) en vervolgens in het huis van zijn overleden leermeester in Osaka, op de heilige berg Kailash in Tibet (1997) op 5000 meter hoogte, in Boronnarwa in Sri Lanka (1998), in een Tibetaans-Boeddhistische Tempel in Tibet, in het dorp Mangora in Tanzania (1998), in een oude fabriek in Koyoto (1999) en in een postkantoor in Berlijn (2000). Die verandering van context voor *Ikiro* is voor hem van wezenlijk belang. Volstrekt andere omgevingen, volstrekt andere mensen met wie hij tijdens zijn *Ikiro*-performance communiceert, andere seizoenen, dit alles geeft volgens zijn opvattingen steeds een geheel andere waarde en betekenis aan het *Ikiro*-project.

Suzuki, voor wie zowel Joseph Beuys als Vincent van Gogh een bron van inspiratie zijn, zal voor het eerst zijn *Ikiro*-performance uitvoeren in een museum. Hij beschouwt het als een wezenlijk deel van zijn werk om gedurende de drie maanden van de tentoonstelling elke dag aanwezig te zijn, regelmatig *Ikiro* te schrijven en over zijn werk met bezoekers van gedachten te wisselen. Zijn aanwezigheid betekent voor hem tevens een manier om duidelijk te maken dat ook hij deel is van de natuur, van een groter geheel.

Every day since 1994 Takahiro Suzuki has been writing the Japanese characters for the word *Ikiro*, which he translates as 'be alive'. He will continue to write them every day during the exhibition at the Kröller-Müller Museum.

After his study Suzuki made a speciality of installations and provocative performances. He spent days on end in a kind of coffin (*Room for Thinking of Beuys*), or lay down to sleep in the midst of the traffic in one of Osaka's busiest streets. In 1994 he went to New York. Far away from Japan, he was assailed by serious doubts about his artist-hood and even considered abandoning art completely. During this period he kept a diary and wrote letters to his venerated Van Gogh. Initially as a form of self-encouragement, he introduced the word *Ikiro* in these letters. Subsequently, he wrote the word with increasing frequency and eventually every day, on small sheets of Japanese rice-paper. What had begun as an incentive for himself gradually became the making of an abstract drawing, an endlessly repeated minimal action and a form of meditation. To Suzuki, writing *Ikiro* is a guideline or timeline that gives structure and meaning to his life. Life and art, he says, merge into a concentrated form because of *Ikiro*.

During his New York period Suzuki began to reflect more and more on his Japanese background, doubtlessly because it was so far away. This, he says, gave him an insight inspired by Buddhism: that good and evil, positive and negative, making art and not making art, possess the same value. In due course, and from a need for communication, Takahiro Suzuki began to write *Ikiro* in public, as a performance. The first time was in Washington Square in New York (1996), followed by performances in the house of his deceased master in Osaka, on the holy Kailash mountain in Tibet (1997) at a height of 5000 metres, in Boronnarwa in Ceylon (1998), in a Tibetan Buddhist temple, in the village of Mangora in Tanzania (1998), in an old factory in Kyoto (1999) and in a Berlin post-office (2000). He regards the change of context as an essential part of *Ikiro*. The completely different surroundings, the completely different people with whom he communicates during his *Ikiro* performance, the different seasons – in his perception all these factors invest the *Ikiro* project with a totally different value and meaning every time.

Suzuki, to whom both Joseph Beuys and Vincent van Gogh are a source of inspiration, will be performing *Ikiro* in a museum for the first time. He sees an essential part of his work as being in the Kröller-Müller Museum every day for the three-month duration of the exhibition, writing *Ikiro* repeatedly and exchanging views about his work with visitors. He also regards his physical presence as a means of demonstrating that he, too, is part of nature, of a greater whole.

Takahiro Suzuki

1967
Geboren in / Born in Osaka
1991
Afgestudeerd aan de / Graduated from Tama Art
University
1993
Voltooide / Completed Master's Course at Tama Art
University

Eenmanstentoonstellingen keuze
Solo exhibitions selection

1990
From Destruction to Death, Gallery Gen, Tokyo
Reality and the World, Gallery Gen, Tokyo
Possible Human Behavior, Gallery Gen, Tokyo
Immobile, Tamabi Hall, Tokyo
Core, Gallery Gen, Tokyo
1991
Brain Revolution, Gallery Gen, Tokyo
561 to 823, Espace 446, Osaka
Rose Hess, Espace 446, Osaka
Country of Spiritual Destruction, Gallery Gen, Tokyo
Possible Human Behavior, Gallery Gen, Tokyo
1992
Over Spilt Milk, Gallery Gen, Tokyo
Metal Sky, Gallery Gen, Tokyo
36 Hours, Gallery Gen, Tokyo
1993
Flowers Blooming in January, Bellini Hill Gallery,
Yokohama Galleria
The Kingdom, (different show every day), Gallery Gen,
Tokyo
Performance – Arise, AI-Hall, Hyogo
1994
Why Not Requiem, (different show every day)
Focusing on a New Generation in Japan '94, Gallery Gen,
Tokyo
1995
Reincarnation, Curator's Eye '95, Gallery NW House,
Tokyo
1996
Suzuki Takahiro, Gallery NW House, Tokyo
1999
Ikiro Factory, Nishijin Kitaza, Kyoto
2000
Ikiro Cafe, Galerie 16, Kyoto
2001
Ikiro… to Vincent, Galerie 16, Kyoto

Groepstentoonstellingen keuze
Group exhibitions selection

1991
Jan Hoet-One Day College of Contemporary Art, Organized
by Watari-um, Tsurugi-Fukuoka
Room for Thinking of Beuys, Watari-um, Tokyo
1994
Of the Human Condition, Spiral, Tokyo
1995
Physical Sense, The Police Building Gallery, New York
1999
Exhibition of Contemporary East Asian Letter Art, Seoul
Arts Center, Korea
GAW Part. 1, Shinjuku, Tokyo
2000
Undabdie Post 2000, former Post Office, Germany
The J-Way, Lydmar Hotel, Stockholm
Vent d'Est, Room Gallery, Paris

Live voorstellingen / Live performances

1996
Performance *Ikiro in N.Y.*, Washington Square Park,
New York
The Funeral *Ikiro in House'*, Suita, Osaka
1997
Performance *Ikiro* in Tibet
1998
Performance *Ikiro* in Sri-Lanka
Performance *Ikiro* in Nepal
Performance *Ikiro* in Tanzania
2000
Performance *Ikiro* in Germany

1
Ikiro, 2001
installatie: gestapelde bladen papier met Ikiro, klei, bakstenen,
foto's, houten werktafel / in stallation: stack of sheets of paper with
Ikiro, clay, bricks, photographs, wooden desk
De kunstenaar is doorlopend aanwezig / The artist is continuously
present

2
Ikiro, 1996
Washington Square Park, New York

3
Ikiro factory, 1999
Nishijin Kitaza, Kyoto foto / photograph Tanoika Yasonori

4
Ikiro, 1998
Boronnarwa, Sri Lanka

1

Takahiro Suzuki

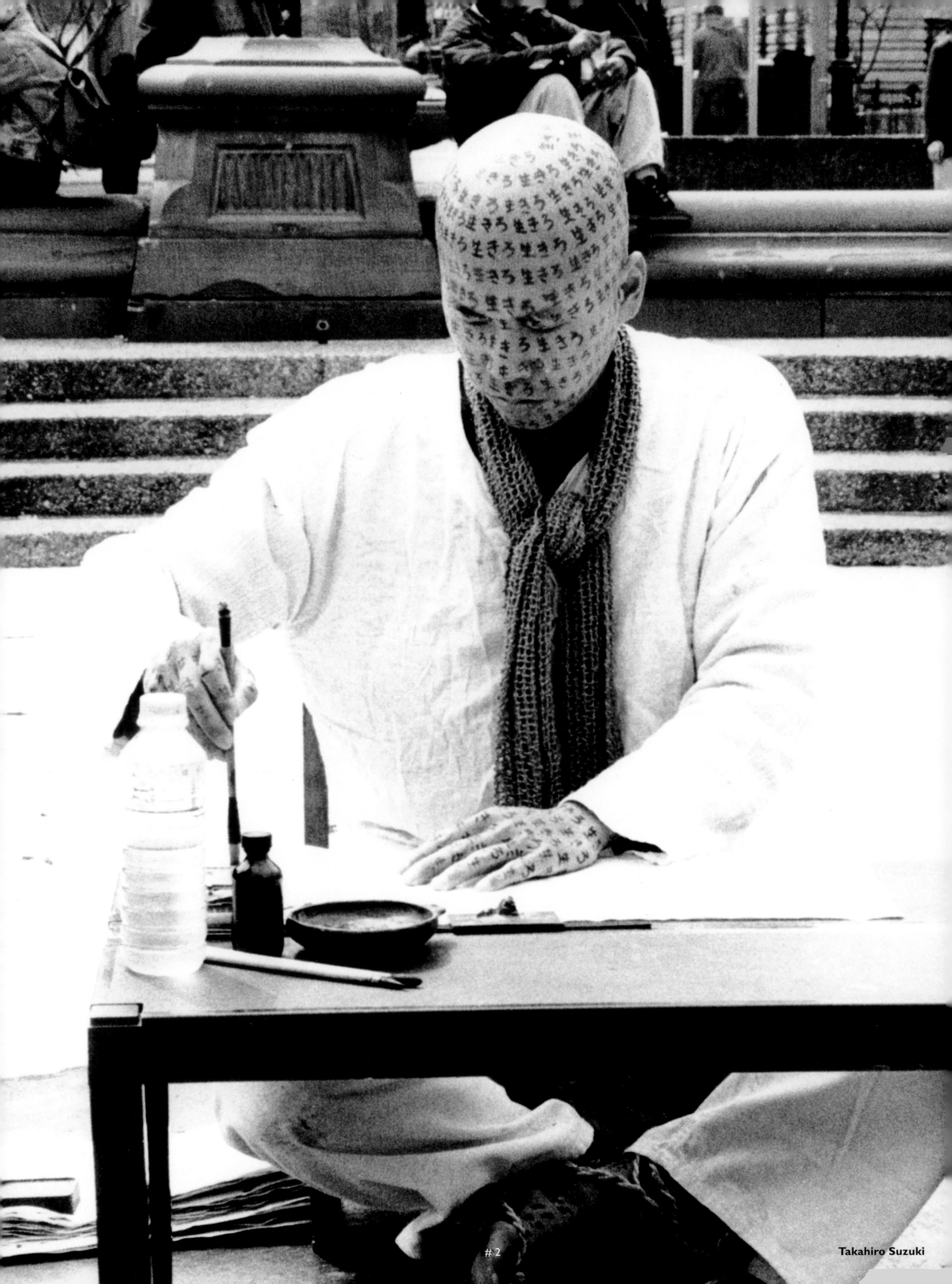
Takahiro Suzuki

2

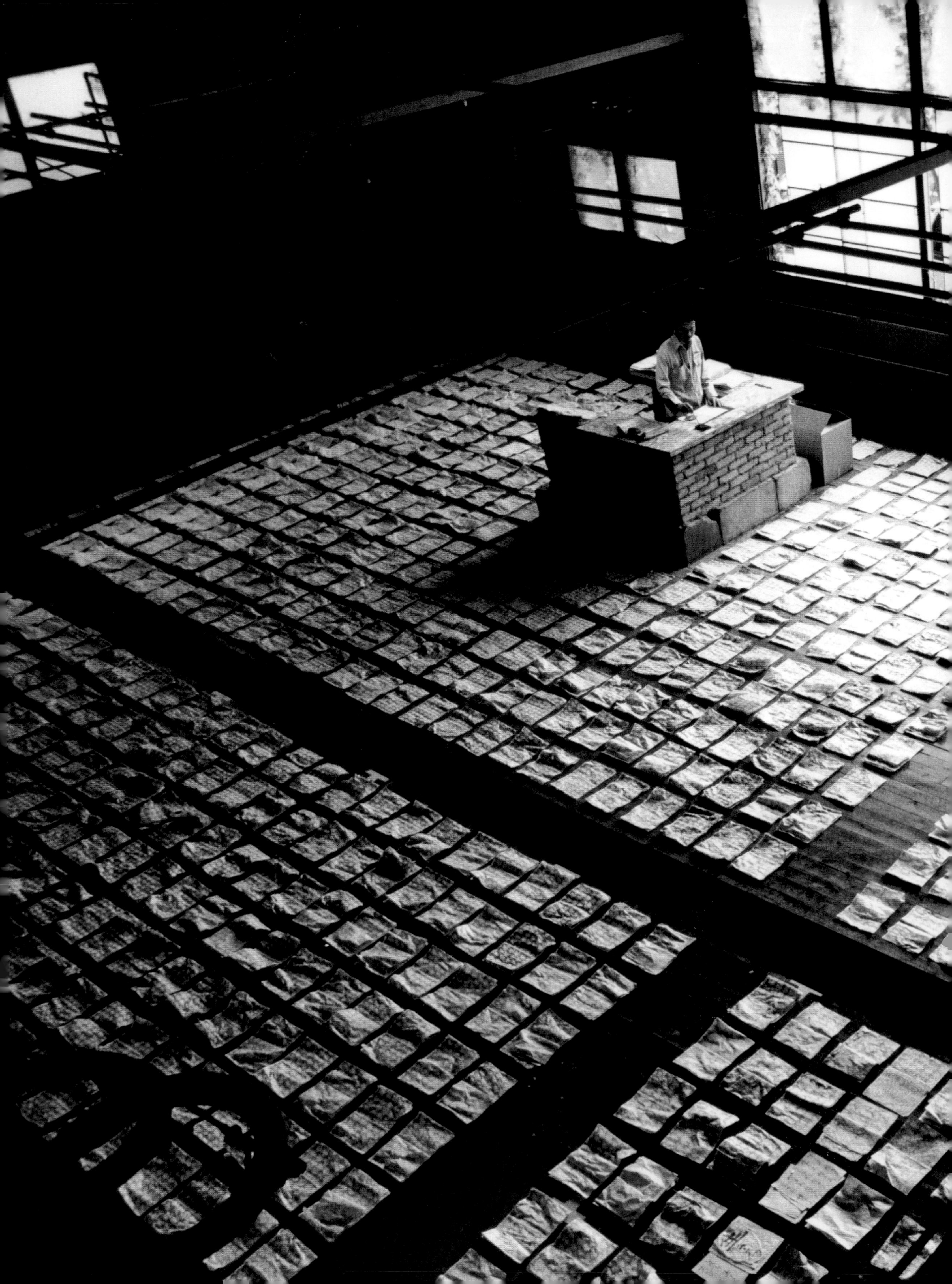

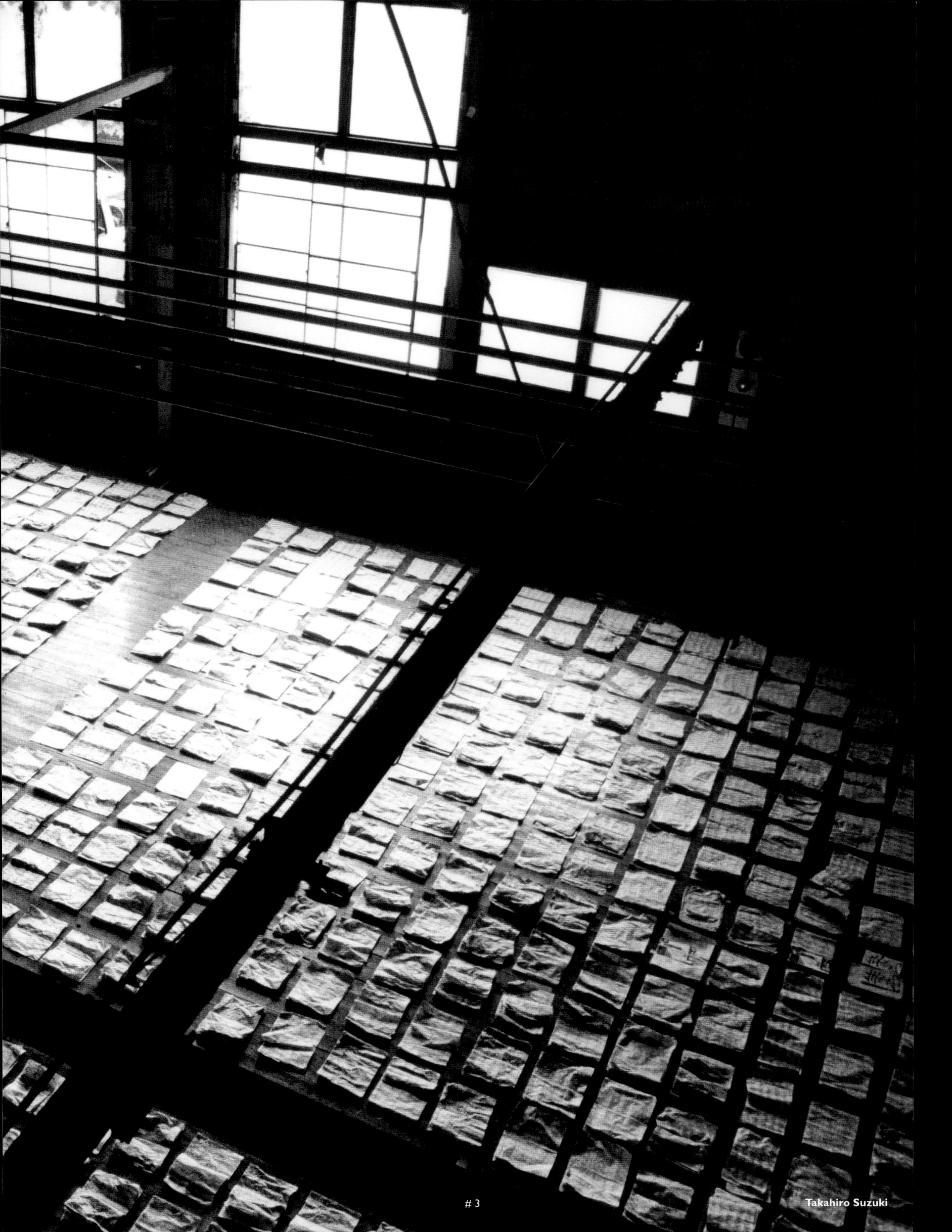

3

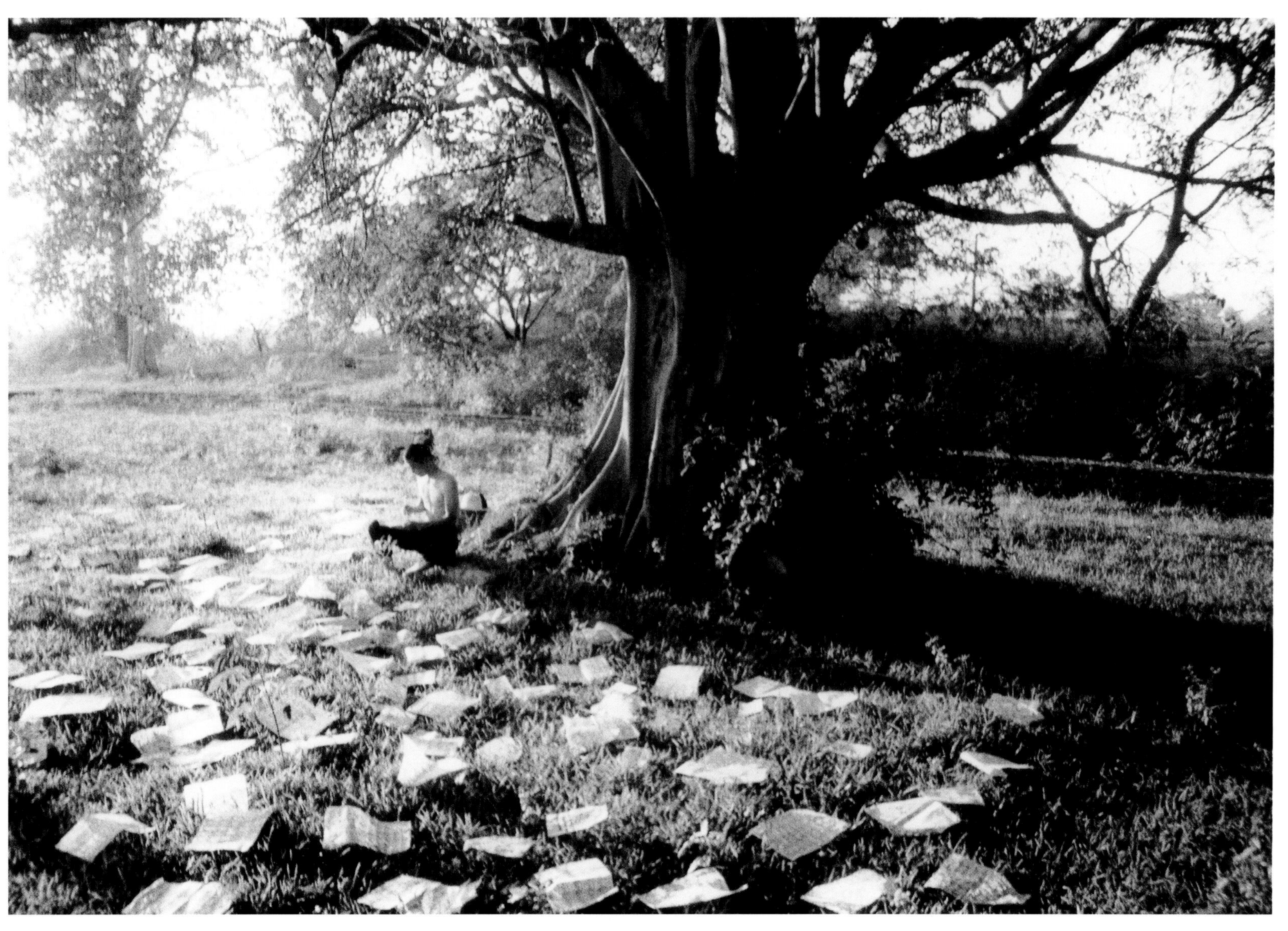

4

Takahiro Suzuki

Shimabuku 1969

1996
Koffiehuisje – het Zuidelijk Halfrond
Het verhaal van het reizende koffiehuisje

Soms denkt iemand wel eens: 'Ik heb zin in een kop koffie.
Zou je hier ergens een kopje koffie kunnen krijgen?' Dan ziet
hij plotseling een koffiehuisje over de weg naar hem toe
komen. Het komt naar je toe als een kokosnoot die over de
oceaan naar de kust drijft, vanaf een of ander zuidelijk eiland.
Het komt met de wind mee gewaaid.
Het koffiehuisje praat tegen de mensen die voorbij komen in
de straat..
'Neemt u mij niet kwalijk, waar kan ik hier een mooi tafel-
kleed kopen?'
'Denkt u dat ik ook een koffiekopje kan kopen?'
'Waar kan ik goede koffiebonen krijgen?'
'Waar is hier het mooiste plekje in de stad?'
(Het koffiehuisje voelt een beetje zwaar aan, het loopt af en
toe moeilijk over flagstones.)

Kobe – Yokohama – Kaseda, Kagoshima – Kakegawa, Shizuoka –

2001
Sommige van mijn activiteiten bestaan hieruit, dat ik mysteries
vind, mysteries nog mysterieuzer maak en nieuwe mysteries
creëer.

Shimabuku

1996
Cafe – the Southern Hemisphere
The story of the travelling cafe

Somewhere, as someone is just wondering: 'I feel like having a
cup of coffee. Is there some cafe around here?', he will see a
cafe coming up to him on the road. It comes like a coconut
that drifts to the shore beyond the ocean from some southern
island.
It comes along riding the wind.
The cafe talks to the people passing in the street. 'Excuse me.
Where can I buy a nice tablecloth around here?'
'Do you think I can buy a coffee cup?'
'Where can I get good coffee beans?'
'Which is the place where I can get the best view in town?'
(The cafe feels a little heavy, he is tripping over flagstones
sometimes.)

Kobe – Yokohama – Kaseda, Kagoshima – Kakegawa, Shizuoka –

2001
Some of my activities are finding mysteries, making mysteries
more mysterious and creating new mysteries.

Shimabuku

Shimabuku is een kunstenaar, die verhalen vertelt, gebeurtenissen organiseert en soms objecten creëert om een ieder die het maar wil zien, te bevrijden uit het harnas van de dagelijkse werkelijkheid en om duidelijk te maken dat er ook nog een andere wereld is, die van de verbeelding. Het zoeken van contact en communicatie met mensen overal te wereld – en vooral op plekken buiten de kunstinstituten – is voor hem van wezenlijk belang. Een van zijn werken uit 1996 bestond bijvoorbeeld uit een kleurige, wandelende coffeeshop, die door hem werd bediend en gedragen. Ook kon dit kleine koffiehuis in zee drijven en de mensen op het strand bedienen. De coffeeshophouder bood koffie aan en voerde gesprekken met iedereen die zich maar liet verrassen.

Bij een andere gelegenheid verraste hij mensen met zijn werk *Christmas in the Southern Hemisphere* (1994) door midden in de zomer in een park in San Francisco een kerstboom te plaatsen en met de verbaasde passanten een gesprek aan te knopen. Een jaar eerder liep hij verkleed als kerstman op een verlaten stuk terrein langs de spoorlijn naar Kobe. Hij droeg blauwe plastic zakken, niet met kado's maar met daar gevonden afval. Treinreizigers uit de voorbijrazende trein zagen plotseling in een flits deze kerstman in de lente.

Maar Shimabuku is ook een ouderwetse verhalenverteller die in steden en dorpen, straten en pleinen zijn verhalen vertelt, de verbeelding op gang brengt en zijn toehoorders bij zijn verhaal weet te betrekken. Zo vertelt hij zelf hoe hij met een door hem ontdekt verhaal de wereld rondtrok. 'In 1998 hoorde ik het verhaal van de 165 meter lange zeemeermin in een tempel in Fukuoka (Zuid-Japan). Daar was een afbeelding te zien van deze zeermeermin en zes van haar botten. Met het verhaal van deze zeemeermin ging ik op reis. We trokken naar Marseille, naar Sydney en weer terug naar Fukuoka. Gedurende de reis vroeg ik aan mensen om een werk over haar te maken, om haar verhaal langer en rijker te maken. Ik kocht een touw van 165 meter lengte om mij meer met haar verbonden te voelen.' Volgens de overlevering spoelde de zeemeermin in 1222 aan op de kunst van Fukuoka. Zij werd officieel gemeten en mat precies 165 meter. Men nam aan dat de zeemeermin uit het paleis van een zeegodin kwam; daarom kreeg de tempel, die nog steeds bestaat, de naam 'de tempel van het paleis van de zeegodin'. De zes grote botten van de zeemeermin worden daar nog steeds bewaard. Hij vroeg aan de priester, die de tempel beheert, of deze onderzoek had gedaan naar de botten. 'Nee,' zei deze, 'dat zou ik nooit doen, want ik wil blijven dromen.'

Met zijn verhalen en 'events' verzet Shimabuku zich indirect tegen de materialistische en consumptieve Japanse maatschappij door te wijzen op de inspirerende mogelijkheden van de verbeelding. Een voorbeeld hiervan was de organisatie van *With Birds at Dawn* (1999) in Tokio. Hij nodigde een groep geïnteresseerden uit om op het dak van het Watari-um Museum de opkomst van de zon te aanschouwen. Dit moment van de dag in Tokio – het meest stille van elk etmaal – vertegenwoordigt voor hem het niets, de leegte, een vorm van 'Zen' in de hyperactieve metropool Tokio. Om dit bijzondere moment van het begin van de dag te accentueren, liet hij een koppel witte duiven los, die boven deze plek bleven rondcirkelen. Tevens liet hij op een afstand een immense witte ballon opstijgen, waarop de zon zijn eerste stralen wierp.

Shimabuku is an artist who tells stories, organizes events and occasionally creates objects meant to free the viewer from the harness of everyday reality and intimate that there is another world, the world of imagination. Seeking contact and communication with people all over the world – and especially in places outside art institutions – is of vital importance to him. In 1996, for instance, he served coffee from a portable, mobile coffee-shop which could also float in the sea for the convenience of people on the beach. The coffee-pouring owner engaged his surprised customers in conversation.

On another occasion he took people aback by installing a Christmas tree in a San Francisco park at the height of summer and conversing with the baffled passers-by *Christmas in the Southern Hemisphere* (1994). The year before, he had dressed up as Santa Claus on a deserted site beside the railway track to Kobe. The blue plastic bags he carried were not filled with presents but with rubbish he had found on the spot. Passengers in trains whooshing past caught a momentary glimpse of this springtime Santa.

But Shimabuku is also an old-fashioned story-teller in cities, streets and squares, who captures his listeners' imagination and involves them in the narrative. One such tale is about how he wandered round the world with a story he had discovered himself. 'In 1998 I heard the story of a mermaid 165 metres long in a temple in Fukuoka (South Japan), where there was a picture of her and six of her bones. I set off on my travels with this story. We went to Marseille, to Sydney and back to Fukuoka. During the journey I asked people to make a work about her, to make her story longer and richer. I bought a 165-metre length of rope so that I could feel more closely tied to her.' Tradition has it that the mermaid was washed ashore at Fukuoka in 1222. She was measured and her length officially recorded as 165 metres. People assumed that she had come from the temple of a sea goddess, which is why the temple, which still exists, was called 'the temple of the palace of the sea goddess'. The mermaid's six large bones are still kept there. Shimabuku asked the priest in charge of the temple whether he had examined the bones. 'No,' was the reply, 'I would never do that, for I want to keep on dreaming.'

With his stories and events, Shimabuku indirectly opposes Japan's materialistic consumer society by drawing attention to the inspiring potential of imagination. An example was *With Birds at Dawn*, organized in 1999 in Tokyo. Shimabuku invited a group of interested people to the roof of the Watari-um Museum to watch the sun rise. To him this moment in Tokyo – the stillest of every day – represents nothingness, void, a form of Zen in the hyper-active metropolis. To accentuate this special moment at daybreak, he released a group of white doves, which kept on circling above. He also launched a huge white balloon on which the sun projected its first rays.

Shimabuku

1969
Geboren in / Born in Kobe
1990
Afgestudeerd aan het / Graduated from Osaka
College of Art
1991-1992
Onafhankelijk studieprogramma / Independent
Study Program, San Francisco Art Institute,
Californi
2000
Reis naar steden aan de zee in Japan, Brazilië,
Frankrijk en Nederland / Traveling through towns
at the seaside in Japan, Brazil, France and the
Netherlands

Eenmanstentoonstellingen keuze
Solo exhibitions selectie

1993
Konnichiwa, Nagoya City Art Museum, Nagoya
1994
America, Hiroshima City Museum of
Contemporary Art, Hiroshima
1996
Shimabukuro-Shimafukurou, Ota Fine Arts, Tokyo
1998
In Search of Deer, Ota Fine Arts, Tokyo
1999
I'm Travelling with 165-metre Mermaid, Dazibao,
Montreal, Canada
Christmas in the Southern Hemisphere, Gallery Air
de Paris, France

Groepstentoonstellingen keuze
Group exhibitions selection

1995
Rolywholyover a Circus Johan Cage, Art Tower, Mito
1996
Survival Tool, Sakura City Art Museum of Art,
Chiba
11th Biennale of Sydney: Every Day, Sydney
1998
Memorealism, Museum City Fukuoka, Fukuoka
'Donai yanen!', École nationale superieure des
beaux-arts, Paris
1999
And / Or, Grazer Kunstverein, Graz, Austria
Space, Witte de With, Rotterdam
Empty Garden, Watari-um, Tokyo
2000
Elysian Fields, Centre Georges Pompidou, Paris
Counter-Photography, Moscow (international tou-
ring exhibition)
As it is, Ikon Gallery, Birmingham, England
Transformer, Raum aktueller Kunst Martin Janda,
Vienna
2001
The Beginning of Things-The 6th Kitakyusyu Biennale,
Kitakyusyu Municipal Museum of Art

Keuze uit projecten
Selected projects

1991
Octopus Rd Project (Walking from Kishienhama to
Maizuru, carrying an octopus), Nishinomiya,
Hyogo-Maizuru, Kyoto
1992
Souvenir, Iwatayama Monkey Park, Kyoto
1993
Gorilla, Kanazawa Sunny Land, Ishikawa
1994
Christmas in the Southern Hemisphere, Suma, Kobe
and Hiroshima Apoc FM radio, Hiroshima
1995
Music Power to Kobe, (live via de telefoon / live
through phone, with Makoto Nomura), York,
England / Kobe
1996
Shimabukuro-Shimafukurou (Liftreis van zuid- naar
noord-Japan om de grote uil genaamd
Shimafukurou te zien / Hitchhike travel from the
south to the north of Japan to see the big owl
named Shimafukurou)

1
I Am Travelling with 165-metre Mermaid, 1998-2001
Fukuoka, 1998, Marseille 1998, Sidney 1998, Montreal 1998,
Marseille, 1999
foto's, hangmat, video, muziek / photographs, hammock, video,
music
collectie de kunstenaar / collection the artist
courtesy the artist and Galerie Air de Paris

2
The Story of the Travelling café, 1996
Kagoshima, Japan
collectie de kunstenaar / collection the artist

3
Christmas in the Southern Hemisphere, 1994
foto's, kerstboom / photographs, Christmas tree
collectie de kunstenaar / collection the artist
courtesy the artist and Galerie Air de Paris

4
Picture I Found in Hong Kong, 1998
collectie de kunstenaar / collection the artist

5
With Birds at Dawn, 1999
Watari-um, The Watari Museum of Contemporary Art, Tokio, Japan
collectie de kunstenaar / collection the artist

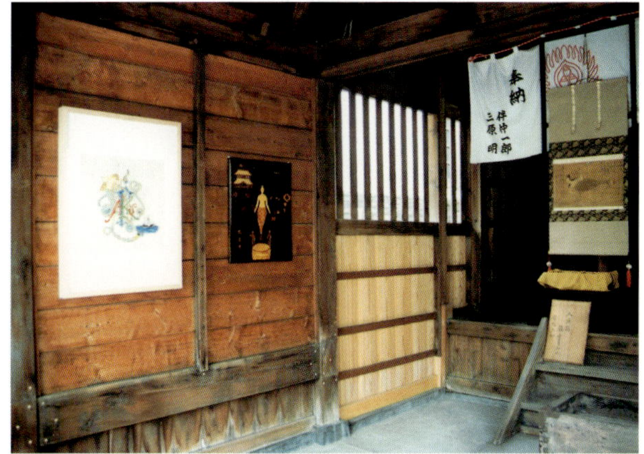
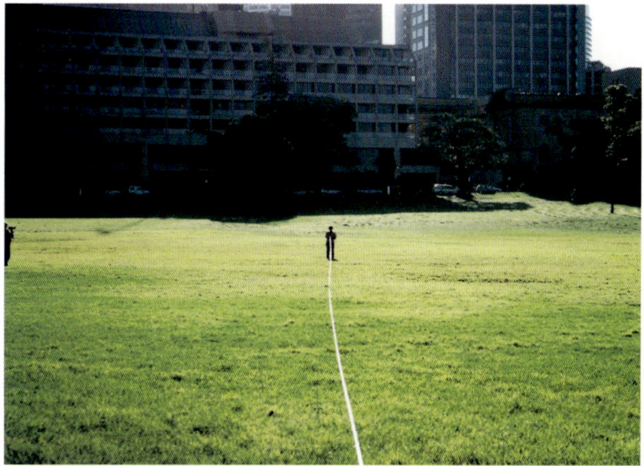
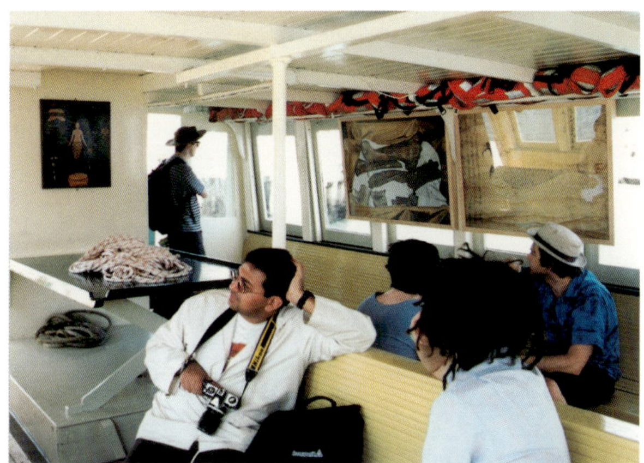
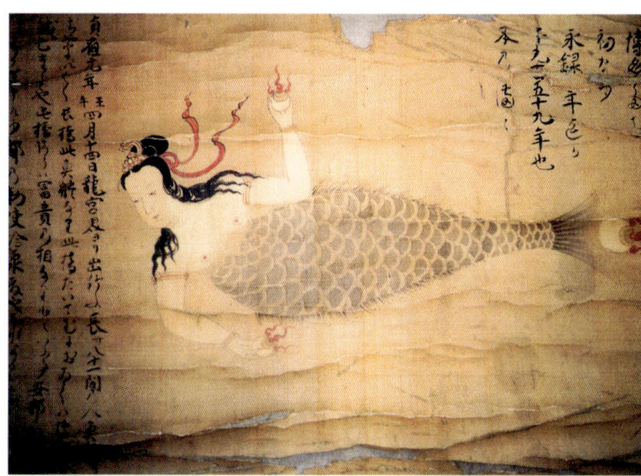
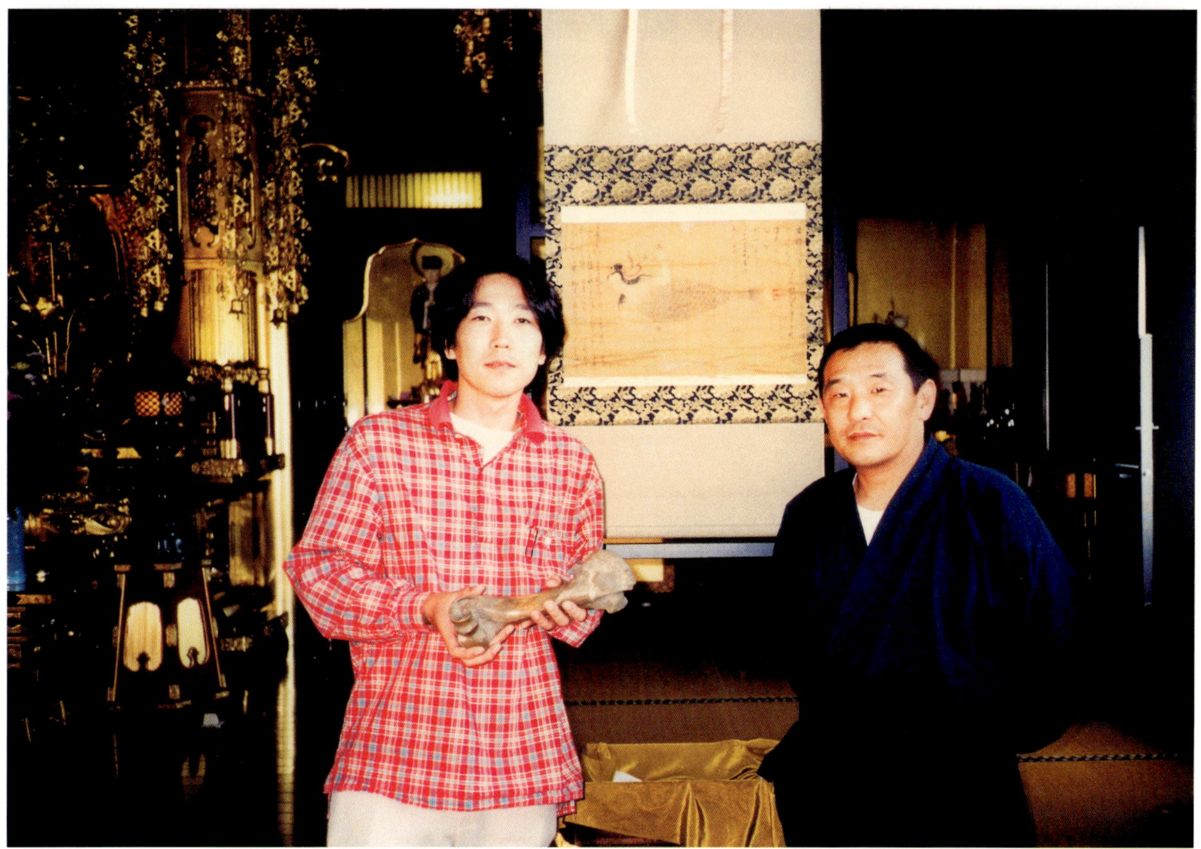

Shimabuku

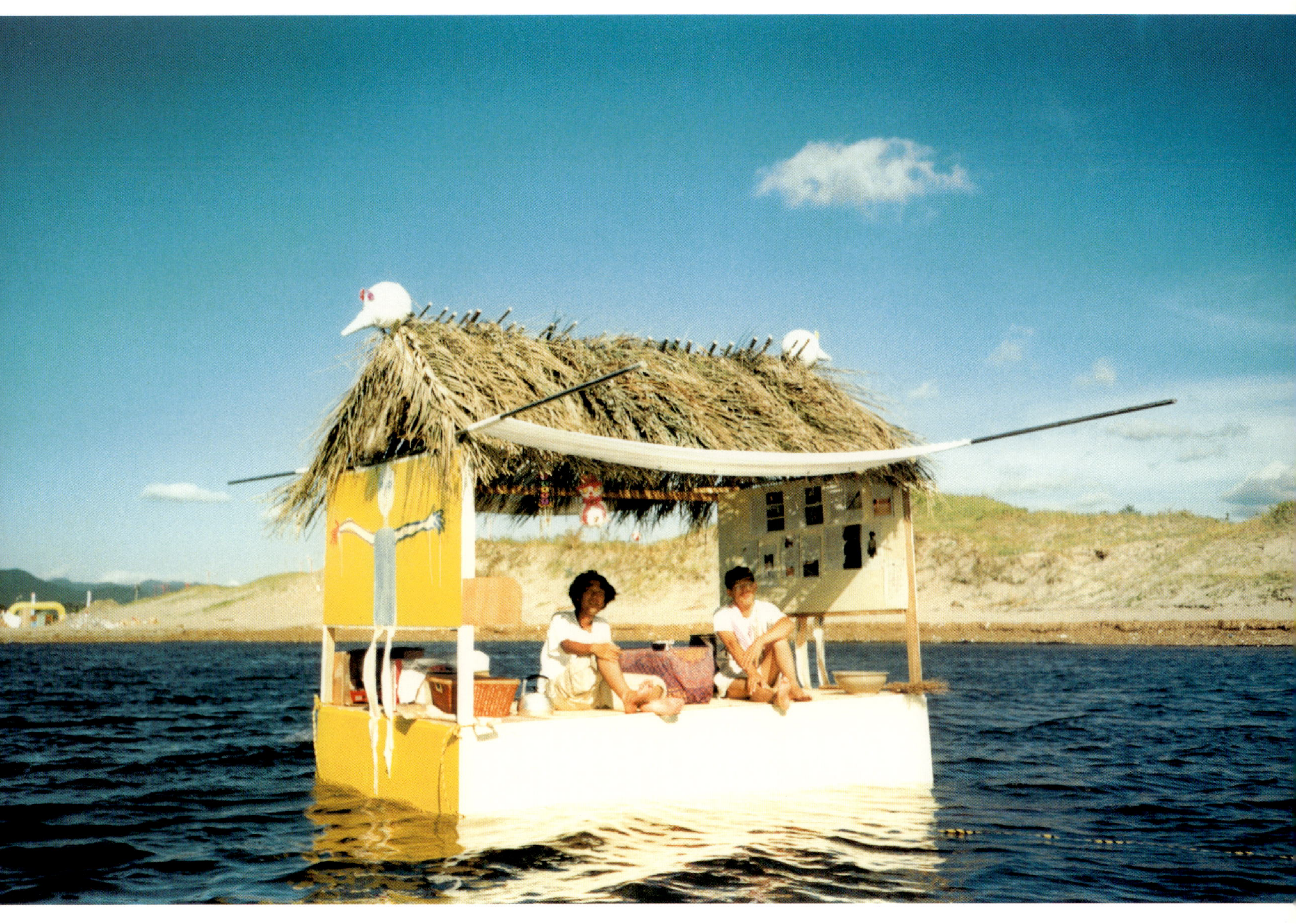

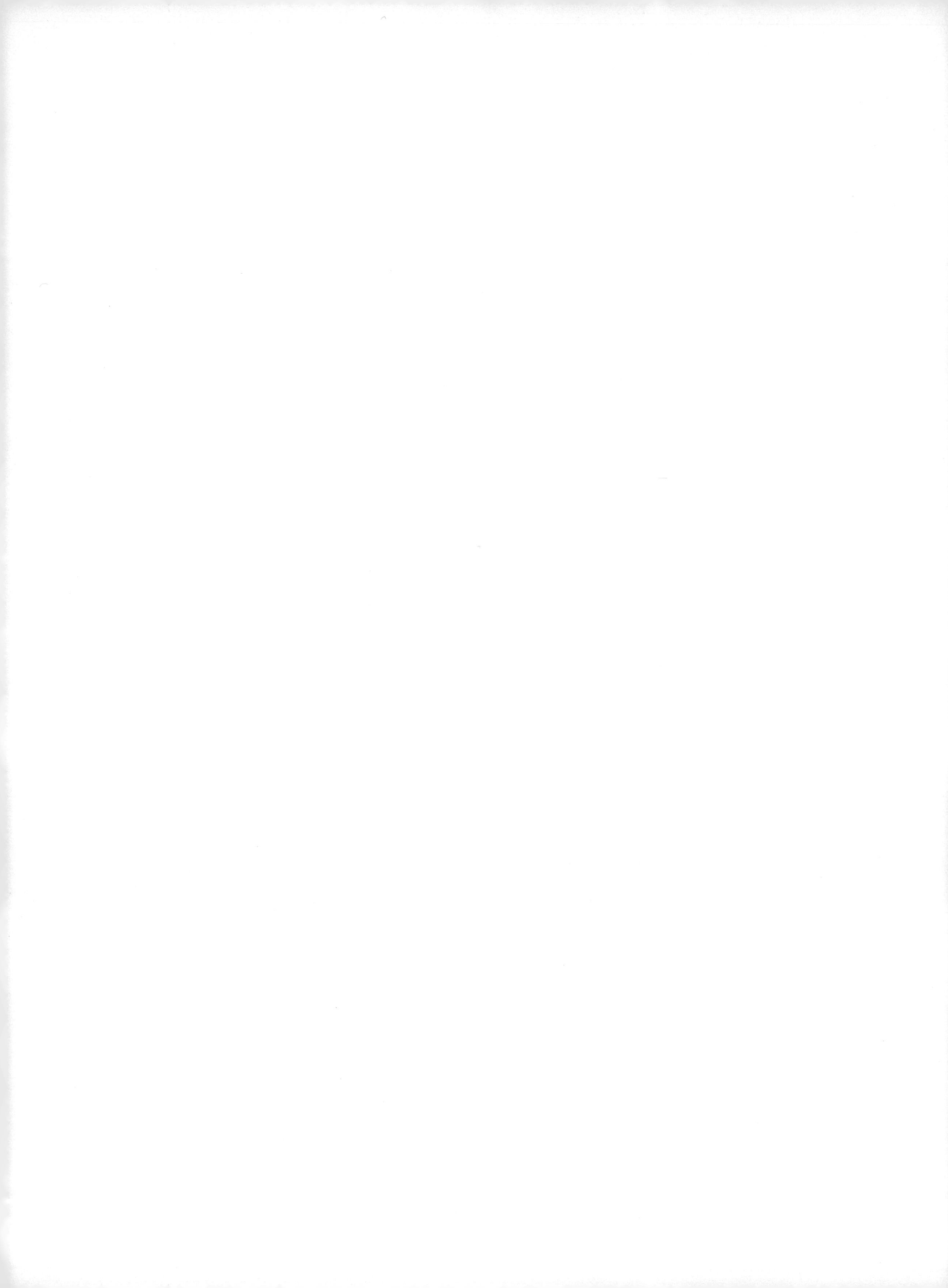

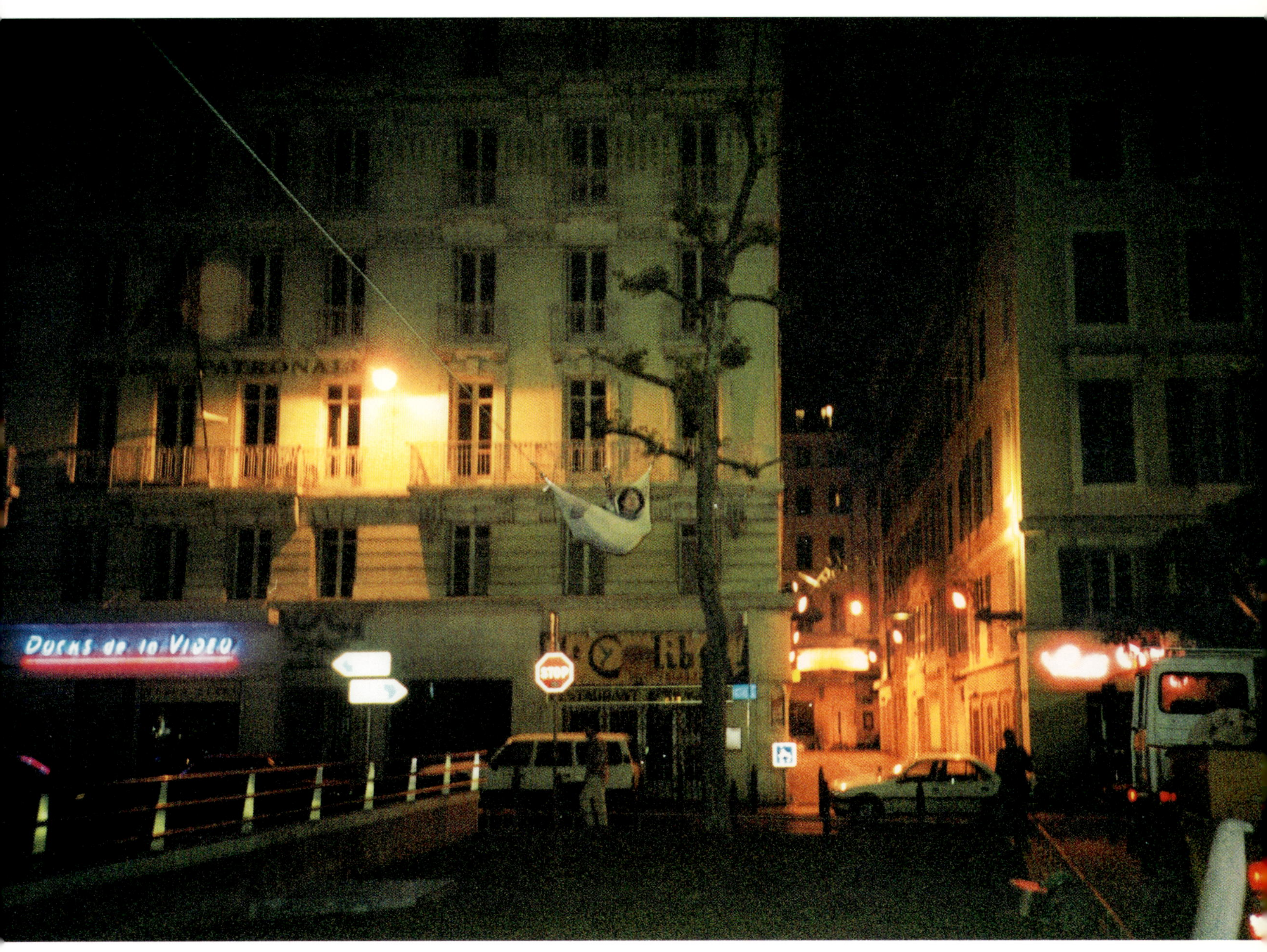

Shimabuku

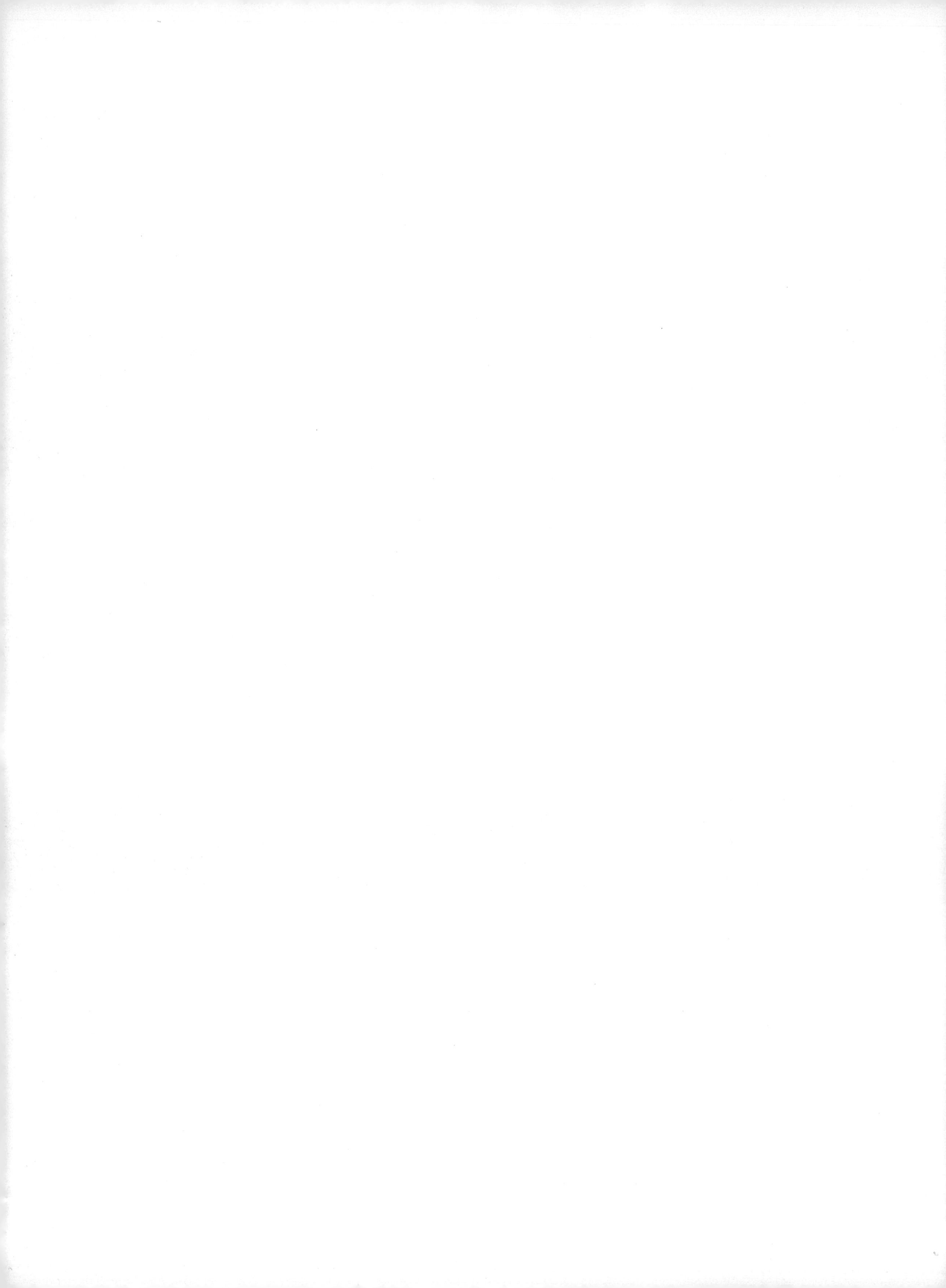

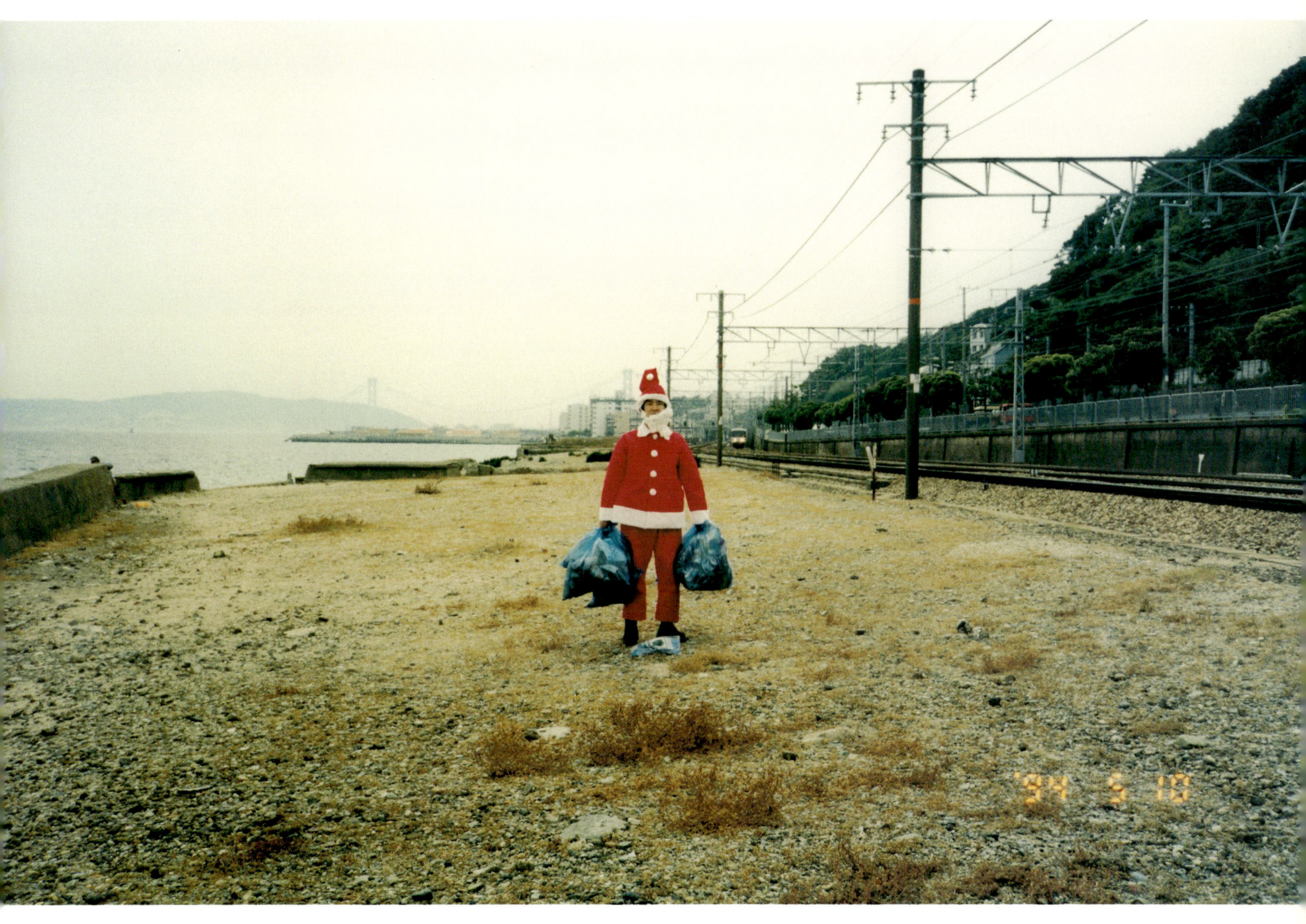

Shimabuku

Tabaimo 1975

Toen ik heel jong was, dacht ik dat ik een bijzonder mens was.
Ik loste moeilijke wiskundige problemen gemakkelijker op dan
alle slimme jongens van mijn klas.
Ik werd bij de gymnastiek geselecteerd door de basketbal trai-
ner en gevraagd om bij het basketbalteam te komen spelen.
Omdat ik zo goed tekende, mocht ik mijn school daarin
vertegenwoordigen.
Ik werd voortdurend voor alles geprezen, hoewel ik helemaal
niet mijn best deed.

Toen ik hoorde over de ellende van de oorlog, kreeg ik angst
voor de dood. Toch geloofde ik dat mij niets zou overkomen,
omdat ik zo'n bijzonder schepsel was.
Ik had altijd de behoefte om te dromen van een vreedzame
samenleving. Maar tegelijkertijd wilde ik mij ook voorstellen
hoe ik gevaar kon overwinnen en mogelijk lijden tijdens een
oorlog.
Op de Junior High school ik maakte mij niet zo druk over mijn
studie, omdat ik gewend was altijd voor examens te slagen.
Maar het onvermijdelijke gebeurde.
Ik kreeg steeds slechtere cijfers. – Op dat moment in mijn
leven leerde ik wat falen betekent – ik werd me bewust, dat
ik helemaal niet zo'n bijzonder persoon was.
Ik zat totaal in de put. Niet werken betekent slechte cijfers,
geen oefeningen betekent een ongezond lichaam.
Ik had zelfs lange tijd helemaal niets getekend, zelfs geen
droedel.
Voordat ik het wist, was ik een normaal mens geworden, zonder
speciale waarde.
Ik had geluk dat ik op de universiteit werd aangenomen.
Nu realiseer ik mij hoe bijzonder het was, dat die universiteit
iemand als mij accepteerde.
Voor de eerste keer in mijn leven moest ik mijn best doen.
Dat was werkelijk een ervaring.

Ik heb de normale wereld ervaren en gevoeld op een veel
gepassioneerdere manier dan menig ander.
Ik geloof dat mijn denken precies hetzelfde is als dat van de
mensen om mij heen. Door dit inzicht ben ik tot het concept
van mijn kunst gekomen.

Tabaimo
2000

When I was very young, I thought I was an exceptional human
being.
I successfully solved difficult mathematical problems against
all the smart boys in class.
I was spotted in PE class by the basketball coach and asked to
join the basketball team.
I was chosen as a school representative on my ability to draw.
I was continually praised for everything I did, even though I did
not try.

When I learnt about the misery of war, I was fearful of death.
However I was confident I could not be harmed because I was
such a special person.
I would always dream of the world living together in peace.
But at the same time I would also visualise how to escape
danger and potential suffering in times of war.
At Junior High School, I did not care too much for study
because I was so used to my natural ability getting me
through exams. But the inevitable happened.
I began to slip behind my grades. – At this point in my life,
I learnt about failure – I realised I was not such a special
person after all.
I had sunk to the lowest of depths.
No study means bad grades. No exercises means an
unhealthy body.
I had not drawn anything special for a long time, not even
doodling.
Before I knew it, I was normal, I had no value.
I was lucky enough to enter University.
I now realise how special that university was to accept such a
person as I.
I had to make an effort for the fist time in my life. That was a
real experience.

I have experienced the feeling of the word normal more
passionately than any other person.
I believe my thinking is exactly the same as others around me.
It is through these views that I have produced my artistic
concept.

Tabaimo
2000

De installatie *The Japanese Kitchen* van Tabaimo toont een keuken van een doorsnee Japanse familie. Op het achterpaneel zien we het dagelijks leven van een huisvrouw, een leven dat zich voornamelijk in de keuken aan de aanrecht afspeelt. Op de zijpanelen komen beelden uit de buitenwereld voorbij. De vrouw is aan het werk. De spanningen tussen haar en haar werkeloze echtgenoot lopen hoog op en via de TV komt het leven van de buitenwereld – de Japanse samenleving – in haar keuken binnen.

Behalve de politiek en het weerbericht kijkt en luistert de vrouw tijdens het koken ook met een half oor naar onderwerpen, als het stijgend aantal zelfmoorden onder middelbare scholieren, de aandacht van de Japanse vrouw voor haar uiterlijk, de verwording van de Japanse taal door een steeds sterkere invloed van het Amerikaans, het groeiende aantal bejaarden en de geringe communicatie tussen ouderen en jongeren, de veranderende rol van het Boeddhisme, dat eigenlijk alleen nog maar alleen door ouderen gepraktiseerd wordt, etcetera.

Al deze belangrijke sociale gegevenheden en problemen worden in deze keuken normaal en even gewoon als koken en eten. De TV-programma's worden geconsumeerd en niemand is er echt mee bezig, ook deze huisvrouw niet. Tabaimo schrijft over *The Kitchen*: 'Er zijn veel problemen in Japan en ik doe er niets aan. De hoofdrolspeelster is een typisch Japanse huisvrouw die de hele dag naar de TV luistert. Het speelt zich af in een gewone Japanse keuken. De vrouw blijft onverschillig voor de problemen die vanuit de buitenwereld op haar af komen. Ze hoort de problemen aan, maar het interesseert haar niet genoeg om er ook maar iets aan te doen.'

De scènes uit het leven van een Japanse huisvrouw worden gepresenteerd door middel van drie animatiefilms. De tekeningen daarvoor werden door Tabaimo gemaakt. Het geheel wordt begeleid door schrille vioolmuziek als een illustratie van de disharmonie in dit gezin en de samenleving.

Tabaimo's installation *The Japanese Kitchen* shows the kitchen of an average Japanese family. On the rear panel we see a housewife's daily life, a life spent mainly in the kitchen. Images of the world outside pass by on the side panels. The woman is performing her daily chores. Tension between her and her unemployed husband runs high, and life in the outside world – Japanese life – comes into her kitchen via television.

While she is cooking the woman keeps an eye on politics and the weather report; she also hears snatches of reports on the rising number of suicides among high-school students, Japanese women's attention to their appearance, the corruption of the Japanese language due to the increasing American influence, the growing number of old people and the lack of communication between the old and the young, the changing role of Buddhism, practised only by the elderly these days, etcetera.

In this kitchen all these important social topics and problems are as normal as cooking and eating. The TV programmes are simply consumed and attract nobody's concern, certainly not this housewife's. Tabaimo, on *The Kitchen*: 'There are a lot of problems in Japan and I am doing nothing about them. The main character is a typically Japanese housewife who listens TV all day long. The setting is an ordinary Japanese kitchen. The woman remains indifferent to the problems of the world outside, that she hears about from TV. She gives out about the problems, but really doesn't care enough to do anything about them.'

The scenes from the life of a Japanese housewife are presented in three cartoon films for which Tabaimo made the drawings. They are accompanied by shrill violin music to illustrate the lack of harmony in this family and in society.

Tabaimo

1975
Geboren in / Born in Hyogo, Japan

Eenmanstentoonstellingen keuze
Solo exhibitions selection

1999
Japanese Kitchen, Tabaimo ten, Plastic Gallery, Ite-za
2000
Japanese Zebra Crossing, Gallery 16, Kyoto

Groepstentoonstellingen keuze
Group exhibitions selection

1996
Ko-fuku ten, Gallery Raku, Kyoto
1997
Tokyo Selected Exhibition. Information Design Course,
Spece 21, Tokyo
1998
Synthesis Project – Wayfarer Exhibition, Gallery Isisu, Tokyo
1999
*Kyoto University of Art and Design. Graduation Works
Exhibition*, Kyoto City Art Museum, Kyoto
2000
Retin Festival exhibition, Hongarije / Hungary
*Kirin Contemporary Award '99, Grand Prize commemoration
exhibition*, Kirin Plaza, Osaka

Prijzen / Awards

1999
Kyoto University of Art and Design graduation works
exhibition, 'President Prize'
Kirin Contemporary Award '99, 'Grand prize'
BBCC Net Art & Film Festival / film department, 'Grand
prize'

1
Japanese Kitchen, 1999
hout, tatamimatten, papier, projectie van 3 animatiefilms / wood,
tatami mats, paper, projection of 3 animation films
210 × 330 × 122 cm
collectie de kunstenaar / collection the artist
gerealiseerd / realised met steun van / supported by KIRIN Brewery
Co., Ltd, Japan foto / photograph Keizu Kioka

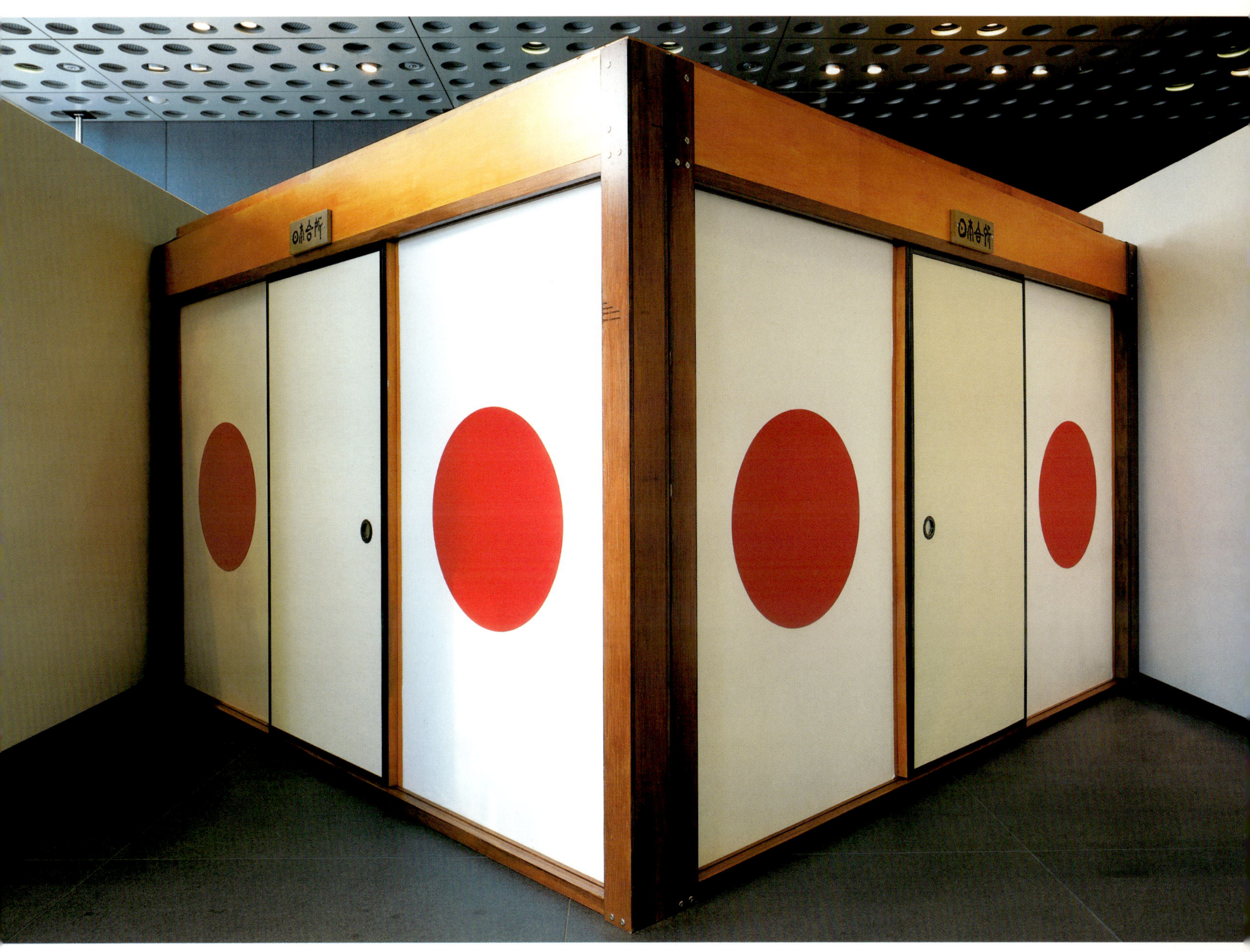

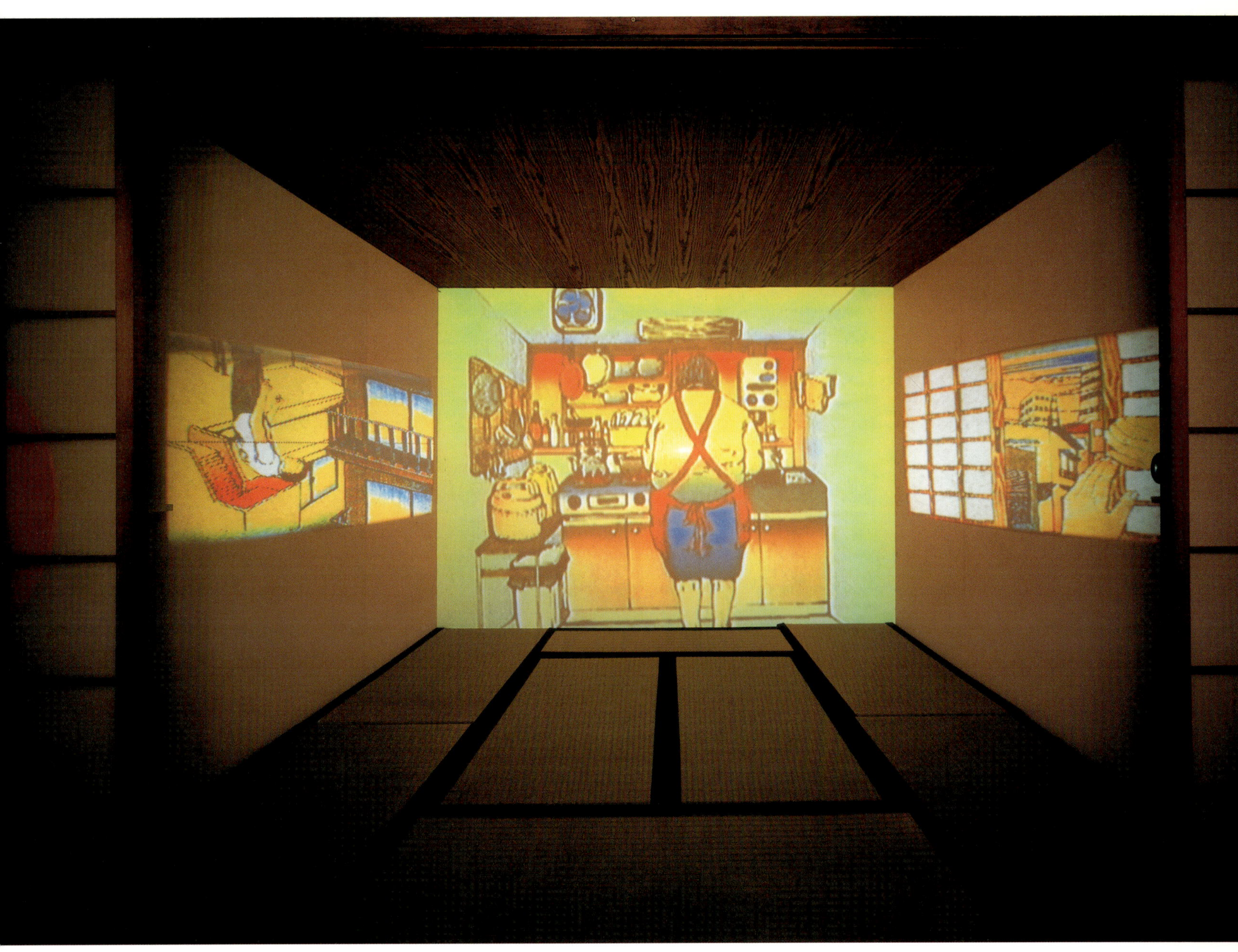

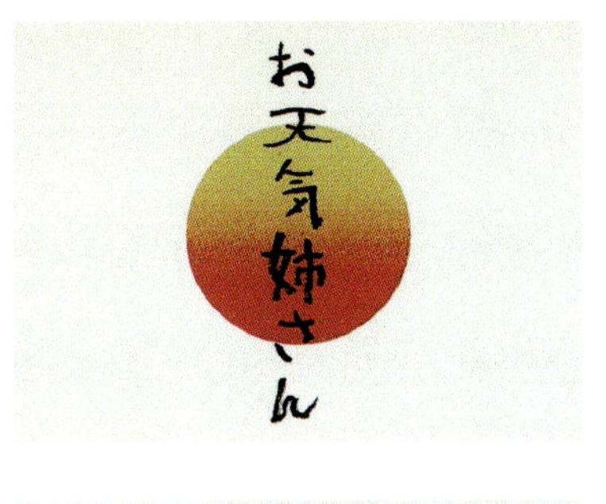

Weather forecaster.

..... announcements about suicides of high school students.

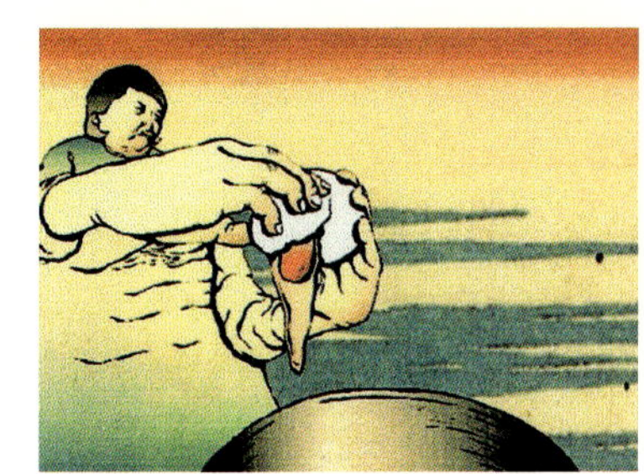

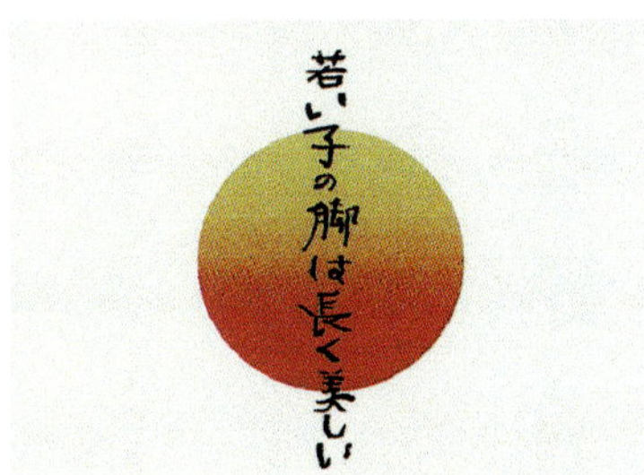

The legs of young people are long and beautiful.

...it is true that their legs are long and beautiful but what do they do with them? (Prostitute?)

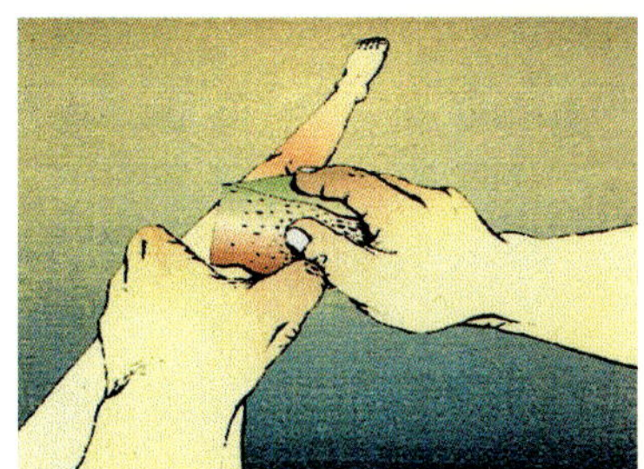

A large chorus of Buddhist prayers all over the world.

..... the ageing society.

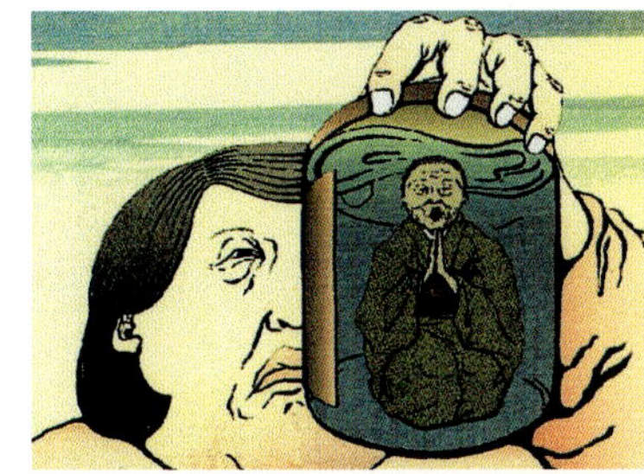

Is it Japanese that I hear?

..... the Japanese language is deteriorating.

Politicians are going around and around.

..... the politicians are talking about the same things over and over again (bad things).

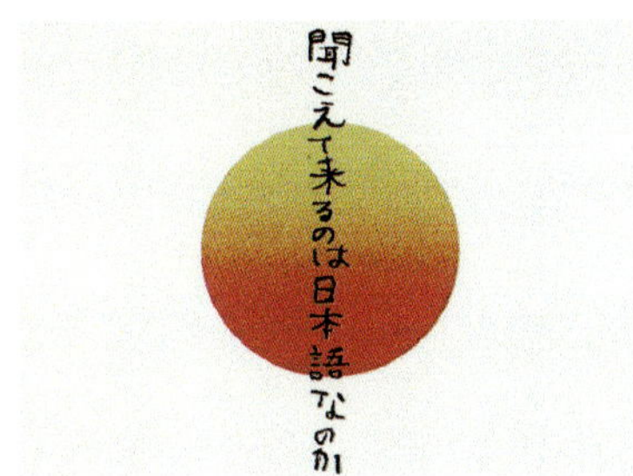

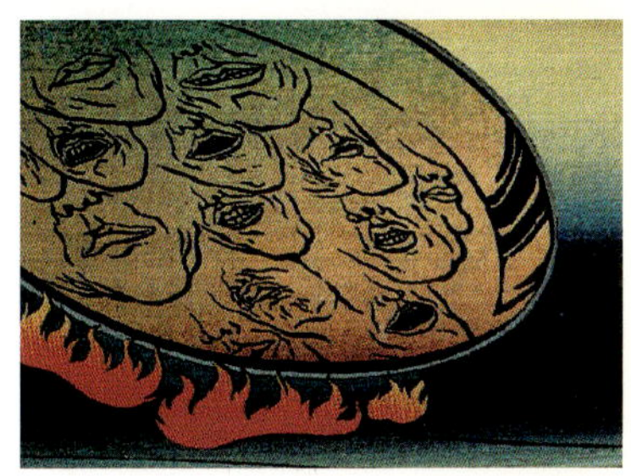

Daddy has been fired.

..... because of the bad economy.

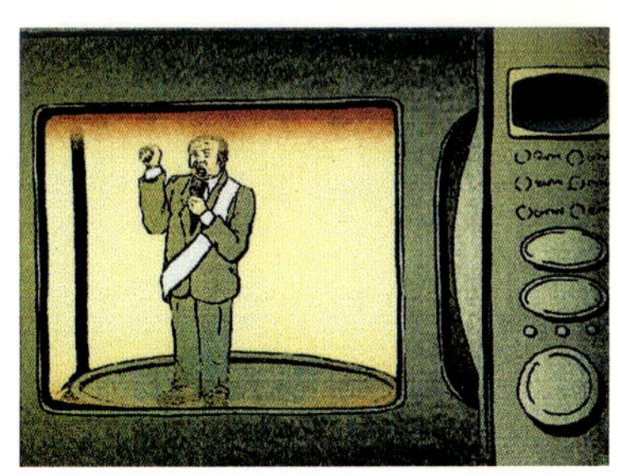

A lot of crimes.

..... a lot of violent crimes with guns and so on.

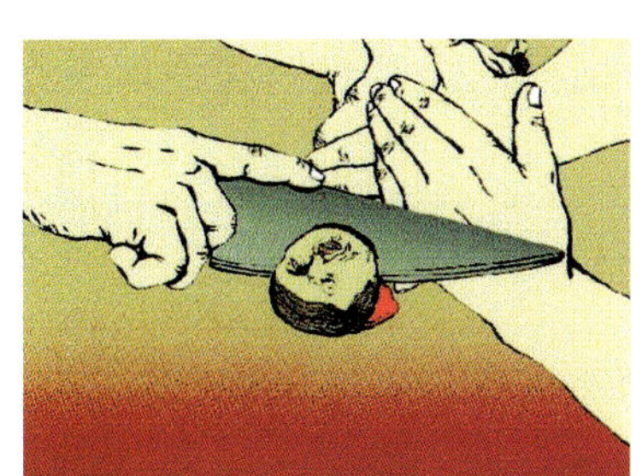

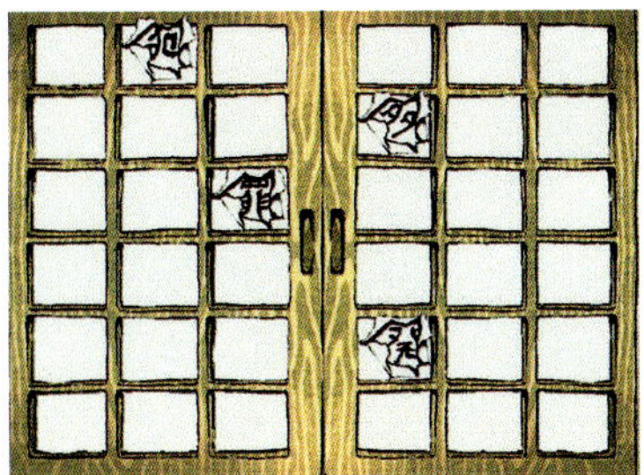

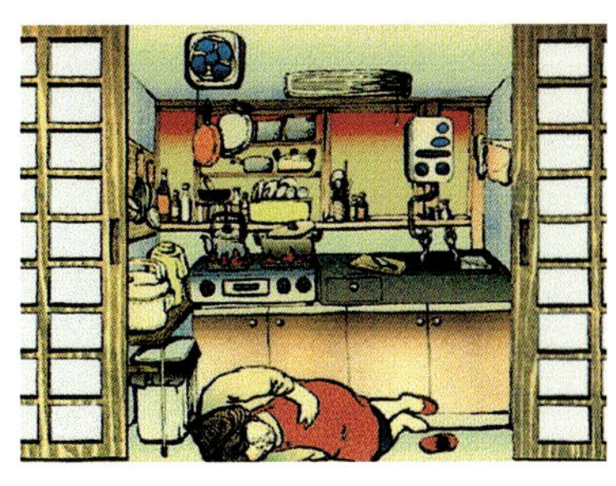

Tabaimo

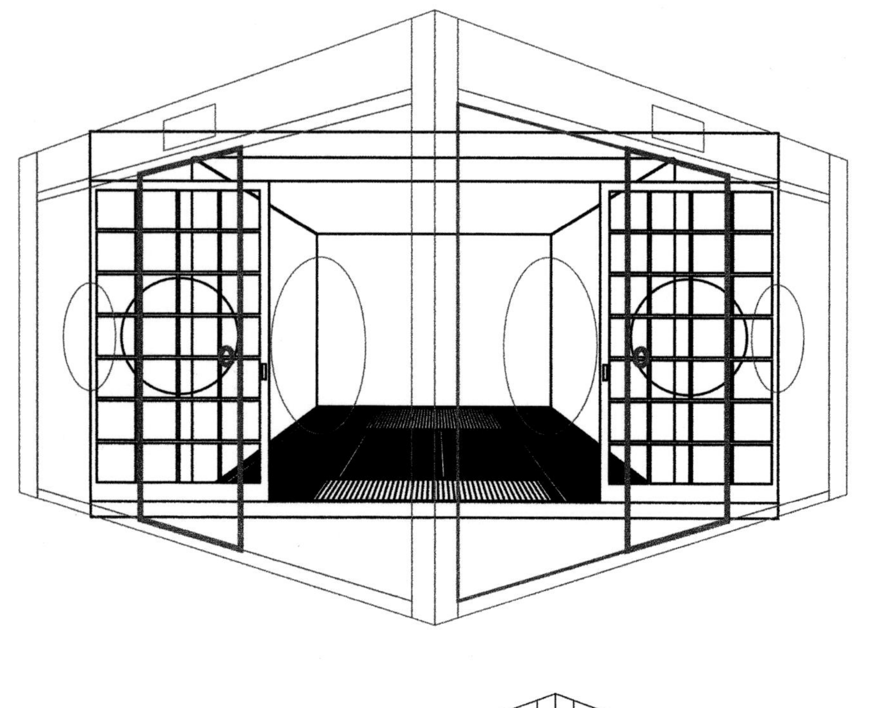

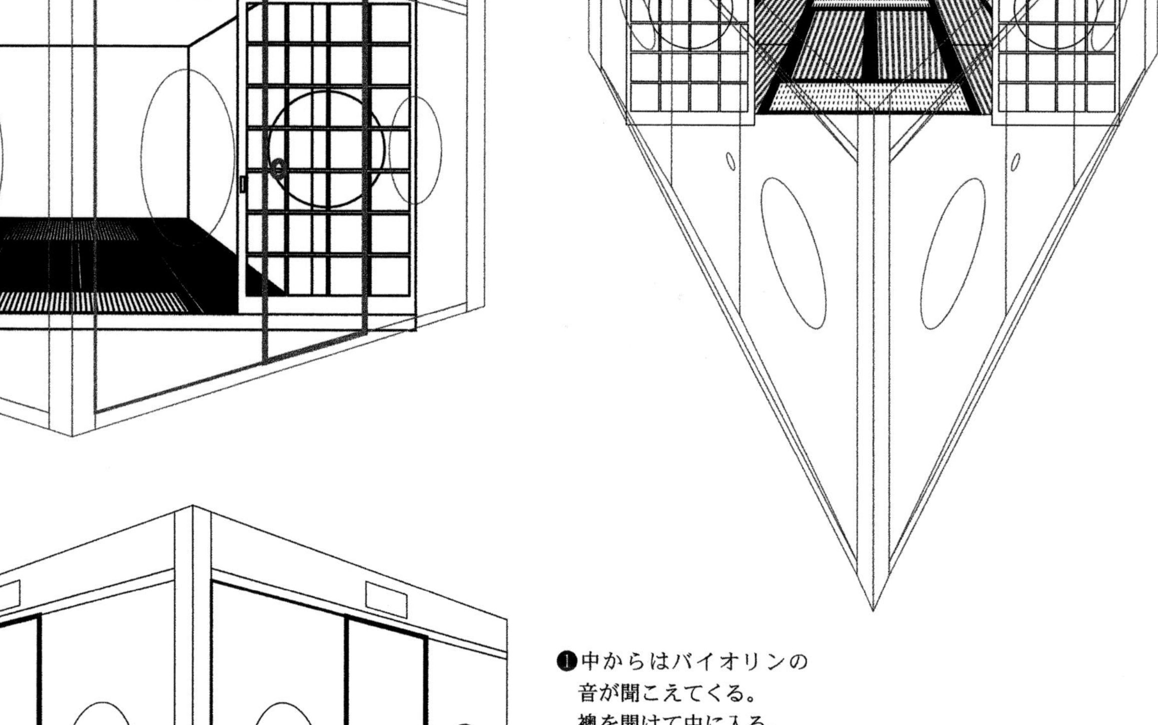

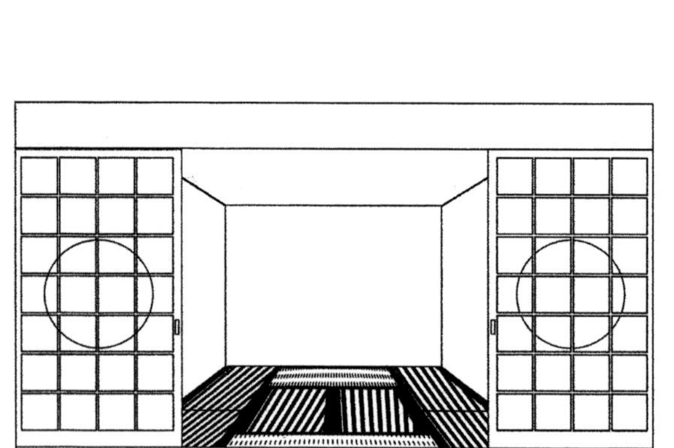

❶中からはバイオリンの
音が聞こえてくる。
襖を開けて中に入る。

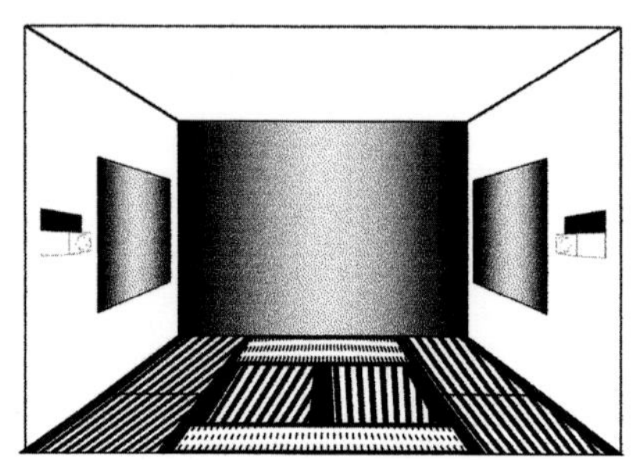

❷中には、パースのつい
た8帖間の和室、その向
こうには台所が存在す
るという設定のアニメ
ーションが流れている。

❸左右には、プロジェク
ターを設置し反対側の
壁へ投影。
8帖間の和室の窓から見
える外の風景という設
定のアニメーションが
流れている。

＊ビデオデッキ　；3台

＊映像・音声ケーブル

＊プロジェクター；3台
　　Panasonic TH-04P（×2台）340W
　　Sharp XV101T 220W

左右2台のプロジェクターにはスピーカーがついているものを

中央のプロジェクターには水平方向に画像反転できる機能のついているものを

ビデオデッキ3台は回転速度が同じものを

＊中央プロジェクターを置く高さ90cmの台

＊暗幕,延長コード,電動ドライバーなどの工具

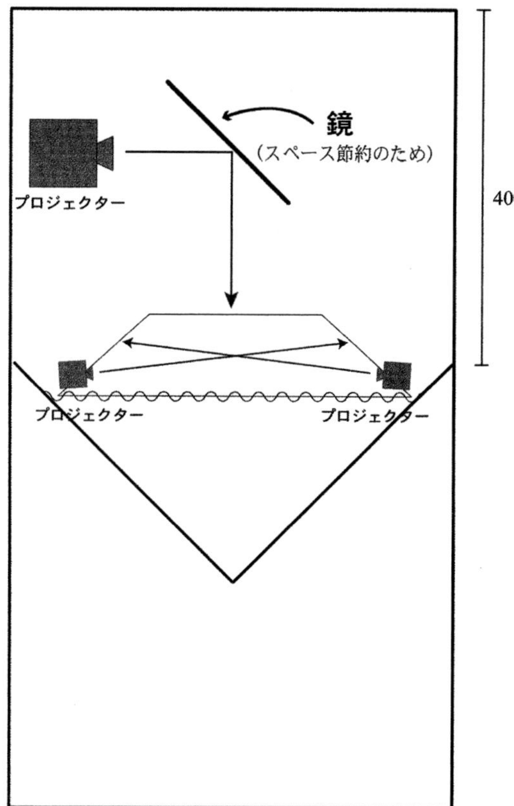

［上面図］プロジェクターの位置

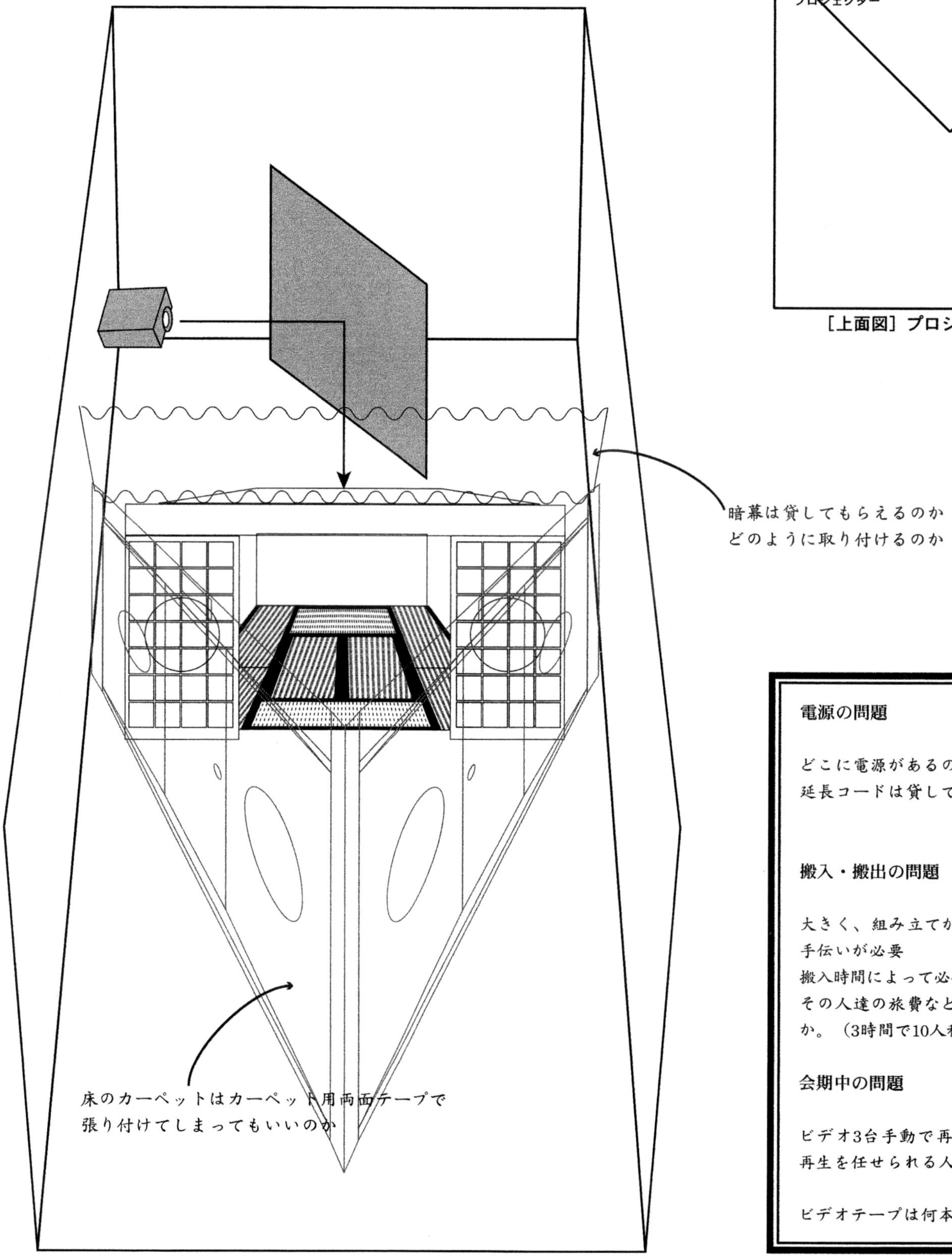

暗幕は貸してもらえるのか
どのように取り付けるのか

床のカーペットはカーペット用両面テープで
張り付けてしまってもいいのか

電源の問題

どこに電源があるのか
延長コードは貸してもらえるのか

搬入・搬出の問題

大きく、組み立てが必要なため、絶対に
手伝いが必要
搬入時間によって必要な人数は変わるが、
その人達の旅費などは出してもらえるの
か。（3時間で10人程必要）

会期中の問題

ビデオ3台手動で再生のため、会期中は
再生を任せられる人がいるのか

ビデオテープは何本用意したらいいのか

Tabaimo

Beyond East and West
Contemporary art from Japan

From trend-spotter to trend-setter?

Japan has a special position in Asia. Geographically, the chain of islands is situated on the edge of the region known as Asia, extending from a cool, moderate zone in the north to the subtropical south. Seen from Western Europe, Japan lies in easternmost Asia; seen from America, it is the first Asian country to the west. For south-east Asia, Japan is quite northerly. This special position is mirrored in the country's history and development. Populated early on, Japan was strongly influenced by China for a lengthy period; from the twelfth century on, it was ruled by mighty imperial dynasties. During the Edo period, under the domination of the Tokugawa shoguns (1603-1868), Japan opted for an isolationist policy. Apart from its links with Dutch traders on the artificial island of Deshima in the bay of Nagasaki, Japan was cut off from the outside world.[1] The military regime of the shoguns had a firm grasp on the country. It was a period of both tranquillity and repression, during which the arts flourished: *ukiyo-e* (pictures of an ephemeral, floating world) were extremely popular and the long traditions of print-making, ceramics, ink-painting, painting on walls, panels, sliding partitions, silk, pottery, sculpture and landscape art all thrived. After Japan opened up in 1854 and the emperor was reinstated in 1868, massive changes took place. The country became industrialized and, notably in the Meiji period (1868-1912), endeavoured to adapt as rapidly as possible to European developments. Technology, legislation, education, language, architecture, music, fashion and so on were completely oriented to the west. The same went for art. Modernistic art movements from western Europe were eagerly welcomed and appropriated.

In the course of the twentieth century Japan developed into an economic super-power and is now one of the richest countries in the world. With regard to art, the west takes a keen interest in what is going on in Japan, while in Japan the process of globalization goes hand in hand with a strong Asian orientation. The west is no longer a role model for art, but as an Asian economic super-power, Japan is something of an outsider and is duly regarded in Asia as 'the Other'. How does Japan relate to these contexts, and what is modern and contemporary Japanese art in a globalizing world?

The problem of modern art

In an editorial of 1993 in the journal *Third Text*, Olu Oguibe frankly stated that western writers tend to regard history as synonymous with western history and to see modernity as exclusively a western development. The implication is that non-western cultures have no history and that their culture has remained primitive. The same writers suggest that non-western culture (where is the non-west, actually?) has played no part in the development of modern art.[2] Oguibe cites Africa and the notion of *Africanity* as an example, a construction comparable with Edward Said's formulation of *Orientalism* in 1978.[3] Both are perceived as western constructions designed to create a strong western self-image, principally by stressing the 'otherness' (i.e. inferiority) of other cultures. While Said's orientalism was chiefly associated with the western (European) perception of the Near East, the term has come to apply to the entire orient, to all Asia. This is borne out by the reception of modern art from Japan, which for a long time was defined in terms of orientalism. Where this was not the case, art was dismissed as western epigonism. In short, Japan was regarded as having slavishly followed western examples without making any original contribution, or its art was described as *different*, exotic. In both cases Japanese art was marginalized, barred from the centre. Not until the last two decades of the twentieth century did this Eurocentric attitude start to change.

1
See also *Bewogen Betrekkingen, 400 jaar Nederland – Japan*, ed. Leonard Blussé, Willem Remmelink, Ivo Smits, Teleac/NOT, 2000.
2
Olu Oguibe, 'In the 'Heart of Darkness', *Third Text*, 1993.
3
Edward Said, *Orientalism. Western Concepts of the Orient*, Harmondsworth, 1995 (1978). Even if the critics accused Said of 'occidentalism', his book broke new ground for this discussion.

Shimabuku
Christmas in the Southern Hemisphere, 1995

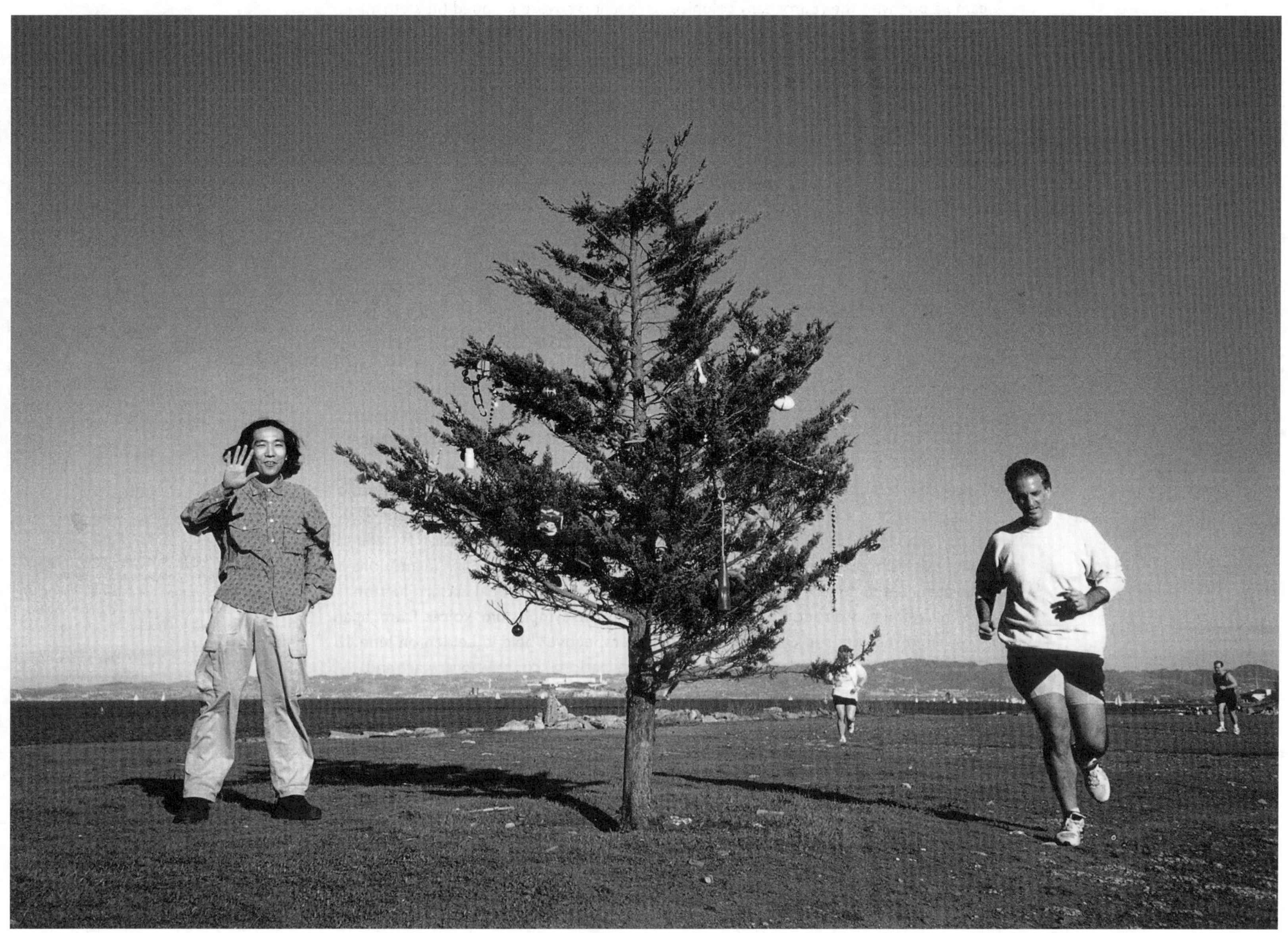

For a long time it has no longer been tenable to regard (the development) of modern art as a purely western affair. The history of modern art is more complex than the Greenbergian version of formal-aesthetic modernism that establishes a direct connection between Manet's *Olympia* and American Abstract Expressionism without the intervention of other influences. Modern art, or perhaps modernity in art might be a better formulation, is a worldwide phenomenon which, although originating in Europe, has acquired and developed individual traits since the initial innovatory impulses. The question, moreover, is what modern art would have looked like in western Europe if early twentieth-century artists had not been inspired by masks and artefacts from Africa and the Pacific.

The history of modern art in Asia has many faces and by that token Japan's position differs from that of, say, Korea or south-east Asia. In the colonized regions, western art came along with the (European) colonizer. Art schools were founded (in Vietnam, for example) and western art and techniques could be studied. Japan – never colonized – made a point of importing modernistic movements. Ultimately, in all these cases a personal brand of modern art evolved whose further development, although prompted by western modernism, was wholly individual.[4] What is more, by no means do these histories run parallel. Japanese interest in European art dates from the 1860s, whereas countries like Thailand did not come into contact with modern art until well into the twentieth century. We are thus dealing with quite a different kind of modern art from that of the early twentieth century, for the intervening period saw changes and additions; the full harvest was not reaped all at once, nor in chronological phases. The notion of modern, modernity as a stance in art, i.e. a break with tradition, has developed and been interpreted individually in the various regions. That is what makes the history of modern art a complex, layered whole, a history that cannot be written from an exclusively European viewpoint. In his book *Modern Asian Art* (1998) John Clark discusses 'the notion of modern Asian art as a discursial field', a field yielding not just one type but a gamut of types of modern art, where not only Euro-American notions still hold sway but where an equally important contribution comes from elsewhere.[5] Since 1987 the journal *Third Text* has been advocating this broad, egalitarian stance: to absorb the contribution of 'the Other' into the mainstream history of modern art. According to editor Rasheed Araeen, in the 1980s the perspective of Euroamerico centrism versus 'the other' may have given way to a multicultural relativism – each in its own right – but there are still few signs of dialogue or integration. Araeen says that new and more radical strategies are needed to break open the art institutions and the dominant discourse in order to recognize and legitimize global art production.[6]

A similar stance was adopted by Fumio Nanjo at the symposium 'Voices from Japan. Contemporary Art and Discourse in Global Perspective', held in Leiden on June 16 2000.[7] Nanjo, who organizes exhibitions of international contemporary art and lectures in art history at the Keio University in Tokyo, presented a survey of 125 years of Japanese art history in which he showed that despite the unmistakable western influence on Japanese art at the end of the nineteenth century, it did trigger the rise of a *Japanese* modernism. Since then, this modernism has not only developed in an autonomous way that has kept in step with western modernism, but has in turn influenced the development of modern art in the west.

Less apparent in the first half of the twentieth century, these impulses were rendered manifest in the 1950s by the actions and performances of the Gutai group. Gutai rapidly acquired a reputation in Europe and the United States, and their conception of art as action pointed the way towards what has come to be known as 'live art'.[8] In fashion, architecture, computer graphics, photography and new media art, Japan has long been a peer and even a pioneer in innovation, and the west is eager to see what comes from Japan. That the west is no longer a role model for Japanese art is illustrated by the emerging 'think Asian' movement's reorientation towards Asia and old Japanese traditions. This is not a new phenomenon either. The Mono-Ha movement ('school of things') in the sculpture of the late 1960s and early 1970s, of which Ufan Lee was the leading figure, strove for an Asian aesthetic and philosophy as an alternative to western modernism. Even so, the youngest generation of artists prefer to demonstrate a global attitude.

If we are to renounce east-west thinking, we shall have to abandon regional stereotypes and approach the history/histories and production of modern art/modernity from a variable, not fixed, model of centre and periphery. In that model, art is a discursive field of communication and information processing, with an input that can be endogenic and exogenic but is always processed indigenously. That is why themes in art (take modernity as an attitude, for instance) are globally recognizable as locally specific.

4
See, among other publications, the theme issue on modern art in Asia published by the journal *Aziatische Kunst: Uitgave van de Vereniging der Aziatische Kunst*, vol. 30, no. 3, September 2000; more extensively: John Clark, Modern Asian Art, Sydney (Australia), 1998.
In *How to Look at Japanese Art* (New York 1996) the author, Stephen Addiss, writes: 'Another characteristic of Japanese art is its ability to borrow and transform features from the arts of other countries. Successive waves of influence from China and Korea brought to Japan Buddhism, a written language, and new forms of government, as well as different styles of art. These might have overwhelmed a less confident and creative people. In Japan, however, they were quickly transformed into traditions that have endured for centuries. In the past 140 years, Western influence has entered almost every aspect of Japanese life, including the arts, but again, the foreign influence is being modified to suit Japanese temperament and vision.' (p. 9.)
5
Clark, ibid., pp. 60-63.
6
Rasheed Araeen, 'A New Beginning Beyond Postcolonial Cultural Theory and Identity Politics', *Third Text*, no. 50. Spring 2000, pp. 3-20.
7
The symposium 'Voices from Japan. Contemporary Art and Discourse in Global Perspective' was held at the University of Leiden on June 6 2000 to mark 400 years of Dutch-Japanese relations.
The symposium was the upbeat to the major international art project 'Voices from Japan' staged in five locations in Leiden in the summer of 2000. See also the theme issue of the journal *Decorum, tijdschrift voor kunst en cultuur*, vol. XVIII (2000) no. 2, published in conjunction with the art project and the symposium.
8
See, among other authors, Roselee Goldberg, Performance. *Live Art since the 60s*, London, 1998; Alexandra Munroe, *Scream Against the Sky. Japanese Art After 1945*, New York, 1994.

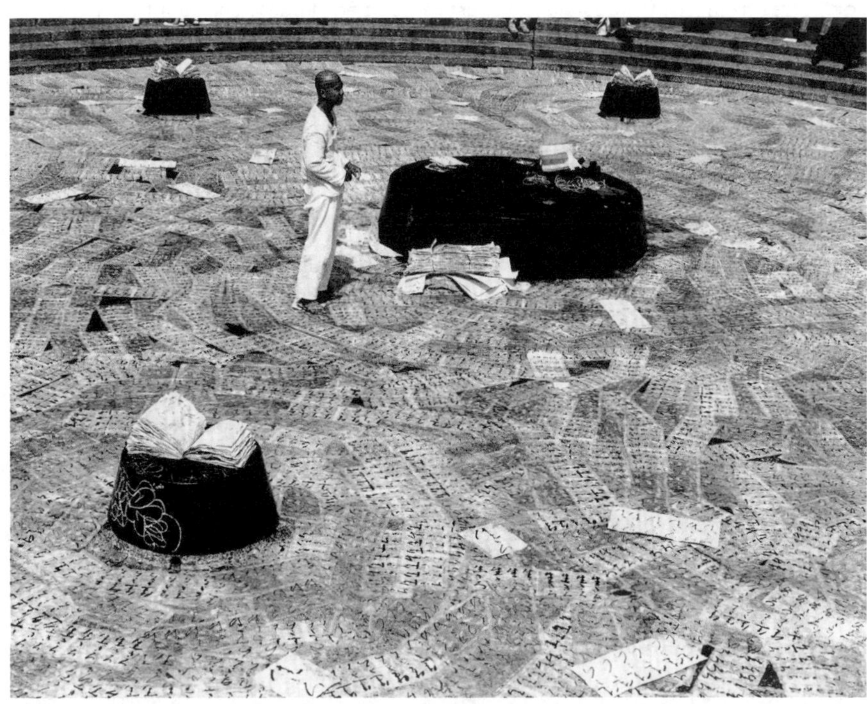

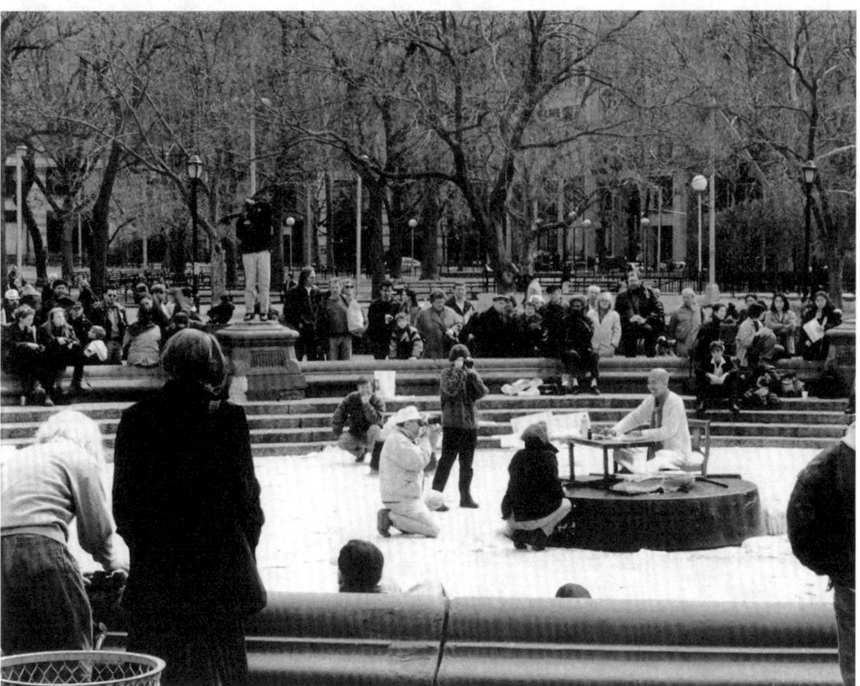

Takahiro Suzuki
Performance *Ikiro*, Washington Square Park, New York, 1996

The artists in this exhibition reflect that change of attitude. Those of the first generation have evidently conducted a great deal of fundamental investigation into the
media they use, into material and its properties. Many of the exhibits refer to nature
and natural processes. There are strikingly few signs of social engagement. Younger
artists, on the other hand, show us a broader perspective. In the wide range of materials
and techniques employed by these artists we see political connotations, reflection on
city life, ecological awareness, a personal story, individual identity – being Japanese is
only one of the identities – and the importance of memory. The focus here is not on
the material but on the individual, the experiencing person. We see these themes
everywhere in art. Art has become a worldwide discourse.

For 'Voices from Japan' we asked the artists a number of questions about how they
see themselves as artists and how they want to be seen. To Satoru Takahashi an ideal
self-image was not important: 'The question ought to be how we can give a place to
and create space for critical investigation, both in Japan and abroad.'[9] Contemporary
art does not yet have an easy time of it in Japan. Exhibition-maker Yukie Kamiya says
that the system in Japan is old and tired and hard to change.[10]

Contemporary art is flourishing as never before, but the infrastructure is deficient.
Not much work is sold. There are no government support schemes for young artists,
many of whom combine a job with their art. True, museums are being built all over the
place, but they prefer to import blockbuster shows to attract a large public, for in
Japan, too, mass attendance is what counts. Experimental art has to take recourse to
alternative spaces (such as the Contemporary Art Factory in Tokyo), more of which,
happily, are appearing all the time. Critic Fumihiro Nonomura thinks city parks and
gardens are the most obvious places for the new contemporary public art. Public art
must create a place of its own, and according to Nonomura the best way of doing so
is to breathe new life into the old Japanese tradition of garden and park landscaping.
This, he says, could generate a new art and a new experience of art, for these are the
places where the flow of time in hectic metropolitan life comes to a brief halt.[11]

Galleries are quite a different story. Many of them are rented out to artists. The avail-
able space tends to be inversely proportional to the often astronomical rent, which
only a few artists can afford. This means extremely brief shows (a weekend). One
solution is to take to the streets, or go abroad. The young artists travel a lot and
participate in all kinds of exchange projects. They show the world their vision of life.
They do so in Japan, or in New York, or wherever they happen to be at the moment.
They do not see themselves as 'the Other', nor do they wish to be regarded as such.
Artistic practice must be the focus: art as an agency and not as the result of putative
historical developments, geographic definition or in terms of 'the West and the Rest'.

Kitty Zijlmans

9
Satoru Takahashi in op.cit. (note 7), p. 16.
10
 Yukie Kamiya, ibid. p. 10.
11
Fumihiro Nonomura, 'Possibilities for Japanese Art',
in: *Art Asia Pacific*, no. 25, 1999, pp. 40-45. Nonomura
is an art and media critic and faculty member at
Wako University, Tokyo.

Kitty Zijlmans (1955) studied art history at Leiden.
On July 1 2000 she was appointed professor of
contemporary art history and theory at the
University of Leiden.

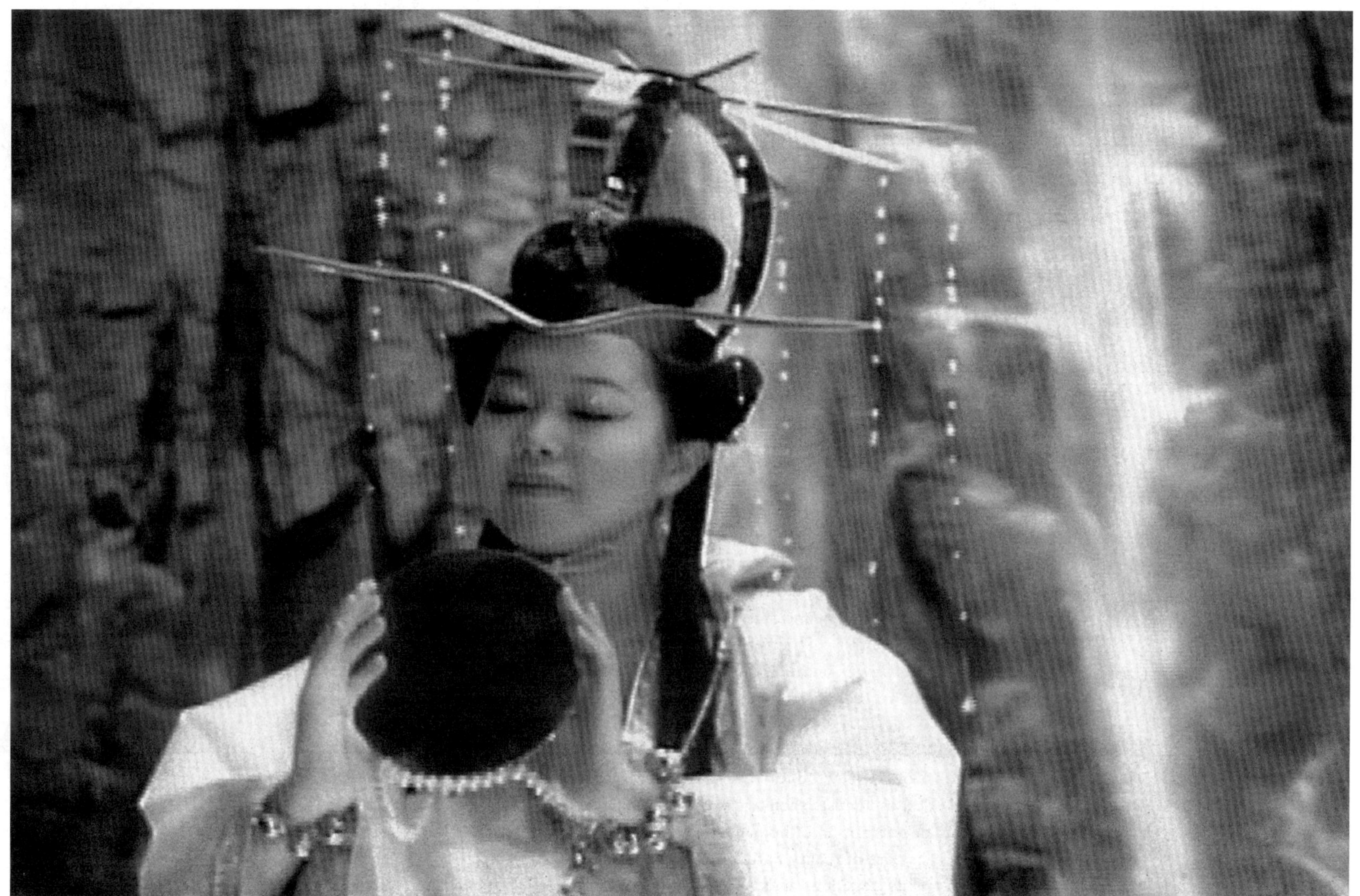

Introduction

If we imagine the past as a flow of events, developments, actions and products, frozen in time, then this exhibition of modern art from Japan is a mere twenty-year slice cut from that time-flow. A period beginning after the 'Mono-ha' movement that was so significant for Japanese art, when artists like Ufan Lee, Kishio Suga, Nobuko Sekine, Katsuro Yoshida and Susumu Koshimizu adopted an authentic and crucial course.
In an attempt to do justice to the ideas, practice and climate of Japanese art in the last two decades of the previous century, we have deliberately chosen to mingle the different generations of artists and present them side by side. A very limited presentation is the inevitable consequence of this strategy. That is why the exhibition certainly does not claim to survey all the aspects and developments in the Japanese art of the period in question.
In a certain sense the selection is organic. It is not the result of a premeditated plan to chart the entire field. The exhibition undeniably reflects the maker's preferences and fascinations. The idea was born and matured during several adventurous journeys through Japan and the Japanese art-world. *Ikiro* is the personal residue.
Two characteristics emerge from the selected exhibits: a high degree of perfection, beauty and loving detail, and an intense concentration on human existence and reality, concepts which overlap for many of these artists.
The precise and refined quality of the works does not reflect a common aesthetic calculated merely to please. That quality is always an essential element of the work. Every detail breathes the spirit of the whole, and every element or object can convey the essential message of a work, whether it is one of Ufan Lee's rocks, Koshimizu's highly sensitive treatment of wood, the equilibrium of Kuno's and Saitoh's installations, or the sophisticated design and staging of Mori's video. Characteristic of both modern and old Japanese art, this refinement and precision are bound to fascinate and enchant the non-Japanese viewer, because the chaos of individual and collective existence has been swept aside to create space for attentive perception and contemplation.

Undoubtedly for the same reason, the work of the selected artists – and perhaps they were subconsciously selected for that reason – forges a direct link between art and life. To many of these artists their art expresses, in a very natural and unemphatic way, a life view, their perception of human existence. Central to this is their conception of the individual as part of reality, nature and society, but also as a participator in the cycle of life and death. Older artists like Lee, Wakabayashi, Toya, Tsuchiya and younger ones like Kuno, Miyajima, Kon, Shimabuku and Suzuki address the same theme in many variants.
The central theme in Suzuki's work is indeed the congruence of life and art, a concept he puts into practice daily. The characters *Ikiro / Be Alive* which he writes on Japanese paper every day as an exercise in concentrated consciousness inspired the motto and title of this exhibition.

The 1935-1955 generation

The older generation of Japanese artists in this presentation (Ufan Lee, Shigeo Toya, Isamu Wakabayashi, Susumu Koshimizu, Kimio Tsuchiya, Toshihiro Kuno, and also Fujio Akai) are inspired by an idea of the world and of art that is quite different from that of their juniors.
The convictions and ideas behind the work of these older artists were probably shaped by the 'Mona-ha' movement of the early 1970s. 'Mono-ha', which translates literally as 'thing-school', was the name of a group of artists who in a strongly westernized Japanese culture sought authentic points of departure for a new

Minako Saitoh
Grave at Midday—Nippon, 1994/1995

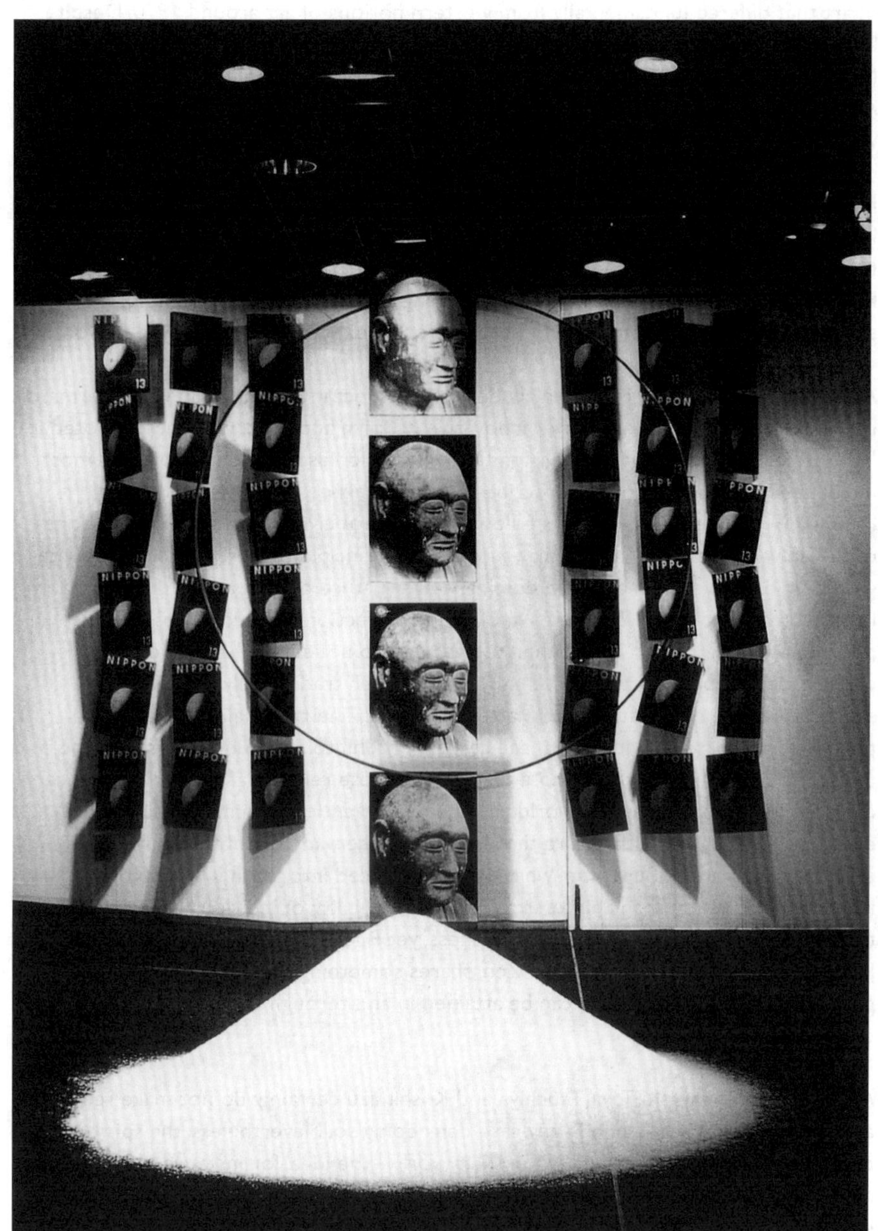

Japanese art with an identity of its own. Ufan Lee is regarded as the founder of the movement, whose members included Kishio Suga, Nobuko Sekine, Katsuhiko Narita, Matsuro Yoshida and Susumu Koshimizu. 'Mono-ha' artists exhibited 'things' – often a combination of natural objects and artefacts – in their crude, unfinished state. They placed these objects – a rock, a wooden beam, a steel plate, a mirror – side by side or opposite one another as a form of confrontation. The concept is strikingly exemplified in Ufan Lee's work in the exhibition and in the sculpture garden of the Kröller-Müller Museum. 'Mono-ha' was not concerned with material but with an object as a whole, with all its aspects. A crucial moment for maker and beholder alike was the experience of 'original'. Intuitively, these artists endeavoured to expose the essence of things and give form to their relationship with nature, as a part and symbol of a universe infinitely greater than man. 'Mono-ha' evolved an eminently Asian and contemporary concept of art that differed fundamentally from western notions of art around 1970. Despite its minimal appearance, 'Mono-ha' is almost diametrically opposed to American Minimal Art or the European geometric abstraction of the same period.

Although many artists gradually turned away from 'Mono-ha' in the 1980s, their later work – and that of their contemporaries – is similarly imbued with the ideas, convictions and methods of 'Mono-ha'. They do not regard the creation of a work as a matter of individual expression in which the artist imposes his will on the material. Instead, a work's genesis is seen as an intuitive and emotional process during which the artist seeks the characteristics and especially the essence of the material. Rationalism plays only a very minor role; making a work of art is first and foremost a strictly individual, emotional activity that cannot be expressed or conveyed in words.

Although these older artists often allude to this aspect in passing or in veiled terms, it is certain that their work, however innovative its form and style, was deeply rooted in Japanese cultural tradition and religions, of which Buddhism and Shinto are the most important. The Japanese often subscribe to both. In his catalogue *A Primal Spirit*, Howard N. Fox describes them as follows: 'In Western civilization most conceptions of the universe, religious and secular, support the principle of hierarchical order with God dominant over man and man dominant over nature, as well as the duality of an imperfect world distinct from a realm of divine perfection to which transcendence is possible only after death. Most other civilizations do not subscribe to such a dualistic conception. In Japanese culture the universe has been traditionally conceived as a single, indivisible manifestation of matter and spirit. The two major spiritual and philosophical currents within Japanese civilization, Shinto and Buddhism, stress the unity of divinity and nature. Shinto, a uniquely Japanese religion, affirms the presence of many deities in the physical world and their intervention in human affairs, and it exalts man's harmony with nature through ritual observances and the individual's experience of nature. Buddhism, which was introduced into Japan in the sixth century, is more metaphysical than Shinto, stressing the possibility of individual transcendence through meditation and higher consciousness, yet Buddhism, especially the unique Japanese adaptation and practice of Zen, shares something of Shinto's worldliness in presuming that transcendence can be attained in and through the habitable world and during a human lifetime.'[1]

Again, Lee, Wakabayashi, Toya, Tsuchiya and Koshimizu certainly do not make religious art in the western sense, and in any case deny doing so. Nevertheless, the spirituality of Shinto and Buddhism can be felt in their work – the idea, for instance, that man and nature are part of an indivisible whole, a universe greater than either. Their fellow-generationalist Takamasa Kuniyasu, who is not represented in the exhibition, has this to say on the subject: 'I am trying to find a form of expression that allows me to feel the self as a single part of a greater circle .... It is perhaps an interpretation of the world or the universe, the cosmos, that I want to create.'[2]

The respect for and love of nature which are almost an integral part of this view of the world can be sensed in all these artists' work. There is however a marked difference from the western artist's approach to nature. Western artists use and exploit their material and subordinate it to their will in order to express or communicate something. Of course Japanese artists also manipulate their material, wood or rock, and so do Toya and Tsuchiya. However, their bond with the material seems stronger, and they try to express its 'essence'. Toya, for example, wanted to use a chain-saw on tree-trunks to groove, pierce and score the bark and carve wavy protuberances, so that the tree would impart its energy to the world around it and in turn absorb that world's energy. Tsuchiya, too, sought ways and means of presenting the life in nature that is manifest

1
Exh. cat. *A Primal Spirit, Ten Contemporary Japanese Sculptors*, Hara Museum ARC, Gunma; Los Angeles County Museum of Art, Los Angeles; Museum of Contemporary Art, Chicago et al., 1990, p. 27.
2
Ibid., p. 38.

Festivities at the occasion of the planting of one of the Kaki
Trees in Japan. This worldwide project was initiated by
Matsuo Miyajima and is continued by the Kaki Tree Executive
Committee.

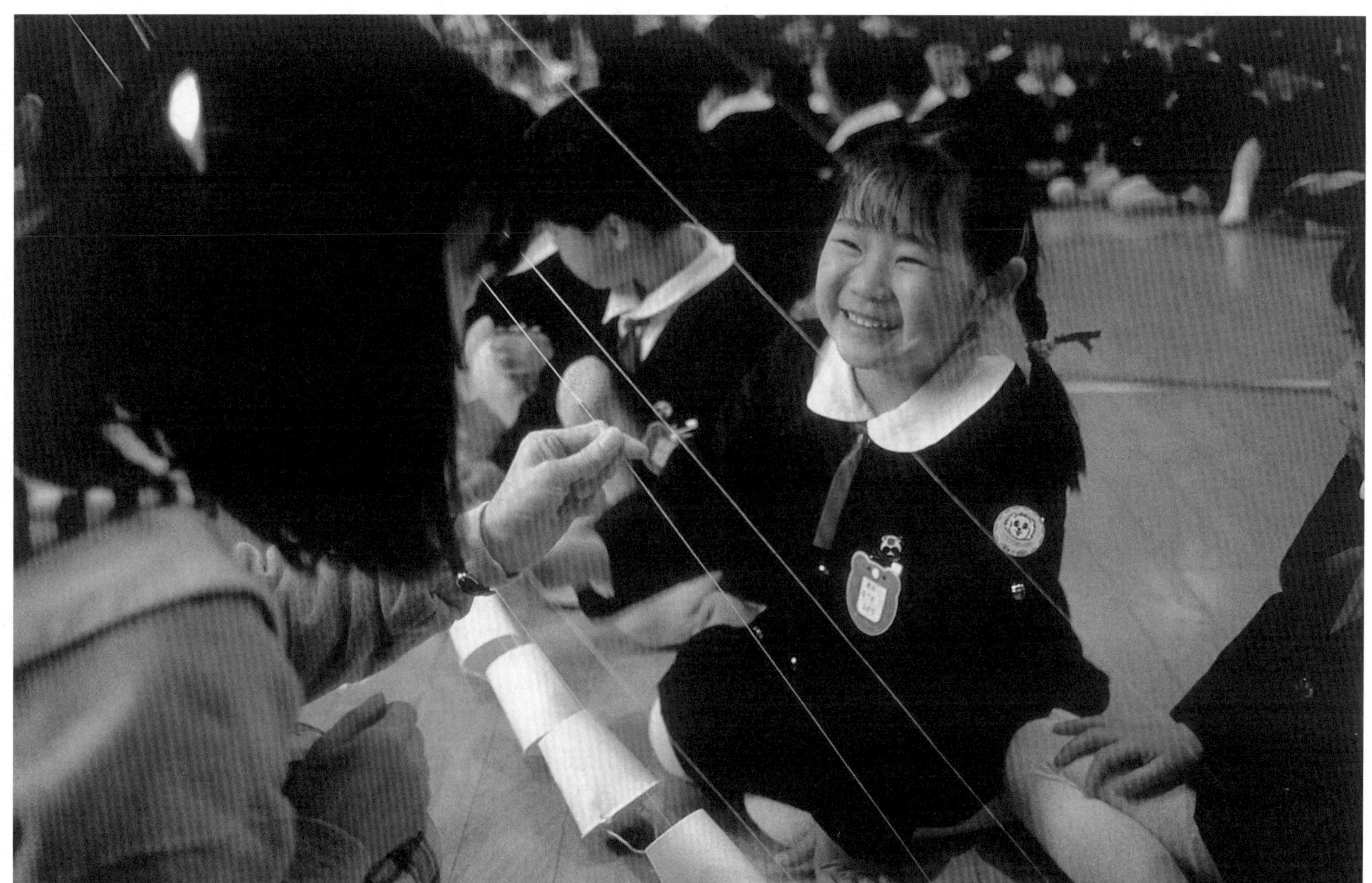

in trees.'When I use wood, I do not simply chop down trees and use those trees which are hundreds of years old. (...) It is as if the wood is part of me, as if wood possesses the same level of vital force. (...) Wood is not just matter.'[3] To him, wood is *living* matter. This approach to nature is similar to that of Isamu Wakabayashi, who sees nature – a wood, a single tree – as his equal and for that reason lavishes so much attention and love on it. 'Perhaps it is a unique Japanese way of thinking. In Buddhist terms this would be described as the 'coexistence' with materials ....Although it is the individual daily things and fragmentary things that one is involved with, it is the vision of the greater picture, and my involvement in that, that becomes one of the foundations for the creation of a work.'[4]

Wakabayashi professes here to a view of life that is echoed in the work of many artists of this generation, born shortly before and after World War Two.

The 1955-1975 generation

Ikiro / Be Alive is intended to show not only the work of the above representatives of an older generation, but also that of a number of younger artists working in the same period, from 1980 to the present.

The limited scale reveals vast differences between the work of these two generations. The young artists are obviously familiar with the work of their eminent seniors. They admire them and one of the youngest artists, Takahiro Suzuki, was actually Ufan Lee's student.

Nevertheless, these young artists who emerged onto the contemporary art scene at the beginning of the 1970s have gone their own way. Basically, they were guided by their own ideas, ideas which were not rooted in earlier developments in Japanese art and which did not echo the concepts of Western art of their day either. These youngsters react to their own social environment and to current developments. They invoke their own world – the world of computers, video games and Manga culture[5] – explore their individual psychological condition, or seek new forms of communication with their social surroundings.

In any case they eschew the older generation's introverted, philosophical and religious contemplation of human existence. The work and ideas of most of these younger artists are extroverted, oriented towards life in Japan. They make a point of seeking contact with the outside world, a world beyond art. A great many factors prompted or influenced this remarkable choice of completely different themes, forms and styles – exemplified in this exhibition by Hisaya Kojima, Tatsuo Miyajima, Minako Saitoh, Osamu Kanemura, Tsuyoshi Ozawa, Yoshinori Kon, Takahiro Suzuki, Shimabuku and Tabaimo.

Most significant were probably the profound economical and social changes that be-came increasingly apparent in the first half of the 1990s. Up to then the Japanese economy had been booming as never before, generating a flood of high-tech products and consumption on a massive scale. There was also the love-hate relationship with the United States, whose economic underdog Japan had been until 1952. Economic growth and material welfare culminated in the Osaka world fair in 1970. A post-bubble economy was followed by a serious recession and concomitant ominous phenomena: mounting unemployment, corruption, a steep rise in suicides and crime – particularly among youngsters – and serious environmental problems. To top it all, in 1995 Japan was deeply shocked by two dramatic events: a major earthquake in Hansai, which caused serious damage in the city of Kobe, and the poison-gas attack carried out by the AUM sect in Tokyo's underground railway.

In one way or another these radical changes in the economic, political and social climate inevitably affected the young artists of the 1990s, also known as the Post Expo gene-ration. Some of them reacted with cool detachment to the society around them by creating a world of their own in their work. Among them was Yoshimoto Nara, well-known today for his sarcastic paintings with comic-strip figures and themes from his childhood, and the equally successful Miran Fukuda with her shocking parodies of masterpieces of western art. Others directly addressed threats from the political arena, such as nuclear tests or signs of nationalism, power and war (themes in the work of Kenji Yanobe and Yukinori Yanagi). One individual for instance comments upon the Japanese consumer society or introduces the cultural/economical dominance of the USA, illustrating through his usage of the MC Donald's logo (Matsato Nakamura). And some demanded attention for female discrimination in Japan,

3
Ibid., p. 30.
4
Ibid., p. 37.
5
'Manga' is a collective term for the comic-strip books that are so popular in Japan. 'Manga' – and the cartoon films known as 'animé' or 'renga' – are collected and read in Japan on a far larger scale than in any in any European country by old people, schoolchildren, housewives, students – in short, by men and women of very age. 'Manga' accounts for forty percent of Japanese printed matter. The stories cover a wide range of subjects and themes, including Japanese history, science fiction, humour, family life, violence, war, crime and sex. 'Manga' and 'animé' have a powerful effect on the visual culture of present-day Japan.
6
In any case some of them were featured in 2000 in the exhibitions *Voices from Japan* in De Lakenhal Museum and the Centrum voor Beeldende Kunst, both in Leiden, and in *Dark Mirrors of Japan* at De Appel in Amsterdam (Nara, Yanobe, Yanagi, Shimada)

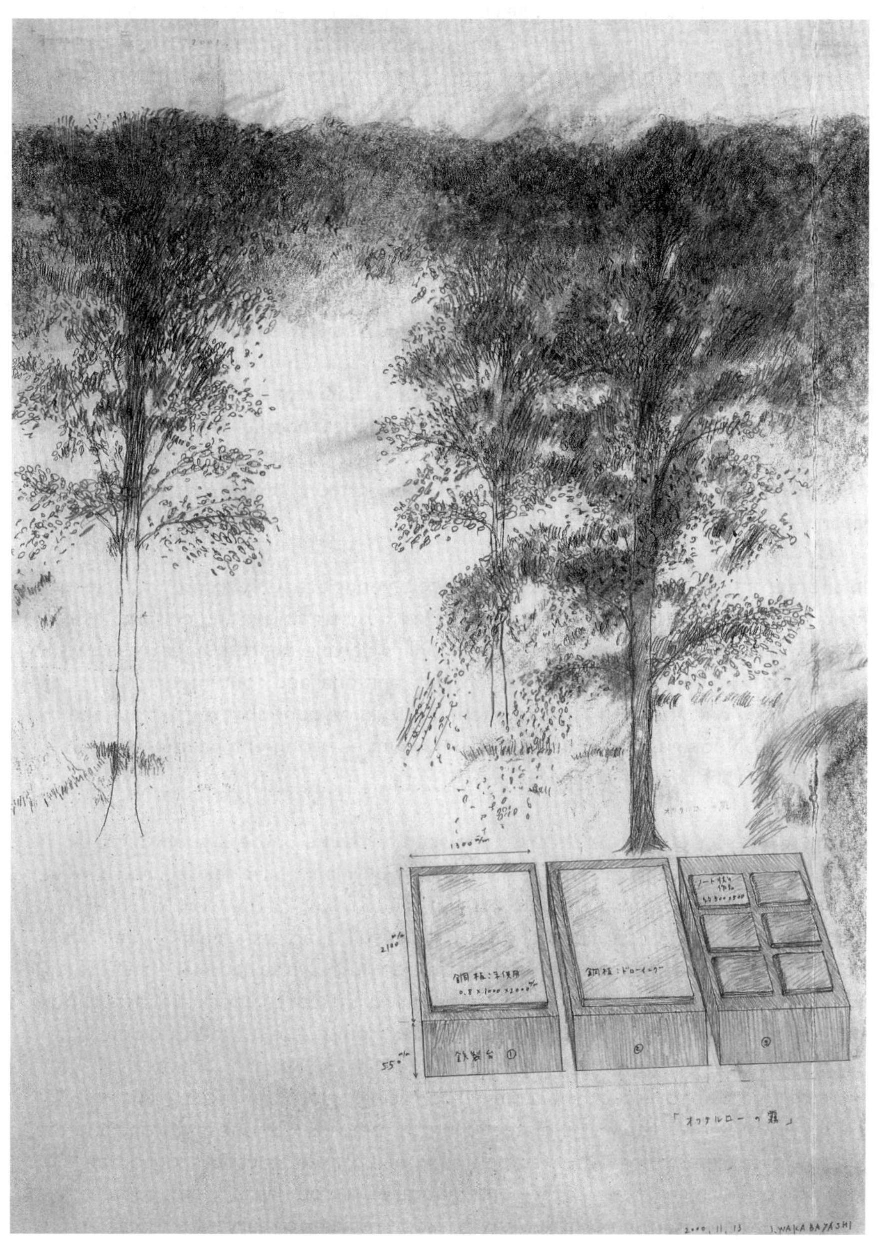

questioning both past and present Japanese male supremacy (Yoshiko Shimada). None of the above young artists are represented in *Ikiro / Be Alive*; I mention them merely to illustrate the different courses contemporary Japanese art has taken.[6] One category which has also scarcely been mentioned is Japanese 'neo or Tokyo pop', whose exponents include Takashi Murakami, Masahiko Kuwahara, Taro Chiezo, Yoshimoto Nara and, lastly, Mariko Mori, whose work *is* on show in *Ikiro / Be Alive*. The world they picture reflects consumer society, the latest computer technology and the punk music scene, the popular karaoka and the craze for 'Manga', comics for old and young.

As I said, *Ikiro / Be Alive* does not claim to be a complete survey of Japanese art of the 1980s and 1990s. The exhibition is not governed by a narrowly defined concept but has grown in an organic manner, dwelling on the maker's preferences. The younger artists were chosen for their individual stances, obsessions or observations, for instance with regard to Japan's recent history or to certain problems and pressures in Japanese society.

Minako Saitoh's installations present her view of Japan's aggressive expansionism in Asia (Manchuria and China) in the 1930s. Tabaimo, another woman artist, has a house-wife comment in her tiny kitchen on the high suicide rate among young people and corruption in politics. All over the world, and now in the Kröller-Müller Museum, Tatsuo Miyajima and his large team – the 'Revive Kaki Tree Project Executive Committee – offer a seedling from the kaki tree that survived the nuclear bomb on Nagasaki in 1945. Other young artists in this exhibition (Shimabuku and Tsuyoshi Ozawa) see their art as a form of communication, in line with an international tendency. They often make their works in collaboration with local people wherever they them-selves happen to be. From all these themes it will be clear what affects these artists, how extrovert the nature of their work is and how strong their preoccupation with Japan's present-day society and recent history.

In another intriguing development of the 1990s, young artists reverted to subjects from nature or to themes rooted in ancient Japanese traditions and culture. Take Rieko Hidaka, who for many years has been filling her big, impressive canvases with trees seen from below, or Mariko Mori's highly personal and contemporary view of the tea ceremony; and then there is Takahiro Suzuki, a young shaman surrounded by interested onlookers, preferably not in a museum environment, painting his *Ikiro* characters every day on Japanese paper.

Finally, it is both exciting and surprising to see how some of these young artists (Hidaka, Suzuki, Mori, Shimabuku, Ozawa, Saitoh, Miyajima) have reinterpreted a number of traditional Japanese concepts and values. Much of the work on view in the exhibition shows that contemporary art in Japan still operates primarily in a field confined by Japanese or Asian cultural traditions and the international – and especially Western – development in the arts. In this context the contemporary artists choose their own direction, transforming cultural values from the past, while introducing current ideas.
Now that contemporary art is becoming increasingly global, and young Japanese artists travel all over the world or spend lengthy periods working in Europe and the United States, interacting with their new surroundings, the question concerning the Japanese or Asian character of the contemporary art from Japan seems to be less relevant in theory. On the contrary the question remains of current interest, because most of the work contains an absolute Japanese identity. The exhibition wishes to present a part of the extraordinary and individual contribution, given by the Japanese art of today in the global debate being conducted in contemporary art all over the world.

Jaap Bremer

Ufan Lee in his studio, 1997

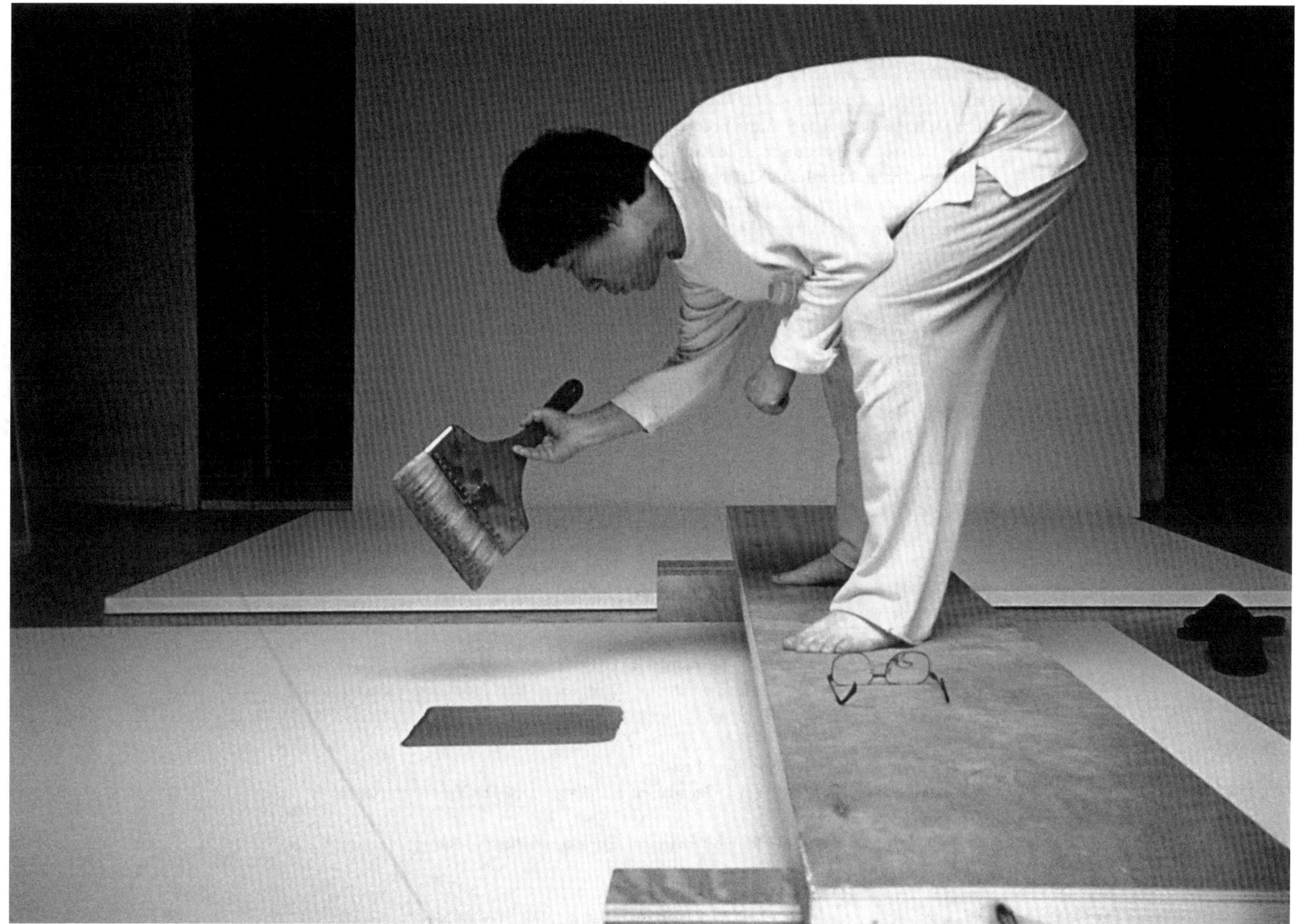

Acknowledgements

Ikiro would not have come to fruition without the help and support of many people and institutions.

Our thanks go first and foremost to all eighteen artists for their cooperation in, and dedication to the project. Kazuo Yamawaki, head curator of the Nagoya City Art Museum played a vital part in the preparations.
Special thanks are also due to Fujio Akai for her invaluable advice. The museum is extremely grateful for the unflagging assistance of restorer Naoko Mukoda, our contact person in Japan. Thanks, too, to Angeline Bremer-Cox for her important involvement on several fronts. Tokiko Aoyama's strenuous and indefatigable efforts in Japan on behalf of the project are greatly appreciated.

We gratefully acknowledge the support of a large number of institutions in Japan and the Netherlands in sponsoring, subsidizing and advertizing this complex exhibition project. Japanese Airlines deserves special mention for its sponsorship, as does the Japanese Foundation for its generous grant, and furthermore Hijnk International, Koji Miura and Fukoko Yoshihara; the Centrum voor Beeldende Kunst Leiden, Nicole Roepers; Stichting het Nationale Park De Hoge Veluwe, Hoenderloo, and the Stichting 400 jaar Nederland-Japan.

Many people guided us through the landscape of contemporary art in Japan, in particular:

— Yumio Chiba en Young Sil Ha van de Yumiko Chiba Associates, Tokyo
— Atsuo Yasuda, Curator of the Hara Museum of Contemporary Art.
— Yusuke Minami, Curator MOT Museum of Contemporary Art, Tokyo
— Keiko Hashimoto, Curator MOT Museum of Contemporary Art, Tokyo
— Keiji Nakamura, Art Critic and former Deputy Director of ICC Inter communication Center, Tokyo
— Shugo Satani, Shugoarts, Tokyo
— Yuko Kimura, Curator Setagaya Art Museum
— Shizuko Watari and Etsuko Watari, Curator of the Watari-Um, The Watari Museum of Contemporary Art
— Tadayaso Sakai, Director and Toshio Yamanashi, Curator of the Museum of Modern Art Kamakura, Kamakura
— Michiko Inoue, Director of Galerie 16, Kyoto
— Masao Kobayashi, former Chief Curator of the National Museum of Art, Osaka
— Masahiro Aoki, Director of Toyota Municipal Museum of Art, Toyota
— Taro Amano, Chief Curator of the Yokohama Museum of Art, Yokohama

Our sincere thanks to all the above.

A special thank-you to all those who generously loaned us works for the exhibition:

— Utsunomiya Museum of Art, Utsunomia
— The National Museum of Art, Osaka
— Stedelijk Museum Amsterdam
— m Bochum Kunstvermittlung, D-Bochum
— Takeshi Tokiko, Osaka
— Farm Zonnemaire, Zonnemaire
— Chukyo, Women's University, Japan

The Kröller-Müller Museum is much indebted to the following people, who contributed to the success of this exhibition and preparations for the catalogue: Hiroyuki Nakazawa and his staff from Osaka, Kitty Zijlmans, co-author of the catalogue, Mayumi Watanabe, first secretary of the Japanese Embassy in the Netherlands, Albert van der Weide, advisor in the Kaki Tree Project, and students from the Hoogeschool voor de Kunsten in Arnheim and Academie Minerva in Groningen, who helped set up the presentation.

A final word of special thanks to all the staff at the Kröller-Müller Museum for their enthusiastic involvement in the preparation and staging of this exhibition.

Foreword

Globalization of our artistic world-view has become such a generally accepted phenomenon that staging an exhibition of artists from just one country is quite an unusual departure these days. Nevertheless, we feel that Japanese art merits such a presentation, and a large one at that.

Never before in the Netherlands has the work of Japanese artists been shown on such a large scale. Other aspects of Japanese culture have of course been highlighted, notably as part of the recent celebrations of the 400-year-old relations between our two countries. Among the events marking that anniversary, incidentally, were a few presentations of contemporary art from Japan.

In its collecting activity the Kröller-Müller Museum has paid significant attention to Japanese art. In addition to the antique Japanese sculpture and decorative art collected by Mr and Mrs Kröller-Müller, the museum owns a fine group of works by such artists as Isamu Noguchi, Yoshishigo Saito, Kazu Kadonaga, Ufan Lee, Nobuo Sekine and Shiryo Morita. Our interest in Japanese art has been constantly stimulated by our numerous contacts with Japanese museums in connection with our own collection of works by Vincent van Gogh, and we want to share our admiration and fascination for Japanese art with the Dutch and European public.

The exhibition, compiled by Jaap Bremer, marks his farewell to our museum, whose deputy director he has been for many years. He was assisted by many people inside and outside the museum. My sincere thanks to him and everyone else involved in the project.

Evert J. van Straaten
Director, Kröller-Müller Museum

Contents

Exhibition

Jaap Bremer	concept and organisation
Margriet Vooren, Marleen Wijnbergen	secretary
André Straatman	transports and insurance
Reynoud Homan, Steef van Beek, Hans Peters and technical staff	installation
Sylvia Gentenaar, Esther van Maanen	assistance organisation
Takako Kondo, Amsterdam	interpreter
Gerlach Art Packers & Shippers, Schiphol	external coordination transports

Catalogus / Catalogue

Jaap Bremer	editor/texts
Junko Abe, Utrecht / Japans-Engels	translations
Keiko Katsuya, Tokyo / Japans-Engels	
Ruth Koenig, Buren / Nederlands-Engels	
Angeline Bremer-Cox / Engels-Nederlands	
Maria Bremer / Engels-Nederlands	
Kees Keijer	assistant editor
Margriet Vooren, Marleen Wijnbergen	secretary
Reynoud Homan, Muiderberg	design
Drukkerij Rosbeek bv, Nuth	printing
Hotei Publishing, Leiden	distribution

© 2001 Stichting Kröller-Müller Museum, Otterlo	copyright
© 1997 c/o Beeldrecht Amsterdam	
90-73313-17-1	ISBN

ABN·AMRO *De* bank — Partners of the Kröller-Müller Museum
DAIMLERCHRYSLER
NEDERLANDSE Sponsor LOTERIJ

KIRIN Brewery Co.,LTD. **KIRIN** — The exhibition has been made possible by
JAL Japan Airlines

Contemporary art from Japan

1980 until now

Kröller-Müller Museum

Otterlo 2001

ikiro—be alive

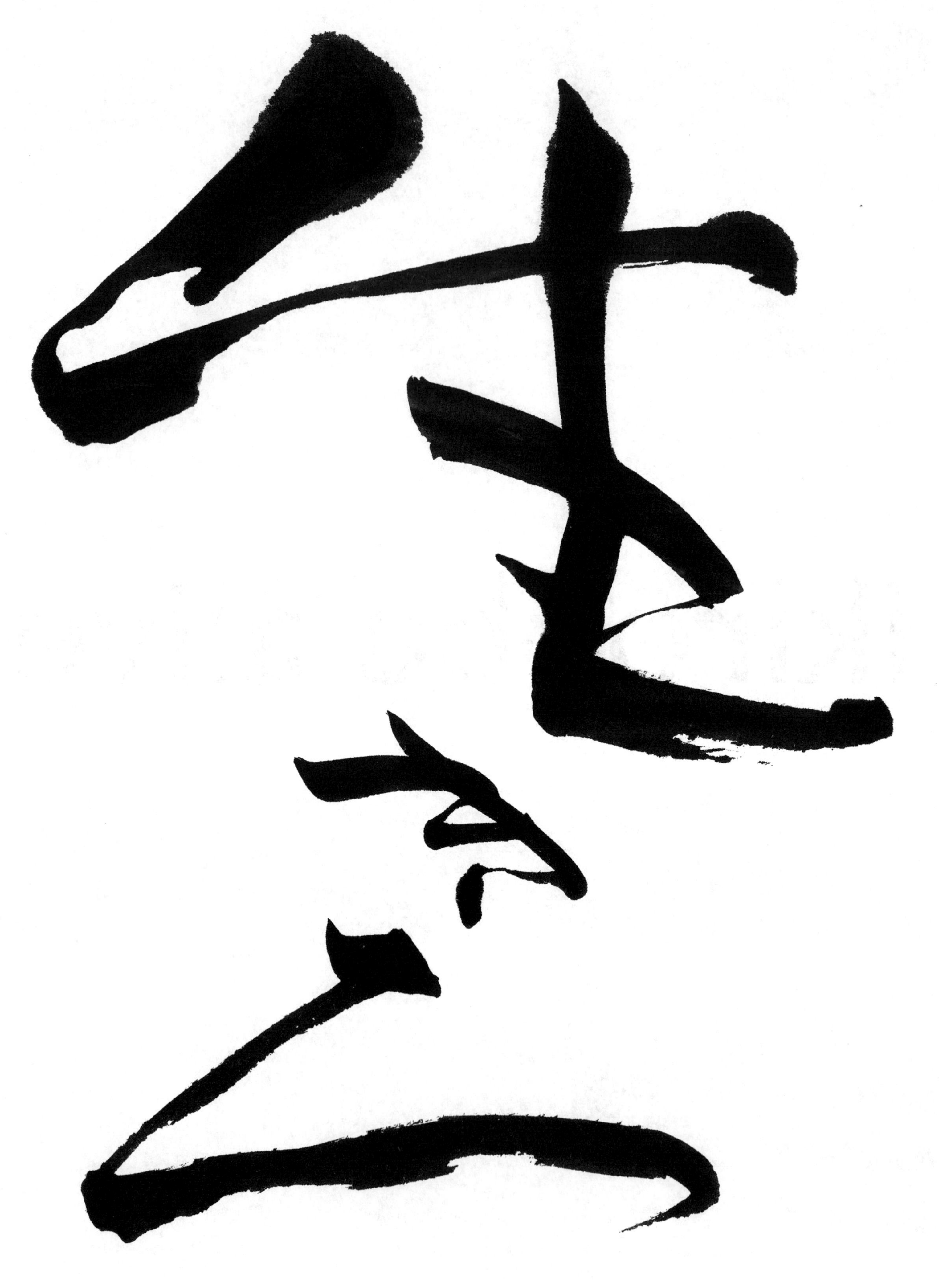